강인함의 힘

Do Hard Things

강인함의 힘

스티브 매그니스 **지음** | 이주만 **옮김**

Do
Hard
Things

회복탄력성을 능가하는
강인함의 비밀

상상스퀘어

DO HARD THINGS:
Why We Get Resilience Wrong and
the Surprising Science of Real Toughness

변함없이 사랑하며 응원해준
힐러리에게 전하고픈 말이 있습니다.
당신은 참으로 진실하고 따뜻한 사람입니다.
주변 사람들에게 헌신적인 당신의 모습을 보며
늘 깨달음을 얻습니다. 사랑합니다.

내게 겸손함과 열린 마음을 가르치고,
낙관적인 태도를 유지하는 힘을 길러준
톰 애비Tom Abbey를 기억합니다.
한계를 끊임없이 시험한다는 것의 의미를 깨우쳐준
매트 코브Matt Cobb의 가르침 또한 기억합니다.

목차

우리는 어쩌다
강인함을 오해하게 되었나?

1장
강압적인 사람이 아니라
내면이 강인한 사람이 되는 법

끈질기다. 근성 있다. 힘들어도 끝까지 해낸다. 극기심. 불굴의 정신. 괴로워도 티를 내지 않는다. 인내심. 여기까지는 모두 "강인하다"라는 것이 무엇을 의미하는지 대학생들에게 설문조사했을 때 그들이 연상한 단어와 구절이다. 최상급 선수들 160명을 대상으로 조사했을 때 가장 자주 언급된 단어는 인내심이었다. 방금 열거한 표현들을 접할 때 사람들은 대체로 특정한 이미지를 떠올린다. 어깨뼈가 골절된 상황에서도 경기장에 다시 들어가 경기 복귀를 요구하는 미식축구 선수라든지, 내셔널하키리그NHL에서 헬멧도 없이 경기하던 마지막 세대의 선수로 1997년에 은퇴한 크레이그 맥태비시Craig MacTavish 같은 선수를 떠올린다. 또는 전쟁터에서 부상한 호국 영웅을 떠올리기도 하고 아기를 보살피기 위해 궂은일을 마다하지 않는 어머니를 떠올리기도 한다. 다시 말해 역경과 고통, 고난을 극복하는 이미지를 먼저 떠올릴 것이다. 인내하고, 극기하고, 자기를 단련하면서 눈앞에 놓인 난관을 극복하는 것, 이것이 우리가 강인함을 바라보는 전통적인 시각이다. 그리고 솔직히 '강인함toughness'이라는 단어를 들을 때면 많은 이들이 야수처럼 힘이 센 남자를 그린다.

바비 나이트Bobby Knight는 50년간 세 대학에서 감독 생활을 이어오며 화려한 이력을 쌓았다. 대학 농구 감독으로 통산 900승 이상의 위업을 달성해 역대 최다승 감독 부문에서 세 번째로 이름을 올렸다. 또 다섯 차례나 팀을 4강에 진출시켰고, 전미대학체육협회(이하 NCAA)에서 3차례나 우승컵을 거머쥐었다. 무엇보다 1976년도 인디애나대학 농구팀의 사령탑으로서 달성한 성과가 단연 돋보인다. 이들은 NCAA 토너먼트에서 파죽지세로 전승을 거두며 결승에 올라 미시간대 농구팀을 이기고 퍼펙트 시즌을 기록했다. 이때 나이트 감독은 첫 번째 내셔널 챔피언십을 차지했다. 이후 수십 년이 지나도록 이 기록에 견줄 만한 팀은 나오지 않았다. 나이트 감독은 그 시절을 회상하며 인디애나대학교 농구팀이 다른 팀과 달랐던 점을 이렇게 설명했다. "우리 팀은 거의 천하무적이었습니다. 힘에서나 신체 조건, 강인함에서 차원이 달랐으니까요."

웨스트포인트 육군사관학교 농구팀에서 지도자 생활을 시작한 나이트에게는 강인함을 규정하는 일이 전혀 어렵지 않아 보였다. "난관을 이겨내야 합니다. 징징거리며 신세타령을 하지 말아야죠." 나이트가 지휘한 팀들은 대체로 그가 말한 강인함에 맞게 철저한 훈련을 기반으로 악착 같은 농구를 펼쳤다. 농구는 화려한 기술과 득점 전술에 중점을 두는 경향이 있지만, 인디애나대학교 농구팀은 화려함과는 거리가 먼 수비 전술에 중점을 두었다. 선수들은 감독의 지휘 아래 근면한 자세로 철저하게 훈련하며 인내심을 길렀고 경기에서는 상대 선수를 집요하게 압박하는 맨투맨 수비로 농구에 혁신을 일으켰다. 나이트 감독의 승리 전략은 효과가 있었다.

다만 한 가지 문제점이 있었다. 나이트 감독 밑에서 모두가 꽃을 피우지는 않았다는 것이다. 선수들을 최정상에 세운 나이트는 우승 제조기로 명성이 높았지만, 불같이 화를 내고 선수들에게 폭언과 막말을 하기로도 유명했다. 바비 나이트 감독이 경기장에서 거둔 성공은 아무도 부정할 수 없다. 선수들에게 강인함을 집요하게 요구한 것이 높은 성과를 거두는 데 결정적 요인이었다는 평가는 여러 연구와 경험을 통해 지지를 얻고 있지만, 강인한 팀을 만들기 위해 그가 사용한 방법은 좋게 봐도 모두의 지지를 얻기 힘들고, 나쁘게 보면 선수들을 학대한 행위다.

나이트 감독에게 "나약하다"라고 찍힌 선수의 사물함에는 여성의 생리대가 걸려 있었다. 그는 틈만 나면 육두문자를 섞어 선수들을 비난했고, 매니저들에게 지시해 여성의 음부 사진으로 선수들 숙소를 장식했다는 혐의도 받았다. 그가 1991년에 선수들을 닦달하는 내용이 담긴 녹음테이프가 세상에 공개되기도 했다. "어처구니가 없네. 네 놈들을 땅바닥에 개같이 처박아주마. 너희들은 8승 10패라는 개 같은 기록으로 올 시즌에 나를 손가락이나 빨게 만들었어. 농담 아니야. 나를 다시 이따위로 물먹이면 네놈들이 보고도 믿지 못할 만큼 호된 대가를 치르게 해주마." 나이트 감독은 자신이 선수들을 어떻게 평가하는지 알려주려고 화장실에서 대변이 묻은 휴지를 들고 나와 선수들

앞에서 흔들기도 했다. 그가 훈련 중에 한 선수의 목을 조르는 장면이 공개되면서 선수를 신체적으로 학대하는 행위로 세상을 떠들썩하게 만든 적도 있다. 이 모든 행위가 나이트 감독이 추구하는 강인함이라는 명분 아래 이루어졌다.

"약해빠진" 선수라고 질책하고, 남자답지 못하다고 여성의 음부 사진으로 선수들을 조롱하는 행위는 모두 나이트 감독이 강인함을 어떻게 규정하고 있는지 알려주는 단서다. 조금의 약점도 허용하지 않고, 어떤 난관이 닥쳐도 흔들림 없이 돌파하고, 상대를 위협해서라도 자신의 권위를 세우고 통제하는 것이 강인함이라고 그는 믿었다. 요즘 시대와 맞지 않는 강압적인 훈련 방식을 나는 구시대 방식으로 칭한다. 그러나 이 구시대 방식은 오늘날에도 여전히 스포츠계와 예술계를 지배하고 있다. 강인함이 무엇인지에 관해 우리는 그 본질을 오해하고 있다. 그리고 이 오해는 농구장뿐 아니라 삶의 여러 영역에 널리 퍼져 있다.

강한 아이로 키우는 법

기준이 높고 요구 사항이 많다. 세심한 배려가 없고 냉담하다. 철저한 통제. 일방적 의사 전달. 혹독한 징벌. 방금 열거한 특징은 바비 나이트 감독의 훈련 방식을 묘사하는 말이 아니다. 오늘날 부모들의 양육 유형 네 가지 가운데 하나를 설명하는 말이다.

1960년대에 발달심리학자 다이애나 바움린드Diana Baumrind는 자녀 양육에 대해 새로운 시각을 제시하며 이해의 폭을 넓혔다. 바움린드는 부모가 자녀를 양육하는 방식을 관찰하고 분석해, 반응성과 통제력이라는 두 기준에 따라 양육 유형을 분류했다. 바움린드에 따르면, 반응성이란 "부모가 자녀의 고유한 필요와 요구를 민감하게 살펴 이를 인정하고 지원함으로써 자녀의 개성과 자기 주도력 및 자기표현 능력을 일정한 의도 아래 가르치고 기르는 정도"를 가리킨다. 다시 말해, 부모가 자녀들의 필요에 얼마나 민감하게 반응하고 필요를 채워주는지와 관련이 있다. 당신이 부모라면 자녀가 축구 시합에서 졌을 때 아이를 따뜻하게 반기고 응원하는가, 아니면 곧장 경기 내용을 비판하는가?

반면에 통제력이란 "적정한 행동기준에 따라 아이를 훈육하고, 아이의 언행을 감독하고, 이를 어길 때는 잘못을 고치도록 징계를 내려 아이가 가족 구성원으로 성숙하게 자라도록 아이에게 부과하는 요구사항"을 가리킨다. 다시 말해, 부모가 자녀에게 얼마나 많은 것들을 요구하고, 자녀를 단속하거나 영향을 미치기 위해 얼마나 많이 통제하는지와 관련이 있다.

바움린드가 이 두 기준에 따라 양육 방식을 분석한 결과 대다수 부모는 세 가지 유형으로 나타났다. 이는 《골디락스와 곰 세 마리》동화에서 골디락스가 세 가지 중에 가장 좋은 침대를 찾는 과정과 일맥상통한다. 가령, 부모가 자녀에 대한 통제력이 낮고 반응성이 높은 경우라면 지나치게 관대해서 아이가 무슨 짓을 해도 내버려두는 방임형 부모다. 반면에 부모가 통제력이 높고 반응성은 낮은 경우라면, 너무 엄격해서 훈육 방식이 혹독하고 자녀의 필요에는 신경 쓰지 않는 권위주의형 부모다.

권위주의형에 해당하는 부모는 자녀가 올바른 결정을 내릴 것이라고 믿지 않는다. 따라서 부모가 모든 것을 결정하고 자녀는 그 결정을 군말 없이 따라야 한다. 권위주의형 부모는 아이들이 올바른 선택을 내리도록 가르치려고 공포 심리를 자극해 위협하거나 벌을 주는 방법을 이용한다. 권위주의형 부모는 흔히 "내가 그러라고 하면 그런 줄 알고 그대로 해"라고 말한다. 1천 명이 넘는 부모를 대상으로 진행한 한 설문조사에서 권위주의형 부모는 "자녀를 무조건 사랑해야 한다"라는 항목에 겨우 31%만 동의했다. 권위주의형 부모는 동기부여가 필요할 때 당근이 아닌 채찍을 중요하게 쓴다.

권위주의형 부모를 식별하기란 어렵지 않다. 자녀가 골을 놓치면 즉시 비난부터 쏟아낸다. 시험 점수가 저조할 때마다 외출 금지령을 내리고 "더 열심히 공부해"라고 잔소리만 할 뿐 필요한 지원은 하지 않는다. 권위주의형 아버지는 아들을 '강한 아이로 키우는 일'이 자기 역할이라고 인식한다. 슬픔이든 무서움이든 꾹 참아내고 절대 울지 말고 어린애처럼 굴지 말라고 아들을 다그친다. 사회 인식이 달라졌어도 미국에서는 혹독한 훈육이 자녀에게 유익할 뿐 아니라 그렇게 하지 않는 부모들 탓에 '나약한' 미국으로 전락한다고 보는 부모들이 많다. 한 설문조사에 따르면, 부모가 자녀를 너무 무르게 다룬다고 답한 미국인들이 무려 81%로 나타났다. 스포츠 지도자들뿐만 아니다. 부모들 역시 자녀에게 애정을 듬뿍 주고 있는 힘껏 지원하면 아이가 '나약'해진다고 생각하는 경우가 많다.

자녀에게 요구하는 사항이 많거나 벌을 주는 행위가 나쁘다는 말이 아니다. 권위주의형 부모의 문제는 두 가지다. 첫째, 아이에게 "더 열심히 해야지"라고 야단만 치고 벌을 주는 방법으로는 좋은 결과를 내지 못한다는 점이다. 둘째, 요구 사항은 지나치게 많고 지원하는 내용은 적다는 점이다. 기준이 높고 요구 사항이 많은 만큼 지원도 많이 하는 경우라면 골디락스가 찾던 안성맞춤 침대에 해당한다. 높은 기대치에는 그만한 이해심과 애정이 뒤따라야 한다. 이 두 가지 기준에서 모든 부모는 각자 상황에 따라 양육 방식에 차이를 보인다. 문제는 아이에게 기대하는 수준과 지원하는 수준이 심각하게 불일치할 때 발생한다.

바움린드가 분석한 내용은 본래 부모와 자녀 사이에 적용되지만, 기본 원리는 사람 사이 모든 관계에도 똑같이 적용된다. 언젠가부터 우리는 강인함이 무엇인지 참의미를 놓치고 말았다. 스포츠계와 가정 그리고 기업에서도 강인함을 기르는 공식 가운데 반쪽만 적용한다. 상대에게 필요한 것이 무엇인지 민감하게 챙기고 다정하게 보살피는 법을 잊었다.

─────────── **강인한 사람은 냉혈한인가?** ───────────

냉혹하다^{callous}: 마음을 독하게 다지다, 무정하다, 바늘로 찔러도 꿈쩍하지 않는다. 강인함을 묘사할 때 이 '냉혹하다'라는 말만큼 자주 등장하는 단어도 없다. 사람들이 개인 선수나 팀을 가리켜 "물러 터졌다"라고 말할 때 이는 독하게 마음먹을 때라는 뜻이고 경쟁을 앞두고 는 "절대 나약한 모습을 보이지 말라"라고 신신당부하곤 한다. 우리는 영화 〈가라데 키드Karate Kid〉처럼 학교에서 괴롭힘을 당하던 주인공이 강인하게 성장해서 돌아와 자신을 괴롭혔던 학생들을 응징하는 유형의 이야기를 미화한다. 유소년 스포츠 센터에서는 특정 훈련에 적응하는 목적이 아니라 단지 '아이를 강하게 키우는 차원'에서 운동장을 돌게 하고 버피 운동을 시킨다. 강인한 아이로 키운다는 명목 아래 불합리한 행위도 서슴지 않는다. 마크 하이먼Mark Hyman은 저서 《망가질 때까지Until It Hurts》에서 전국 각지의 유소년 스포츠 센터를 방문하고 그 경험담을 담았는데, 운동을 마친 아이가 구토하거나 아이들을 향해 모욕적인 언사를 써가며 부모가 연설을 늘어놓는 모습 등을 자주 목격했다고 한다. 열한 살짜리 아이가 토할 때까지 달리게 한 부모가 제시한 정당한 이유는 무엇이었을까? "아이 안에서 라크로스 전사 기질을 끌어내려면 혹독한 훈련이 필수거든요."

강인한 사람이란 바늘로 찔러도 꿈쩍하지 않고 아무것도 두려워하지 않으며, 감정을 드러내지 않고, 나약함을 절대 보이지 않는 사람이라고 사람들은 생각한다. 게다가 이 오해는 너무 오래되었다. 그러나 가장 강인한 사람은 냉혈한이 아니다.

더구나 강인함을 정의할 때 남성성과 마초 이미지와 결부해 오해를 키웠다. 강인한 사람이라면 약한 모습을 절대 드러내지 않고, 아무리 고통스러워도 이를 악물고 경기를 완주해야 한다. 우리가 평소 쓰는 말에도 이 오해가 드러난다. 전국 각지의 경기장에서는 오늘도 감독진이나 부모가 아이들에게 "사내답게 굴어!"라든지 더 심하게는 "계집 애처럼 굴지 마!"라며 호통친다. 영화 〈그들만의 리그A League of Their Own〉는 세계 최초로 출범한 여자 프로야구 리그를 다뤘는데 여기 나온 유명한 대사는 선수들에게 어떤 태도를 요구하는지 보여준다. "야구에 눈물은 없다!"

강인함을 말할 때 남성성이 깊이 각인된 탓에 강인한 사람을 대표하는 사람을 물어보면 흔히 떠올리는 이미지가 정해져 있다. 기량이나 용맹함에 별 차이가 없어도 덩치가 작은 여성보다는 더 록The Rock이나 빈 디젤Vin Diesel 같은 남성을 언급하는 경우가 더 많다. 야수처럼 힘이 세고 자신감이 철철 넘치는 남자를 사람들은 강인한 사람으로 여긴다는 뜻이다. 앞으로 살펴보겠지만, 남성성을 과시하는 사람일수록 '나약한' 사람일 때가 많다. 여러 연구 결과에서 일관되게 보여주듯, 상대 남성 선수보다 말없이 고통을 이겨내는 여성 선수가 거짓된 자신감이나 허풍이 아니라 올바른 의미에서 진정한 강인함을 보여주는 표본일지도 모른다.

스포츠계뿐만 아니라 여러 분야에서 강인함을 그릇되게 인식한다. 남성미가 넘치고 참을성이 강하고 냉혹한 사람을 강인한 사람과 혼동한다. 바비 나이트 감독 유형의 훈련 방식, 권위주의형 부모의 양육 방식 그리고 팀원을 냉혹하게 몰아붙이는 상사는 모두 구시대 방식의 강인함을 요구한다. 버거운 과제를 요구하고 몰아붙여 이른바 "내면의 전사"를 깨워야 강해진다는 신화 역시 그릇된 개념에 근거한다. 이는 군대식 훈련이 강인함을 키우는 정석이라고 믿던 시절의 잔재다.

스포츠 지도자와 부모들은 마치 군대 교관처럼 선수와 자녀를 다루곤 했다. 사람들은 강인함의 본질을 호도한다. 우리는 어느새 내면의 힘보다 겉으로 드러나는 힘을 중시하게 되었다. 그리고 여기에는 그만한 대가가 따른다.

───────── **냉혹함을 강인함으로 착각할 때 생기는 문제** ─────────

2018년 5월 29일, 메릴랜드대학교 미식축구팀은 체력 단련으로 10회 100야드(약 100m) 전력 질주 훈련을 진행했다. 등번호 7번을 달고 뛰는 19세 조던 맥네어Jordan McNair는 극심한 피로가 쌓였음을 알리는 징후를 보였다. 보고서에 따르면 맥네어는 허리를 제대로 펴지 못했으며 위경련을 호소했다. 선수가 더는 뛰지 못하겠다고 판단하는 평범한 수준의 피로도가 아니었다. 한계에 다다른 맥네어의 몸은 강렬하게 저항하며 구조 요청을 보내고 있었다. 그렇지만 감독과 트레이너들은 맥네어를 훈련에서 빼주기는커녕 "저 ***를 일으켜 세워!" 그리고 "*** 끌고서라도 가!"라며 다그쳤다. 영상을 보면 마지막 전력 질주 때 동료 선수들이 맥네어를 부축해 걷다시피 해서 겨우 완주했다. 트레이너들은 맥네어가 위경련을 호소한 지 34분이 지나서야 운동장에서 내보냈고, 다시 28분이 지나서 911에 전화를 걸었다. 마지막 전력 질주 훈련부터 구급차가 와서 맥네어를 병원에 후송하기까지 총 1시간 28분의 시간이 흘렀다. 2주 뒤 맥네어는 열사병으로 병원에서 눈을 감았다. 참담한 수준의 의료 대응 때문이기도 하고, 고통을 참고

20

훈련하도록 밀어붙여도 되는 상황과 실제로 위험한 상황을 구분하지 못한 무능함 때문이기도 하다.

지난 십여 년 사이에 선수들이 다치고 목숨을 잃는 사건이 증가하고 있는데 여기에는 잘못된 방식으로 강인함을 키우는 풍조도 한몫한다. 횡문근융해증rhabdomyolysis은 드물게 발생하는 질병으로, 손상된 근육 세포 물질이 혈액에 침투해 신장에 과부하를 일으킨다. 심한 경우 환자가 목숨을 잃는다. 과거에는 주로 감염이나 약물 사용으로 발생하다가 근래는 극심한 운동으로 발생하는 사례가 늘어나 드물지 않은 질병이 되었다. 푸쉬업, 스쿼트, 버피 등의 운동을 선수들에게 끊임없이 반복시키는 훈련은 체력을 강화하는 목적이 아니라 선수를 '시험'하는 수단으로 쓸 때가 많다. 오하이오대학교 스포츠비즈니스 학과 교수 데이비드 리드패스B. David Ridpath에 따르면 이런 운동은 진짜 목적이 따로 있다. "감독이 선수들을 강인하게 키우고 싶을 때나 기존 선수를 몇 명 정리하고 우수 선수를 데려오고 싶을 때가 있다. 이때 체력 코치는 사적 감정을 섞어 선수들을 고통스러운 지경까지 훈련하며 선수들을 길들이곤 한다." 스포츠 과학으로 경기력이 크게 향상됐다고 생각하는 이들이 많겠지만, 선수를 강인하게 키운다는 구실을 내세워 혹독한 지옥 훈련을 진행하는 관행은 오늘날에도 계속되고 있으며 그 폐해도 여전하다.

학교나 가정에서는 강압적인 훈육으로 사람이 사망하는 일은 없을지 몰라도 여러 연구 결과를 보면 심각한 심리적 폐해를 끼친다. 권위주의형 부모에게 시달린 아이들은 그렇지 않은 아이들보다 자립심이 낮고, 훨씬 공격적인 태도를 보이고, 약물 남용이나 비행을 저지를 가능성이 더 크다. 스포츠 현장에서 선수들을 일일이 통제하고 과도한 기준을 요구하는 지도 방식도 성과가 저조하다. 이렇게 훈련받은 선수들은 경기에 들어가면 다른 선수보다 승부 근성이 더 떨어지고, 감정 소모가 커지는 것으로 나타났다. 또 번아웃 증후군을 겪거나 실패를 두려워하는 경우가 많았다.

몸과 마음을 단련하는 측면에서는 통제를 강하게 하는 방식이 성과가 좋으리라 생각하겠지만 그렇지 않다. 1200명이 넘는 부모를 대상으로 조사한 결과, 권위주의형 부모 밑에서 자란 아이들은 다른 아이들보다 비행을 저지를 확률이 훨씬 높았다. 통제가 심한 지도 방식이 더없이 어울리는 곳으로 보이는 군대에서조차 성과는 저조하다. 이스라엘 군대를 보면 권위주의 양육 환경에서 자란 병사가 세심한 양육 환경에서 자란 동료 병사에 비해 힘든 병영 생활에 대처하고 적응하는 능력이 훨씬 떨어졌다. 권위주의형 부모는 제대로 훈육한다고 생각하겠지만 실제로는 인격을 제대로 기르지 못한다.

'강인함'을 기른다는 권위주의형 교육과 양육, 또는 코칭은 도리어 연약하고 자립심이 약한 개인을 기르는 결과를 낳는다. 처벌이 두려워서 무조건 규칙을 따랐던 아이가 자신을 통제할 부모가 옆에 없을 때 어떻게 행동할까? 두려움이 동기부여의 원천이었던 아이가 나중에 성인이 되어 독립했을 때 어떻게 행동할까? 감독이 코앞에서 고래고래 소리 지를 때만 열심히 뛰던 미식축구 선수가 감독이 없으면 경기장에서 어떻게 행동할까? 한 젊은 선수가 체벌 경험에 관해 답변한 인터뷰를 보면 방금 열거한 질문에 관한 답이 보인다. "감독들은 훈련을 징계 수단으로 사용해요. 선수들을 더 강하게 키우고 싶기 때문입니다…. 이런 훈련을 받으면 '벌 받지 않으려면 더 열심히 뛰고 잘해야겠다'라고 생각하게 됩니다." 이 젊은이는 자기 실력을 향상하고 싶어서, 아니면 시합에서 우승하고 싶어서, 아니면 자기만의 동기를 성취하고 싶어서 열심히 훈련한 게 아니다. 그저 벌을 받고 싶지 않아서 열심히 운동했다. 이는 강압적으로 지도할 때 발생하는 폐해를 그대로 보여주는 사례다.

구시대 방식으로 강인함을 길러야 한다고 고집하는 사람은 아이들에게 수영을 가르칠 때 수영장 깊은 곳에 집어넣는 방법이 제일 좋다고 믿는 사람이나 마찬가지다. 이 방법으로 수영을 배우는 아이들도 있겠지만 큰 사고를 초래하는 경우가 더 많다. 누구나 진정한 강자가 될 수 있고 강인함을 기르고자 한다면 더 좋은 방법이 있다.

진정한 '강인함'이란 무엇인가?

강인함을 기르려고 인정사정없이 몰아붙이는 방법을 쓸 때 발생하는 문제는 두려움과 권력에 못 이겨 움직이는 사람으로 변해가는 데 있다. 이런 환경에서 어려운 일을 참아내는 이유는 다른 게 아니라 '나'를 향해 소리 지르는 사람이 있거나 아니면 과제에 실패했을 때 벌을 받는 일이 두려워서다. 이때 우리는 내면의 힘을 기르기보다 강인함을 겉으로 내보이는 데 익숙해진다. 힘든 시기를 헤쳐나갈 실질적인 방법을 모색하는 일보다 "아무것도 두렵지 않아!"라고 소리치며 센 척하는 것이 더 중요해진다. 이런 '강인함'에 길든 사람에게서 그 사람을 통제하며 권력을 휘두르는 윗사람과 두려움을 제거하면 어떻게 될까? 그에게는 역경을 헤쳐나갈 아무 기량도 남지 않는다. 강인함을 기르는 구시대 방식은 망치를 하나 주고 어떤 문제든 부숴버리고 앞으로 나아가기를 요구한다. 그러나 진정으로 강인한 사람이란 인정사정 없는 냉혈한을 뜻하는 게 아니다.

우리는 앞뒤 가리지 않고 사람을 위협하는 행위를 강인함을 기르는 수단으로 너무 오랫동안 착각했다. 지금까지 우리는 바비 나이트 감독이나 권위주의형 부모와 똑같은 실수를 저질렀다. 우리는 실제로 강인해지는 것과 강인해 보이는 모습을 혼동한다. 아이를 냉혹하게 몰아붙이면서 제대로 훈육한다고 착각한다. 그러나 이는 모두 가짜 강인함이다.

가짜 강인함을 구별하기는 어렵지 않다. 바비 나이트는 통제력을 잃고 '훈련' 명목으로 선수들에게 성질을 부렸다. 힘 있는 척해도 사실은 강단이 부족한 사람의 모습이다. 이런 사람에게는 신체 힘으로 상대를 누르는 일이 강인함이고, 약자나 아랫사람을 괴롭히는 일이 강인함이다. 동네 체육관에서 힘자랑하며 시비 거는 사람. 게시판에서 익명으로 막말을 내뱉는 사람. 학교에서 다른 아이를 괴롭히는 학생. 자신의 불안함을 감추려고 부하 직원에게 소리치는 상사. 선수들을 혹독하게 다루어 툭 하면 부상을 초래하고 아프게 하는 체력 코치. 사람들은 자기 고통과 괴로운 현실을 직면하기보다 '타인'을 미워한다.

후자가 전자보다 훨씬 수월해서다. 부모는 자녀의 일거수일투족을 통제하는 것이 올바른 훈육이라고 착각한다. 감독은 선수를 일일이 통제할 줄 알아야 존경받는다고 오해한다. 사람들은 대부분 겉보기에 강인한 사람이라면 강단 있고 추진력도 강한 사람이라고 착각한다. 우리는 가짜 강인함에 속아 넘어갔다.

> * 권위와 통제 중심으로 기르는 강인함은 가짜다.
> * 두려움을 자극해 기르는 강인함은 가짜다.
> * 불안한 마음을 감추려는 강인함은 가짜다.
> * 내면의 힘보다 외면의 힘을 중시하는 강인함은 가짜다.

우리는 새 시대를 산다. 최신 과학과 심리학은 어려움과 고통을 극복하는 문제에 관해 과거와는 전혀 다른 개념을 제공한다. 스포츠든 학업이든 비즈니스 현장이든 무조건 난관을 돌파해내면 또는 자신을 닦달하고 괴롭히면 그만한 성과를 내고 강인함과 회복탄력성을 기를 수 있으리라 생각하지만 그렇지 않다. 진정으로 강인한 사람은 불편함과 괴로움을 피해 도망치지 않고, 몸으로 겪는다. 그 실체가 무엇인지 찬찬히 들여다보고 대책을 모색한다. 그리고 가장 좋은 해결책을 찾을 때까지 괴로움을 헤치고 나간다. 어려운 문제를 처리하며 주어진 조건에서 최선의 결정을 내리는 사람이야말로 진정으로 강인한 사람이다. 여러 연구 결과를 보면, 최신 과학에 근거한 강인함이 구시대 방식으로 기르는 강인함보다 성과를 내는 데 효과가 더 크다.

진정으로 강인한 사람이 되는 일은 가짜로 흉내 내는 일보다 훨씬 어렵다. 명장으로 꼽히는 감독을 한 명 살펴보면서 강인함이 무엇인지 알아보자. 이 감독은 '자기 방식으로 경기를 보는' 선수를 인정하고 선수 개성을 존중한다. 선수들에게 명상과 요가를 권장하고, 회의하다가도 선수들이 흥분하면 링 던지기 게임을 하며 분위기를 전환한다. 한 인기 선수는 말했다. "그분은 한 번도 부정적으로 말씀한 적이 없고 소리를 지르지도 않습니다. 실수가 나오면 이를 좋은 기회로 전환할 방법을 찾아내죠."

이 사람은 다름 아닌 피트 캐롤Pete Carroll이다. 캐롤은 성자가 아니라 감독이다. 1990년대에 미국 내셔널풋볼리그NFL 감독에서 해임당한 캐롤은 다른 사람을 모방하는 일을 그만두고 자신만의 길을 개척했다. 피트 캐롤 감독이라고 하면 허허실실 웃어넘기며 선수들을 '너그럽게' 지도해 '선수들이 좋아하는' 감독으로 먼저 생각할지 모른다. 그러나 캐롤은 NCAA 풋볼 챔피언십과 슈퍼볼 대회에서 모두 우승컵을 거머쥐었으며 이 기록을 보유한 감독은 역대 세 명뿐이다. 그리고 캐롤 역시 강인함을 신봉한다.

캐롤은 위기 돌파 능력이 좋은 선수를 원한다. 그러나 캐롤은 엄격한 훈련만으로 이처럼 강인한 선수를 기를 수 있다고 보지 않는다. 캐롤이 생각하는 강인함의 원천은 다른 곳에 있다. 강인함이란 경기에 집중하도록 만드는 내적 동기에서 나온다. 강인함이란 상황이 뜻대로 흘러가지 않더라도 어려움을 부정하지 않고 다시 일어서려는 의지력에서 나온다. 강인함이란 인내와 열정에서 나온다. 캐롤은 선수들에게 어려운 일을 시키는 역할도 주저하지 않고 기꺼이 수용한다. "경쟁은 멈추지 않는다"라는 말을 달고 사는 캐롤이다. 선수들이 난관을 스스로 헤치고 나가도록 기량을 갈고닦게 하는 일을 캐롤은 감독의 역할이라고 생각한다. 스포츠 웹진 〈블리처 리포트The Bleacher Report〉에 따르면 캐롤은 다음과 같이 자기 소신을 피력했다. "자신이 준비된 선수임을 믿고 자신감이 흔들리지 않도록 가르칩니다. 아울러 자신이 할 수 있는 일이 무엇인지 가능성을 깨닫고 경기장에서 그 일을 수행할 수 있음을 스스로 믿도록 지도합니다."

　캐롤은 선수들이 진정한 강인함을 기르도록 힘쓴다. 말하자면 통제 대신 자율에 무게를 두고, 겉으로 드러나는 강인함 대신 내면의 힘을 다진다. 무조건 밀어붙이는 대신 유연하게 규칙을 조정한다. 두려움 대신 내적 동기를 부여한다. 불안함 대신 자기 확신을 북돋우고 흔들림 없이 정진하도록 지도한다. 이제는 전근대적 강인함에서 벗어날 때다. 눈으로 확인하는 힘이나 권력 그리고 군대식 극기훈련 및 전쟁 비유가 통하던 시대는 지났다. 혹시 피트 캐롤이 예외 사례일 뿐이라고 생각한다면, 내셔널풋볼리그 역사상 최고 명장으로 꼽히는 돈 슐라Don Shula, 빌 월시Bill Walsh, 토니 던지Tony Dungy를 빼놓으면 안 된다. 농구 감독 사례로는 존 우든John Wooden, 딘 스미스Dean Smith, 브래드 스티븐스Brad Stevens, 마이크 댄토니Mike D'Antoni가 있다. 댄토니 감독은 피드백 시간에 선수들을 어떻게 다루는지 내게 말한 적 있다. "항상 긍정적으로 피드백을 제공합니다."《스포츠 세계에서 사라진 스포츠 정신Ego vs. Soul in Sports》의 저자 켄 리드Ken Reed는 핵심을 짚었다. "롬바르디Lombardi

나 바비 나이트 감독 유형의 성공 사례를 열거하는 사람을 볼 때마다 나 역시 이들 못지않게 성과가 좋은, 어쩌면 더 뛰어난 부드러운 리더십 사례를 열거할 수 있다. … 우든, 슐라, 던지, 스티븐스 같은 감독이 성과를 증명했는데도 우리 사회는 독재자처럼 강력한 감독을 더 좋은 지도자로 여기는 습성이 있다. 이런 지도자가 승률이 더 높다고 생각한다. 이는 미신이다. 여기서 악순환이 발생한다."

다시 말하지만, 이번 장에서 하는 이야기는 허황한 이론이 아니다. 과학에 근거한 이론이다. 2008년에 이스턴워싱턴대학교 연구진이 리더십 스타일과 강인함 사이에 상관관계가 있는지 조사했다. 농구선수와 감독 약 200명을 조사한 후 연구진은 결과를 발표했다. "연구 결과를 보면 강인한 정신력을 고취하는 열쇠는 독재자처럼 억압하는 권위주의 리더십에 있지 않았다. 그 열쇠는 뜻밖에도 신뢰와 융화, 겸손 그리고 섬김의 정신을 강조하고 이를 구현하는 감독의 능력으로 나타났다."

진정한 강인함을 기르는 일은 곧 시련이 닥쳤을 때 꺼내 쓸 도구를 제공하는 일이다. 우리는 이 도구를 사용하는 법을 배워야 한다. 두려움에 마지못해 과제를 수행하고 감정을 꾹꾹 억누르면서, 처한 환경이 어떻든 무조건 앞으로 나아가는 방식으로는 강한 척하는 사람을 기를 뿐이며 역경을 만나면 부서지기 쉽다. 진짜로 강인한 사람은 몸과 마음의 소리를 거스르지 않고 그 소리를 경청하며 나아간다. 자신이 처한 상황을 직시하고, 그 현실을 바꾸기 위해 할 일이 무엇인지 살핀다. 타인이 제공하는 피드백을 정보로 여기고 길잡이로 삼는다. 떠오르는 생각과 감정을 억누르지 않고 수용한다. 어려움에 직면할 때 유연하게 대응할 방법을 찾는다. 강인한 사람은 괴로운 상황에서도 올바른 판단을 내릴 때까지 서두르지 않는다.

불안, 두려움, 고통, 불확실, 피로 등 그 어떤 괴로움이 닥쳐도 강인한 사람은 이를 감내하며 나갈 길을 찾는다. 막무가내로 밀어붙이거나 억지로 뚫고 나가지 않고 목표 지점에 이르는 길을 찾는다. 그러려면 정면으로 돌파할 때가 있는가 하면 우회할 때도 있고, 아래로 내려가 장애물을 피할 때가 있는가 하면 위험이 지나갈 때까지 기다릴 때도 있다. 괴로움을 감내하며 올바른 결정을 내리는 일이 강인함이라고 정의한다면 근성 있게 버티거나 이 악물고 노력하는 일을 넘어 훨씬 넓은 시각에서 강인함을 말할 수 있다. 괴로움의 정체를 어떻게 파악하고, 어떻게 받아들일지 또 어떻게 대처할지 사고를 전환하면 해결책도 달라진다. 목표에 이를 때까지 단계마다 다양한 기술과 접근법이 필요하다. 망치 하나만 있으면 되는 게 아니라 여러 도구가 있어야 한다.

무조건 밀어붙이는 게 아니라 목표에 이르는 길을 찾아 괴로움을 헤치고 나가는 자세를 강인함으로 규정하고 회복탄력성 관점에서 강인함을 기르는 이론은 사실 낯설지 않다. 사람을 통제하고, 남성성을 강조하며 극한까지 몰아붙여 강인함을 기르는 완벽한 본보기인 군대가 수십 년 전부터 이 새로운 이론이 등장할 길을 세밀하게 닦았기 때문이다. 엄격한 기준을 세우고 통제하는 일에는 전력을 다하면서 자녀에게 세밀하게 반응하고 지원하는 방법을 망각한 부모처럼 우리는 극기훈련하듯 자신을 몰아붙일 뿐 자신을 올바로 단련하고 지원하는 법을 잊어버렸다.

강인함의 핵심

진정으로 강인한 사람은 불편함과 괴로움을 피해 도망치지 않고, 몸으로 겪는다. 그 실체가 무엇인지 찬찬히 들여다보고 대책을 모색한다. 그리고 가장 좋은 해결책을 찾을 때까지 괴로움을 헤치고 나간다.

진정한 강인함을 찾아서

출발선에는 선수 일곱 명이 서 있었다. 나는 휴스턴대학교 학생으로 빨갛고 하얀 유니폼을 입었고, 나머지 여섯 명은 모두 UC버클리 대학생으로 파랗고 노란 유니폼을 입었다. 우리는 이른바 '돈 보우덴 마일' 경기에 참여한 선수들이었다. 돈 보우덴Don Bowden은 캘리포니아 대학 경제학과 학생으로 1957년 20세 나이에 미국인 최초로 1마일(약 1600m) 4분 장벽을 깨뜨렸다. 그로부터 50년이 흐른 2007년, 우리 일곱 명도 이 기록을 달성하고자 출발선에 섰다.

출발 총소리가 울리고 나는 앞으로 튀어 나갔다. 페이스세터 역할을 맡은 선수들 두 명 뒤에 붙어 세 번째로 자리를 잡았다. 참고로 처음에 선두권을 형성하는 페이스세터는 자기 팀 선수들의 경기 운영을 위해 달리다가 중반 이후에 후미로 이탈하곤 한다. 작은 경기장에서 쓸 수 있는 전략은 단순했다. 선두 뒤를 바싹 따라가 앞 선수의 뒤

통수에 시선을 고정한 채 아무 생각 없이 달린다. 그러다가 한 바퀴쯤 남았을 때 정신을 차리고 곧 닥칠 고통과 피로를 참아내는 데 정신력을 동원한다.

어떤 경기든 중반까지는 머리를 비울수록 좋다. 생각이 많으면 정신력을 낭비할 뿐이다. 경기 중반까지는 인내하는 것 외에 딱히 생각할 것도 없다. 그 사이 우승할 사람은 아무도 없다. 생각이 많으면 에너지만 소모해 우승에서 멀어질 뿐이다. 생각이 적다는 것은 조만간 느낄 격렬한 고통이라든지 제 속도를 유지하지 못할 듯한 의심에서도 멀어진다는 뜻이다. 선수들은 각자 에너지를 조절하며 각 구간을 달린다. 숨이 끊어질 듯한 고통에 어떻게 대처할지, 마지막 순간까지 버틸 에너지가 과연 있을지 조마조마할 때 마음을 어떻게 다스릴지 선수들은 나름대로 방법을 알고 있다. 수차례 경기를 치르며 가다듬은 내 전략은 아무 생각 없이 뛰다가 진짜 경주가 시작되는 순간부터 모든 것을 쏟는 것이다. 나는 마지막 한 바퀴 때 밀려올 괴로움에 맞서 싸울 정신력을 비축한다.

첫 바퀴는 60초 안에 주파했다. 이때 머릿속에 떠오른 생각은 하나였다. '제대로 가고 있다'. 4분 장벽을 깨는 데 필요한 계산은 극히 단순하다. 그렇지 않아도 귀한 산소를 아끼려면 다행한 일이다. 네 바퀴만 세는 간단한 셈조차 압박감이 가중되면 놀라우리만치 힘들어진다. 네 바퀴를 전부 60초에 또는 그보다 빨리 주파해야 기록을 달성한다. 우리가 절반쯤 달렸을 때 트랙 밖에서 감독이 소리쳤다. "1분 59초, … 2분." 모든 게 계획대로 가고 있었다. 머릿속은 고요했고 나는 오롯이

1장 강압적인 사람이 아니라 내면이 강인한 사람이 되는 법

경기에 집중했다. 자동운항 상태에서 빠져나와 남은 연료를 확인할 때가 다가오고 있었다. 계획대로 결승선을 끊을 수 있을지 없을지 살펴야 할 때다.

모든 주자는 피로를 감지하는 자신만의 징후가 있다. 포커 게임에서 미세한 행동 변화가 단서가 되듯 육상에서도 미세한 신체 변화가 단서가 된다. 어떤 선수는 부족한 산소를 들이마시느라 밭은 숨을 쉰다. 이 밖에도 여러 신체 징후가 있다. 어깨를 크게 들썩이는 선수도 있고, 팔을 더 세차게 흔드는 선수도 있다. 잔뜩 긴장한 얼굴이 고통으로 점점 일그러지기도 한다. 몸이 지치면 선수는 이런저런 신호를 드러낸다. 아무리 참을성 좋고 독한 선수라도 징후가 나타난다. 모든 주자는 자신이 어떤 징후를 보이는지 안다. 경쟁 선수보다 여유 있는 상태라면 상대가 보이는 징후도 알아차린다. 앞서 달리던 주자의 상체가 뒤로 살짝 젖혀진다면 이는 그 선수가 코어 근육을 제어하는 데 실패하고 있음을 의미한다. 팔을 더 세차게 흔드는 모습이 보이면 다리에 힘이 빠지기 시작해서 다리를 대신해 팔이 분주해졌음을 의미한다. 몸이 지치면 한계점을 노출한다.

나는 경기를 수백 회 뛰면서 한계점을 경험했는데, 내 약점은 언제나 다리였다. 몸이 지치면 늘 다리에서부터 티가 났다. 반면에 호흡은 불안정할 때가 없었다. 다리 말고 다른 신체 부위가 말을 듣지 않을 때도 호흡은 일정했고 언제나 내 뜻대로 제어할 수 있었다. 나는 이 점을 유리하게 이용하곤 했다. 경기 중반이 넘어가면 내가 전혀 지치지 않은 것으로 상대 선수가 속아주길 바라면서 한두 마디 짧게 읊조렸다.

몸에 문제가 생겼음을 처음 알아차린 것은 1609m 경주에서

900m를 지났을 때였다. 목 근육이 긴장하며 숨통을 조이는 듯한 느낌이 들었다. 마시던 물이 기도로 잘못 들어가기라도 한 듯 숨이 턱 막혔다. 평정심이 산산이 깨져버렸다. 조정석에서 요란하게 경고음이 울린 것처럼 자동항법 장치에 맡겼던 정신이 화들짝 깨어났다. '뭐였지? 뭐가 잘못된 거지? 어째서 숨쉬기 힘들지? 너무 이르잖아. 다리는 멀쩡한데. 망했어. 아직 절반이나 남았다고. 기록 달성은 물 건너갔어.' 고요하던 마음이 와르르 무너졌다.

나는 십 년 넘게 달리면서 갈고닦은 기법을 총동원해 놀란 마음을 진정시키려고 애썼다. 남은 구간을 관리 가능한 단위로 쪼개고, 몸의 피로는 무시하고 무조건 완주하려고 마음먹었다. 나는 초짜가 아니었다. 달리다 보면 당혹스러운 일이 발생할 때가 있다. 내 조치는 잠시나마 효과가 있었다. 나는 고개를 숙이고 방금 내가 겪은 일이 무엇이건 이를 악물고 끝까지 달리기로 했다. 나는 여태 약한 모습을 보인 적이 없었다. 강인했기에 지금까지 달릴 수 있었다. 마지막 페이스세터가 선두권에서 이탈하려는 참이었다. 그러면 내 앞에는 1등으로 달리는 캘리포니아대학교 주자 한 명만 남는다. 한 바퀴 반만 더 달리면 영예를 얻을 수 있었다. 나는 버틸 수 있다고 다짐했다.

이상 징후를 느낀 뒤 100m쯤 더 뛰었을까 싶은데 내 안에서 큰 소리가 들렸다. '숨을 쉴 수가 없어. 도대체 숨을 쉴 수 없다고!' 숨을 들이쉬려고 할 때마다 목이 컥컥 막혔다. 무엇인가가 기도를 틀어막은 것 같았다. 달리기를 멈추고 트랙 밖으로 나가는데 갑자기 몸이 말을 듣지 않았다. 막힌 기도를 열기 위해서인 듯 머리가 저절로 뒤로 젖혀졌다. 나는 그대로 무릎을 꿇고 주저앉았다. 공포가 온몸을 엄습하고 얼마나 지났을까, 누군가 내 기도를 막고 있던 것을 제거한 듯 숨쉬기가 편안했다. '대체 뭣 때문에 숨이 막혔을까?'라고 생각했던 기억이 난다.

육상선수로서 '강인한' 면모를 지닌 내가 나는 늘 대견했다. 고등학교 때부터 나는 한계점까지 밀어붙이며 달렸고 경기가 끝나고 나면 매번 구역질하는 선수로 악명이 높았다. 대학 때 나를 가르친 여러 감독 가운데 테레사 푸쿠아Theresa Fuqua가 한번은 이렇게 말했다. "정말 치열하게 달리는구나. 네가 전력을 다한다는 것은 분명해. 다만 경기 당일에 네 의지만큼 몸이 따라줄지가 문제다." 2007년 그날 내 몸과 마음이 산산이 무너지기까지는 단 몇 초밖에 걸리지 않았다.[01]

이듬해에 나는 그날 벌어진 사건의 원인을 찾아내려고 애썼다. 목에 내시경을 넣어 검사하고, 심장 초음파 검사를 하고, 지칠 때까지 러닝머신을 달리고 자전거 바퀴를 돌리는 등 수십 가지가 넘는 검사를 한 끝에 진단이 내려졌다. 미국 각지에서 온 전문가 여섯 명을 거쳤는데 알레르기 전문의가 해답을 찾아냈다. 스티븐 마일스Stephen Miles 박사는 관찰력이 예리해서 검사할 때 사소한 것도 놓치지 않았고 생소한 질병도 정확하게 알아냈다. 마일스 박사는 내 문제의 원인이 역행성 성대

---

01 캘리포니아대학교 선두 주자였던 데이비드 토렌스(David Torrence)는 이날 경주에서 4분대 벽을 돌파했다. 향후 데이비드는 국가대표로서 2016년도 올림픽에 진출한다. 데이비드는 안타깝게도 2017년에 세상을 떠났다. 데이비드는 운동선수 가운데 손에 꼽을 정도로 좋은 사람이었다. 당시 경주는 내게 비극이었으나 지금 돌이켜보면 참으로 감사한 기억 중에 하나다. 세상에 긍정적인 영향을 끼쳤으며 오래 살았더라면 좋은 친구가 되었을 데이비드와 함께 달렸던 인연이 고맙다. 고인의 명복을 빈다.

운동장애paradoxical vocal cord dysfunction(이하 성대 기능장애)라고 진단했다.

성대는 후두에 위치하고 호흡기관이자 말 그대로 소리를 내는 기관이다. 성대는 숨을 들이마실 때 활짝 열리고, 숨을 뱉을 때 좁아진다. 또 보호 기능이 있어서 공기 이외의 이물질이 기도에 들어가지 않도록 차단한다. 성대는 거의 자동으로 열리고 닫힌다. 우리가 굳이 의식하지 않아도 열고 또 닫을 수 있다는 뜻이다. 성대 기능장애를 겪는 사람은 이 기능이 고장 난 경우다. 성대가 오작동해서 숨을 들이마실 때 제대로 열리지 않고 오히려 수축한다. 현대 의학에 따르면, 성대가 극도로 민감한 상태여서 약간의 위험만 감지해도 의뢰인을 보호하고자 서슴없이 총을 쏘는 경호원처럼 반응한다.

성대가 비자발적으로 닫힌다. 나처럼 증상이 심한 경우 숨을 쉴 수 없는 불편을 겪는다. 장애가 발생하면 대개는 공포와 두려움, 불안이 동반한다. 성대 기능장애를 겪는 환자들은 숨 막히는 증상을 경험하면 트라우마가 남아 두려움이 커진다.

성대가 비정상으로 작동하는 원인은 무엇일까? 매일 아무 문제 없이 호흡하는 수십억 인구와 달리 어쩌다 내 성대는 고장이 났을까? 미국 흉부학회American Thoracic Society에 따르면 오작동을 일으키는 원인은 '격렬한 감정'과 스트레스라고 한다. 후두 과민 반응 증상과 신경계 기능 이상을 원인으로 꼽는 이들도 있다. (심리적이든 신체적이든) 스트레스 인자에 반응할 때 이 두 가지 증상이 결합해 성대가 닫힌다고 설명한다. 그날 일은 경주 중에 심심치 않게 겪는 '위기'로 선수들은 이럴 때 고통을 무시하고 경기를 완주하거나 아니면 속도를 줄인다. 그러나 내 경우는 대참사가 벌어지고 말았다.

어려서부터 달리기는 내게 가장 자신 있는 일이고 또 내 자존감의 원천이었다. 그러나 그날 이후 몇 년간 성대 기능장애를 해결하려고 애쓰는 사이에 나는 달리기가 점점 두려워졌다. 훈련만이 살길이라고 믿었고 매번 구역질이 날 때까지 나를 밀어붙였던 것이 문제였다. 이 훈련 방법은 내 문제를 악화시키는 역효과를 낳았다. 내가 좋아하는 달리기를 계속하려면 새로운 전략을 찾아야 했다. 몸이 괴로워서 도저히 버티지 못할 것 같은 불안함이 최고조에 달한 순간에도 긴장을 풀고, 호흡을 일정하게 유지하면서 마음을 통제할 방법을 찾아야 했다. 여러모로 이 책은 내가 경기장에서 쓰러졌던 순간에 그 싹을 틔운 셈이다. 진정으로 강인한 사람은 어떤 사람인지 그 의미를 탐구하고, 자주 고장 나는 내면의 세계를 통제할 방법을 찾아내려고 힘쓴 결과물이 이 책이다. 그 방법을 찾아냈기에 나는 다시 달릴 수 있었고, 내가 찾아낸 방법을 육상 외에도 여러 영역에 적용할 수 있음을 곧 알게 되었다.

이 책에서는 달리기 운동을 주로 다룬다. 여기에는 몇 가지 이유가 있다. 이미 알아차렸겠지만, 달리기는 내가 가장 잘 아는 활동이다. 선수로서 수많은 경기를 뛰었고, 수많은 선수들을 지도했으며 또 체계적으로 공부도 했다. 그러나 더 중요한 이유가 있다. 달리기는 혼자 하는 운동이고 엄청난 괴로움과 홀로 싸우며 길을 찾아야 하기 때문이다. 달리기를 비롯해 비슷한 종류의 지구력 측정 시험은 강인함을 연구하기에 더없이 좋은 소재다. 장거리 육상선수가 아니라도 실망할 필요가 없다. 우리 이야기는 스포츠에 한정되지 않는다. 육아 문제부터 상실감을 다루는 법, 그리고 상대가 여섯 살이건 예순 살이건 여러 사람을 관리하고 이끄는 일까지 수많은 영역에서 이 원리를 어떻게 적용하는지 함께 살펴보자. 이 책에는 국내외 정상급 프로 스포츠 선수들과 함께 일한 경험과 아울러 기업가 및 임직원과 협업하면서 얻은 경험이 녹아 있다. 이뿐 아니라 인지 심리학과 신경과학 및 생리학 분야에서 얻은 최신 연구 결과도 반영했다. 이 책에서 소개하는 여러 사례가 스포츠와 관련된 것들이지만 거기서 배울 교훈은 스포츠와 동떨어진 분야까지 적용할 수 있다.

이 책을 완성하기까지 내가 배운 교훈은 단순하다. 우리는 강인함이 무엇인지 그 의미를 근본부터 오해했다. 강인함은 특별한 사람에게만 허락된 재능이 아니다. 누구나 키울 수 있는 능력이다. 그러나 사람들은 대부분 그릇된 틀에 갇혀 있고, 지금까지 설명한 대로 구시대 방식의 강인함에 사로잡혀 있다.

평범한 사람 중에서도 내면의 힘이 강력한 이들이 많다. 이 책에서도 그런 사람들을 만날 것이다. 이들은 강한 척하기를 거부하고 완벽한 사람으로 자신을 포장하지도 않는다. 이들은 근성과 투지가 있으며 타인을 존중하고 동정할 줄 알면서도 미묘하고도 복잡한 인간 본연의 모습을 감추지 않는다. 인기 팟캐스터 리치 롤Rich Roll은 자기를 극복한 사람들 수백 명을 인터뷰하고 나서 이렇게 요약했다. "모두가 살면서 험란한 시간을 만납니다. 난관을 피해 영원히 도망갈 수 있는 사람은 아무도 없어요." 그러니 우리 역시 난관에 부딪히게 되면 그 난관을 관통하며 가장 좋은 길을 찾아내야 한다.

강인함을 키운다는 뜻은 고통을 다루는 법을 익히고 성과를 높이는 데만 목적이 있는 게 아니다. 그것을 넘어 더 건강하고 더 행복한 사람이 되는 데 목적이 있다. 강인함을 기르는 원리를 적용하면 괴로움에 대비하는 법, 괴로움과 마주하는 법, 괴로움에 대응하는 법 그리고 괴로움을 관통하며 나를 초월하는 삶을 찾는 법을 배우게 된다. 또 내면의 갈등과 감정을 다스리는 법 그리고 번아웃 위기에 흔들리는 삶을 회복하는 데에도 도움이 된다.

앞으로 여러 장에 걸쳐 나는 강인함을 기르는 4대 원칙을 소개한다. 여러분이 직면한 곤경이 무엇이든 그 안에서 나아갈 길을 찾는 데 유용한 도구가 될 것이다.

* 제1원칙. 허세를 벗고 현실을 직면한다.

* 제2원칙. 몸이 하는 말에 귀를 기울인다.

* 제3원칙. 바로 반응하지 말고 대응한다.

* 제4원칙. 괴로움은 더 큰 '나'를 만날 기회다.

먼저 우리가 언제부터 강인함의 의미를 착각하고 본래 뜻에서 벗어났는지 살펴보겠다. 어째서 그토록 수많은 이들이 바비 나이트 감독 유형과 권위주의형 부모가 신봉하는 강인함을 그대로 믿고 따르는가? 본론으로 들어가기 전에 어째서 우리가 남들에게 보여주는 강인함을 중시하게 되었는지부터 알아야 한다.

2장
악으로 깡으로 버텨라

오늘날에는 자금이 풍족해서 여러 스포츠 종목에 전폭적인 지원을 아끼지 않지만, 1954년의 텍사스 A&M대학교는 그렇지 않았다. 당시에는 고루한 남자들만 득실대는 '농과대학'이었다. 한 학생은 과거를 돌아보며 말했다. "캠퍼스가 어찌 보면 교도소 같았지요." 폴 '베어' 브라이언트Paul Bear Bryant 미식축구 감독이 켄터키대학교를 떠나 다음 부임지로 텍사스 A&M을 골랐을 때 해당 대학의 신생팀 선수들은 내심 놀라면서도 희망을 보았다. A&M 캠퍼스에서 감독 생활을 시작한 브라이언트는 팀을 탈바꿈시키기로 했다. 프리시즌 훈련 캠프에서 본격적으로 변화를 단행할 생각이었다.

1954년 여름, 브라이언트는 100명에 달하는 선수를 데리고 텍사스의 작은 동네 정션Junction에서 훈련 캠프를 진행하기로 했다. 이곳은 오스틴에서 서쪽으로 140마일(약 225km) 떨어진 곳에 있었다. 정확히 말하면 그 주위에는 아무것도 없었다. 선수들은 훈련 캠프를 잔뜩 기대하고 있었다. 당시 4학년이던 쿼터백 엘우드 케틀러Elwood Kettler는 그때 일을 기억한다. "수영장도 있고 푸른 잔디도 있을 줄 알았어요. 기대감이 컸는데…. 신나는 휴가가 될 줄 알았거든요." 브라이언트 감독의 생각은 전혀 달랐다. 선수들을 극한으로 몰아붙여 "안될 놈을 일찌감치 걸러내고 될 놈들만 남길" 계획이었다. 칼리지스테이션(텍사스 A&M대학교가 있는 도시)에 새로운 바람이 불 것이라는 메시지를 확실히 전달할 생각이었다. 정션 훈련 캠프장은 감독의 의도를 실행하기에 더할 나위 없이 좋은 환경이었다.

브라이언트는 훗날 "캠프 시설이 워낙 열악해서 캠프를 둘러만 봐도 선수들은 기운이 빠졌을 것이다"라고 회고했다. 선수들이 훈련할 경기장도 더 나을 게 없었다. 데니스 괴링Dennis Goehring 선수는 나중에 당시를 떠올리며 "그곳은 미식축구 전용 구장이 아니었다. 아니, 경기장이라고 할 수도 없었다"라고 말했다. 그때 텍사스 힐 컨트리Texas Hill Country는 역사상 최악의 가뭄으로 신음했고 캠프를 차린 정션에서는 불볕더위가 기승을 부렸다. 훈련은 무자비했다. 미키 허스코비츠Mickey Herskowitz는 〈휴스턴 포스트Houston Post〉에서 이렇게 보도했다. "선수들은 실전과 똑같이 연습경기를 치렀고, 여기저기서 구토하는 선수들이 먼저 눈에 띄었다."

훈련 캠프 일정이 진행될수록 이탈하는 선수도 증가했다. 여러 신문에서 사태 추이를 보도했다. "여섯 번째 선수가 텍사스 A&M 팀을 떠나다"라는 소식이 〈워싱턴 포스트Washington Post〉의 헤드라인을 장식했다. 당시 버스 정류장 직원이었던 롭 로이 스필러Rob Roy Spiller에 따르면 선수들은 지옥 같은 훈련 캠프에서 한시라도 빨리 벗어나고 싶어 했다. 정류장에 들어서는 학생들에게 스필러가 물었다. "이른 아침에 어딜 가요?" 돌아오는 대답은 한결같았다. "어디든 상관없어요. 첫 차로 떠날 거예요." 다수의 증언에 따르면, 열흘간의 훈련 캠프가 끝날 무렵 남은 선수는 27~35명 사이였다. 거의 70명의 선수가 중도에 하차했다. 짐 덴트Jim Dent가 쓴 《더 정션 보이즈The Junction Boys》는 이 사건을 다룬 책 중에 고전으로 꼽히는데, 훈련을 끝까지 마쳤던 진 스톨링스Gene Stallings는 이 책에서 선수들이 이탈한 사건을 한마디로 정리했다. "버스 두 대를 타고 갔다가 돌아올 때는 한 대로 왔죠."

브라이언트 감독은 훗날 앨라배마대학교 미식축구팀을 맡아 여섯 차례 내셔널 리그 우승을 차지하며 역사상 가장 위대한 감독 반열에 오른다. 앨라배마대학교로 옮기기 전에 브라이언트는 텍사스에서 자신이 장담했던 목표를 이뤘다. 1956년에 9연승을 거두며 텍사스 A&M에 사우스웨스트 컨퍼런스 우승컵을 안겨주었다. 이 성공의 중심에는 정션 캠프에서 살아남은 선수들이 있었다. 정션 캠프 훈련은 어떤 난관도 극복할 주축 선수들을 길러냈고 패배에 익숙한 팀 분위기를 쇄신했다. 1954년도에 풀백으로 활약한 밥 이즐리Bob Easley는 말한다. "열흘간 지옥 훈련을 견디면 철부지 소년이 진짜 사나이로 변신합니다." 지옥에서 살아남아라. 그러면 성공한다.

정션 훈련 캠프에서 생존한 선수들은 전국의 감독진과 선수에게 하나의 상징이 되었다. 정션 캠프는 혹독했지만 대성공이었다. 팀의 기량을 최고로 끌어올리려면 약한 선수를 제거하고 남은 선수들을 단련해야 한다. 선수 개개인을 강인하게 키우는 것이 팀을 성공으로 이끈 비결이었다. 정션 훈련 캠프를 다룬 책은 베스트셀러가 되었고, 영화로도 만들어져 스포츠 채널ESPN에서 방영되기도 했다. 사람들은 오늘도 이 이야기를 청사진 삼아 강인함을 구축하는 데 힘쓴다.

그런데 정선 훈련 캠프에서 생존한 선수 30명가량은 1954년 시즌에 어떤 활약을 보였을까? 그들은 첫 경기 상대인 텍사스 테크Texas Tech 팀에게 9대 41로 완패했다. 그 시즌의 나머지 경기들도 나을 게 없었다. 1승 9패였다. 정선 보이즈의 활약을 전설로 기억하는 사람들은 그해 시즌에 거둔 참담한 결과는 무시하고 2년 뒤인 1956년에 텍사스 A&M이 9승을 거두며 우승한 사실만 언급한다. 정선 훈련 캠프는 텍사스 A&M 팀이 180도 변신해 역사에 이름을 남긴 비결로 알려져 있다. 세상일이 대부분 그렇지만 진짜 원인을 밝히는 일보다는 결과에 그럴듯한 이유를 붙이는 쪽이 훨씬 쉽다. 텍사스 A&M 팀이 우승컵을 들어 올렸을 때 2년 전에 지옥 훈련 캠프를 끝까지 버텨낸 선수는 실은 8명뿐이었다.

대학 미식축구 최우수 선수에게 주는 하이즈먼 상Heisman Trophy을 나중에 받는 존 데이비드 크로우John David Crow는 터치다운과 야드 전진에서 돋보이는 기록을 세우며 무적의 텍사스 A&M을 이끈다. 그러나 크로우는 1954년에 1학년이어서 상급생 선수들과 함께 정선 훈련 캠프에 참여하지는 못했다. 같은 해에 스타 쿼터백으로 이름을 날린 짐 라이트Jim Wright는 어떤가? 역시 1학년 신입생이라는 이유로 정선 훈련 캠프에 참여하지 못했다. 뛰어난 태클 능력으로 올스타팀에 선발된 찰리 크루거Charlie Krueger는 어떨까? 그 역시 같은 이유로 집에 머물렀다. 브라이언트 감독 재임 시절 A&M 팀의 일원이었던 에드 더들리

Ed Dudley는 훗날 말한다. "[1954년에] 신입생이었던 선수들이 컨퍼런스 대회[1956년]에서 우승했죠."

정션 캠프에서 버텨낸 선수 8명은 A&M이 우승하는 데 중요한 역할을 했지만, 훈련 캠프 이후에 생긴 변화는 이뿐만이 아니었다. 팀은 새로운 유망주를 발탁했다. 브라이언트 감독은 자신의 수단을 동원하고, 선수 영입 규정을 우회하거나 위반하는 꼼수를 써서 A&M의 핵심 선수층을 보강했다. 브라이언트는 자서전에서 말한다. "그해 첫 시즌은 참담했다. A&M에 들어오려는 선수가 거의 없었다. 내가 알기로는 동문 몇 명이 직접 발로 뛰며 유망주를 데려오고 돈을 지급한 것으로 안다." 재능 있는 선수들을 어떻게 데려왔든 간에 실력이 더 뛰어난 선수가 더 좋은 성적을 내기 마련이다.

브라이언트 감독이 채택한 훈련 전략은 강인함을 키우는 비법으로 스포츠계의 전설이 되었지만, 사실 그 전략은 강인함을 키우는 일과는 아무 관련이 없었다. 훈련 캠프는 선수들을 강인하게 키우려는 목적이 아니었다. "알갱이와 쭉정이를 가려내는" 선별 작업이 목적이었다. 그리고 결과로 보면 그 목적을 달성하지도 못한 듯싶다. 브라이언트 밑에서 어이없는 훈련을 겪은 후 그만둔 선수 중에는 지명 순위 상위 선수도 있고, 훗날 내셔널풋볼리그에 진출한 선수도 있고, 심지어 전쟁 영웅이 된 선수도 있었다. 사우스웨스트 컨퍼런스 대회에서 올스타 선수에 뽑히고 이후 내셔널풋볼리그에 진출한 프레드 브로사드 Fred Broussard도 그때 그만둔 선수였다. 그리고 조 보링 Joe Boring도 빼놓을 수 없다. 보링은 나중에 야구 선수로 전향하지만, 애기스 Aggies(텍사스

A&M 미식축구팀을 부르는 애칭)팀이 컨퍼런스 대회 우승을 차지하는 데 한몫했다.

사람들은 일부 선수가 정션 훈련 캠프를 버텨낸 이유는 다른 선수보다 더 강인했기 때문이라고 설명하고 싶겠지만, 이야기가 그렇게 단순하지 않다. '투터Tooter'로도 불리는 포스터 티그Foster Teague는 당시 보도에 따르면 부상으로 훈련 캠프를 떠난 선수 중 한 명이었다. 나중에 티그는 미 해군의 최우수 조종사인 탑건이 되어 베트남전에서 F-8과 F-4 전투기를 몰았다. 티그의 이력서는 최상급 수식어로 가득하다. 은성훈장을 수상하고, 키티호크Kitty Hawk 미 항공모함을 지휘했을 뿐 아니라 소련 전투기 미그Mig를 시험하는 극비 프로그램의 조종사로 발탁되었다. 티그와 브로사드 그리고 보링 같은 인재들이 훈련 캠프를 도중에 떠난 이유는 강인하지 못해서가 아니었다. 부상으로 하차했든 가치관 때문에 하차했든 땡볕 더위에 고통을 강요하는 지옥 훈련에는 그리 설득력이 없다. 장시간 일하면서 최저 임금만 받던 사람이 더 나은 기회를 찾아 사직서를 던지는 것만큼 내면의 용기를 잘 보여주는 지표도 없다.

그렇다면 끝까지 훈련을 버틴 선수들은 어떤가? 그 선수들은 남다른 결기나 정신력이 있어서 그렇게 버틴 게 아니다. 다른 선택지가 없기에 버텼던 이들이 많다. 잭 파디Jack Pardee는 훈련 캠프를 견뎌낸 다른 선수들과 비슷한 불평을 토로했다. "도중에 그만둔다는 생각은 아예 없었어요…. 그만두면 갈 데가 있나요?" 러닝백으로 활약했던 바비 드레이크 키스Bobby Drake Keith는 상황을 정확하게 요약했다. "훈련을 끝까지 마친 선수들을 놓고 그들이 더 강인했느니 뭐니 하며 말들이 많았죠. 제 생각에 훈련 캠프를 끝까지 버틴 선수들은 대부분 이유야 어찌 됐든 미식축구가 중요했기 때문입니다. 팀에 남아 계속 학교에 다니려면 무슨 짓이든 해야 했어요. 어떻게든 살아남아야 한다는 것이 우리의 본능이었죠."

성공 원인을 분석하는 일은 단순하지 않다. 지금 브라이언트 감독이 어느 모로 보나 위대한 감독이나 스승이 아니라고 주장하는 게 아니다. 다만 정선 훈련 캠프가 과연 강인함을 기르는 효과가 있었는지 아닌지 그 여부는 가려야 한다. 해당 훈련 캠프는 브라이언트가 당시에 원했던 목적을 정확히 달성했다. 다시 말해 신임 감독 체제에 맞게 선수들을 대거 물갈이한 것이다. 그러면 해당 훈련 캠프는 선수들을 강인하게 키웠을까? 그해 팀이 거둔 성과를 보면 그 답은 부정적이다. 설령 효과가 있었더라도 기껏해야 3분의 1가량의 선수에게만 해당한다. 나머지 3분의 2가량의 선수들에게는 실패한 훈련이었다. 벽에 달걀을 던지는 방법으로 멀쩡한 달걀을 골라내는 식이었다.

우리는 구시대 방식의 강인함과 작별해야 한다. 브라이언트도 나중에는 과거 방식에서 벗어났다. 정선 훈련 캠프 생존자들이 25년 만에 재회한 자리에서 브라이언트는 과거에 선수들을 가혹하게 다루었음을 시인하고 사과했다. 브라이언트는 말년에 이렇게 소회를 밝혔다. "내가 당하는 처지였다면 수십 번도 더 때려치웠을 텐데 그 선수들은 절대 포기하지 않았어요. 내가 맞았는지 틀렸는지도 몰랐습니다. 다만 내가 할 줄 아는 유일한 방법이었습니다."

브라이언트 감독이 신봉했던 성공 공식, 즉 지옥 같은 극한을 견뎌야 성공한다는 신화는 여전히 위세를 떨치고 있다. 브라이언트 감독과 정션 훈련 캠프에서 살아남은 선수들의 이야기는 우리가 강인함을 이해하는 기준이 되었다. 강한 자만이 살아남는다는 적자생존 논리는 현재도 스포츠계와 수많은 가정에서 강력하게 작동하고 있다. 그 근원을 살펴보면 이견이 있겠지만, 거기에는 정션 훈련 캠프가 있다. 약자를 걸러내고 강자만 남긴다. 극한의 훈련에서 생존한 사람만이 성공한다고 믿었다. 버티지 못한 사람은 더 쉬운 일을 알아보는 게 신상에 좋다. 물도 주지 않고, 구역질이 날 때까지 달리도록 선수들을 단련한다. 선수들은 바늘로 찔러도 꿈쩍하면 안 된다. 마키아벨리의 말처럼 "목적이 수단을 정당화"하므로 강인함을 기를 수 있다면 무엇이든 통용되었다.

가짜 강인함이 만들어지기까지

미식축구 감독이 되기 전에 브라이언트는 제2차 세계대전 당시 미 해군에서 복무했다. 정션 훈련 캠프 같은 방식으로 강인함을 기르는 훈련과 우리가 생각하는 군사 훈련에는 놀랍게도 거의 차이가 없다. 그러나 이는 틀린 생각이다. 군대 신병 훈련에서 정션 캠프와 유사한 지옥 훈련을 시키는 목적은 뜻밖이라 놀랍겠지만 강인함을 기르는 데 있지 않다. 물론 대다수가 생각하는 방식과 다를 뿐이지 실제로 군대는 강인한 정신력 연마에 무엇보다 뛰어나다. 다만 우리는 지금까지

군대에서 실시하는 지옥 훈련의 목적을 잘못 알고 있었다.

미 해군 특수 부대 네이비 실Navy SEAL에서 실시하는 지옥주Hell Week 훈련은 군인을 강인하게 연마하는 수단으로 설계한 게 아니다. 혹독한 전쟁 상황에서도 생존할 수 있는 군인을 선별하는 것이 목표다. 다시 말해 전시에 직면할 극도의 스트레스를 감당할 수 있는지, 참호에서도 자기 임무를 수행할 능력이 있는지 식별하는 데 그 목표가 있다. 그러나 스포츠계는 강인한 선수를 양성할 목적으로 이 지옥 훈련을 채택했고, 안타깝지만 우리는 경기장 밖에서도 똑같은 실수를 저질렀다. 강인한 병사를 선별하는 수단을 우리는 강인함을 단련하는 수단으로 오해했다. 이뿐만 아니라 실제로 군대에서 극도의 고통을 극복하는 방법을 어떻게 연마하고 있는지 자세히 들여다보지도 않았다. 구시대 방식으로 강인함을 기르는 일은 기초 이론부터 가르쳐야 한다는 사실을 간과한 채 무조건 사람을 깊은 물에 빠트리고 보는 격이다.

극심한 스트레스에 놓이면 사람은 정상적으로 기능하지 못할 때가 있다. 이때 인지능력 저하, 기억장애, 의사결정 능력 손상 등이 나타난다. 지금 말하는 스트레스는 쉽게 설명할 수 없는 공포 수준의 스트레스를 가리킨다. 전쟁 한복판에 있는 군인, 재난 현장에서 일하는 응급구조 요원, 신체 학대로 정신적 외상을 겪는 사람들을 생각하면 이해가 쉽다. 심리학자들은 상기한 증상이 나타나는 상태를 '해리'라고 지칭한다.

해리란 우리 의식이 탈출 버튼을 누른 것처럼 현재 경험과 단절되는 현상이다. 이 현상은 크게 세 범주로 나눌 수 있다. 기억상실, 이인

증(자아로부터 분리된 느낌), 비현실감(주변 환경에서 분리된 느낌).
이때 우리는 인지능력에 변화가 나타나 기억을 지워버리거나 아예 차단하고, 무력감에 빠진다. 해리는 우리 의지와 무관하게 일어나는 방어 조치로서 생존을 위한 마지막 수단이다. 생사를 오가는 상황, 자신이 과제를 수행하는 능력에 따라 자기뿐만 아니라 주변 사람의 안위가 결정되는 순간에 해리 현상이 일어나길 바라는 사람은 아무도 없다. 그러나 무시무시한 스트레스를 받는 상황에서 특정한 임무를 수행해야 할 때가 있다. 군인은 바로 이 같은 궁지에 직면한다.

전투 경험이 많은 군인이라면 용맹하고 극기심이 강하고 강인하리라 생각하는 사람들이 많다. 맞는 말이다. 그러나 연구 결과를 보면 극심한 스트레스를 경험한 군인들 가운데 96%가 해리 현상을 겪은 적이 있다. 전투 경험이 많은 군인 가운데 65%가 "무슨 일이 일어났는지 기억하지 못한 적 있다"라고 답했다. 인터뷰에서 2명을 제외하고 94명은 "주변 세상이 안개처럼 뿌옇게 보인 적 있다"라고 답했다. 목숨이 걸린 치열한 전투 한복판에서 해리 현상을 겪고 싶은 이가 있을까?

인터뷰에서 거의 모든 군인이 전투 상황에서 짙은 안개 속을 걷는 기분을 느꼈지만 그렇다고 모두가 해리 증상으로 판단력을 상실하지는 않았다. 몇몇 군인은 극도의 스트레스 상황에서도 냉철한 판단력과 평정심을 잃지 않고 임무를 수행했다. 이들은 안개에 뒤덮인 듯한 상황에서도 해결 방안을 찾아낼 수 있었다. 군인은 바로 이 능력에 따라 본인뿐 아니라 전 부대원의 생사가 달라진다. 미군 수뇌부는 병사들에게 이 능력을 기르도록 훈련할 필요성을 절감했다. 그 훈련 방법은 무엇인가?

20세기 중반까지는 생존 군사 훈련이 비교적 단순하고 쉬운 편이었다. 해당 훈련에서는 비상시 비행기에서 탈출하는 법, 열악한 환경에 적응하는 법, 포로로 잡혔을 때 최대한 버티는 법을 다룬다. 생존 군사 훈련은 한국전쟁에서 미군 포로 사상자가 대거 발생한 이후에야 체계를 갖춘다. 미 공군은 1961년에 최초로 생존 학교를 설립했다. 해군과 육군도 그 뒤를 따랐다. 이렇게 시어SERE(생존Survival·도피Evasion·저항Resistance·도주Escape) 훈련 프로그램이 탄생했다.

시어 훈련 단계는 중요한 생존 훈련 세 가지로 나뉜다. 이론 수업, 도피 훈련 그리고 포로 체험 훈련이다. 이론 수업보다는 도피 훈련과 포로 체험 훈련에 중점을 둔다. 도피 훈련에서는 병사를 고립무원 지역에 격리한다. 훈련 목표는 분명하다. 적군으로 위장한 사람에게 붙잡히지 않고 식량을 스스로 해결하며 생존해야 한다. 병사가 식량을 구하는 데 익숙해지면 포로로 잡고 눈을 가린 채 마지막 훈련장으로 데려간다. 포로 체험 훈련 과정은 대부분 기밀 사항이다. 병사는 독방에 갇혀 몸과 마음을 괴롭히는 가혹 행위를 체험한다. 전 해군 조종사는 독방 구석에서 쾅쾅 울리는 스피커 소리를 견뎌내야 했다고 증언했다. "음이 맞지 않아 듣기도 힘들고 지루하기 짝이 없는 색소폰 연주가 흐르고, 러디어드 키플링Rudyard Kipling이 귀에 거슬리는 목소리로 그의 시 '부츠Boots'를 낭독하는 음성이 쉬지 않고 흘러나왔다." 독방에 갇힌 병사는 사이사이 실제 포로처럼 심문을 받는다. 비좁은 상자에 가두는 등 모의 고문 훈련을 실행하고 무사히 돌아가고 싶으면 정보를 넘기도록 회유한다.

감금은 시어 훈련의 일부다. 이 훈련에 관해 전해 듣는 사람들은 낭만적인 무용담으로 여길지 몰라도 실제 체험한 사람들에게는 두려운 체험이다. 훈련 참가자들은 한결같이 고문이 진짜처럼 느껴졌다고 증언한다. 이러다 죽을 수도 있다는 위기를 느끼기 때문이다. 시어 훈련은 주로 회복탄력성을 기르는 데 효과가 있다. 이 훈련 프로그램이 군인을 선별하는 방법론이 아니라 군인을 강하게 단련하는 방법론으로서 의미가 있는 이유는 무엇보다 첫 번째 이론 수업 덕분이다. 그러나 사람들은 이 훈련의 중요성을 간과할 때가 많다. 시어 훈련에서는 무턱대고 병사를 고립무원 지역에 떨어뜨리는 것이 아니다. 그전에 먼저 이론 수업을 진행해 군인이 생존하고 도피하고 저항하는 데 필요한 여러 기술을 가르친다. 미 공군의 시어 훈련 운영 지침은 무려 652쪽에 이른다. 심리학 이론부터 의료 지식, 위장술, 불 피우는 방법, 심지어 '하천 수리학'에 이르기까지 생존에 필요한 모든 이론을 다룬다. 심리학 훈련에서는 지루함, 외로움, 절망감, 생존 의지 감소를 비롯해 20여 가지가 넘는 심리 문제에 대처하는 법을 다룬다. 다시 말해 시어 훈련은 군인이 직면할 수 있는 모든 상황에 대비시키는 데 그 목적이 있다. 그리고 병사들을 고립무원 지대에 떨궈놓거나 포로 체험 훈련장에 들여보내기 전에 모든 관련 지식을 교육한다.

시어 훈련 두 번째와 세 번째 단계는 혹독한 훈련 강도를 볼 때 정션 캠프식 훈련과 차이가 별로 없다고 생각할 수도 있다. 그러나 시어 훈련은 약한 군인들을 탈락시킬 목적으로 설계하지 않았다. 군인이 직면할 수 있는 위기 상황에 대처할 능력을 키우는 데 목적이 있다. 시어 훈련은 스트레스 면역이라는 개념에 기초한다. 극한의 스트레스 상황에 대비해 미리 '예방접종'을 놓으면 실제 스트레스 상황에서 대응력이 향상한다. 따라서 첫 번째 단계는 극한의 스트레스 상황에 바로 던지는 것이 아니라 그런 상황에 대처할 기술부터 가르치는 일이다. 그 기술을 배우지 못한 병사를 데리고 두 번째 단계, 끔찍한 스트레스 환경에 집어넣는 훈련을 진행하는 것은 무의미하다. 스트레스 면역 훈련은 스트레스 상황을 실제보다 약한 강도로 구현해야 한다는 점에서 백신 접종과 성격이 같다. 백신은 면역 체계가 견딜 수 있도록 실제 바이러스보다는 약하게 만든다.

시어 훈련은 시작에 불과했다. 20세기 후반에 미군은 병사들에게 힘든 일을 시키는 것만으로는 부족하다는 사실을 깨달았다. 베어 브라이언트 방식의 극한 훈련은 약한 선수를 거르는 데 효과적일 뿐 강한 선수를 육성하는 효과는 없었다. 1989년 미 육군사관학교는 임무 수행력 강화 센터Ceter for Enhanced Performance를 설치하고, 목표 설정 및 긍정적 자기 대화 그리고 스트레스 관리 방법을 생도들에게 교육하는 데 집중했다. 이후 모든 병과의 프로그램에서 심리 기술 과정을 도입했으며 정신력과 회복탄력성을 강화하는 프로그램만 10여 가지나 되었다. 2018년을 기준으로 스포츠 심리학자를 가장 많이 고용한 기관은 미 육군이었다.

2014년에 랜드 연구소RAND Corporation는 미 공군을 대상으로 중요한 문제를 점검했다. "전장에 투입할 공군 병사들이 스트레스 상황에서도 임무를 제대로 수행하도록 훈련하는 과정에 보완할 점은 없는가?"
병사들이 처할 만한 스트레스 상황에 대비시키는 십여 가지 훈련을
평가하고 랜드 연구소는 추천 목록 상위에서 언제나 빠지지 않는 두
가지에 주목했다. 첫째, 임무 수행력 향상에 도움 되는 핵심 기술을 요
구하는 목소리가 컸다. 특히 자신감 향상, 목표 설정, 주의력 조절, 각
성 조절, 심상 훈련, 긍정적 자기 대화, 갈등 유발 요인을 분리해 개별
적으로 대응하는 구획화를 비롯한 심리 기술 훈련을 강조했다. 둘째,
스트레스 상황에 노출되기 전에 관련 기술을 익혀야 한다고 지적했
다. 다시 말해 체험 훈련에 투입하기 전에 이론 교육이 선행해야 한다.
강인하기로 이름난 네이비 실조차 2000년대 초에 심리 기술 교육의
중요성을 인정했다. 네이비 실은 훈련병의 "심리 측면에서 수행력을
관찰하고 강인한 정신력을 기르는 데 필요한 기술을 최대한 습득하도
록" 훈련하고자 이론 수업을 도입했다.

여러 연구와 실습으로 드러난 결과는 명확하다. 스트레스 면역, 즉
극한의 스트레스 상황에 무턱대고 던져 넣는 훈련은 훈련병이 그런
상황을 헤치고 나갈 기술을 습득하지 않은 상태에서는 효과가 없다.
스포츠 심리학자 브라이언 줄레거Brian Zuleger는 내게 말했다. "사람들에
게 긴장을 풀라고 말해봤자 긴장을 푸는 법을 먼저 가르치지 않았으
면 효과가 전혀 없어요. 강인한 정신력에도 똑같은 원리가 적용돼요.
과거에는 주로 몸을 힘들게 하는 훈련으로 강인함을 길렀는데 이 방
법이 성공할 확률은 반반입니다. 실전에서 어떤 기술을 적용하기 바
란다면 먼저 기술부터 가르쳐야 해요." 수영하는 법을 가르치지 않은

채 사람을 깊은 물에 빠뜨려봤자 효과가 없다는 뜻이다.

백신 접종 비유를 더 자세히 들여다보자. 곧 직면할 특정한 스트레스 상황에 대비해 백신을 접종하지 못했으면 어떻게 될까? 사람들은 매년 발생하는 독감에 대비해 백신을 맞는다. 그런데 의사와 과학자가 엉뚱한 독감 바이러스를 백신에 주입한 탓에 올해 유행하는 독감에 맞는 항체가 제대로 형성되지 않으면 이제 불행해질 일만 남은 것일까? 중병에 걸릴 수밖에 없고 그러다가 죽을 수도 있을까? 물론 아니다. 면역 체계라는 지원군이 있기 때문이다. 건강하고 튼튼한 면역 체계는 비록 항체가 없거나 처음 보는 바이러스가 몸에 들어와도 거기에 맞서 싸울 능력이 있다. 우리 면역 체계는 두 가지로 반응한다. 하나는 외부 침입자가 들어올 때 맞서 싸우는 자연 면역, 또 하나는 특정 병원체에 맞는 세포들이 나가서 싸우는 적응 면역이다. 적응 면역은 특정 바이러스로부터 몸을 안전하게 지켜내는 데 능숙하고, 일반 면역은 위급할 때 마지막 방어선을 형성한다. 우리 몸에 침입한 물질이 무엇이든, 설령 생전 처음 보는 이물질이라도 우리 몸은 이 두 가지 면역 반응 아래 다양한 대응 수단을 쓴다.

강인한 사람은 탄탄한 면역 체계와 같다. 특정한 스트레스 요인에 대비하는 지식을 갖추는 것이 제일 좋지만, 낯선 위협 요소를 만나더라도 그것이 무엇이든 간에 우리에게는 다양한 대응 수단이 있다. 최근 군대에서는 특정 스트레스 상황에 대비하는 면역 훈련뿐 아니라 모든 군인의 정신 건강을 체계적으로 관리할 필요성이 대두되었다. 군인 건강 종합 프로그램Comprehensive Soldier Fitness, 이하 CSF은 "지속적인 임무 수행으로 발생하는 신체 및 정신 건강 문제에 맞서 [병사의] 잠재력을 극대화할 수 있도록" 설계한 프로그램이다. 여기서 중요한 표현은 '지속적인 임무 수행'이다. 생존 훈련 방식이 특정 스트레스에 대비하는 백신이라면, CSF는 건강하고 튼튼한 면역 체계를 유지하는 프로그램이다. 이 프로그램은 장기 복무에 적응할 수 있는 기술과 회복탄력성을 육성하는 데 핵심이 있다.

전 세계 모든 군대가 정신력을 강화하는 수단으로 '신체 단련에 기반하는' 훈련법을 적용해왔다. 그러나 앞서 언급했듯이 현재 미 공군이 운영하는 스트레스 면역 프로그램을 보면 '심리 기술'을 배우는 일도 핵심 훈련 중에 하나다. 심리 기술 훈련에서는 최악의 상황에 대비시키고 약점을 보강하는 데 중점을 두기보다는 긍정심리학 분야의 연구를 활용한다. 낙천성과 회복탄력성을 기르는 법, 정신적 외상을 극복하고 성장하는 법, 감정을 조절하는 법을 비롯해 건강하고 행복한 삶을 살아가는 기술을 가르친다. 이러한 기술을 가르치는 이유는 군인이 전장에서 마주칠 특정한 스트레스 상황 또는 일상을 괴롭힐 스트레스 요인을 다루는 데 도움을 주기 위해서다. 미 육군은 2015년에 전인 발달 전략Human Dimension Strategy을 채택했다. 무기를 다루는 기술과 전술 지식을 강조하던 낡은 접근법에서 벗어나 전인적 인간 육성을 목표로 삼았다. 교육 프로그램에서는 최적 심리 상태, 사회지능 향상, 신체와 정신 건강 증진, 의사결정 능력 향상 그리고 팀 빌딩team building 등을 다룬다.

우리는 군대 문화를 보고 강인함이 무엇인지 오해했다. 터무니없이 힘든 지옥 훈련을 시키거나 권위주의 방식으로 선수들을 통제할 필요가 없었다. 군대식 훈육이나 혹독한 징벌 수단을 모방할 이유는 없었다. 강한 체력이나 남성성을 강조할 이유도 없었다. 우리는 약한 병사를 골라내는 훈련을 강인함을 기르는 훈련으로 착각했다. 힘들게 훈련하는 것만 강조하고 힘든 상황을 이겨내는 기술을 가르치는 일은 무시했다. 강인함을 키우려면 혹독한 생존 훈련쯤은 너끈히 이겨내야 한다고 호도했다. 생존 훈련은 군인이 전장에서 실제 직면하는 상황을 가장해 모의 훈련하고 적응력을 키우는 데 목적이 있다. 군대에서 우리가 배울 방식은 사람을 열악한 환경에 던져 넣고 난관을 이겨내라고 강제하는 훈련이 아니었다. 곧 직면할 괴로움을 어떻게 헤치고 나가야 하는지 그 방법을 가르쳐야 한다. 현재는 군대에서조차 베어 브라이언트 감독 방식으로 강인함을 키우는 훈련을 거부한다. 그러나 우리는 이 사실을 간과한 채 1940년대 군대에서 배운 훈련 방식에 묶여 있다.

약한 선수를 솎아내는 훈련은 강인함을 기르는 훈련이 아니다. 괴로움을 헤치고 나갈 기술을 가르쳐야 한다. 괴롭고 고통스러운 시간을 견디는 훈련만으로 강인한 선수를 육성할 수는 없다. 군대에서도 무작정 고통을 주는 훈련이 통하지 않는다는 사실을 깨달았다. 여러 연구진은 극한의 스트레스 상황에서도 냉철함을 유지한 군인들을 분석해 다음과 같은 특징을 발견했다.

* 스트레스 상황을 위협이 아닌 도전 가능한 목표로 인식한다. 이는

자신이 처한 상황을 정확히 판단하는 능력 덕분이다.

* 스트레스 상황에 따라 고도의 융통성을 발휘해 다양한 수단을 활용한다.

* 내면에서 발생하는 여러 신호에 바로 반응하지 않고 문제에 대응한다.

* 부정적인 자극에 바로 반응하지 않고 심리 상태를 전환할 수 있다.

다시 말해 이 군인들은 자신의 몸과 마음을 공부하고 단련했으며 어렵고 고통스러운 임무를 수행할 때 동료와 협력할 줄 알았다. 이들도 남들과 똑같이 괴로움을 느낀다. 다만 주변의 모든 여건이 뒤죽박죽인 순간에도 평정심을 유지하는 법을 알아낸 것이다. 임무 수행력이 우수한 사람은 힘든 상황에서도 평정심을 잃지 않고 좋은 길을 찾는다. 강인한 정신력이 필요한 문제를 만났을 때 그 상황을 무작정 돌파하려고 밀어붙이지 않고 허둥대거나 서두르지 않고 근성 있게 방법을 찾는다.

위기 상황에서 임무 수행력이 돋보이는 인재들에게는 또 다른 공통점이 있다. 이들은 어떤 역경이 닥쳐도 자신의 내면세계를 조종하는 재능을 타고난 게 아닐까? 그렇지 않다. 스트레스와 불안감에 면역이 있어서 남들보다 수월하게 문제 해결 방법을 찾는 것도 아니다. 그러면 비결이 무엇일까? 이 사람들도 괴로움에 대처할 때는 포기하고 싶은 유혹을 느낀다. 너무 괴로운 상황에서는 아무리 강인한 사람이라도 심신이 지쳐서 포기하고 싶은 생각이 들기 마련이다. 내가 수십 명의 작가와 기업가, 임직원, 군인, 선수 등을 설문조사한 바에 따르면 거의 모두가 힘들어서 포기하고 싶은 순간을 만났다. 작가는 쓰던 원고를 쓰레기통에 처박고 싶었고, 기업가나 임직원은 프로젝트 마감일을 어떻게든 미룰 방법을 궁리했고, 선수는 경주하는 고통을 끝내고 싶어 어디 도망갈 구멍이 없는지 찾았다고 했다. 포기하고 싶은 생각이 드는 것은 이상한 게 아니다. 그런 생각이 든다고 해서 나약한 사람은 아니다. 이는 우리 뇌가 자신을 보호하기 위해 방어기제를 사용하고 있음을 뜻한다.

우리 내면에서는 밀고 당기는 싸움이 치열하게 벌어진다. 한쪽에서는 끝까지 버티라고 요구하는 생각과 감정이 아우성을 치고, 또 다른 쪽에서는 그만 백기를 들라고 요구하는 생각과 감정이 아우성을 친다. 당장 사표를 던지라고 소리 지르는 날들이 있고, 이대로도 좋으니 관심 끊으라고 달래는 날들이 있다. 아칸소대학교 조너선 와이Jonathan Wai는 영재 연구 분야에서 왕성하게 활동하는 교수인데 자신이 얼마나 자주 내면의 싸움에서 패배하는지 내게 말한 적이 있다. "글도 안 쓰고, 논문이나 프로젝트 수정도 하지 않고 멍하니 앉아 있어요…. 쉬운 길을 택할 때가 많죠." 우리는 다들 주저앉고 싶은 순간을 만난다. 난관을 헤치고 길을 찾으려면 이 시간을 어떻게 보내야 하는지 이해하는 것이 무엇보다 중요하다.

금요일 저녁. 당신은 아파트에서 참을성 있게 기다린다. 선약이 있다. 적어도 당신은 그렇게 생각한다. 호감을 느끼는 남자가 저녁에 데이트하자며 문자를 보내겠노라고 당신에게 말한 터였다. 5시, 6시, 7시. 시간은 흐르는데 핸드폰에서는 알림 비슷한 소리도 울리지 않는다.

불편한 느낌이 온몸을 훑고 지나간다. 불안감이 커지면서 어깨가 굳는다. 이렇게 초기에 나타나는 여러 감각과 감정은 자동차 계기판에 점등되는 경고처럼 우리에게 신호를 보낸다. "봐, 뭔가 이상해. 잘 생각해." 그러나 당신은 바로 신호를 무시해버린다. "아직 업무가 끝나지 않아서 그럴 거야. 곧 문자를 보내겠지." 그러는 사이 갈수록 핸드폰에 손이 자주 간다. 15분마다 한 번씩 확인하다가 5분 간격으로 줄어들더니 나중에는 아예 핸드폰만 붙들고 있다. 처음에는 텔레비전을 보며 생각을 전환했는데 해가 지고 어두워질수록 현대인의 소통을 책임지는 네모난 기기에서 시선을 뗄 수가 없다. 불편한 느낌이 불안으로 바뀌고 당신이 보는 세상이 한없이 줄어든다. 이제는 생각을 전환할 수가 없다. 온 신경이 단 하나의 물건에 쏠린다. 머릿속에서 깜빡깜빡 불빛을 반짝이던 경고등은 어느새 요란한 경적을 울리며 끔찍한 사고가 임박했음을 알린다.

잔잔하던 내면 대화는 치열한 공방으로 돌변한다. 천사와 악마가 등장해 논쟁을 벌이며 서로 자신이 바라는 쪽으로 행동을 부추긴다. "내가 문자를 보내야겠지? 아니야. 너무 들이대면 안 돼. 문자 대신 스냅챗을 하는 건 어때? 그러면 내가 너무 매달리는 것 같아. 그 사람이 문자를 보낸다고 했어. 그냥 기다려보자." 당신은 미친 사람처럼 의미 없는 논쟁을 벌이다가 혼자서 상상의 날개를 펼친다. 그 남자에게 바람맞는 그림이 떠오르고, 심지어 그 남자가 당신을 차버리고 다른 여자에게 데이트를 신청하는 장면마저 떠오른다. 당신은 이제 제정신이 아니다.

이쯤 되면 혼란한 마음을 견디지 못하고 뭔가 해야겠다는 생각이 든다. 그리고 이는 결국 당신에게 관심 없는 남자에게 보내는 문자나 전화 공세로 이어진다. 남자든 여자든 다들 비슷한 경험이 있을 테다. 처음에는 상대가 문자를 보낼 거라는 기대감에 들뜬다. 그러나 설렘이 사라지고 기분이 갈수록 가라앉으면 머릿속이 뒤죽박죽 난장판이 된다. 성인답게 의젓하게 처신하다가도 십 대 청소년처럼 한없이 절망감에 빠져 허우적거린다. 머릿속이 엉망진창이 된다.

사직서를 던져버리고 싶은 마음을 참아내야 할 때도 있고, 호감을 느낀 상대에게 문자 세례를 퍼붓고 싶은 욕구를 참아내야 할 때도 있다. 이렇게 몸과 마음이 뜻대로 움직이지 않는 상황에서 해결책을 찾는 열쇠는 내면의 강인함에 있다. 괴롭고 혼란한 상황에 놓였을 때 섣불리 어떤 일을 저지르기까지 우리는 어떤 과정을 거치는가? 지금까지 이 순서를 잠깐 훑어봤지만 여기서 분명하게 짚고 넘어가자.

느낌 → 내면의 다툼 → 충동 → 의사결정(몹시 당황하거나 아니면 빠져 나갈 길을 찾음)

우리가 평정심을 잃고 어떤 감각이나 기분을 느낄 때 내면에서는 각기 다른 방향으로 우리를 끌어당기며 생각과 생각이 부딪힌다. 불확실한 상황에서 우리가 느끼는 감정과 생각은 무슨 결정이든 빨리 내리도록 우리를 압박하거나 부추긴다. 중도에 포기하거나 또는 끝까지 인내하거나 아니면 목표를 수정하기도 한다.

상기한 과정은 단계별로 따로 일어나기보다는 여러 단계가 뒤죽박죽 섞여서 일어나는 현상으로 봐야 한다. 그러나 더러는 각 경험을 구분할 때도 있다. 이를테면 슬픔이 먼저 찾아오고, 그런 후에 그 슬픔에 관해 생각한다. 그 감정과 생각은 뭔가 하고 싶은 충동으로 이어진다. 기분이 살짝 달라졌을 뿐인데 곧바로 의사결정으로 이어질 때도 있다. 각 단계는 나머지 단계에 영향을 미친다. 얼핏 스친 두려움이라도 "만약에 …하면 어쩌지?"라는 부정적인 생각이 꼬리에 꼬리를 물면 두려움이 걷잡을 수 없이 커지기도 한다. 강도 높은 스트레스와 불안감을 느끼거나 심신이 지쳤을 때 우리는 가능한 한 빨리 벗어날 길을 찾기 십상이다. 이때 우리는 가장 손쉬운 길을 선택한다.

최신 과학 이론에 따르면 인간의 뇌는 질서를 유지하기 위해 기능한다. 우리 뇌는 불확실성을 줄이는 기계와 같아서 예기치 못한 충격을 최소화하는 일이라면 설령 값비싼 대가를 치르더라도 개의치 않는다. 무엇이든 우리 마음을 흐트러뜨릴 때마다 우리 뇌는 문제를 해결하려고 애쓴다. 무질서한 상태를 질서가 잡힌 상태로 되돌릴 해결책을 찾는다. 가령, 프로젝트를 3분의 1쯤 진행했는데 제대로 완수할지 어떨지 도무지 예측하기 힘들 때 그냥 포기하는 사람이 많은 것도 이런 이유에서다. 일단 포기하면 미지의 상황에서 벗어나 예측 가능한 상황으로 바꿀 수 있다. 임무를 시작하기도 전에 기대치를 변경해 불확실성을 줄이기도 한다. 괴로움을 초래할 만한 불확실성을 탐색해 미리 수용하거나 아니면 회피한다. 우리 뇌는 불확실성을 만나면 어서 결론을 내리도록 요구한다. 어떤 식으로 결론에 이르든지 불확실성을 종료하려는 본능이 있기 때문이다.

불확실성을 빨리 종료하려는 욕구를 제어해 자기에게 이로운 방향으로 문제를 해결하도록 가르치는 것이 강인함을 기르는 핵심이다. 불확실성을 서둘러 마무리 짓지 않도록 마음을 단련해야 위기 상황에서도 올바른 길을 찾아 나가도록 자신을 격려하고 안내할 수 있다. 마음에 여유가 없으면 괴로움을 해결하려고 손쉽고 빠른 길을 찾기 때문에 '올바른' 결론에 이를 수 없다. 강인함이 무엇인지 재규정하는 첫 단계는 우리가 어디서부터 잘못 생각했는지, 괴로움을 만났을 때 불도저처럼 앞으로 밀고 나가는 방법이 어째서 더 나쁜 결과로 이어지는지 이해하는 것이다. 지금부터는 강인함을 기르는 원칙을 하나씩 살펴보자. 각각의 원칙을 이해할 때 우리는 괴로움을 느끼는 순간부터 의사결정을 내리기까지 이 모든 과정을 바로잡을 수 있다.

강인함을 기르는 제1원칙: 허세를 벗고 현실을 직면한다

허세를 벗고 현실을 직면하라

3장
우리가 할 수 있는 일, 우리가 할 수 없는 일

1966년에 린든 B. 존슨Lyndon B. Johnson 대통령은 초등학생 대상 체력 검사Physical Fitness Test를 대통령령으로 정한다. 여러 종목으로 학생의 운동능력을 측정하고 초등학생의 체력을 증진하기 위해 만든 제도다. 역사적으로 이 체력검사에서 가장 중요한 종목은 대개는 1마일(약 1609m) 달리기였다.

사업상 일이 있어 하우드초등학교Haude Elementary School에서 체력검사를 실행하는 날 방문한 적이 있다. 그곳에서 나는 초등학생 8명이 흙먼지 날리는 200m 트랙을 8바퀴 도는 과정을 지켜봤다. 내가 수년 동안 지켜본 대학생과 전문 육상선수들의 경주와는 전혀 다른 광경이 펼쳐졌다. 패스모어Passmore 선생이 "출발!" 하고 외치자 아이들이 선두를 차지하려고 총알처럼 달려나갔다. 아이들은 전력으로 첫 번째 바퀴를 돌고 나서 현실의 벽에 부딪혔다. 달릴 거리는 아직 한참 남았다. 아이들은 달리기 속도가 급격히 떨어져 조깅하는 수준으로 천천히 달리기 시작했다. 더욱이 8명 가운데 중간이나 후미에 처진 선수들은 조깅 수준도 아니고 거의 걸어가는 수준으로 속도가 떨어졌다. 걷는 수준이나마 주행거리 중반까지 꾸준하게 속도를 유지한 아이는 소수였다. 나머지 아이들은 느리게 걷다가 교사와 친구들이 응원하는 소리가 들리면 잠시 뛰다가 다시 걷기를 반복했다. 당연한 일이지만, 아이들은 결승점에 다다르자 모두 마지막 힘까지 끌어모아 출발선에서 달려나갔던 속도 못지않게 빨리 달렸다. 이 경주를 한마디로 묘사하자면 오르락내리락하는 요요 같았다. 아이들은 달리기와 걷기 사이를 왔다 갔다 했다. 노련한 장거리 선수는 최적화된 주행 전략을 적용하므로 아이들과 달리 주행 내내 능숙하게 일정한 속도로 달린다. 달리다 걷고 달리다 걷고를 반복하는 초등학생들의 달리기 방식에서 벗어나 일관된 속도로 달리려면 어떻게 해야 할까?

사이클, 수영 또는 달리기를 비롯해 모든 장거리 운동에서 사람들이 자신의 속도를 조절할 때 이용하는 간단한 계산법이 하나 있다. 바로 몸이 느끼는 괴로움이다. 현재 이론에 따르면 우리 몸에는 일종의 지도가 있어 어떤 시점에 어느 정도 힘들어야 하는지 대략 가늠할 수 있다. 가령, 마라톤 같은 장거리 운동을 할 때 우리 뇌는 처음 몇 마일을 달리는 동안에는 몸이 그다지 힘들지 않아야 문제가 없다고 판단한다. 만약 초반에 예상외로 몸이 힘들 경우에는 속도를 늦춰야 나중에 별 탈이 없으리라고 경고를 보낸다. 자동차 연료 계기판처럼 우리 몸은 아직 남은 거리에 비해 우리 몸이 얼마나 빨리 연료를 연소하고 있는지 알려준다. 스포츠 과학에서는 달리기 속도를 일정하게 유지하며 좋은 성과를 내려면 어떻게 힘을 분배해야 하는지 알려주는 간단한 공식이 있다.

운동 수행 능력 = 실제 난이도 ≒ 예상 난이도

가령 달리는 동안 예상보다 몸이 힘들지 않으면 속도를 더 내야 한다. 반면에 달리는 동안 예상보다 몸이 훨씬 힘들면 피로도가 증가해 몸이 고통스러워지고 머릿속에서 부정적인 대화가 시작된다. 이때 우리 몸은 달리기 속도를 줄일 가능성이 크다. 가령 마라톤을 하는데 겨우 4마일 지점부터 숨이 가빠지면 좋지 않은 생각이 꼬리를 물고 급기야 당황해서 달리기를 포기할 가능성도 있다. 우리 뇌는 달리는 동안 각 구간에서 우리 몸이 예상보다 더 고통스러운지 아니면 덜 고통스러운지 가늠한다. 고통과 피로는 달리는 속도를 교정하라고 우리 몸이 보내는 신호다. 현재 속도는 유지할 수 없으니 속도를 줄이는 게 좋다는 경고다. 이를 무시하고 달리면 처참한 실패나 피해를 막기 위해 우리 의지와 상관없이 몸이 알아서 달리기를 멈춘다. 연료가 바닥난 자동차가 목적지에 도달하기 전에 시동이 꺼지는 이치와 같다.

강인한 선수란 자신감과 야망이 넘쳐 무조건 전진하는 사람이 아니라 자신이 처한 상황과 그에 맞는 수행 능력을 사실 그대로 평가하는 사람이다. 성공 비결은 실제 난이도와 예상 난이도를 일치시키는 데 있다. 자신이 예상한 난이도가 실제 난이도와 어긋날 때 우리는 위에서 언급한 초등학생처럼 미숙하게 경주를 운영하게 된다. 무모한 자신감으로 프로젝트를 시작하는 경우에는 실제 프로젝트를 진행하면서 결국 뒤늦게 현실을 깨달을 뿐이다. 실제 현실이 예상과 크게 어긋날 때 우리는 십중팔구 의심과 불안에 사로잡혀 프로젝트 자체를 포기하기 쉽다. 반면에 실제 난이도와 예상 난이도가 일치할 때 선수는 제 속도로 경주를 완주할 수 있고, 과제를 맡은 이들은 제 실력대로 해당 과제를 완수한다. 경험 많은 작가는 이런 이유로 초고가 완벽하리라고 기대하지 않는다. 처음 쓴 원고라면 더는 손댈 필요가 없는 작품이 아니라 수준 미달일 때가 훨씬 많다는 사실을 알기 때문이다. 자신을 의심하지 말고 무조건 앞으로 나갈 것을 요구하는 구시대의 강인함과는 달리 자신의 능력을 철저하게 검증하는 사람이 오히려 끝까지 포기하지 않고 과제를 완수할 가능성이 더 크다.

강인한 사람은 자신이 처한 상황을 있는 그대로 인정하고 나아갈 길을 찾는 사람이다. 강인한 사람은 자신을 기만하지 않고 거짓된 자신감으로 허세를 부리지 않고, 현실을 부정하지 않는다. 현실을 외면하고, 자신만만한 척 자기를 속이는 사람은 기세 좋게 출발선에서 달려나가지만 현실에 부딪히는 순간부터 더는 빨리 달릴 수가 없다. 강인함이란 경기장이나 무대 위에서만 보이는 게 아니다. 강인한 사람은 과제를 수행하기 훨씬 전부터 정직하게 자기 실력과 과제의 난이도를 평가한다.

죽음 가까이에서

사다리를 타고 집 지붕에 오르는 일은 그리 위험한 일이 아니다. 제대로 만든 사다리는 내구성이 좋고 튼튼해서 계단식 발판을 딛고 오르면 대개는 별일 없이 안전하게 꼭대기까지 도달한다. 그러나 이렇게 안전한 편인데도 발판을 몇 개 오르고 나면 슬며시 불안이 밀려든다. 심지어 무서운 마음이 들고 '만약 떨어지면 어떡하지?'라는 생각이 들기도 한다. 사다리 맨 꼭대기에 올라와서 밑을 내려다보기라도 하면 불안과 공포가 증폭한다. 이때 우리는 사다리에서 떨어질 일은 없다고 자신을 달랜다. 만에 하나 발을 헛디뎌 사다리에서 떨어지더라도 기껏해야 타박상을 입을 뿐 죽을 일은 없다. 집안 수리를 책임지는 사람으로서 자기 역할에 타협하고 나서 사다리에도 익숙해지면 편치 않은 마음과 두려움이 사라진다. 불안과 두려움이 사라지면 우리는 비로소 안전하다고 느낀다.

지금부터는 튼튼한 철제 발판 위에 서서 약 3m 아래를 내려다보는 것이 아니라 땅바닥이 잘 보이지도 않는 까마득히 높은 곳에서 아래를 내려다본다고 상상해보자. 당신은 지금 안전한 발판이 아니라 거대한 암벽에 매달려 있다. 바위 표면에 튀어나온 손톱만 한 요철을 손잡이 삼고 발판 삼아 암벽을 오르는 중이다. 깎아지른 암벽이라 손바닥 전체를 써서 몸을 지탱할 곳은 없다. 아주 작은 돌출 부위를 손가락 끝으로 잡고 암벽에 붙어서 추락하지 않도록 몸의 균형을 유지한다. 다들 제정신이 아니라고 놀라겠지만 안전망 없이 수직 암벽을 등반한다. 손이나 발이 미끄러져 추락하는 사고를 방지하기 위해 벽면에 고정하는 밧줄조차 없다. 지금부터 안전장비 하나 없이 홀로 암벽에 오르는 '프리 솔로'의 세계를 만나보자.

2017년 6월 암벽 등반가 알렉스 호놀드Alex Honnold는 위험천만한 일에 도전한다. 미국 요세미티 국립공원에 있는 914m 높이의 수직 암벽인 엘 캐피탄El Capitan 등반에 나선 것이다. 밧줄도 안전장비도 없이 바위산의 아주 작은 요철을 손잡이나 발판 삼아 무사히 암벽을 올라야 한다. 이처럼 위험천만한 도전에 나서려면 당연히 등반 기술을 빈틈없이 익혔겠지만, 두려움과 불안 그리고 압박감은 어떻게 해결할까? 사람들은 대개 3층 높이의 호텔 발코니에 서서 아래를 내려다보는 것만으로도 두려움을 느끼기 마련이다. 호놀드는 어떻게 자신의 감정을 다스리고 내면의 대화를 이어가며 엘 캐피탄 등반에 성공할 수 있었을까? 일단 호놀드의 별명이 '별일 아니야No Big Deal'인 것을 보면 짐작 가는 바가 있다.

신경과학자 제인 조셉Jane Joseph은 이 질문에 해답을 찾고자 호놀드의 뇌를 들여다보았다. 호놀드는 기능성 자기공명영상 기계에 누워서 눈앞에서 차례로 펼쳐지는 혐오스러운 장면을 지켜봤고, 조셉은 뇌로 가는 혈류의 변화를 측정했다. 호놀드가 봤던 장면은 이를테면 사지가 훼손되고 피범벅이 된 시체라든지 대변이 그득한 변기 사진이라고 생각하면 이해가 쉽다. 잠깐만 쳐다봐도 누구나 놀라고 움찔할 만한 장면이다. 이런 장면을 보면 겉으로는 아무렇지 않아 보여도, 인간의 뇌는 의지와 상관없이 자극에 반응하고 신호를 보낸다. 정신력이 아무리 강한 사람도 예외가 아니다. 이때 아몬드처럼 생긴 편도체라는 뇌 부위가 활성화한다. 편도체는 여러 기능을 수행하는데 주요 기능은 위협을 감지하고 반응하는 것이다. 호놀드에게 보여준 것처럼 혐오스럽거나 무서운 사진이 편도체를 자극하면 편도체에서 다량의 호르몬이 분비되고 신경계가 활발해진다. 이러한 활동이 바로 스트레스 반응이다.

과학 잡지 〈노틸러스Nautilus〉에 실린 기사를 보면, 불에 타는 아이들 사진을 보면 스트레스를 일으키는지 아닌지 호놀드가 조셉에게 묻는 대목이 있다. 이에 조셉은 극한 스포츠를 즐기는 아드레날린 중독자나 암벽 등반가라도 통상 그런 사진을 보면 어느 정도 감정이 동요한다고 호놀드를 안심시킨다. 그러나 호놀드는 대수롭지 않게 말한다. "그게 왜냐면, 장담하는 건 아닌데 저는 '그래서 뭐 어쩌라고' 이런 느낌이거든요." 조셉이 나중에 실험 결과를 확인했듯이 호놀드의 말은 빈말이 아니었다. 호놀드의 뇌는 몸에서 일어나는 반응을 그대로 보여주었다. 위협이나 두려움을 감지하는 부위가 자극에 반응하면 해당 부위의 색이 변화하는데 아무 반응이 없었다. 뇌 영상은 변함없이 회색으로 나타났다. 호놀드의 편도체는 충격적인 사진에 한 차례도 반응하지 않았다. 아무 활동도 감지되지 않았다. 감정 반응이 수도승이나 다름없다는 특징이 호놀드가 지닌 비밀병기인지도 모른다. 우리 같은 사람은 진즉에 탈출 버튼을 누르고 공황 상태에 빠질 만한 곳에서 호놀드는 차분하게 풍경을 즐기며 생각한다. '여기는 안전해'.

호놀드는 초인이 아니다. 엘 캐피탄 등반에 처음 도전했을 때 호놀드는 '기분이 영 께름칙해. 여기 있고 싶지 않아. 안 되겠어'라고 생각해 일정을 취소했었다. 당시 호놀드는 이렇게 이유를 설명했다. "사람들이 모두 지켜보는 앞에서 이 일을 할 수 있을지 모르겠습니다. 너무 무섭습니다." 보시다시피 호놀드는 겁을 모르는 사람이 아니다. 호놀드의 편도체도 공포 자극에 반응한다. 호놀드가 필요하다고 느낄 때는 공포를 느끼고, 뇌에서 경고를 보낸다. 처음 등반에 나선 날, 호놀드의 뇌는 경고를 보냈고 호놀드는 그 경고를 무시하지 않고 큰일이 벌어지기 전에 일정을 취소했다. 호놀드는 다른 날 다시 등반에 도전하기로 했다.

호놀드는 좋은 유전자를 타고났으며 운도 약간 따랐다. 게다가 셀 수 없이 많은 시간 연습하며 몸과 마음을 준비했다. 호놀드는 정말로 위험한 순간에만 뇌에서 이를 감지하고 경고 장치가 작동하도록 자신을 조정했다. 컴퓨터 화면에 지나가는 충격적인 사진에는 반응하지 않아도 자신이 세운 목표를 완수하지 못할 것 같다고 느낀 순간에는 경보가 작동했다. 우리 몸의 경보 체계는 조정이 가능하다. 불안과 공포에 반응하는 민감도를 모두가 수도승 수준으로 조절할 필요는 없다. 다만 우리가 직면할 과제의 난이도를 실제와 가깝게 예상하는 것이 중요하다.

여러 연구에서 일관되게 나타나는 결과가 있다. 강인한 사람일수록 스트레스 상황을 위협으로 여기지 않고 도전 과제로 인지한다는 점이다. 여기서 도전 과제란 어렵기는 해도 통제 가능한 일을 말한다. 반면에 위협으로 인지하면 어서 빨리 그 상황에서 벗어나거나 생존하는 것만이 목표가 된다. 똑같은 상황이라도 다르게 평가하는 이유는 강인한 사람이 더 자신만만하거나 힘든 일을 얕잡아보기 때문이 아니다. 문제 상황을 도전 과제로 인식하는 사람은 그 상황을 더 빠르고 정확하게 평가할 능력과 문제 처리 능력을 길렀기 때문이다. 우리 뇌가 문제 상황을 있는 그대로 평가하려면 정확한 정보를 제공하는 것이 중요하다. 전염병 전문가들은 신종 바이러스가 사람에 미칠 영향력을 예측해 대응책을 모색한다. 이처럼 문제 상황을 가능한 한 정확히 평가해야 문제에 직면했을 때 우리가 할 일이 무엇인지 계산할 수 있다.

세상을 있는 그대로 보는 사람

우리 몸은 낯선 상황이라든지 스트레스에 직면할 때마다 그 상황에 대비하기 위해 최선을 다한다. 그러나 우리는 덤불에서 들리는 생경한 소리의 정체가 무엇인지 또는 자신의 일자리 향방을 결정할 이사회실의 회의 내용을 정확히 알 때까지 기다리지 않는다. 우리 몸은 편법을 쓴다. 자신이 마주할 위험이 그 실체를 드러낼 때까지 마냥 기다리지 않고 생존하고 성공하려면 무엇을 해야 하는지 최선을 다해 추리한다. 우리가 무대에 오르기 전에 긴장하거나 설렘으로 가슴이 뛰는 이유는 곧 벌어질 일을 우리 뇌가 미리 짐작하기 때문이다. 고공낙하를 위해 비행기가 알맞은 고도에 오르는 동안 초보자는 두려움이 가득하고, 숙련자는 가슴이 설레는 이유도 여기에 있다. 이때 초보자는 몸에서 코르티솔을 분비하고 숙련자는 아드레날린을 분비한다. 같은 일을 앞두고 있어도 초보자와 숙련자는 그 상황에 대비하기 위해 몸에서 서로 다른 호르몬을 분비한다. 사다리를 오르든 높은 산을 오르든 우리 몸에서 일어나는 여러 반응과 감각은 실제 경험은 물론이고 우리가 예상한 난이도에 크게 영향받는다. 우리가 세상을 보는 방식이 우리가 세상에 반응하는 방식을 결정한다.

우리가 무대에 오르거나 타석에 들어서기 전에 우리 몸은 이미 수행 단계에 돌입한다. 낙하를 앞두고 비행기 출입문으로 다가설 때, 육상 선수가 출발선 앞에 설 때 몸에서는 순식간에 '아드레날린을 분비'하며 활동에 대비한다. 이 말이 암시하듯 우리가 지각하지 않아도 수많은 신경계의 작용과 호르몬 분비로부터 우리 경험이 시작된다. 우리 앞에 닥친 일이 무엇이든 몸 안에서는 외부 자극에 대응하는 화학 반응이 일어난다.

스트레스 반응은 우리 몸이 어떤 행동을 수행하기 위해 준비하는 행위다. 위험에 직면할 때 우리는 흔히 두 가지 길만 떠올리는 경향이 있다. 맞서 싸우거나 아니면 도망친다. 그러나 어떤 일에 직면하든지 선택지는 매우 다양하다. 신경계 활동과 호르몬 분비 작용이 결합해 우리 몸이 특정한 방향으로 대응하도록 유도한다. 재빠르게 움직여야 할 때는 몸에서 아드레날린을 분출한다. 남과 협력해 위기를 극복하고자 할 때는 옥시토신 호르몬이 분비된다. 두뇌와 근육을 몇 시간 집중적으로 쓸 일이 있을 때는 코르티솔 호르몬이 분비되어 세포에 저장된 에너지를 신속하게 공급한다. 호르몬의 종류와 농도에 따라 몸에서 일어나는 반응도 달라진다. 이는 마치 조리에 사용되는 재료의 양과 종류에 변화를 주어 음식의 질감과 맛을 얼마든지 바꾸는 것과 같은 이치다.

스트레스에 반응할 때 우리 몸은 근육에 연료를 공급하기도 하고, 혈류를 촉진하거나 늦추기도 하고, 잠재적 손상이나 부상에 대비해 면역 체계를 활성화하기도 한다. 우리 몸에는 이를테면 긴급출동 911 시스템이 내장되어 있다. 그래서 때에 따라 구급차도 보내고, 경찰도 보내고, 소방대도 보내고, 사회복지사도 보내고, 특공대도 보낸다. 어느 팀을 보내야 하는지 우리 몸은 어떻게 알까? 이는 우리가 문제 상황을 어떻게 판단하느냐에 달렸다. 방어할 것인가 아니면 전면 공격에 나설 것인가? 대개는 우리 자신이 이 문제를 결정한다.

전문 마라톤 선수는 각 구간에서 얼마나 힘들지 예측할 수 있고 실제 경기에서도 그 예측이 크게 빗나가지 않는다. 반면에 앞서 언급한 초등학생들은 1마일 달리기가 얼마나 힘들지 잘못 판단했다. 당신은 어느 쪽인가? 스스로 평가한 자신의 역량과 실제로 문제를 해결하는 데 필요한 역량이 일치하는가? 실제로 요구하는 역량과 이에 대응하는 자신의 역량 사이에 불일치가 발생할 때 이는 경기 성과만 결정하는 게 아니다. 우리가 경험할 스트레스에 어떻게 반응할지 그 유형도 결정한다. 스트레스를 몸과 마음에 위협이라고 평가하면 몸에서는 위협 반응이 일어날 가능성이 더 크다. 이때 우리 뇌는 코르티솔을 분비하며 몸을 방어하고 보호할 태세를 갖춘다. 자신이 감당하지 못할 어려움에 직면할 때 우리 몸은 위협에 대응하는 호르몬을 분비한다. 스카이다이빙 초보자처럼 어떻게든 생존하는 데 집중하게 된다. 어떻게 해야 몸도 마음도 안전하게 이 상황에서 벗어날까? 이때는 되도록 위험을 줄이는 쪽으로 움직이기 때문에 이기는 경기가 아니라 지지 않는 경기를 선택한다.

반면에 우리가 스트레스를 성장 기회나 이득으로 평가하고, 어려워도 감당할 만하다고 여기면 몸에서는 도전 반응이 일어날 가능성이 더 크다. 이때 우리 몸은 코르티솔보다는 주로 테스토스테론과 아드레날린을 분비한다. 어떻게 하면 경기에서 승리할지 또는 과제 목표를 달성할지 그 방법을 찾는다. 위협 반응이 무조건 나쁘고 도전 반응이 무조건 좋다는 뜻이 아니다. 각 반응은 그에 맞는 목적이 있다. 새끼와 함께 있는 어미 곰과 마주친 경우라면 위협 반응을 느껴 몸이 얼어붙는 것이 정상이다. 이때는 섣불리 움직이지 말고 침착하게 뒤로 물러나야 한다. 그러나 최선을 다해 과제를 수행해야 할 때도 위협 반응을 장착하고 세상을 볼 필요는 없다. 이 경우에는 과제를 도전으로 여겨야 한다. 자신의 역량과 당면한 문제의 난이도를 어떻게 평가하느냐에 따라 우리가 나아갈 길이 달라진다.

과제 난이도를 어떻게 예상하느냐에 따라 기분이나 생각 및 행동에 영향을 미친다면, 어려운 일도 어렵지 않다고 생각하는 것이 제일 좋은 전략일까? 맡은 임무가 전혀 힘들지도 않고 괴롭지도 않으리라고 속으로 다짐하는 것이 좋을까? 예상 난이도가 실제 난이도와 차이가 날 때 우리 뇌는 경로를 수정한다. 예상과 실제가 어긋난 정도에 따라 반응 유형이 달라진다. 그리고 그 차이가 클수록 우리 뇌는 과잉 수정을 거쳐 사태를 악화시킨다. 가령 시험이 식은 죽 먹기일 거라 예상했는데 실제로 무척 어려운 경우 우리 뇌는 먼저 당황한다. '어, 이거 뭐지? 이렇게 어려우면 안 되잖아!' 그리고 나서는 시험 문제를 어떻게든 풀어볼 방도를 궁리하지 않고 그냥 전원을 꺼버린다. 우리는 철저한 방어 체제로 돌입한다. 아무 시도도 하지 않는다.

그러면 최악의 상황을 가정하고 대비하는 편이 더 나은 전략일까? 이번 경기 또는 설명회라든지 프로젝트가 여태껏 경험한 일 중에 가장 힘들고 어려울 거라 예상하고 준비하면 어떨까? 엄청난 어려움을 예상했는데 실제 경기장에서는 훨씬 쉽게 느껴지면 더 속도를 높일 수 있고 더 좋은 성적을 내지 않겠는가 말이다! 아니, 틀렸다. 너무 어려운 과제라고 예상하는 경우 우리 뇌는 '해봤자 무슨 소용이 있어?'라며 자포자기 상태에 돌입한다. 자신의 역량을 한참 넘어서는 과제라면 그 일에 전력을 다해도 아무 의미가 없다고 판단하기 때문이다. 그 일을 시도하기도 전에 불행한 결말을 맞는 셈이다. 우리가 '강인한 정신력'으로 역경을 극복하는 일은 실제로는 어려움이 닥치기 전부터 시작된다. 자기 앞에 닥친 현실과 그 상황을 처리할 자신의 역량을 거짓없이 평가하고 인정하는 일에서부터 강인함이 드러난다.

강인함의 핵심

자신이 처한 상황을 위협으로 인식할지 아니면 도전 과제로 인식할지는 스트레스 요인과 이를 처리할 자신의 역량을 어떻게 평가하느냐에 달렸다. 당신은 문제 상황을 해결하는 데 필요한 역량을 갖추었는가?

현실을 직시하기

"자신이 어떤 문제를 감당할 자신이 있을 때 강인한 사람이 되기는 어렵지 않습니다. 진짜로 자기를 시험하는 순간은 문제를 감당할 자신이 없을 때입니다." 내가 전에 지도했던 육상선수 드레반 안데르손 카파Drevan Anderson-Kaapa가 경험을 돌아보며 내게 했던 말이다. 드레반은 대학생 시절 컨퍼런스 대회에서 3회 우승했고, 세계 대학 대회World University Games에 국가대표로 출전했다. 드레반은 경기에서 이기는 것뿐만 아니라 어떤 상황에서든 자신의 기량을 최고로 끌어내는 법을 아는 선수였다. 휴스턴대학교 육상부에서 드레반은 살아 있는 전설이었고 신입생들은 누구나 드레반 선배의 영웅담을 전해 들었다. 드레반은 챔피언십 대회 개인전에서 우승을 차지한 뒤 1600m 계주에 자원했다. 그러나 드레반은 이때까지 대학을 다니는 내내 1600m 계주 경기에 나간 적이 한 번도 없었다. 드레반에게는 익숙지 않은 종목이었다. 게다가 경쟁 팀들이 세운 기록도 박빙이어서 계주에서 우승하는 팀이 단체전 우승컵을 차지할 터였다. 반드시 이겨야 하는 경기라 압박감이 컸는데도 드레반은 두 명의 감독을 찾았다. 당시 감독은 공교롭게도 우리가 잘 아는 육상계의 전설 칼 루이스Carl Lewis와 르로이 버렐Leroy Burrell이었다. 드레반은 대학 육상선수 중에서도 가장 빠른 주자들과 겨루겠다고 결의를 다졌다. "제가 계주에 나가겠습니다. 마지막 주자로 뛰겠어요." 이 경기에서 드레반은 마지막 50m 구간에서 상대선수들을 제치며 승리를 결정짓고 팀에 우승컵을 안겼다.

드레반이 특별한 이유는 경기장에서 세운 기록 때문만은 아니다. 대학 시절 내내 드레반은 정상급 선수들과 어깨를 나란히 했을 뿐 아니라 성실하게 학업에 정진해 석사학위를 취득했으며 학군단으로도 복무했다. 대학생 신분일 때는 육상 국가대표로 활약했고, 졸업 후에는 군인으로 나라를 지켰다. 내가 만난 사람 중에 강인함의 전형을 보여주는 사람이 몇 있는데, 드레반이 그 가운데 한 명이다.

2018년 가을, 나는 드레반과 우리 집 식탁에 앉아 강인함을 주제로 대화를 나눴다. 드레반은 육상선수로서 또 군인으로서 경험한 이야기를 들려주었다. "사람은 다들 가면을 써요. 자신이 보여주고 싶은 모습으로 꾸미죠. 그러나 스트레스 상황에서는 그 가면이 벗겨지고 민낯이 드러납니다. 스트레스가 실체를 드러내죠." 설명을 더 자세히 듣고 싶다고 부탁하자 드레반은 육상 스포츠계와 군대에서 경험한 두 가지 다른 얼굴에 관해 이야기했다. 첫째, 자신만만하고 패기가 넘치는 사람으로 가면을 쓰는 이들이 있다. 이 선수들은 앞에 놓인 과제를 과소평가하며 큰소리를 탕탕 친다. 경기 전까지 "이 정도는 식은 죽 먹기"라며 기고만장이다. 그런데 일이 삐끗하면 그 자신감이 온데간데없다. 사실은 자기 실력에 확신이 없으므로 경기가 가장 어려운 순간에 겁을 집어먹고 뒤로 물러선다. 두 번째 사람들의 얼굴도 겉보기에는 첫 번째와 비슷하다. 이들도 자신이 직면한 상황을 감당할 수 있다고 확신에 차 있다. 그러나 출발선에 설 때 이 사람들은 앞으로 닥칠 일을 과소평가하지 않고 직면한 과제의 어려움을 정확히 꿰뚫어 본다.

한 가지 사례가 특히 기억에 남는다. 드레반은 고립무원 지대에서 생존 훈련을 받은 적이 있다. 최소한의 보급품만으로 극심한 수면 부족과 싸우며 대원들과 함께 전투력을 검증받았다. 몸에서 에너지가 고갈되면 시야가 좁아진다. 식량과 물을 찾고, 수면 욕구를 채우는 일에만 온 정신이 쏠린다. 이 밖에 다른 것은 중요하지 않다. 함께하는 대원들은 뒷전이고 자기 생각만 하기 십상이다. 생존 훈련에 들어가기 며칠 전만 해도 팀을 먼저 생각하고 자긍심이 넘치던 몇몇 대원들이 자신의 안위를 걱정할 상황이 되자 스트레스에 굴복하는 모습을 드레반은 지켜봤다. 이들은 전투식량을 챙길 때 정해진 자기 몫보다 더 많이 빼돌렸고, 불침번을 설 때는 수면을 보충하려고 몇 분이라도 늦게 일어나 동료와 근무를 교대했다. 그러나 똑같은 스트레스 상황에서도 극기심을 발휘하는 대원들이 있었다. 이들은 웃음을 잃지 않았고 자기보다 팀을 먼저 챙겼다. 별일이 없을 때 강인한 사람이 되기는 어렵지 않다. 그러나 극심한 압박을 받을 때도 강인한 사람은 그다지 많지 않다. 사람은 쉬운 길을 선택하는 쪽이 자연스럽기 때문이다.

평정심을 유지한 사람과 그러지 못한 사람 사이에 어떤 차이점이 있었는지 드레반에게 물었더니 이렇게 대답했다. "사람들에게 보여주는 모습과 실제 실력에 큰 차이가 있는 사람은 스트레스 상황에 직면하면 예외 없이 무너집니다. 반면에 자신의 장단점이 무엇이고, 자신의 역량이 어디까지이고, 무엇이 두려운지 사실대로 인정하는 사람은 자신이 처한 상황을 받아들이고 감당할 방법을 찾아요. 도심 사이를 걷든지 정글 속을 돌아다니든지 사람의 본질은 크게 다르지 않아요. 거짓 기준을 세우고 자신을 부풀리지 말고 주어진 현실을 냉철한 눈으로 평가하고 예상해야 합니다. 경기장에서도 마찬가지입니다. 경기장에서 자신의 능력을 110% 끌어내야 한다고 생각하는 선수는 틀림없이 흔들리고 무너져요. 출발선에 서서 이 경기는 아주 쉬울 거라고 혼잣말하는 선수도, 반대로 이 경기는 엄청 어려울 거라는 선수도 제

실력을 내지 못합니다. 현실을 왜곡해서 보기 때문이죠. 하지만 꾸준하게 좋은 성과를 내는 사람들이 있습니다. 자신이 어디까지 할 수 있는지 또 경기에서 요구하는 조건은 무엇인지 평가하고 이 두 가지 평가를 기반으로 과제를 수행하는 선수들입니다."

드레반의 경험은 특이하지 않다. 과학적 연구도 이를 뒷받침한다. 21세기 초에 한 연구진이 드레반이 했던 것과 똑같은 생존 훈련을 받은 각 병과의 군인들을 분석했다. 연구진이 발견한 현상도 드레반이 했던 경험과 차이가 없었다. 거의 모든 군인이 생존 훈련을 받는 동안 극심한 스트레스를 경험했다. 이때 일부 군인은 정신이 멍해지며 현실에서 분리되는 기분을 느꼈다. 반면에 일부 군인은 대체로 냉정한 판단력을 유지했으며 잠재력을 발휘해 임무를 무사히 수행했다. 이 두 그룹은 스트레스에 대응하는 방식이 달랐으며 자신이 처한 상황을 객관적으로 평가한 군인들이 여러 훈련을 수행하는 데 더 뛰어났다. 투지가 넘치고 강한 군인일수록 과제를 평가할 때 자신을 위협하는 대상이 아니라 도전 과제로 인식했다. 연구진은 결론을 제시하며 투지가 넘치고 "강한 사람일수록 스트레스 상황에서도 자신이 직면한 상황을 더 정확하게 기술한다"라고 요약했다. 다시 말해 이 군인들은 현실을 직시했다.

강인함의 핵심

현실을 수용한다. 자신이 직면한 상황의 어려움과 이에 대응할 자신의 역량을 거짓 없이 평가한다.

진정으로 강인한 사람은 어려움이 닥쳤을 때 그 일이 쉬운 척 허세를 부리지 않고 사실을 그대로 인정한다. 자신의 역량과 자신이 처한 상황을 거짓 없이 평가해야 스트레스에 생산적으로 반응할 수 있다. 이 평가에 따라 우리 몸은 문제를 위협으로 인식해 두려움을 느끼기도 하고 도전 대상으로 인식해 설렘을 느끼기도 한다. 그리고 이 반응에 따라 갈 길이 결정된다. 뒤로 물러설 수도 있고 아니면 위험을 무릅쓰고 도전해 잠재력을 끌어낼 수도 있다. 현실을 수용한다는 뜻은 자신이 무엇을 할 수 있고 어떤 어려움을 겪을지, 가만히 앉아서 생각하는 게 아니다. 현실을 수용할 줄 아는 사람이 되려면 어떻게 마음을 단련해야 하는지 과학적 연구가 뒷받침하는 여러 전략을 소개한다. 아래 전략을 활용하면 상황에 맞게 심리를 조절해 현실을 정확하게 판단하고 나아가 스트레스 상황에서도 생산성을 높일 수 있다.

1. 적절한 목표를 세운다

목표를 세운다고 하면 사람들은 흔히 꿈을 크게 가져야 한다든지 꿈은 클수록 좋다는 말들을 한다. 그러나 여러 연구에서 제시하는 결론은 다르다. 현재 자신의 역량보다 약간 더 높은 목표를 설정해야 한다. 가령 자신의 능력과 목표 사이에 격차가 너무 크면 의욕이 감소한다. 말하자면 우리 뇌는 자포자기하는 심정이 되어 어깨를 으쓱하며 말한다. "해서 뭐해? 어차피 못할 거잖아." 기대치를 너무 높게 잡고 강인한 척하다는 '당혹스러운' 상황에 직면할 가능성이 더 크다. 목표를 무조건 크게 세울 게 아니라 자신이 감당할 만한 목표를 세워야 한다.

2. 남이 아니라 내가 바라는 목표를 정한다

어째서 어떤 이들은 목표를 이루고 발전하는데 어떤 이들은 계속해서 실패하는가? 네덜란드에서 심리학자들은 이 주제로 여러 연구를 진행했다. 세 가지 연구 이상에서 학자들은 자신이 간절히 바라는 목표일수록 그 목표를 실현할 가능성이 더 크다는 사실을 발견했다. 사람들 앞에서 보여주는 공적 자아가 아니라 타인의 시선이 없을 때 드러나는 사적 자아가 바라는 목표를 선택할 때 그 목표를 끝내 이룰 가능성이 더 크다. 목표에 이르지 못한 사람들을 보면 자신이 진짜로 원하는 목표가 아니라 부모나 감독, 사회가 부여한 목표를 선택한 경우가 많다. 그러나 성공한 사람들을 보면 외부에서 요구하는 목표가 아니라 자기 안에서 요구하는 목표를 선택하고 자신의 정체성과 관심사를 반영한다. 자기 이해가 높은 사람은 그만큼 명확하게 목표를 설정한다.

현실을 직시한다는 것은 과제의 난이도와 자신의 역량을 이해하는 것만으로 끝나지 않는다. 시간을 들여 자기 자신을 이해하고 자신에게 무엇이 중요한지 세밀하게 살피는 일도 포함한다. 사색도 좋고, 일기 쓰기도 좋고, 친구나 가족과 대화하는 방법도 좋다. 어느 방법을 쓰든지 자신이 무엇을 중요하게 여기고 왜 중요하다고 생각하는지 알아야 한다. 이 작업은 쉽지 않겠지만 반드시 해야 하는 일이다. 강인한 사람은 자신이 어떤 사람인지 안다. 자신이 누구인지 알고 현실을 수용했기에 강인해졌다.

3. 성공 기준과 기대치를 명확하게 정한다

영화 〈탈라데가 나이트Talladega Nights〉의 주인공 리키 바비Ricky Bobby를 생각해보자. 만약 우리 모두 바비처럼 "1등이 아니면 꼴찌"라는 사고방식으로 살아간다면 화를 자초하게 된다. 자신만만하게 대담한 목표를 세웠는데 그 목표에 이를 수 없음을 현실에서 곧바로 깨닫는다면 어떻게 될까? 경주든 학업이든 자기에게 승산이 없다는 생각이 들 때 우리 뇌는 더는 생각하지 않고 멈춰버린다. '어차피 실패할 텐데 쓸데없이 고생할 이유가 있어?'라고 생각하며 방어 체제로 전환한다. 1등이 아니면 실패라는 식으로 성공 기준을 편협하게 세우면 자기도 모르게 의욕이 떨어지기 쉽다.

성공 기준을 잘못 정한 탓에 스스로 의욕을 잃고 수행 능력을 떨어트리는 사람을 나는 그동안 숱하게 지켜봤다. 이런 사람은 오로지 결과만 중시하고 대회 최종 등수나 프레젠테이션 평가 점수는 자신이 통제할 영역이 아님을 고려하지 않는다. 결과 중심에서 과정 중심으로 목표를 전환하면, 예컨대 자신이 투입하는 노력에 집중하면 목표에 도전하기도 전에 의욕이 감소하는 문제를 개선할 수 있다. 이뿐만 아니라 과정 중심으로 피드백을 진행할 수 있으므로 배움과 성장에 도움이 된다. 결승선을 몇 등으로 들어왔는지 성적에만 집중하면 향후 성장에 유용한 정보를 전혀 얻지 못한다. 얼마나 노력했는지 또는 실행 계획대로 실천했는지 그 여부에 따라 자신을 평가해야 개선점을 파악하고 다음번에 적용할 로드맵을 얻는다.

4. 스트레스에 대응하는 경로 수정이 필요하다

프랑스 낭트대학교 연구진은 자신의 역량을 판단할 때 스트레스가 어떻게 영향을 미치는지 조사했다. 연구진은 간단한 과제를 하나 준비했다. 참가자에게 자신이 넘을 수 있는 장대 높이를 예상하도록 했다. 다만 참가자는 그 전날 연구실에서 하루 24시간 내내 깨어 있어야 한다는 조건이 있었다. 수면 박탈은 스트레스와 피로를 비롯해 우리 뇌에 여러 가지 영향을 미친다. 잠을 못 잔 상태에서 참가자들은 평소 넘을 수 있는 실제 높이와 관계없이 자신이 넘을 수 있는 높이를 현저하게 과소평가했다. 스트레스는 자신의 역량을 평가하는 인지능력을 떨어뜨린다. 또 다른 연구에서는 목표 지점까지 걸어갈 거리를 예측할 때 만성 통증에 시달리는 사람들은 그 거리를 과대평가하는 경향이 있음을 발견했다. 이러한 연구 결과들을 살핀 스포츠 심리학자 티보 데샹Thibault Descahmps은 다음과 같이 설명했다. "사람은 환경을 인지할 때 그 환경에 대응하는 비용 관점에서 평가한다."

또 다른 연구에서는 참가자들에게 언덕 밑에서 볼 때 언덕이 얼마나 가파른지 가늠해보라고 요청했다. 대다수가 20도, 25도, 30도 등으로 언덕의 경사를 심하게 과대평가했다. 실제 언덕의 경사는 5도에 불과했다. 실험 참가자 가운데 한 그룹은 정확하게 경사도를 예측했는데 크로스컨트리 육상부 학생들이었다. 가령 우리에게 언덕을 뛰어오를 역량이 있고 과도한 스트레스가 없는 상태라면 언덕의 경사도를 있는 그대로 인지한다. 그러나 신체 역량도 부족하고 스트레스가 심한 경우라면 경사도를 무척 가파르게 인지한다. 연구진이 육상부 학생들을 대상으로 조건을 다르게 해서 진행한 실험은 흥미롭다. 이번에는 학생들을 장시간 달리게 한 뒤에 다시 언덕의 경사도를 물었다. 그랬더니 이전의 정확한 판단력은 사라지고 없었다. 학생들은 몸이 피로한 상태에서 경사도를 실제보다 훨씬 높게 가늠했다. 피로는 인지

능력을 떨어뜨리고 우리 몸의 여러 기능을 변화시킨다.

우리 몸이 위협 반응 단계에서 충격에 몸이 얼어붙거나 극도로 당황하면 평범한 일도 불가능해 보일 때가 많다. 이때 우리는 자신의 역량을 현저하게 깎아내림으로써 스트레스에 과잉보상하는 경향을 보인다. 스트레스 상황에서 대상이나 과제의 난이도를 정확하게 평가하려면 판단을 수정하는 과정이 필요하다. 가령 우리가 피곤하거나 지치고 초조할 때면 그 상황에 대처하는 법을 배워야 한다. 이 같은 상황에서 사람은 자신의 역량을 과소평가하는 경향이 있다. 우리가 이 사실을 배운다면 스트레스나 피로가 쌓인 상태에서 의사결정을 내릴 때 자신의 판단을 조정하거나 변경할 수 있다.

5. 사전에 마음을 준비한다

2018년에 유니버시티칼리지런던UCL 연구진은 우리가 정보를 다루는 방식에 스트레스가 어떤 영향을 미치는지 조사했다. 연구진은 근무 중인 소방관과 무대 연설을 앞둔 학생들에게 좋은 소식이나 나쁜 소식을 들려주고 어떻게 반응하는지 살폈다. 일례로, 피험자들은 자동차 사고나 화재로 심각하게 부상할 위험을 추정한 후에 연구진에게 자신이 추정한 위험보다 사고 가능성이 훨씬 크다는 나쁜 소식을 전해 들었다. 피험자들은 긴장이 이완된 상태에서는 나쁜 소식을 무시하고 좋은 소식만 수용하는 경향을 보였다. 나쁜 사고를 겪을 가능성이 크다는 말을 들어도 행동이나 기분에 아무 영향을 미치지 않았다. 그러나 수석 연구원 탈리 샤로트Tali Sharot에 따르면 스트레스 상황에서는 정보를 처리하는 방식이 달라졌다. "피험자들은 나쁜 소식을 들을 때마다 과도하게 경계했다. 심지어 자신의 업무와 아무 관련이 없을 때도(이를테면 카드 사기에 당할 가능성이 피험자들이 생각한 것보다 높다는 소식) 민감하게 받아들이고 기존의 견해를 수정했다."

스트레스를 받으면 부정 편향이 강해져 위험이나 위협적인 요소에 고도의 경계 태세를 취하고 민감하게 알아차린다. 이는 인류가 진화하면서 익힌 생존 기술이지만 실제로는 그리 위험하지 않은 상황에서 활성화하면 수행 능력을 떨어뜨린다. 이 부정 편향에 맞서려면 우리 뇌가 위협 요소를 찾는 대신에 기회 요소를 찾도록 마음을 대비해야 한다. 나는 전작인 《피크 퍼포먼스Peak Performance》에서 육상선수가 "자신이 좋아하는 활동을 하며" 몸을 풀때 호르몬 상태가 긍정적으로 바뀐다는 사실을 보여준 연구를 소개했다. 예술가와 경영자에게도 같은 원리가 적용된다. 과제를 수행하기 직전에는 자신이 잘하는 일을 루틴으로 삼아 마음을 준비해야 한다. 만약 타자라면 실수를 검토하거나 약점을 교정하고, 또는 타석에 들어서면서 "슬라이더에는 약하니까 그냥 보내자"라고 혼잣말하며 다짐하는 것은 오히려 역효과를 낸다. 이런 일들은 타석에 들어서기 훨씬 전에 끝내야 할 일이다.

* * *

진정으로 강인한 사람은 경기장이나 회의실에 발을 들여놓기 오래 전부터 그 힘을 발휘한다. 자신이 직면한 상황과 이를 처리할 자신의 역량을 평가하는 일에서부터 강인한 사람과 그렇지 못한 사람이 나뉜다. 우리가 머릿속으로 무엇을 예상하느냐에 따라 몸에서 일어나는 생리 반응이 다르다. 상황을 부정적으로 평가할 경우 이 인식은 스트레스 반응 단계마다 영향을 미쳐 우리 몸이 고통을 더욱 크게 느끼거나 일찌감치 겁을 먹고 포기하는 방향으로 움직이게 된다. 축구선수라면 매우 거친 태클을 당하고 나서 화를 참지 못하고 불미스러운 사건이 벌어지기 훨씬 전부터 이 상황에 대비해 마음을 준비해야 한다. 어떤 과제든 간에 우리 몸은 그 상황에 직면하기 전에 이미 특정 방향으로 편향을 띄고 상황에 대비한다. 어느 방향으로 나아갈지는 대부분 자신의 능력과 주변 세계를 인지하는 방식에 달렸다.

4장
자신감은 조용하고, 불안감은 시끄럽다

레너드 '버디' 에델렌Leonard 'Buddy' Edelen은 흠 잡을 데 없는 마라톤 전문 선수였다. 에델렌은 올림픽 우승을 노리는 전도유망한 장거리 선수로서 꼼꼼하고 철저하게 자기를 관리했다. 매일 아침 눈을 뜨면 심장 박동수와 수면 시간을 기록했다. 체중, 운동시간, 운동을 이행한 후의 느낌도 자세하게 기록했다. 이 모든 노력은 경기력을 최적화하고, 체력과 피로도 간의 균형을 유지하기 위함이었다. 에델렌은 자신이 기록한 데이터와 의견을 감독인 프레드 윌트Fred Wilt에게 우편으로 보냈다. (참고로 1948년과 1952년에 올림픽 출전 경력이 있는 윌트는 장거리 육상선수로 살고 싶었지만, 실제 직업은 FBI 요원이었다.) 자료를 받아본 윌트 감독은 에델렌에게 무엇이 잘못되었고 또 어떻게 개선할지 의견을 적어 보냈다.

서신을 통해 이루어진 이 독특한 지도 방식은 놀라운 성과를 가져왔다. 에델렌은 마라톤 세계 기록을 거의 1분이나 앞당기는 성과를 올리며 미국인으로서는 40여 년 만에 처음으로 세계 기록을 달성했다. 이는 에델렌이 아마추어 선수였는데도 두 사람이 마라톤 전문 선수에게 어울리는 훈련 방법론을 공들여 구축하고 적용한 덕분이었다.

여러분은 버디 에델렌이 누구인가 의아할 것이다. 인터넷도 없는 시절에 살았던 윌트와 에델렌은 이메일이 아닌 편지로 소통했다. 에델렌이 1963년에 마라톤 세계 기록을 경신하고도 몇 년이 지나서야 미국에서는 달리기가 인기를 끌며 조깅 열풍이 불었다. 전문 선수에게 어울리는 방법론을 적용했지만, 에델렌은 정규직 교사로 일하는 아마추어 선수였으므로 훈련 시간은 대부분 직장과 집을 매일 오갈 때 달리는 시간이 전부였다. 유명 인물도 아니고 달리기가 대중에게 인기를 끌던 시기도 아니었지만 윌트와 에델렌은 당시에 아무도 생각지 못한 일을 해냈다. 지구상에서 제일 빠른 마라톤 선수를 미국에서 배출한 것이다.

윌트는 스포츠 심리학과 생리학 분야에서 선구적 인물이었다. 당시에는 스포츠 훈련 기술이 유아기 단계에 있었고 고강도 훈련을 두려워하던 시절이었기에 윌트의 방법론은 혁신적이었다. 윌트는 전 세계 정상급 선수와 감독들에게 편지를 보내 지구 곳곳에서 마라톤 훈련법을 수집했다. 또 최면술사를 고용해 선수가 고통을 피하지 않고 수용하도록 마음가짐을 조절하기도 했다. 윌트 감독과 에델렌은 끊임없이 한계를 깨뜨리며 도전했다. 그러나 대단한 위업을 달성했음에도 인간의 본능인 불안을 완전히 잠재우지는 못했다.

두 사람이 교환한 서신 가운데 하나를 보면, 에델렌이 중요한 경기를 이틀 앞두고 달리기 훈련을 계획한 항목이 있는데 그 옆에 프레드 윌트가 이렇게 써놓았다. "40분 동안 달리기 연습하는 게 몸에 해롭다고 말하지는 않겠네. 그러나 경기를 이틀 앞둔 시점에서 이 훈련은 도움이 되지 않는다네. 이것은 자네가 불안하다는 증거야. 훈련할 때가 있고 휴식할 때가 있다네. 절반만 쉬는 건 휴식이 아니야. 안타깝지만 자네는 이 교훈을 아직도 받아들이지 못했군." 월트 감독은 대회에서 우승한 제자를 꾸짖었다. 에델렌이 정상에 도달했는데도 불안감에 시달린다는 사실을 월트는 알고 있었다. 요즘은 기기를 착용하면 자동으로 사용자의 운동량 및 운동 기록을 측정한다. 그러나 이런 기기가 없던 시절에 에델렌은 운동 계획과 운동 기록을 일일이 수기로 남겼으며, 꼼꼼한 기록과 고강도 훈련에서 나타나듯 에델렌의 강박은 때로는 성장에 방해가 될 정도였다. 에델렌은 훈련을 멈추고 휴식을 취할 자신이 없었다.

에델렌은 1964년에 〈스포츠 일러스트레이트Sports Illustrated〉와의 인터뷰에서 말한다. "제가 일주일 동안 달리는 거리만큼 기자님이 달리면 사람들이 다들 기자님이 제정신이 아니라고 여길 겁니다. 그러나 전 그렇게 많은 양의 훈련을 하고 나서도 하루 이틀 쉬라고 하면 무척 초조하고 불안해집니다. 뭔가를 빼앗긴 기분이 들어요. 훈련해야 마음이 편안해요." 에델렌은 좋은 몸을 만들기 위해서만이 아니라 불안감을 떨쳐내기 위해서도 달려야만 했다. 육상선수는 운동을 쉬게 되면 근육이 줄어들고 다른 선수에 비해 뒤처질까 봐 두려워한다. 이는 분야를 막론하고 성과가 우수한 사람들에게 공통으로 나타나는 현상이다. 불안함에 못 이겨 '죽도록 열심히' 일하는 창업가, 뒤처질까 봐 두려워 주말에도 일을 놓지 못하는 최고경영자, 자기 마음에 들 때까지 작품 발표를 한없이 미루는 예술가. 우리는 불안한 마음을 떨쳐내지 못해 지독하게 일하면서 자신을 완벽주의자라고 포장할 때가 많다. 버디 에델렌은 당시 세계에서 가장 빨리 달리는 남자로 역사에 기록을 남긴 선수였고, 1964년도 올림픽 마라톤 선수 선발대회에 나가서는 섭씨 32도의 뜨거운 날씨에도 20분가량 격차를 벌리며 우승했다. 심지어 당시에는 선수가 경주 도중에 물을 마시면 눈살 찌푸리던 시절이었다. 그러나 대회를 앞두고 휴식을 취하라는 윌트 감독의 계획을 따를 자신이 없었다. 에델렌처럼 집념과 의지로 똘똘 뭉친 선수가 자신감이 부족해 경기를 앞두고 불안감을 다스리지 못했다면 우리 같은 평범한 사람들은 어떻게 자신감을 키울 수 있을까?

자신의 능력을 의심하고 불안해하는 것은 인간의 본성이다. 설령 세계 최고 실력자도 예외가 아니다. 사람들은 자신감 넘치는 사람이 되고 싶어서 바동거리고, 무슨 일이든 해낼 수 있으리라는 확신에 차고 싶어 한다. 자신감이나 자기 확신이 없으면 우리 안에서 불안감과 의심이 자란다. 의심이 싹트면 처음에는 현실에 부합하게 목표를 세워야 한다고 우려의 목소리를 조금씩 내다가 나중에는 끊임없이 자신을 탓한다. 넌 그렇게 빠르지 않아, 넌 그렇게 세지 않아, 넌 그렇게 똑똑하지 않아. 의심에 사로잡히면 자신의 능력이 한참 부족하다고 여겨 자신이 할 수 있다고 생각되는 일과 자신 앞에 놓인 과제 사이에 크게 격차가 벌어진다. 결국에는 휴식을 취하는 게 현명한 전략임에도 의심을 떨쳐내지 못해 단거리라도 훈련을 해야 직성이 풀리는 상태가 된다. 자신감은 타고난 불안을 상쇄하므로 강인함을 기르는 데 중대한 역할을 한다. 자신감이 있을 때 우리는 의심에 사로잡히지 않고 자신의 역량을 최대한 발휘할 수 있다. 그러나 지금까지처럼 구태의연한 방법으로 자신감을 심으려고 하면 대개 효과를 거두지 못한다.

너 자신만 믿으면 된다고 말하는 사람들을 보면 자신감을 기르는 일이 무척 쉬워 보인다. "너 자신을 믿어라"라는 말은 미국 전역에 있는 학교마다 걸려 있던 표어로 거의 모든 부모와 감독, 교사가 입에 올렸을 말이다. 구시대 방식에서는 겉으로 드러나는 자신감에 초점을 맞춘다. 강하고 확신에 찬 사람으로 보이는 데 집중한다. 우리는 아이들에게 자신을 믿으라고 말하면서도 어떻게 그 믿음을 기르는지 설명하지 않는다. 인스타그램 스타일로 자신감을 드러내기 급급해서 내면의 힘을 기르는 일보다 자신감을 표출하는 데 집중한다. 이제는 내면에 초점을 맞추고 자신감을 기르는 새로운 접근법이 필요하다.

세상을 바라보는 눈

2009년에 스포츠 심리학자 케이트 헤이스Kate Hays와 마크 보든Mark Bawden은 성과가 뛰어난 최정상급 운동선수 14명과 대화를 나눌 기회를 얻었다. 두 사람은 그 선수들에게 가장 기뻤던 순간과 가장 암울했던 순간을 물었다. 이들 가운데 13명이 올림픽 대회 같은 큰 대회의 메달리스트였다. 메달을 따지 못한 선수도 한 명 있었지만, 그 선수도 세계 기록 보유자였다. 세계 최고 선수들의 마음을 들여다보는 이 대화는 단순한 인터뷰가 아니었다. 자신의 종목에서 정상에 오른 선수들에게 자신감이 어떤 역할을 했는지 조사하기 위해 영국 스포츠 연구소English Institute of Sport에서 수행한 연구의 일환이었다.

　사람들은 흔히 최정상에 오른 이들은 자기 자신을 의심하거나 불안감을 느끼는 일은 없으리라 생각한다. 자신의 분야에서 최고의 성과를 보여준 사람들과 내가 그동안 함께하면서 깨달은 공통점이 하나 있다. 그들은 초인이 아니라 우리와 똑같은 사람이라는 사실이다. 그들은 저조한 성과나 압박감에 영향받지 않는 무감각한 기계가 아니다. 헤이스와 보든 역시 나와 똑같은 경험을 했다. 두 사람이 만난 선수들은 최정상의 자리에 올랐는데도 예외 없이 자신감이 떨어지고 그 때문에 성과가 저조해지는 침체기가 있노라고 털어놓았다.

　우수한 성과를 보여준 선수들도 자신감 부족으로 괴로울 뿐 아니라 그로 인해 생각과 감정, 행동에 악영향을 받았다. 선수들은 자신감이 떨어졌을 때 "짜증이 나서 감정을 다스리지 못했고, 긍정적으로 사고하지 못하고 일상 루틴에도 집중하지 못했어요"라고 말했다. 마치 다른 사람이 들어와 뇌를 장악한 것 같았다. 우울하고 어두운 생각에 골몰했고 단순한 일도 어렵게 느껴졌다. 헤이스와 보든은 자신감이 떨어진 선수들이 보인 증상을 분석해 인지능력 저하, 부정 정서, 비효율적 행동이라는 세 가지 범주로 분류했다. 선수들은 자신에게 집중하지 못하고, 다른 선수들이 무엇을 하는지 신경 쓰거나 온갖 일에 자기를 의심하기 시작했다. 선수들은 불행하고 초조했을 뿐 아니라 여러 좋지 않은 감정을 느꼈으며 경쟁이 즐겁지 않았다. 기쁨과 설렘은 불안과 좌절감으로 바뀌었다. 선수들은 대회를 앞두고 도전 욕구가 아니라 위협 반응을 보였다. 무엇보다 중요한 사실은 자신감이 떨어지면 생각과 감정뿐만 아니라 행동까지 부정적으로 변한다는 점이다. 선수들은 소심해지고 우유부단했다. 보통 때라면 없던 힘도 끌어내려고 애썼을 텐데 그런 투지도 사라졌다. 마치 슈퍼맨을 무력화한 크립톤처럼, 낮은 자신감은 세계에서 가장 성공한 선수들의 인지능력과 감정과 생각까지도 부정적으로 바꿔놓았다.

자신감이 떨어지면 우리가 꺼내 쓸 자원도 감소한다. 헤이스와 동료 연구원들이 수행한 인터뷰에서 한 선수가 말했다. "저는 여러 가지 심리 기법을 적용하려 애썼지만… 모든 방법이 소용이 없었어요. 그냥 집중할 수가 없었어요…. 모든 게 어긋나고 한마디로 끔찍했죠." 자신감이 없는 사람은 외부에 대응할 수단이 그만큼 줄어든다.

걱정과 괴로움이 밀려들면 악마가 어깨에 앉아 온갖 부정적인 말을 건네며 그 말을 뒷받침할 증거를 열심히 찾는다. 그냥 포기해도 좋은 이유, 최선을 다하지 않아도 되는 이유라면 무엇이든 귀에 속삭이며 우리를 설득한다. 자신감이 낮을 때는 좋지 않은 생각이 꼬리를 물고 이어져 우리 마음이 나락으로 떨어지기 쉬운 상태가 된다. 자신의 능력이 기대치에 미치지 못하리라는 의심이 고개를 들었을 때 그 의심이 사실인 듯한 징후가 보이면 곧바로 우리 뇌는 그것을 낚아챈다. 누가 옆에서 약간만 그 의심을 부추기면 자신감이 와르르 무너져 어찌할 줄 모르는 상태에 빠진다.

어쩌면 당연한 일이지만 자신감이 치솟을 때는 정반대의 경험을 한다. 우리는 직면한 과제에 온전히 집중하고, 기쁨과 평온, 설렘 같은 긍정 감정을 느낀다. 몸짓 하나에도 마음의 여유가 묻어나고, 당면한 상황을 자신이 온전히 제어할 수 있다고 느낀다. 연구 결과에 따르면 직면한 어려움에 대처할 수 있고, 문제 앞에서 긴장하지 않고 즐길 수 있으며 피로를 견딜 힘이 생긴다. 자신감이 없던 시절에는 비 내리고 우중충하던 날이 햇빛 화창하고 푸른 날로 바뀐다.

자신감은 안경과 같아서 대상을 보는 눈이 바뀐다. 자신감에 따라 우리 앞에 놓인 문제와 그 문제를 감당할 자기 역량을 보는 방식이 달라진다. 자신감에 따라 현재 상황을 낙천적으로 보기도 하고 비관적으로 보기도 한다. 자신감이 높을 때 우리는 현재 직면한 어려움을 감당할 힘이 생긴다. 걱정과 두려움을 다스리고, 내면의 부정 언어를 잠재우고, 주어진 임무에 집중할 수 있다. 자신감은 감정을 조절하고 어려움에 대응하는 역량을 끌어올리고 해결책을 찾아 나갈 수 있게 한다. 자신감과 강인함은 함께 간다.

스포츠 감독과 동기부여 강사 그리고 자기계발 산업에 종사하는 이들이 하나같이 자기 자신을 믿어야 한다고 강조하고 있으며 이는 너무나 당연하다. 우리는 어려서부터 무슨 일을 하든 간에 자기 확신이 있어야 성공한다는 말을 듣고 자랐다. 자신감이 잠재력을 끌어올릴 뿐 아니라 몸과 마음을 편안하게 한다는 사실을 우리는 잘 알고 있다. 그런데도 세계 최고로 꼽히는 인재들조차 자기를 의심하고 걱정하는 것은 무슨 이유일까? 여러 이유가 있겠지만 우리가 오랜 세월 잘못된 자신감을 길러온 탓도 크다.

자신감과 관련해서 구시대의 강인함 모델은 자신감을 기르는 일이 아니라 자신감을 연기하는 것을 강조한다. 자기 자신과 자기 일에 한

치의 의심도 없는 사람처럼 가슴을 활짝 펴고 당당하게 걸으면서 우리는 자신감을 연기한다. 불안이나 걱정은 절대 입에 올리지 말고 큰소리칠 줄 알아야 한다. 자신감 있는 사람처럼 보이는 것이 중요하다. 그러나 현실의 압박이 심해지면 이런 연극이 통하지 않는다. 진짜 자신감은 거짓에서 나올 수 없다. 자신감은 내면에서 나온다. 걱정하고 불안해하는 인간 본성을 무시하는 것은 자신감이 아니다. 자신감 있는 사람은 그런 감정을 받아들일 줄 알고 자신의 역량을 있는 그대로 인정한다. 의심을 무조건 쳐내고 없애는 것은 자신감이 아니다. 자신감 있는 사람은 의심이 일어나면 자신을 점검할 수단으로 허용하는 한편 자기 힘으로 난관을 헤쳐나갈 방도를 찾을 수 있음을 의심하지 않는다. 우리가 오래전부터 자신감의 가치를 알고 그 중요성을 강조한 것은 칭찬할 일이다. 문제는 잘못된 자신감을 가르쳤다는 데 있다.

"성공할 때까지 없어도 있는 척하는 거야!" 이 말은 운동선수도 기업가도 그리고 회사에서 성공의 사다리를 오르려고 애쓰는 사람이라면 누구나 흔히 듣는 조언이다. 이 말에는 우리가 자신감을 어떻게 생각하는지 여실히 드러난다. 자신감은 성공하는 데 필수 요건이다. 만약 내면에서 자신감을 끌어내지 못하면 자신감이 없어도 있는 척 연기라도 해야 한다. 어른들끼리만 주고받는 조언이 아니다. 어른들은 아이들에게 자존감의 효용과 위력을 옹호하며 자신감을 꾸며내기라도 해야 한다고 조언한다. 아이들이 어려운 문제를 해결하며 스스로 가치를 쌓고 자신감을 키우도록 안내하지 않고 무조건 '너는 대단한 아이'라고 선언하는 방법으로 자신감을 키워주려고 애쓴다.

강인함의 핵심

자신감은 안경과 같아서 대상을 보는 눈이 바뀐다. 자신감에 따라 우리 앞에 놓인 문제와 그 문제를 감당할 자기 역량을 보는 방식이 달라진다.

잘못된 자신감 기르기

"착하다. 친절하다. 좋은 친구다. 빠른 육상선수다. 펭귄을 좋아한다." 우리 부모님은 이 말들을 은색 방수 종이에 써서 지난 30년 동안 냉장고 옆면에 붙여놓았다. 이 말들은 내가 아홉 살 때 급우들이 나를 어떻게 생각하는지 적은 말들이다. 우리 부모님에게 이 종이는 급우들에게 칭찬받는 '좋은' 아이로 당신들이 자녀를 키웠음을 증명하는 장식품이었다. 부모님에게 이 장식품은 지금보다 다들 친절하고 더 다정했던 시절을 생각나게 하는 추억이었다. 그러나 내게는 이 장식품이 그때나 지금이나 전혀 다른 의미다.

학생들이 또박또박 적은 저 말들은 내가 참 좋아했던 초등학교 선생님이 수업 과정에서 내준 과제물이었다. 학생들의 자존감을 높이고 급우 간 우애를 다져 긍정적인 자아상을 형성하는 데 목적이 있었다. 우리는 각 급우에게 한마디씩 칭찬을 적어내야 했고 선생님은 칭찬 글을 종합해 각 학생에게 돌려주었다. 그때 나는 아홉 살이었는데 숙제하면서 이상한 기분이 들었던 기억이 난다. 우리 반에는 전혀 착하지 않은 학생이 몇 명 있었는데 칭찬만 적어내야 했기에 어떻게든 그 아이들에게 좋은 면을 찾아내려고 고생했다. 결국에는 "발야구를 좋아한다"라는 식으로 별 특색 없는 적당한 말을 찾아 쓸 수밖에 없었다. 나중에 친구들이 내 앞으로 적은 칭찬 종이를 죽 훑어보는데 진심이 담긴 칭찬과 판에 박힌 칭찬을 구분하는 일은 어렵지 않았다. 어떤 칭찬은 의미가 있었고 어떤 칭찬은 아무 의미도 없었다.

1990년대에 성장한 세대로서 나는 자존감 증진을 목적으로 하는 활동을 숱하게 경험했다. 학교 차원과 학급 차원에서 긍정적 자아상을 확립하는 프로그램이 다양하게 실시되었다. 학창 시절 내가 받은 상장 개수만 봐도 자존감 증진 운동은 비단 학교뿐만 아니라 미국 사회 전반에서 활발하게 이루어졌음을 알 수 있다. 내가 어떤 팀의 일원이라는 사실 외에 아무 의미가 없는 상장이 수십 개가 넘는다. 이기든 지든 우리는 모두 상장을 받았다.

나는 밀레니얼 세대로서 교육계와 스포츠계를 비롯해 미국 사회를 휩쓴 심리학 열풍을 온몸으로 받으며 자랐다. 심리학자들은 사회문제를 일으키는 원인이 유년기에 있다고 했고, 그 원인은 자존감 부족이었다.

1986년, 캘리포니아 주지사 조지 듀크메이지안George Deukmejian은 새로운 방식으로 사회문제를 해결할 전담 기구를 설치하는 법안에 서명했다. 크고 화려하게 포장하는 재능이 남달랐던 캘리포니아주 의회 의원인 존 바스콘셀로스John Vasconcellos가 이 전담 기구를 꾸렸다. 바스콘셀로스는 여러 분야에서 전문가 24인을 초빙해 범죄율 증가, 약물 남용, 학업 부진 문제를 비롯해 1980년대 캘리포니아에 만연한 여러 병폐를 해결하고자 했다. 이렇게 해서 '자존감 향상과 사회 및 개인의 책임감을 증진하는 캘리포니아 전담 기구California Task Force to Promote Self-Esteem and Personal and Social Responsibility'가 탄생했다.

바스콘셀로스는 자신의 정신 건강 문제로 자존감 향상에 집중하는 심리치료를 받은 이후 기회가 있을 때마다 자존감의 중요성을 전파하는 전도사로 변신했다. 자존감 증진 전담 기구를 설치한 이유는 간단했다. 자신이 가치 있고 중요한 존재임을 일깨운다면 그 누구나 잠재력을 최대한 끌어올릴 수 있다고 믿었기 때문이다. 자기 자신을 무가치한 존재로 여기는 사람이 마약이나 술, 범죄에 빠져드는 것은 당연한 일이다. 자존감 증진 전담 기구가 처음 꾸려졌을 때 사람들은 이일을 비웃고 조롱했지만, 바스콘셀로스는 열렬한 소명의식으로 자존감 증진 운동을 펼쳐나갔다. 더 나은 세상을 만들겠다는 각오였다.

바스콘셀로스는 자존감 증진 전담 기구를 설치하고 사회학자인 닐 스멜서Neil Smelser에게 자존감이 미치는 영향을 조사하도록 했다. 스멜서는 2년 뒤 예비 보고서를 전담 기구에서 발표하면서 "상관관계를 보여주는 이 조사 결과는 꽤 유의미하고, 꽤 흥미롭습니다"라고 말했다. 바스콘셀로스는 이 대목이 자신의 신념을 뒷받침한다고 확신했고 뉴스에 삽입할 인용구로 결정했다. 바스콘셀로스는 이 한마디가 각 방송국 뉴스에 실리도록 조치했고, 이후 〈오프라 윈프리 쇼The Oprah Winfrey Show〉와 〈투데이Today〉 방송에 출연해 자존감의 중요성을 설파했다.

1990년에 바스콘셀로스는 그에게는 필생의 역작인 〈자존감 높은 사회를 향하여Toward a State of Esteem〉라는 보고서를 발표했다. 보고서 요약문에서 바스콘셀로스는 마약, 알코올 중독, 범죄, 폭력, 가난, 복지

의존성, 가정과 직장 문제 등 수많은 사회문제를 일으키는 요인으로 낮은 자존감을 지목했다. 161쪽 분량의 보고서를 보면 전담 기구는 사회문제를 해결할 대책을 찾은 것으로 보인다. 실제로 이 보고서 21쪽에서 이렇게 선언한다. "자존감은 범죄, 폭력, 약물 남용, 십 대 임신, 아동 학대, 만성적 복지 의존성, 학업 저하 등 여러 병폐를 예방하는 사회적 백신으로서 가장 유망한 후보다."

여기서 짚고 넘어갈 문제가 하나 있다. 이 보고서에서 내린 결론은 실제 연구에서 발견한 사실이 아니라 사견에 근거한 거짓이라는 점이다. 자존감 증진 전담 기구 위원 중에 유일한 과학자였던 스멜서가 데이터를 토대로 내린 결론은 다음과 같다. "자존감은 규정하기 힘든 영역입니다. 과학적으로 정확히 … 포착하기 어렵기 때문입니다. 자존감과 그로 인해 발생할 것으로 보이는 결과에 영향을 주는 요인은 혼재된 양상을 보이고, 자존감의 영향력만 따지면 미미하거나 아무 영향이 없는 문제도 있습니다." 낮은 자존감과 사회문제 사이에 과학적 타당성은 없었다.

그렇다면 자존감의 중요성을 입증했다고 스멜서가 그토록 자주 인용하고 〈오프라 윈프리 쇼〉 출연을 성사시켰던 그 한마디는 어떻게 된 것일까? 그 말은 전체 문맥을 보면 전혀 다른 의미다. 작가 윌 스토 Will Storr는 자존감 증진 전담 기구에서 스멜서가 발표한 내용을 녹음한 원본을 찾아 문제의 구절을 확인하고 〈더 가디언The Guardian〉에서 뒷이야기를 밝혔다. 스멜서가 했던 말은 자존감과 학업 성취도의 연관성을 설명한 대목에서 잠깐 등장한다. 뒤이어 한 말은 이렇다. "하지만 다른 분야에서는 상관관계가 별로 보이지 않습니다. 이유는 잘 모르 겠습니다. 상관관계가 나타날 때도 정확한 원인이 무엇인지는 확실치 않습니다." 그러면 스멜서는 어떤 총평을 내렸을까? 한마디로, 자존감 이 사회문제에 끼치는 영향력은 그리 크지 않았다.

아무리 봐도 해당 연구는 어떤 결론도 내리지 못한 채 마무리되었 지만 바스콘셀로스에게 그 사실은 중요하지 않았다. 자존감 증진 전 담 기구에서 필요한 서사는 이미 정해져 있었다. 정치인과 언론은 함 께 손을 잡고 자존감 증진 운동을 지지하고 널리 홍보했다. 학교는 자 존감 증진을 교육 목표로 삼고 여러 프로그램을 기획하고 실행했다. 나를 비롯해 수백만 명의 학생이 이 운동을 경험했다. 이 운동은 어른 들이 아이들에게 말하는 방식도 바꿔놓았다. 심리학자 진 트웽이Jean Twenge에 따르면, "자신을 믿으면 무엇이든 할 수 있다"라는 유형의 표 어는 1980년대와 1990년대에 사용 빈도가 급격하게 치솟았다. 긍정 사고를 강조하는 문구가 적힌 급훈이 전국 각지의 학교 교실을 장식 했다. 그 이전에는 어땠을까? 1980년대 이전에는 긍정의 힘을 강조하 는 급훈이 그리 많지 않았다. 트웽이는 〈더 컷The Cut〉 과의 인터뷰에서 그 시대에 자란 학생들은 "다들 너무 개인주의적이고, 자기중심적이 고, 망상에 빠져 있다. '자기 자신을 믿으면 무엇이든 가능하다'? 아니, 그것은 거짓말이다"라고 말했다.

우리 밀레니얼 세대는 부당하게 비판받을 때가 많다. 밀레니얼 세 대는 자기중심적이고, 자기밖에 모르고, 자기애 성향이 있다는 말을 자주 듣는다. 밀레니얼 세대는 자신감이 지나치다. 자신이 성공의 사다리 끝까지 빠르게 올라야 한다고 믿는다. 그러면서 매일 마땅히 '치러야 하는 대가'는 건너뛰고 기분 좋은 일만 하려고 한다는 것이다. 모든 세대가 자기 다음 세대를 폄훼하기 마련이지만, 그 말에는 진실이 들어 있다. 조사에 따르면 밀레니얼 세대는 자기애 성향이 다른 세대보다 더 강하게 나타나는 것으로 보인다. 이들은 자기 자신을 평균 이상으로 인식하고 자존감도 다른 세대보다 더 높을 가능성이 크다. 그러나 이 세대를 비판하기 전에 기성세대가 먼저 자문해야 한다. 아이들에게 너는 특별한 존재이며 무엇이든 마음만 먹으면 할 수 있다고 가르쳐놓고 그렇게 자란 세대가 달리 어떻게 행동하기를 바라는가?

자존감과 자기 가치의 뿌리

'자기 자신을 긍정하라'라는 메시지는 누구라도 환영할 만한 개념이다. 이전 세대의 부모, 교사, 행정가들이 자존감의 중요성에 매료된 이유를 쉽게 이해할 수 있다. 자존감은 삶의 만족도를 비롯해 건강 지표나 행복 지표 등과 연관성이 있다. 자존감을 높이는 것은 좋은 일이다. 그러나 자존감 자체를 목표로 삼았기에 일이 잘못된 것이다. 자존감은 부산물로서 자연히 우러나는 감정인데도 노력해서 그 느낌을 만들어야 한다고 강조한 데 문제가 있다. 앞서 말한 자존감 증진 운동에서 잘못된 점은 높은 자존감을 우리가 추구할 목표로 삼고, 칭찬이라든지 상장 또는 상금 등을 수여하면 그 목표를 이룰 수 있으리라 생각한 데 있다. 자존감과 자신감은 한 쌍이다. 자존감과 자신감은 근거 없는 칭찬이 아니라 현실에 뿌리를 두고 자랄 때 비로소 힘을 발휘한다.

사회성 계량기 이론sociometer theory에 따르면 자존감은 집단 내에서 자신이 지니는 가치 또는 중요성을 감지하는 계량기와 같다. 이 이론에서 자존감은 자기를 수용하는 수준과 집단 내에서 자신이 얼마나 인정받고 있는지를 나타낸다. 수용 정도가 클수록 자존감이 크다. 성공한 사람은 다른 사람들보다 자존감이 더 높은 경향을 보인다. 자존감을 높이려고 애썼기 때문이 아니다. 어려움을 극복하고 집단 내에서 의미 있는 유대감을 이룬 결과 그 부산물로 자연스럽게 높은 자존감을 얻기 때문이다. 자신이 직면한 어려움을 극복할 때 내면의 자아가 강해진다. 가령 회사에서 어려운 과제를 피하지 않고 열심히 노력할 때 우리는 자신이 직업정신이 투철한 사람이라는 정체성을 내면화한다. 그리고 자신에게 끈기 있게 문제를 해결할 능력이 있음을 알게 된다. '나는 대단한 사람'이라고 스스로 다짐한다고 해서 자존감이 올라가지는 않는다. 실제로 과제를 완수하고 그 과정에서 사람들과 강한 유대감을 쌓을 때 자존감이 발달한다.

자존감 증진 운동을 펼친 사람들은 선후 관계를 뒤집어 높은 자존감 자체를 목표로 삼았다. 실제로 과제를 완수하는 경험 없이 자존감을 심어주려 애썼다. 더 심각한 문제는 과제를 성취하는 데서 오는 기쁨이 아니라 외부에서 주어지는 칭찬과 보상에 초점을 맞췄다는 점이다. 이렇게 인위적으로 만들어내는 자존감은 현실에 근거하지 않기 때문에 언제라도 무너지기 마련이다. 자존감 증진 운동에서는 외부 보상에 집중했고 우리의 자존감은 그 여부에 달려 있었다.

자아존중감이 외부 요인에 의존할 때 학자들은 이를 '조건부 자존감'이라고 한다. 다른 사람의 생각과 평가에 따라 자기 가치를 인식한다. 자기를 통제할 힘이 외부 요인에 있다. 근거 없는 칭찬을 제공하고 받을 자격이 안 되는데도 상을 수여하면 조건부 자존감이 자라기 쉬운 환경을 조성한다. 마크 프리먼Mark Freeman은 그가 쓴 《불안을 이기는 힘You Are Not a Rock》에서 말한다. "자존감을 추구할수록 논리상 자존감이 더욱 낮아질 수밖에 없다. 여기서도 우리는 앞서와 똑같은 덫에 빠진다. 다른 사람에게 좋은 것을 받을 때 비로소 자신의 가치를 느낀다면 자아상을 다른 사람 손에 맡긴 격이다. 사람들이 좋은 것을 주지 않으면 우리 뇌는 논리상 자신이 가치 없는 존재라고 결론 내린다."

동기부여에서도 같은 논리가 적용된다. 외부에서 칭찬이나 보상을 받아야 자기 가치를 인식할 수 있다면 외부 보상이 있어야 의욕을 느끼게 된다. 2012년에 나는 대학 장거리 선수 상비군 30명을 지도하는 젊은 감독이었다. 의욕 넘치는 이 선수들을 가리켜 나는 '오합지졸 군단'이라고 불렀다. 이 선수들은 통상적인 대학 크로스컨트리팀과는 달랐다. 도심에 자리한 대학답게 사회 및 경제 계층, 인종, 출신 배경이 모두 제각각이었다. 이 선수들의 경기력을 끌어올리고 제한된 자금으로 더 나은 주자를 선발하는 것이 내가 맡은 과제였다. 나는 선수들의 능력을 극대화할 방법이 무엇인지 그 단서를 찾는 작업과 유망 선수를 선발하는 일에 집중했다. 수많은 심리 측정 시험을 거쳐 선수들의 정신 자세와 승부 근성, 스트레스를 다루는 방식 등 다양한 측면을 평가했다. 심리 분석 과정에서 몇 가지 흥미로운 단서를 발견했지만, 그

가치가 드러나기까지는 적잖은 세월을 기다려야 했다.

나는 이 심리 분석 데이터를 거의 잊고 지냈다. 그 데이터는 5년이 지나도록 내 컴퓨터에서 잠자고 있었다. 그런데 시즌 경기력을 분석하면서 각 선수가 얼마나 향상했는지 과거 데이터와 비교할 일이 생겼다. 단역에 불과했던 어떤 선수는 학교 역사상 최상급 선수로 꼽힐 만큼 눈부시게 성장했다. 반면에 각광받던 어떤 선수는 끝내 기대에 부응하지 못했다. 나는 경기력 향상 여부를 평가할 때 주로 훈련 관점에서 생각했었다. 논리상 훈련이 효과가 있었거나 효과가 없었거나 둘중 하나였다. 그러나 선수들의 실력 향상 곡선을 다양한 측면에서 살피면서 오래전에 수집해두었던 심리 분석 데이터가 기억났다.

당시 분석 데이터를 들고 각 선수의 이력을 살피며 동기부여 유형과 경기력 향상 정도를 비교했더니 한 가지 요인이 눈에 들어왔다. 특정한 외적 동기, 즉 외부 규제 의존도가 높은 선수일수록 경기력 향상 정도가 훨씬 낮았다. 외부 규제에 의존한다는 것은 "선수가 재미를 느껴서 스스로 운동하는 것이 아니라 칭찬 같은 보상을 받거나 부모의 잔소리 같은 처벌을 피하고 싶어서 운동하는" 것을 의미한다. 외부 규제 항목에서 상위 5위에 든 선수들은 경기력 향상 정도가 가장 낮은 것으로 드러났다. 선수 이름을 하나하나 부르며 수치를 확인하는데 보조 감독인 네이트 피네다Nate Pineda가 불쑥 입을 열었다. "굉장하네요! 확실한 상관관계가 보입니다." 우리는 상위에 나열된 이름들을 보고 놀랐다. 우리 감독진이 그동안 아무리 애써도 경기력을 올리지 못해 어떻게 해야 할지 고민에 빠지게 만든 선수들이었다.

내가 속한 세대는 자존감과 관련해서 외적 동기에 의존하는 방법으로 자존감을 고취하려 애썼다. 그러나 조건부 자존감은 부서지기 쉽다. 자존감이 외적 보상이나 칭찬에 근거한다면 이는 자신이 통제하지 못하는 요인에 따라 자존감이 결정된다는 뜻이다. 자신감을 키우는 문제도 자존감과 같은 길을 걸을 때가 많다. 우리는 허세를 부려서라도 자신만만한 모습을 보여주려 애쓰지만, 이는 쉽게 부서질 자신감이다. 칭찬하고 보상하고, 심지어 노력하지 않아서 자격도 안 되는 학생에게조차 점수를 후하게 매겨 자신감을 세워주려 한다. 실패 경험은 자신감을 무너뜨리기 때문에 어떤 경우에도 실패를 인정하면 안 된다고 가르친다. 억지로 꾸며서라도 자존감을 얻으려 했듯이 자신감을 키울 때도 마찬가지다. 자신감을 자기 내면에서 찾지 않고 외부에서 찾는 실수를 저지른다.

─── 불안에서 오만함이 싹트고, 경험에서 자신감이 싹튼다 ───

ESPN 프로그램 〈케이티 놀란과 함께하는 스포츠 소식Always Late with Katie Nolan〉에서 진행자 놀란Nolan은 대럴Darrell이라는 대학생을 초대한 적이 있다. 여기서 대럴은 미식축구 선수 기량을 평가하는 방법으로 유명한 40야드(약 37m) 전력 질주에 도전했다. 대럴은 운이 좋은 출연자는 아니었다. 트위터에서 다음과 같이 공공연하게 자랑 글을 올린 탓에 쇼에 출연하게 되었기 때문이다. "40야드 전력 질주에서 내가 어떤 기록을 세울지 진심으로 알고 싶다. 나는 4.4초에 주파할 거라고 확신한다." 프로그램 진행자 놀란은 운동광 대럴에게 그렇게 자신만만하면 돈내기라도 해보자고 부추겼다. 대럴이 운동화 끈을 단단히 묶기 전에 놀란이 물었다. "4.4초에 주파한다고 했는데 자신 있으세요? 오델 베컴 주니어Odell Beckham Jr. 선수라도 된다고 생각하나요?" 이에 대럴은 "100% 자신합니다"라고 대답했다. 그러나 대럴은 4.4초에 돌파하지 못했다. 전력 질주가 아니라 띄엄띄엄 성큼성큼 걷는 수준으로 달려서 5.5초를 기록했다. 그 속도면 체중이 300파운드(136kg) 나가는 느린 라인맨(수비수) 축에 낄 만하다. 목표로 삼았던 수준과는 하늘과 땅 차이였다.

자신감이란 우리가 익히 아는 감정이다. '내가 할 수 있다'라는 믿음이 곧바로 떠오르는 감각이다. 강인한 사람을 생각할 때 우리는 자신만만하게 미소 짓는 모습을 떠올리곤 한다. 그러나 우리는 근거가 충분하고 단단한 자신감이 아니라 40야드 전력 질주에 호기롭게 도전했던 대럴처럼 가짜 자신감을 진짜로 착각할 때가 많다.

자존감과 마찬가지로 진짜 자신감이 있는가 하면 가짜 자신감이 있다. 진짜 자신감은 객관적으로 '나'를 이해하는 데서 생기는 뿌리 깊은 확신이다. 가짜 자신감은 허세를 부리는 것일 뿐이다. 가짜 자신감은 불안감에서 싹튼다. 허세를 부려 과제를 해결하거나 친구들에게 잘난 척하려고 쓰는 가면이다. 남성은 여성보다 자신감을 꾸밀 가능성이 더 큰 것으로 보인다. 예컨대 테니스 슈퍼스타 세리나 윌리엄스Serena Williams와 대결해서 1점을 따낼 수 있다고 대답한 남자는 8명 중 1명이었다. 망상과 가짜 자신감은 한 쌍이다.

근거 없는 오만함 또는 뻔뻔함은 당혹스럽게도 스포츠 분야에 한정되지 않는다. 전 대통령 도널드 트럼프가 더없이 좋은 사례다. 트럼프는 선거 자금, 법원, 소셜 미디어, 재생에너지, 세금, 건설, 기술 산업 등등 온갖 주제에 관해서 "누구보다 내가 잘 안다"라고 자부했다. 요란하게 큰소리치는 사람이 자신감 있는 사람은 아니다. 오히려 정반대다. 최근 연구에 따르면 대면 대화나 온라인 대화에서 큰소리치는 사람은 실제로는 자신감이 없어서 그렇게 행동하는 것으로 나타났다. 우리는 오만함과 뻔뻔함을 자신감으로 착각할 때가 많다. 자신 있다고 강조할 필요를 느낀다는 것 자체가 오히려 자신 없음을 알리는 신호인데 이를 깨닫지 못하고 자신감을 요란하게 표출하면 그 안에 알맹이가 있는 줄로 착각한다.

우리는 심지어 자신 있는 척 가장하는 법을 배우고 권장한다. 자신을 의심하고 걱정하는 행위는 무조건 나쁘게 취급한다. 가령 회사에서 나약함을 티 내고 주저하고 머뭇거리는 모습을 보이면 승진할 자격이 없는 사람임을 알리는 신호다. 겸손하고 연약한 모습은 힘든 상황을 감당할 능력이 없는 사람임을 알리는 신호다. 미국에서는 꼬맹이들이 미식축구를 배울 때부터 이런 메시지를 듣고 자란다. 자신감 넘치는 모습을 훌륭하게 연기하면 성공할 수 있다. 자신을 의심하거나 걱정하는 마음을 조금이라도 허용하면 인생에서 낙오자가 되고, 성공에서 영영 멀어진다.

자신감이 없어도 있는 척하면 결국에는 성공할 수 있다고 우리는 서로를 격려한다. 경기를 형편없이 치른 선수에게 감독은 마치 자판기 버튼을 누르듯이 기죽지 말고 자신만만하게 행동하라고 주문한다. 사람들은 겉모습만 흉내 내는 가짜 자신감을 내면의 자신감과 혼동한다. 자신 있다고 입으로 외치면 자신 있게 해내리라 생각한다. 자존감과 마찬가지로 이것은 착각이다. 자신감은 우리 내면 깊은 곳에서 나온다.

어려운 일에 직면할 때 기대치와 현실 사이에는 되도록 격차가 적어야 한다. 둘 사이에 격차가 심할 때, 다시 말해 자신감은 넘치는데 과제 수행 능력이 한참 떨어지는 경우도 문제이고 정반대 경우도 문제다. 이렇게 되면 과제를 끝까지 완수할 확률이 크게 줄어들고, 최선을 다해 과제를 수행할 가능성이 대폭 감소한다. 기대치와 현실 사이에 격차가 클 때 사람은 가장 쉬운 길을 선택할 가능성이 더 크다. 즉, 일을 진행하지 않고 그만 포기하는 것이다. 눈앞에 닥친 난관을 마주하지 않고 회피할 방도를 찾는다. 경기장에 들어가봤자 현실의 벽에 부딪혀 깨질 게 뻔한데 이루지도 못할 목표를 향해 애쓸 이유가 없지 않은가.

큰소리 땅땅 쳤지만 실행할 능력이 안 될 때는 우리 뇌도 그 사실을 인지한다. 인간의 뇌는 멍청하지 않다. 어리석은 자아가 설치도록 그냥 두지 않고 뇌는 우리를 보호한다. 자신감이 지나쳐 기대치를 터무니없이 높였으면 이미 실패할 준비를 마친 셈이다. 이는 근거 없이 짐작해서 하는 말이 아니다. 여러 연구진이 조사한 바에 따르면 이 현상은 경쟁이 치열한 스포츠 경기부터 연애를 끝낼지 말지 또는 직장을 그만둘지 말지 결정하는 문제에 이르기까지 모든 영역에서 나타나는 현상이다. 처음에는 자신만만하게 목표에 도전하지만 현실의 벽에 부딪혀 목표에서 멀어지는 느낌이 들 때, 심리학자들이 말하는 행동 위기action crisis에 빠지게 된다. 목표를 이루고 싶은 의욕이 충만한 목표 지향 상태에서 벗어나 좋지 않은 생각과 느낌이 지속하는 상태가 된다. 목표 달성 의욕에 불타던 사람이 목표를 포기하기로 자신과 타협하는 상태를 일컫는다. 자신이 맡은 과제의 난이도가 능력을 크게 상회할 때 가짜 자신감이 정체를 드러내고 동요하는 순간을 맞는다. 가짜 자신감에 취해 자신의 능력을 과대평가하고 있다가 현실의 벽에 부딪히면 그 순간 우리 뇌는 방어기제를 작동한다. '잠깐만. 이 일은 내게 너무 벅차.' 우리 뇌는 자신이 감당할 수 없는 일을 만나면 도전 과제가 아닌 위협으로 인식하고 나중에 더 가치 있는 일에 대비해 에너지를 절약하려고 전원을 내린다.

시험공부를 열심히 하지 않았는데도 자신만만한 척 시험장에 들어가는 학생을 예로 들어보자. 자신은 객관식 문제에 강하다든지 아니면 평소 글쓰기 솜씨로 서술형 문제에서 승부를 보면 된다고 결의를 다지며 자신감을 연기하기는 어렵지 않다. 그러나 시험지를 받아 몇 문제를 살펴본 후에는 절망감을 느낄 것이다. 현실의 벽을 느끼면 우리 몸에서는 스트레스 호르몬이 잔뜩 분비되고, 당혹감이 머릿속을 지배한다. 기대치와 현실 간 격차가 클수록 더욱 참담하다.

버펄로대학교 밍밍 치우Ming Ming Chiu 교수는 아이들의 독서력에 자신감이 미치는 영향을 평가했다. 치우 교수 연구진은 34개국 학생들을 조사한 결과 약간의 자신감은 도움이 될 수 있어도 지나친 자신감은 해로울 수 있음을 알아냈다. 과도한 자신감은 독서력 저하와 연관이 있었다. 치우 교수는 연구 결과를 이렇게 설명한다. "자신감이 지나친 학생은 이를테면 《해리포터와 마법사의 돌Harry Potter and the Sorcerer's Stone》 같은 책이 아니라 《반지의 제왕The Lord of the Rings》처럼 너무 어려운 책을 고르니, 실제로는 몇 쪽 읽다가 그만두고 다시는 그 책을 들춰보지 않는다. 반면에 자신의 능력을 아는 학생은 더 쉬운 책을 고르니까 완독할 가능성이 크고 그러고 나면 또 다른 책을 읽는다."

어떤 일을 앞두고 식은 죽 먹기라고 매일 다짐하며 과도하게 자신 감을 부풀리는 것은 그 일이 너무 쉬우니 애써 노력하지 않아도 좋다고 뇌에 신호를 보내는 것과 같다. 일이 그토록 쉬우면 굳이 자원을 낭비할 필요가 없지 않은가. 하지만 그러다가 현실의 벽에 맞닥뜨리는 순간 우리는 어쩔 줄 모르고 당황하게 된다. 어렵지 않게 해낼 수 있는 일로 생각하다가 날벼락을 맞은 기분이 든다. 가짜 자신감을 키우다가는 장차 현실의 벽에 부딪혀 불안감에 시달릴 일만 남는다.

부서지기 쉬운 가짜 자신감은 근거가 탄탄한 진짜 자신감과 큰 차이가 있다. 한 연구팀이 1만 2000명이 넘는 사람을 대상으로 연구한 결과 자신감이 하나도 없는 경우보다는 가짜 자신감이라도 있는 것이 약간이지만 도움이 되는 것으로 나타났다. 그러나 진짜 자신감을 지닌 사람과 비교하면 상대가 되지 않는다. 자기 결정성, 자존감, 회복탄력성, 대처 기술, 적응성, 자기주장 표현 능력에서 점수를 측정한 결과 가짜 자신감이 높은 사람은 약간의 향상이 있었다. 이를테면 100점 만점에서 35점 맞던 사람이 42점을 받았다. 반면에 자기 믿음이 확고하고 자신감 높은 사람은 점수 측정 결과 70점대와 80점대를 기록했다. 내면의 자신감이 충만할 때 비로소 의미 있는 변화가 나타난다. 이 연구에 참여한 회사 대표 일로나 제라벡Ilona Jerabek은 연구 결과를 돌아보며 말했다. "자신감 있는 척 연기하는 것은 어느 정도 효과적일 수 있지만…. 허울뿐인 것들이 다 그렇듯 효과가 지속하지 않는다."

가짜 자신감은 크게 힘쓸 일이 없는 상황에서는 도움이 된다. 과제가 어렵지 않아서 약간의 동기부여만 있어도 시작할 수 있는 일이라면 자신감 있는 척 행동하는 전략도 효과가 있다. 연구 결과에 따르면 업무 현장에서 자신감을 가장하면 해당 과제에 지식이 없는 사람을 속여 이득을 얻기도 한다. 그러나 해당 분야 전문가는 물론이고 보통 수준의 지식만 갖춰도 가면 밑에 감춘 어쭙잖은 실력을 꿰뚫어 보고 비웃을 것이다. 강인함이 요구되는 상황에서는 가짜 자신감이 대부분 효과가 없다. 압박감과 불확실성이 증가하면 가짜 자신감은 쪼그라들거나 무너지기 마련이다. 내면에 단단하게 자리 잡은 자신감은 쉽게 무너지지 않는다. 강인한 선수나 경영자는 자기 믿음이 확고해서 절대로 흔들리지 않을 거라고 사람들은 생각한다. 그러나 현실에서 어려움에 대비하는 가장 좋은 방법은 비관적 낙관주의를 유지하는 것이다. 이는 장기적으로는 희망을 잃지 않으면서도 단기적으로는 현실의 어려움을 인정하는 태도다.

진짜 자신감을 키우는 방법

그동안 우리는 가짜 자신감을 길러왔다. 자신이 당면한 어려움이 무엇이든 자신의 역량이 어떤 수준이든 간에 절대로 약한 모습을 비치지 말고 자신만만하게 행동해야 한다고 생각했다. 강인한 사람이라면 무엇이든 감당해야 한다고 생각했다. 기대치를 낮춰야 한다. 자신감이란 자기 역량 안에서 무슨 일이든 해낼 수 있음을 굳건히 믿는 마음이다. 불가능한 것을 할 수 있다고 믿는 마음이 아니다. 진정한 내적 자신감을 기르는 일은 다음 4단계를 거친다.

1. 최대한이 아니라 최소한의 기준을 높인다.

2. 완벽주의를 버리고 자신을 수용한다.

3. 열심히 훈련한 시간과 자신을 믿는다.

4. 조용한 자아를 기른다.

1. 최대한이 아니라 최소한의 기준을 높인다

실력 향상을 바랄 때 우리는 대부분 여태껏 세운 성과 가운데 최고 기록으로 자신을 판단하고 이를 기준으로 더욱 높이 오르는 전략을 택한다. 육상선수라면 대회에서 세운 최고 기록으로 자신을 규정한다. 실력이 좋아진다는 것은 전보다 더 빨리 달리는 것을 의미한다. 전문 육상선수인 브라이언 바라자 Brian Barraza는 조금 다른 관점에서 성과를 규정한다. 하루는 훈련을 마친 바라자가 내게 말했다. "제 목표는 최소한의 기준을 높이는 겁니다. 적어도 특정 시간대 안에는 무조건 결승선을 통과한다고 확신할 수 있어야 합니다." 바라자는 눈부신 기록을 달성하기 위해 전력을 다하기보다 최소 기대치를 설정한다. "최소한의 기준을 높이는 것을 목표로 삼으면 실패할 일 없이 기대를 충족할 수 있습니다. 최고 기록 달성을 꿈꾸지 않고 경기를 안전하게 운영하는 것이 목표라는 의미가 아닙니다. 일정한 기록을 반복해서 성취할 수 있음을 확인하고 자신감을 기르는 것이 목표입니다. 목표를 스스로 제어할 수만 있다면 어떤 상황에서도 일정 수준의 성과를 달성할 수 있습니다." 바라자처럼 목표를 설정하는 전략은 선수들 사이에 퍼져 나갔고, 나는 달라진 선수들을 지켜보면서 한 가지 특징을 발견했다. 최소한의 기준을 올리는 데 성공한 선수들은 자기를 향한 믿음이 단단해졌다. 이 같은 목표 설정은 과거에는 정신 나간 전략이었을지 몰라도 지금은 표준으로 자리 잡았다.

애덤스 주립대학교 스포츠 심리학자 브라이언 줄레거는 내게 기대치를 재설정하는 법을 가르쳤다. 좀처럼 성취하기 힘든 최고 기록을 목표로 삼기보다는 평균 기록 경신을 목표로 삼아야 한다. 최고 기록만으로 자신을 평가하면 목표 달성에 실패하고 실망하는 날들이 더 많을 수밖에 없다. 반면에 최근 5회 기록을 기준으로 평균을 구해서 그 기록을 깨는 것으로 목표를 정하면 만만하지는 않아도 최고 기록 달성에 비하면 실현 가능성이 크다.

꾸준하게 실천 가능한 목표를 정하는 것이 중요하다. 그렇다고 기대치를 확 낮춰 자신감을 얻으라는 말이 아니다. 자신의 능력을 정확히 파악해 자신이 할 수 있는 범위 안에서 또는 자신의 한계를 살짝 웃도는 목표를 잡아야 한다. 현실을 있는 그대로 받아들여야 한다. 가짜 자신감으로 무장한다고 해서 대기록을 달성하지는 못한다. 일정 수준의 기록을 꾸준히 달성할 수 있다는 믿음을 길러야 기회가 왔을 때 위험을 무릅쓰고 기록 달성에 도전할 수 있다.

2. 완벽주의를 버리고 자신을 수용한다

'나' 자신이 어떤 사람이고 어떤 능력을 지녔는지 정확히 이해하는 데서 진짜 자신감이 나온다. 자신은 거칠 것 없이 강한 사람이라고 혼자 다짐한다고 해서 자신감이 생기지는 않는다. 언제든 실패할 수 있는 연약한 인간임을 인정하는 데서 진짜 자신감이 나온다. 현실에 근거하지 않는 거짓 자아에 맞춰 최소한의 기준을 높여서는 안 된다. 냉정하게 현실에 근거를 두고 자신의 실력을 파악한 후에 최소한의 기준을 설정해야 한다. 자신의 능력, 도전하려는 과제의 난이도 그리고 자신이 지닌 약점이 무엇인지 이해해야한다. 진정으로 강인한 사람은 자신의 강점과 약점을 인정할 만큼 겸손하고 지혜롭다. 위험과 보상, 기대치와 난이도 사이에서 균형점을 찾아야 한다. 연약한 존재임을 인정하는 것, 다시 말해 고통과 압박감에 흔들리고, 무너질 수 있으며 실패할 수 있는 존재임을 인정하는 것만이 내면의 자신감을 얻는 유일한 길이다. 진정으로 강인한 사람은 자기 약점을 분석하는 일에 거리낌이 없다. 부끄러움 없이 자신의 약한 모습을 드러내거나 인정할 줄 안다. 자신의 약점을 들여다보거나 인정하기 싫어한다면 이는 자신감이 없고 불안하다는 증거다.

자기 약점을 자각하고 수용하면 우리가 연약할 때 누군가 약점을 들추고 비평하는 말을 해도 그 말에 동요하지 않는다. 불안감을 감추려고 애쓸 때 그 불안에 오히려 잡아먹힐 수 있다. 가짜 자신감은 일종의 가면이며 없어도 있는 척 스스로를 속이려는 망상이다. 가짜 자신감을 키우는 이유는 가짜 자존감을 키우는 이유와 다르지 않다. 무능력한 사람이나 사기꾼으로 손가락질받을까 봐 두려워서 자기 약점과 불안함을 감추고 상처받기 쉬운 자아를 보호하기 위함이다.

자신의 약점까지 모두 그대로 인정하고 받아들일 때 우리는 서서히 불안함을 내려놓는다. 이를테면 자신의 외모, 실력이나 지능에 관해 비평을 들어도 움츠러들지 않는다. 자신의 못나고 부족한 점을 감추고 포장할 대상으로 보지 않고 자신을 잘 알고 배울 점을 찾을 기회로 삼을 수 있다.

자신의 부족한 점을 그대로 받아들일 때 흔들리지 않는 자아를 발견한다. 이번 장에서 나는 두 가지 중요한 심리, 즉 자존감과 자신감을 높이 쌓기 위해 우리가 벌이는 투쟁을 다루었다. 두 심리 모두 자기 자신과 주변 세계를 바라보는 관점의 문제로 수렴한다. 다시 말해 당신은 자신을 있는 그대로 바라보는가 아니면 자기를 기만하는가? 자아상은 세상을 바라보는 시각에 크게 영향을 미친다. 십 대 때는 음악가에서 운동선수로 또 모범생으로 그 나이 때에 가능하다고 생각하는 일이면 무엇이든 도전해본다. 짧게는 한 달 사이에도 자아상이 바뀌곤 한다. 나이가 들면서는 어느 한 가지 모습으로 자아가 고정된다. 자아가 얼마나 단단하게 고정되는지 그 여부는 우리 자신에게 달렸다.

성인이 되어서도 청소년기에 그랬듯이 카멜레온처럼 자아상이 바뀌는 것도 문제지만, 자아상이 하나로 고정불변해서도 안 된다. 현재 자신의 모습을 편안하게 수용하면서도 변화 가능성을 받아들여야 한다. 자아상은 확고하면서도 유연해야 한다. 자아상이 어느 하나로 굳어지면 해당 자아에 위협이 되는 말은 모조리 자신을 향한 공격으로 해석한다. 이때 우리는 온갖 수단을 써서 자기를 방어하고 현실을 왜곡해서라도 자아상을 온전히 지켜내려고 한다. 반면에 우리가 장점은 물론 자신의 결점까지 인정하면 이 같은 방어 자세에서 벗어날 수 있다. 자신의 자아가 위협받는 것이 아니라 몇몇 문제만 수정하면 되기 때문이다. 이런 관점에서 보면 비평은 공격이 아니라 자신의 약점을 이해하는 데 유익한 조언이 된다.

3. 열심히 훈련한 시간과 자신을 믿는다

앞에서 우리는 프레드 윌트 감독이 불안해하는 마라톤 선수 버디 에델렌을 훈계한 이야기를 했다. 윌트가 에델렌에게 전한 말은 간단했다. 그것은 여러 세대에 걸쳐 수많은 감독이 선수들에게 주문한 것이기도 하다. 열심히 훈련한 시간과 자신을 믿으라는 것이다. 이 간단한 문장에는 더 중요한 교훈이 담겨 있다. 진짜 자신감은 실제로 노력한 시간에서 나온다는 사실이다.

열심히 노력하는 건 좋지만 그 동기가 두려움이나 초조함 때문이라면 또는 실패할까 봐 겁나서 마지못해 노력하는 것이라면 그런 시간은 자신감으로 이어지지 않는다. 두려움이 동기가 되면 불안감이 마음을 지배한다. 더 나은 사람이 되고 싶은 욕구에서 출발해 자신의 실력이 더 나아지는 것을 경험하고, 그 과정 자체를 즐길 때 자신감이 쌓인다. 자신감이 생기면 어려운 과제를 만났을 때 "전에도 여기까지 왔었고, 이제 도전에 맞설 준비가 됐어"라는 생각이 든다. 훌륭한 작가는 매일 똑같이 책상에 앉아 글을 쓴다. 훌륭한 댄서는 수없이 반복하며 자기 춤을 완성한다. 훌륭한 경영자는 가능한 한 모든 시나리오에 대비해 계획을 수립한다. 이렇게 해도 원하는 결과를 얻는다고 장담할 수 없지만, 실제로 일하는 시간 속에서 자신감이 단단하게 자리 잡는다.

이견의 여지는 있지만 르브론 제임스LeBron James는 전 세계에서 가장 뛰어난 농구선수다. 2014년에 제임스는 새로운 훈련 방법을 추가했다. 일대일 시합을 진행하면서 주로 쓰는 손 대신 다른 손과 발을 이용해 슛을 넣을 때만 득점을 인정하기로 했다. 이 훈련은 자신이 지닌 약점을 최소화하는 데 목적이 있었다. 주로 쓰지 않던 손발로 슈팅하려니 그만큼 어색했지만, 이 훈련 덕분에 제임스는 슈팅이 여의치 않은 상황에서도 양손과 양발을 자신 있게 쓸 수 있었다. 슈팅하기 어려운 상황을 기회로 전환한 것이다.

역사상 최고의 선수로 거론되는 마이클 조던 역시 이렇게 말했다. "슈팅을 시도할 때 의심이나 걱정이 든다거나 '압박감'이 느껴지면 이는 훈련이 부족한 탓입니다. 그런 압박감을 떨쳐내는 방법은 기본기를 탄탄히 쌓고, 훈련하고 또 훈련하는 것뿐이에요. 그래야 경기가 안 풀릴 때 어떤 일이 발생하든 감당할 수 있어요." 실패나 처벌을 향한 두려움이 아니라 배우고 성장하려는 동기에서 노력할 때 자신감을 얻는다. 대담함은 가면이 아니라 노력에서 나온다.

4. 조용한 자아를 기른다

우리의 자아는 중학교 시절 또래 아이들과 친하게 지내려고 애쓰던 아이와 같다. 우리 자아는 어디서나 환영받기를 바란다. 그래서 도전에 실패하거나 창피를 당할 성싶으면 바로 그 상황에서 벗어나려고 탈출구를 찾거나 책임을 회피한다. 카펫에 우유를 엎질러놓고 범인이 동생이라고 둘러대거나 또는 역사 시험에서 낙제 점수를 받고 나서 "선생님이 나를 싫어해서 그래!"라고 항변하는 아이와 같다. 자아는 언제나 자신을 보호한다.

사람들은 자신이 예의 바르고 유능하고 좋은 사람이라는 생각을 품고 산다.

그 생각을 반박하는 증거가 나올 때마다 자아는 그 증거가 사실일 리 없고 또 사실이어서도 안 되는 이유를 찾아 합리화하느라 바쁘다. 자아는 일종의 심리 면역 체계다. 심리적 위험 요인을 감지하면 이를 물리치기 위해 좋은 일을 많이 한다. 그러나 이 심리 면역 체계의 활약이 지나치면 현실과 동떨어진 자아상을 만들어내는데 이는 우리 몸에서 면역 과민 반응이 일어나 오히려 인체에 해를 입히는 것과 같다. 현실을 왜곡하면서까지 과도하게 자기를 보호하는 일은 없어야 한다. 건강한 자아라면 요란하게 날뛰지 않고 합리적 수준에서 자신을 지킬 줄 안다.

사회심리학자 하이디 웨이먼트Heidi Wayment는 조용한 자아quiet ego라는 개념을 도입했다. 웨이먼트는 "자아의 목소리를 줄일 때 자기 자신은 물론 타인의 말에도 귀를 기울이며 더 이타적으로 살아가는 노력을 하게 됩니다"라고 〈사이언티픽 아메리칸Scientific American〉과의 인터뷰에서 말했다.

'조용한 자아' 개념에서 핵심은 우리 자신이 균형을 유지하는 데 있다. 자기를 방어하고 자신감을 지킬 필요성을 인정하면서도 자신의 장단점과 현재 상황을 냉정하게 인지해야 한다. 다른 사람의 의견에 귀를 닫고 방어적으로 반응하기보다는 마음을 열고 의견을 수용한다. 넓게 보는 법을 익혀서 균형감을 얻으면 단기적으로는 손해일지라도 장기적으로는 이득이 될 때가 많다는 사실을 이해한다. 요란하고 시끄러운 자아를 조용하게 만드는 법은 무엇인가? 한번 자문해보자. 당신이 발끈해서 상대를 공격한다면 그 이유는 무엇인가? 좋지 않은 측면만 자꾸 되새긴다면 그 이유는 무엇인가? 문제를 해결하지 않고 회피하고 싶다면 그 이유는 무엇인가? 언제나 방어기제가 작동하는 순간이 있다면 그 이유는 무엇인가? 남에게 비판을 듣자마자 무시하는가 아니면 찬찬히 생각하고 평가하는가? 우리는 객관적으로 자기를 파악하고 성찰하는 능력을 기반으로 안전한 자아 정체감을 형성해야 한다. 어느 정도 자기를 의심하고 불안감을 느끼는 것은 정상이다. 그러나 지나치게 자기를 방어하고 보호하려는 태도는 자아의 목소리가 너무 크다는 증거다. 없어도 있는 척 자신감을 부풀리며 자기를 과대포장하는 사람들이 세상에 만연하지만, 안전한 자아 정체감뿐만 아니라 자아 인식 능력도 높은 사람은 가짜 자신감에서 벗어날 수 있다. 자신감 있을 때 우리는 어려운 일에 도전하고 때로 실패하지만, 그 경험에서 자기를 배우고 다시 도전한다.

* * *

당신은 실패했을 때 어떻게 행동하는가? 가령 수학 과목에서 낙제했으면 수학 실력이 형편없으니 수학은 자기 적성에 맞지 않는다고 결론 내리는가? 만약 당신이 분기 수익 목표를 초과 달성했다면 그 이유가 수단 방법 가리지 않는 자신의 사업 전략 덕분이라고 생각하는가? 자신감을 쌓으려면 확고하면서도 변화에 유연한 자아 정체감을 길러야 한다. 그리고 이 일은 대체로 자신의 성공과 실패를 자기 이야기 속에 어떻게 통합하느냐에 달렸다.

영국 티스사이드대학교Teesside University 스포츠 심리학자 제니퍼 메그스Jennifer Meggs가 쓴 박사학위 논문에 따르면 사람들은 긍정적 믿음과 부정적 믿음을 자아 정체감에 흡수할 때 대체로 구획화나 통합이라는 두 가지 방법을 쓴다. 구획화는 양자택일이다. 한 사건을 해석할 때 전체를 긍정하거나 아니면 모조리 부정적으로 인식한다. 수학 시험에서 낙제한 예를 들어보자. 이 사건을 나쁘기만 한 경험으로 구획화하면 앞으로도 해당 과목에서는 성적이 잘 나올 리 없다고 판단하게 된다.

반면에 통합하는 방식으로 사건을 해석하는 사람은 관련 사항을 세밀하게 분석한다. 낙제한 일을 나쁘기만 한 경험으로 보지 않고 그 안에서 좋은 점을 찾는다. 시험 결과에 실망하고 걱정하면서도 장차 좋은 성적을 거둘 여지가 있다고 생각한다. 흑백논리에 빠지지 않는다. 연구진이 자아 정체감 발달 유형에 따라 피험자를 조사하고 강인함을 측정하는 항목에서 받은 점수와 비교하자 결과는 명확했다. 경험을 구획화하기보다 통합하는 데 뛰어난 사람들이 더 강하고 능숙하게 "어려운 환경을 이겨내는 것"으로 나타났다.

진짜 자신감을 얻으려면 좋은 일도 나쁜 일도 자신의 장점도 단점도 있는 그대로 받아들여야 한다. 아무 일 없는 척 가면을 쓰지 말고 현실에 발을 디딘 채로 문제에 대처해야 한다. 외부에서 부여하는 기준이 아니라 자기만의 성공 기준을 세워야 한다. 알랭 드 보통Alain de Botton은 《자신감On Confidence》이라는 책에서 "자신감을 키우는 길은 자신의 존엄성을 스스로 보장하는 데 있지 않다. 어쩔 도리가 없는 자신의 어리석음과 화해해야 한다"라고 했다.

5장
버틸 때가 있고 접을 때가 있다

러시아의 생리학자 이반 파블로프는 종소리가 울리면 개들이 침을 흘리도록 조건화하는 실험에서 최초로 고전적 조건화 이론을 연구했다. 먹이를 줄 때마다 종소리를 들려주자 개들은 나중에 종소리만 들어도 먹이가 나올 신호로 받아들였다. 자극과 반응을 결합했을 때 개들은 먹이가 나오지 않아도 종소리가 들리면 군침을 흘렸다. 이로부터 수십 년 뒤에 펜실베이니아대학교 리처드 솔로몬Richard Solomon 교수 연구실은 고전적 조건화 이론을 약간 변형해 새로운 실험을 진행했다. 파블로프가 종소리와 먹이를 결합했다면 이번에는 소리와 전기충격을 결합했다. 공포를 조건화하는 실험이었다. 연구진은 신호음이 울리면 개들에게 전기충격을 가했다. 신호음이 조만간 전기충격으로 이어진다는 경고로 인식될 때까지 개들에게 실험을 반복했다. 24시간 뒤 연구진은 신호음에 공포로 반응하는 개들을 칸막이로 둘러싸인 상자에 집어넣었다. 칸막이 높이가 낮아서 개들이 탈출하기 쉬운 공간이었다. 솔로몬 연구진은 신호음이 들리는 즉시 개들이 칸막이를 홀쩍 뛰어넘거나 도망가거나 어쨌든 전기충격을 피하려는 행동을 보이리라 예상했다. 그러나 연구진의 예상과 달리 신호음이 울려도 개들은 그냥 그 자리에 가만히 있었다.

당시 솔로몬 교수 연구실에는 대학을 졸업하고 막 합류한 마틴 셀리그먼Martin Seligman과 스티븐 마이어Steven Maier가 있었다. 두 사람은 개들이 "달아나지 않는 그 현상이야말로 연구할 대상"이라고 확신했다. 신호음이 들리면 고통스러운 전기충격이 가해지는 것을 아는 개들이 꼼짝 않고 앉아 있는 모습에 당황한 셀리그먼과 마이어는 어떻게 된 일인지 알아내기로 했다. 두 사람은 다시 개들에게 전기충격을 가하는 일련의 실험을 진행했다. 이번에는 탈출구가 없는 상자와 탈출구가 있는 상자로 나눠서 실험을 진행했다. 절반의 개들에게는 전기충격을 멈출 방법을 제공했다. 제어판을 머리로 밀기만 하면 되었다. 이 개들은 곧 전기충격을 끝내는 방법을 알아냈다. 그러나 나머지 절반의 개들은 제어판을 밀어도 소용이 없었다. 이 개들은 전기충격을 제어할 방도가 없었기에 가만히 앉아 있을 수밖에 없었다. 실험 내내 개들은 무작위로 가해지는 듯한 전기충격을 받았다. 한쪽의 개들은 도망칠 수 있었고, 다른 한쪽의 개들은 꼼짝없이 갇혀서 고통을 견뎌야만 했다.

전기충격 제어 장치 여부에 따라 개들이 어떻게 반응하는지 실험하고 나서 연구진은 개들을 직사각형 우리에 가뒀다. 우리는 나지막한 나무 칸막이로 공간이 분리되어 있었다. 잔인하게도 전기충격과 탈출 실험은 끝나지 않았다. 칸막이를 두고 한쪽 바닥에는 전기충격을 가하고 다른 한쪽에는 전기충격을 가하지 않았다. 이번에는 이전 실험과 달리 모든 개에게 전기충격을 피할 기회가 있었다. 나지막한 나무 칸막이를 뛰어넘어 맞은편 구획으로 가면 고통을 피할 수 있었다. 한 발짝만 움직이면 안전한 공간으로 이동할 기회가 모든 개에게 주어졌다.

셀리그먼과 마이어가 확인한 실험 결과는 놀라웠다. 처음 실험에서 제어판을 머리로 밀어서 전기충격을 피하는 법을 배운 개들은 두 번째 실험에서도 영리하게 움직였다. 이 개들은 쉽게 칸막이를 넘어 안전한 공간으로 이동했다. 그러나 처음 실험에서 전기충격을 피할 도리가 없었던 개들은 어떻게 되었을까? 탈출할 기회가 똑같이 주어졌고 나지막한 칸막이만 뛰어넘으면 고통을 피할 수 있었는데도 이 개들은 도망치지 않았다. 실험을 10회나 진행하는 내내 이 개들 가운데 3분의 2는 탈출할 생각조차 하지 않았다. 다른 그룹의 개들은 첫 번째 실험 때 모두 무사히 도망쳤지만, 이 그룹의 개들은 10회나 실험을 반복하고 나서야 겨우 몇 마리가 탈출 방법을 찾았다. 전기충격을 고스란히 받은 가엾은 개들은 이전 실험에서 탈출을 시도했을 때 아무 소용이 없었기에 무기력해졌고, 구석에서 몸을 웅크리고 낑낑거릴 뿐이었다. 이 개들은 탈출을 시도하지도 않았다.

셀리그먼과 마이어는 자신들이 발견한 그 현상을 "학습된 무기력"이라고 지칭했다. 개들은 고통에서 벗어나는 일이 자신의 능력 밖이라는 사실을 학습했다. 자신에게 일어나는 일을 제어할 힘이 없었기에 개들이 할 수 있는 일은 그저 그곳에 앉아 고통을 감내하는 일이었다. 다른 동물을 대상으로 수행한 실험에서도 똑같은 현상이 발견됐다. 연구진이 쥐들에게 똑같이 전기충격을 가했을 때 탈출 레버를 누르지 못한 쥐들은 더 큰 스트레스 반응을 보였고 위궤양 발생률도 두 배나 증가했다. 자신에게 닥칠 운명을 바꿀 도리가 없었던 쥐들은 개들과 똑같이 그 상황에서 탈출을 시도하지 않았다. 똑같은 현상이 나타났다. 상황을 제어할 수 없을 때 동물은 그 상황을 숙명처럼 받아들인다. 설령 괴로운 상황에서 벗어날 탈출구가 바로 앞에 놓여 있어도 탈출을 포기한다.

오늘날 스포츠계와 기업계는 물론이고 심지어 학교에서도 동물 실험과 똑같은 방식으로 사람들을 조건화하는 일이 벌어진다. 구시대에 강인함을 기르던 방식과 마찬가지로 이들 기관은 통제와 제약이라는 수단을 이용해 선택지를 제거한다. 독재자처럼 군림하는 감독은 처벌을 강조하고 두려움을 자극해 선수들을 움직인다. 직장 상사는 자잘한 일까지 간섭하며 직원들을 관리한다. 기업은 노동자가 일에 전념하지 않고 페이스북을 들락거리는지 매시간 감시한다. 부모는 아이의 일거수일투족을 제약하고 통제하느라 타고난 지적 호기심의 싹을 일찌감치 제거한다. 연구에서 밝혀진 바에 따르면 인간 역시 선택권이 없는 통제 불능의 환경에서는 무기력하게 고통을 견디는 실험실의 개와 다를 바 없다.

무기력을 학습한 인간은 자신이 처한 상황에서 벗어날 힘도 의지도 없다. 상황을 통제할 힘이 제거된 환경에서는 활활 타오르던 의욕도 꺾이고 만다. 통제 불능 환경에서 아무리 애써도 나아지는 게 없다고 느낄 때 우리 뇌는 노력해봐야 아무 소용이 없다고 결론 내린다. 이는 현대 직장인들에게 흔히 발견하는 모습이다. 의욕 넘치던 신입 직원이 시간이 갈수록 열정을 잃고 칸막이 책상에 앉아 서서히 시들어가는 모습을 목격한다. 성공을 꿈꾸던 젊은이들이 이제는 생존하기 위해 일할 뿐이다. 모든 직종에서 탈진을 겪는 사람들이 만연한 데에는 이유가 있다. 우리는 몸과 마음을 단련한다는 명목 아래 어려서부터 고된 훈련과 교육을 받았으나 즐거운 미래를 꿈꾸지 못한다. 통제와 제약이 아닌 자율과 격려에 기초한 새로운 전략이 필요하다. 이는 괴롭고 힘든 상황을 헤치고 목표를 향해 나아가는 힘을 회복하는 길이기도 하다.

생존 포기 질환

1606년, 영국 이주민 105명이 수전 콘스턴트Susan Constant호와 갓스피드Godspeed호, 디스커버리Discovery호를 타고 대서양을 건너와 미국 땅에 제임스타운을 세웠다. 제임스타운은 신대륙에 최초로 들어선 영국인 정착촌이었다. 상류층 신사들과 대장장이, 목수, 잡역부 등이 뒤섞인 이 무리는 4개월간 항해를 무사히 마치고 1607년 5월 13일, 제임스 강변에 고향을 새로 건설했다. 제임스타운 식민지로 이주하려던 사람들은 이 항해가 얼마나 큰 도박인지 잘 알았다. 자신들보다 앞서 신대륙으로 떠났던 이들이 그곳에서 자립하는 데 모두 실패했을뿐더러 망망대해를 건너가 여전히 모르는 것투성이인 신대륙에서 어떤 위험을 만날지 모를 일이었다.

신대륙에 정착하고 첫해가 지났을 때까지 생존한 이주민은 겨우 38명이었다. 엄청난 사망률에도 불구하고 이주민은 계속 밀려들었다.

식민지 제임스타운은 오래도록 시련을 겪었다. 심각한 가뭄에 농작물은 흉작이었고 모기떼가 질병을 퍼뜨렸으며 아메리카 원주민들은 적대적이었다. 이곳에서는 절망감, 외로움, 굶주림, 죽음이 일상이었다.

당시 제임스타운 정착민들이 본국에 보낸 편지를 보면 매사에 무관심하고 무기력증을 느끼는 사람이 많다고 소식을 전한다. 일례로 1610년에 윌리엄 스트레이치William Strachey가 쓴 편지에는 성착민들이 지독하게 게을러 "식량인 옥수수를 심지도 않고 텃밭이든 어디든 자기들에게 필요한 약초나 식물도 키우지 않습니다"라는 대목이 있다. 또 다른 정착민이 몇 년 뒤에 보낸 편지를 보면 "주민들 대부분이 삶을 포기하고 우울하게 지내다가 죽었습니다"라고 쓰여 있다.

이 가혹한 기간에 정착민들의 게으름과 무기력을 보고하는 편지가 끊이지 않았던 배경은 대체로 둘 중 하나로 본다. 하나는 오랜 굶주림 탓에 정착민들이 일할 힘도 의욕도 잃어버렸다는 설명이다. 다른 하나는 정착민들이 신대륙의 혹독한 환경에 맞설 준비가 전혀 안 되었다는 설명이다. 그러나 현대 역사학자 카렌 쿠퍼먼Karren Kupperman은 견해가 다르다. 초기 정착민은 끊임없이 굶주림에 시달렸지만, 그보다는 일상에서 매일 마주하는 이웃의 절망과 죽음으로 인해 심리적 죽음 상태에 이르렀고 이 질환이 육체의 죽음으로 이어졌으리라고 쿠퍼먼은 설명한다.

쿠퍼먼은 〈제임스타운 초기 정착민의 무기력과 죽음Apathy and Death in Early Jamestown〉이라는 논문에서, 초기 제임스타운에서 사망자 수가 급격하게 줄어들고 소강 국면에 접어들었던 시기에 관해 설명했다. 탐험가로서 훗날 포카혼타스 전설의 주인공이 되는 존 스미스John Smith가 정착촌의 지도자가 되어 "일하지 않는 자 먹지도 말라"라는 새로운 구호 아래 정착민들을 이끌었을 때 제임스타운에서는 잠시나마 사망률이 감소세를 보였다. 스미스는 정착민에게 하루 4시간씩 일하라고 요구했으며 스미스가 지도자로 일했던 10개월 동안에 사망자는 일고여덟 명뿐이었다. 이 시기 전후로 사망자 수를 비교했을 때 이는 대단히 낮은 수치였다. 스미스는 "게으름과 경솔함"이야말로 제임스타운에서 우려할 일이라고 강조했다. 여러 주민이 이 문제의식에 동의한 것으로 보인다. 1620년에 조지 소프George Thorpe는 "여기서는 육체보다 마음의 병으로 죽는 사람이 더 많다"라고 했다. 자기 목숨을 살리려는 욕구만으로는 제임스타운 정착민이 힘을 내서 열심히 농사를 짓기에는 부족했던 게 아닐까? 그들은 무기력했던 게 아닐까?

한국전쟁에서 포로들은 신종 질환에 걸렸다. 이 병에 걸린 환자들은 모든 감정과 생명력이 빠져나간 듯한 무기력감에 쓰러져 끝내 목숨을 잃었다. 포로들은 시간이 갈수록 생기를 잃었다. 위생상태도 돌보지 않고 매일 습관처럼 하던 일들도 그만두었다. 포로들은 마치 좀비처럼 움직였다. 힘을 최대한 아끼려는 듯 가능한 한 최소한의 움직임으로 느릿느릿 걸음을 뗐다. 신체 기관도 멀쩡하고 내장 기관도 별 고통이 없었지만, 이 병에 걸리면 예후가 암울했다. 죽음에 이르게 되는 이 병을 가리켜 당시 '생존 포기 질환'이라는 말이 생겼다.

생존 포기 질환은 한국전쟁에서 시작된 질병은 아니다. 극단적 트라우마를 경험한 사람들에게서 흔히 보이는 증상이다. 제2차 세계대전 중에 강제수용소에 갇혀 지냈던 사람들도 비슷한 증상을 보였다고 한다. 생존자들은 자신의 친구들이 서서히 무기력해지더니 끝내 생명의 빛이 꺼지는 모습을 지켜보았다고 증언했다. 최근 사례로는 난파선 표류자들이 죽은 동료를 떠올리며 이와 비슷한 증상을 목격했다고 증언했다.

2018년 심리학사 존 리치John Leach는 이 현상을 과학과 역사적 관점에서 추적하고 〈다시 생각하는 생존 포기 질환Give-Up-Itis Revisited〉이라는 보고서를 발표했다. 리치에 따르면 생존 포기 질환을 앓는 사람은 5단계를 거친다. 먼저 우울감이 나타나고 이어서 무기력, 정서적 반응 소실 그리고 외부 자극에 대한 반응 소실이 나타난다. 그다음에는 의지 상실 상태가 되어 지극히 단순한 일도 할 수 없게 된다. 그러다가 무기력감이 몸과 마음을 지배하고, 마지막에는 삶을 포기하는 단계에 이른다.

생존 포기 질환이라는 이상한 병은 무시해버리기 쉽다. 삶을 지속할 의욕이 없어 죽는다는 것이 의학 논리에 잘 들어맞지 않기 때문이다. 사망에는 장기 이상이나 전염병 같은 원인이 있어야 하기 때문이다. 그러나 우리는 탈출할 생각도 없이 전기충격을 고스란히 받는 개에게서 똑같은 현상을 보았다. 또 다른 쥐 실험에서는 무기력을 학습한 쥐들이 살기를 포기하고 단 몇 분 만에 물탱크에서 익사했다. 본래 쥐들은 몇 시간이고 헤엄칠 만큼 꽤 오랜 시간 물에서 버틸 수 있는 동물이다. 생존 포기 질환이 언제나 죽음으로 이어지는 것은 아니지만 상황을 통제할 힘이 없을 때 경험하는 무기력감은 실제로 빈번하게 일어난다. 끔찍한 일이지만 미국중앙정보국(이하 CIA)은 이 같은 연구 결과를 물고문 같은 심문 기법에 적용했고, 2000년대 초반에는 이 기법을 실제로 활용했다. 미 상원에 제출된 보고서에 따르면 CIA 는 "통제감과 예측 가능성"을 제거해 포로들을 학습된 무기력과 무감 각한 상태에 빠뜨릴 수 있으리라 내다봤다.

생존 포기 질환을 치료하는 방법도 분명 있을 것이다. 홀로코스트 생존자이자 정신과 의사인 빅터 프랭클Viktor Frankl은 아우슈비츠에 있을 때 한 수감자에게서 생존 가능성을 높이는 방법 두 가지를 배웠다. 하나는 면도하는 것이고, 또 하나는 가슴을 활짝 펴고 걷는 것이었다. 다시 말해 우리가 통제할 수 있는 일을 하라는 것이었다. 존 스미스가 제임스타운 주민들에게 했던 조언과 일맥상통한다. 존 리치는 연구 보고서에서 정신이 피폐해지는 위태로운 상황에서 정상 상태를 유지 하려면 "적어도 자신이 어느 정도 상황을 통제할 수 있고 인간으로서 살 가치가 있다고 확신할 수 있어야 한다"라면서 이렇게 결론짓는다. "자기 행동을 선택한다는 감각은 자포자기 상태를 반전시킬 수 있다. 상황에 대한 통제력을 되찾는 일은 회복에 이르는 열쇠다. 생존 포기 질환은 자포자기한 상태를 가리키는 임상 표현이며, 특히 수동적으로 반응할 때 나타나는 병리 증상이다."

생존 포기 질환은 머나먼 대륙으로 이주하는 사람들이나 극단적인 생존 위기를 경험할 때만 걸리는 병이 아니다. 현대사회에서 나타나 는 여러 재앙으로 인해 발생하기도 한다. 이 병에 걸리면 반드시 죽음 을 맞이하는 것은 아니지만 무력감에 빠지는 것은 틀림없다. 현대인의 노동은 이제 아침 9시에 시작해서 저녁 5시에 끝나지 않는다. 이메일에는 곧장 답장을 보내야 한다. 현대인은 24시간 대기 상태다. 만약 부모나 상사, 고객에게 호출을 받고 1시간 내로 답하지 않으면 골치 아픈 일이 생긴다. '뼈를 깎는 노력'으로 목표를 향해 쉬지 않고 달릴 때 사람들은 박수를 보낸다. 일이 벅차 포기하는 사람의 자리는 그 자리를 노렸던 수많은 사람에게 돌아간다. 현대인은 돈을 조금 더 받는 대가로 자율성을 넘기고 혹사당할 권리를 얻었다. 업무가 일상생활 곳곳에 침투함에 따라 현대인은 스스로 무기력을 학습하고 있다. 선택권이 없다고 느낄 때 사람은 점점 무기력해진다. 현대인은 구조 요청 버튼을 아무리 눌러도 달려오는 사람이 없다는 사실을 배운 실험실의 개와 같다. 힘든 결정 앞에서 어찌할 바를 모르는 현대인이 많다는 사실은 전혀 놀랍지 않다. 운동하러 집 밖에 나가거나 저녁에 설거지하는 일조차 많은 이들이 힘들어하는 이유도 마찬가지다. 사람들은 의지 결핍이니 동기 부족이니 하며 비난하지만, 사실은 인생을 자신이 어찌하지 못한다고 느낄 때 우리 뇌는 매사 의욕을 상실한다.

강인함을 선택할 권리

1962년에 에모리대학교Emory University에서 의학박사 학위를 취득한 피터 본Peter Bourne은 베트남전쟁 중에 3년간 미 육군에 복무했다. 베트남전은 이전에 발발한 다른 현대전과는 다른 특이한 양상으로 전개되며 전쟁의 공포가 어느 때보다 높았다. 베트남군은 정규군 전술이 아니라 매복 공격과 기습 공격에 의존했다. 피터 본은 개인이 스트레스에 어떻게 반응하는지 관심이 많았다. 그런 점에서 베트남은 우리 몸이 위험에 둘러싸였을 때 어떻게 반응하는지 관찰하기에는 더없이 좋은 장소였다. 당시 본이 소속된 병영은 '호치민 루트'로 알려진 베트남군의 주요 보급로에 있었다. 그곳에서 본은 소수의 사병과 장교, 무전병을 대상으로 스트레스 호르몬인 코르티솔 수치를 매일 측정했다. 적의 공격이 임박한 시점이었기에 스트레스 수치가 증가할 것으로 예상했다. 본은 우리 몸이 어떻게 스트레스를 예상하고 반응하는지, 또 어떻게 몸이 회복되는지 알아내고 싶었다. 마침내 적군의 공격이 시작되었고 본은 전투가 잦아들고 정상화될 때까지 스트레스 호르몬 수치를 계속 측정했다.

여러 그룹의 코르티솔 반응을 비교해보니 일정한 유형이 드러났다. 사병 그룹은 적의 공격이 예상되었던 날 적이 공격해오자 코르티솔 수치가 급감했고, 무전병과 장교 그룹은 반대로 코르티솔 수치가 증가했다. 적의 공격이 끝난 뒤에는 사병 그룹의 코르티솔 수치가 증가했고, 장교 그룹에서는 수치가 감소했다. 시간이 지나자 두 그룹 모두 기본 수준으로 되돌아갔다. 무전병 그룹의 코르티솔 수치는 전투가 종료된 후에도 올라가서 내려오지 않았다. 조사 대상 군인은 모두 같은 병영에 있었고 같은 상황을 겪었으며 똑같이 적군의 공격을 예상했지만, 스트레스 반응이 달랐다. 본이 생각할 때 그 차이는 각자 느끼는 통제감 정도에 따라 달랐다.

사병들은 전투 당일 코르티솔이 감소했는데 이는 철저한 훈련과 익숙한 환경 덕분이었다. 사병들은 전투 상황에 익숙했다. 전장에서 어떻게 행동해야 하는지 수없이 반복해서 훈련했기 때문이다. 전략을 짜고 전술을 개발하는 일은 사병들이 걱정할 일이 아니었다. 사병이 할 일은 명령을 이행하는 것이었다. 그리고 사병들은 상관의 지시대로 따르면 실패하지 않으리라는 믿음이 있었다. 어쨌든 미군은 세계에서 가장 잘 훈련된 군대가 아닌가. 사병은 작전이 실패할지 성공할지 그 여부를 두고 고민할 시간도 없었다. 수 세기 전에 존 스미스가 이끌던 제임스타운의 주민들처럼 병사들에게는 완수할 임무가 있었다. 막사를 세우고 방어선을 견고히 구축하고 무기와 장비를 설치해야 했다. 이미 거듭된 훈련으로 익숙한 일이었기에 사병들은 위험한 환경에서도 어느 정도 통제감을 유지했다.

장교는 이런 호사를 누리지 못했다. 장교가 사병보다 통제감이 더 높을 듯해도 전투 결과와 관련해서 장교가 느끼는 통제감은 사병에 견줘보면 더 낮았다. 장교는 지상전 임무를 수행하는 사병보다 더 많은 첩보와 정보를 알고 있었다. 그러나 장교는 상부로부터 명령을 받아야 했고 그 명령에 따라 최선의 전술을 구상하는 임무를 맡았다. 그리고 그 전술이 성공하기만을 바랄 뿐 그 결과는 통제할 수 없었다. 무전병도 장교와 비슷하게 중개자 위치에서 정보를 다룬다. 물론 중요한 역할이지만 전장에서 벌어지는 상황을 좌우할 영향력이나 발언권은 거의 없었다.

사람은 자신이 느끼는 통제감 수준에 따라 스트레스에 반응하는 방식이 달라진다. 이는 전장에서만이 아니라 삶의 모든 영역에 해당한다. 상부의 지시도 따라야 하고 하부의 필요도 고려해야 하는데 중간에서 이도 저도 할 수 없는 관리자를 생각해보자. 또는 표준 교과과정을 반드시 지켜야 하는 상황에서 학습 부진이 심각한 아이들을 가르쳐야 하는 교사를 떠올려보자. 사람은 자신이 상황을 통제할 수 없을 때 스트레스가 치솟는다. 반면에 상황을 변화시킬 힘이 있음을 느낄 때 코르티솔 반응이 줄어든다. 우리가 느끼는 통제감에 따라 호르몬 반응이 바뀔 뿐 아니라 스트레스 반응 양상도 바뀐다. 연구진이 기능성 자기공명영상 장치로 피험자들의 뇌를 들여다보니 고통을 통제한 경우에는 위협을 감지하는 편도체 반응이 감소하고 피험자들의 불안감도 낮게 나타났다. 편도체에서 나타나는 경보 반응이 줄어들었을 뿐 아니라 전전두피질이라는 더 나은 통제 기관이 개입해 빠르게 경보 반응을 해소했다. 통제감을 강하게 느낄 때 우리 뇌는 더 조용하고 쉽게 위협 반응을 잠재운다.

통제감 수준에 따라 스트레스 요인으로 일어나는 생리 반응뿐 아니라 고통에 인내하는 능력도 달라진다. 자신이 결과를 바꿀 수 있다고 생각할 때는 곤경에 처하더라도 인내할 가능성이 더 커진다. 스포츠계에서는 지구력을 측정하는 방법으로 흔히 최대산소섭취량 지표를 쓴다. 이 혹독한 측정 시험은 한 세기 동안 운동 생리학 연구에서 필수 지표였다. 피험자가 러닝머신에서 달리는 동안 수시로 러닝머신의 속도를 높이거나 경사를 올려 강도를 조정하는 사람은 피험자가 아닌 생리학자다. 피험자는 튜브가 연결된 마스크를 착용하고 모든 힘을 소진할 때까지 러닝머신 위에서 달리고, 기계는 피험자의 심혈관계가 얼마나 튼튼하고 효율적으로 기능하는지 측정한다.

나는 선수 시절에 이 측정 시험을 여러 번 받았는데 늘 뭔가 께름칙했다. 우선 러닝머신 달리기는 실제 달리기와 다르다. 경기장이나 야외 도로에서 경주할 때는 속도를 높이든 줄이든 그 선택권은 주자에게 있다. 그러나 최대산소섭취량 측정 시험에서는 그 선택권을 제거한다. 그래서 나는 2014년 가을에 이 선택권을 주자에게 주는 방식으로 심폐 능력을 측정하려고 러닝머신 위에 올랐다. 이번에는 더는 달리지 못할 때까지 오래 버티다가 '항복'하는 방식이 아니라 약 10분 안에 모조리 힘을 소진하는 방식이었다. 러닝머신 속도와 경사 조절도 달리는 속도 조절도 전적으로 내 소관이었다. 덕분에 러닝머신에 오를 때도 마음이 편안했다. 결승선이 얼마 남지 않았을 때 남은 힘을 쏟아내는 전력 질주에는 이미 익숙했다. 이 측정 방식은 만족스러웠을 뿐 아니라 이를 통해 내 몸이 섭취하고 활용하는 최대 산소량도 눈에 띄게 개선할 수 있었다.

다음 단계로 내가 할 일은 따로 생각할 것도 없었다. 내게 지도를 받는 몇몇 선수들에게 실험 대상이 되어달라고 부탁했다. 그다음 주에 나는 선수들을 대상으로 두 종류의 최대산소섭취량 측정 시험을 진행했다. 하나는 전형적인 방법대로 감독인 내가 러닝머신의 속도를 통제했고, 다른 하나는 선수들이 직접 통제하는 방식으로 진행했다. 데이터를 분석해보니 경기장에서 좋은 기록을 달성한 선수들은 기존 방식보다 새로운 측정 방식에서 최대산소섭취량 값이 향상했다. 반면에 경기장에서 저조한 기록을 내던 선수들은 전통적인 측정 방식에서 조금 더 좋은 결과를 보였다.

측정 실험 이후에 선수들과 논의한 결과에서도 경기력이 더 좋은 선수에게는 자유를 주는 방식이 더 좋다는 사실이 드러났다. 이 선수들은 러닝머신을 스스로 조절하며 자신의 한계를 시험해보고 싶어 했다. 기록이 저조한 선수들의 경우에는 단순한 과제를 선호했다. 즉 계속 달릴지 아니면 멈출지만 결정하면 되는 방식이 더 적절했다. 기존 측정 방식에서는 지칠 때까지 달리는 일에만 전념할 수 있고, 이 방법이 실력 향상에도 도움이 되었다. 그러나 경험이 많고 기록이 좋은 선수들은 기존 측정 방식에 만족하지 못했다. 이들은 언제 전력을 쏟아 내야 할지 스스로 선택하며 상황을 직접 통제하기를 바랐다.

강인함의 핵심

우리가 느끼는 통제감에 따라 스트레스에 반응하는 양상이 달라진다. 통제감을 강하게 느낄 때 우리 뇌는 더 조용하고 쉽게 위협 반응을 잠재운다.

선택의 과학

선택권 유무는 인내력이나 과제 수행 능력에만 영향을 미치는 것이 아니다. 선택의 자유를 누리고 싶은 욕구는 인간의 본능이며 인간으로서 건강하게 살아가려면 반드시 보장되어야 하는 권리다. 인간의 동기부여와 성장을 설명하는 이론 중에 대표적인 두 이론이 있는데 자기결정 이론과 자기효능감 이론이다. 자기결정 이론에 따르면 자율성의 수준, 곧 "자신의 인생을 결정하는 주체가 되려는 욕구"는 개인의 행복과 복잡하게 연결되어 있다. 자기결정권은 기본 심리 욕구 세 가지 가운데 하나로, 자신의 동기를 강화해 성장과 발전을 이끌어낸다. 심리학과 교육학에 크게 영향을 미친 심리학자 앨버트 반두라Albert Bandura가 제시한 자기효능감 이론에서도 통제력은 매우 중요한 역할을 한다. 반두라에 따르면 자기효능감이란 "자신의 동기, 행동 그리고 사회적 환경을 통제할 능력이 있다는 자신감을 반영한다." 두 이론은 모두 동기부여, 업무 수행 능력, 행복, 심리적 안녕감, 삶의 만족도, 학업 성과와 관련이 있다. 무슨 일을 하든지 자신이 그 결과에 영향을 미칠 수 있다고 느낄 때 수행 능력이 향상한다. 통제력은 난관을 극복하는 일을 비롯해 행복하고 건강한 사람으로 살아가는 과정에서 중심 역할을 맡는다. 그리고 이 통제감은 뇌 활동에도 고스란히 반영된다.

선택권이 주어지면 우리 뇌는 그 사실 자체를 보상으로 인식한다. 뇌의 선조체는 보상 처리에 관여하는 부위인데 상황을 자유롭게 선택할 능력이 있을 때 활성화된다. 실험에 따르면 피험자가 문제의 정답을 선택해 보상을 받을 때 선조체에 불이 들어온다. 그러나 행운이나 우연한 계기로 똑같이 보상이 주어져도 선조체에서는 아무 반응이 일어나지 않는다. 선택할 수 있는 능력이 있을 때 이는 운동선수의 경기력을 개선할 뿐 아니라 일상의 모든 영역에서 수행 능력을 향상한다. 요양 시설에 거주하는 노인들에게 자신의 환경과 돌봄 혜택에 관해 선택권과 자율성을 제공할 때 우울감이 개선되고, 심리적 각성과 안녕감이 상승한다. 기업에서는 미세 관리를 줄이고 자율성을 확대할 때 직업 만족도와 업무 수행 능력이 향상한다. 인간은 자신의 환경, 특히 자신의 삶을 통제할 수 있어야 한다. 스스로 통제하는 것이 불가능하다는 느낌을 받을 때 우리는 자아감을 상실한다. 그리고 이런 일을 반복해서 경험하면 지극히 단순한 과제에도 의욕이 일어나지 않는다.

'학습된 무기력' 개념을 선도해 연구했던 스티븐 마이어는 2011년에 현대 신경학을 활용해 기존 이론을 수정하고 확장했다. 앞서 소개한 실험에서 개들은 아무 시도할 필요가 없음을 학습했다. 고통과 절망을 수없이 경험한 개들은 탈출하기 위한 노력 자체를 포기해버렸다. 마이어 연구진은 1960년대에 사용했던 것과 유사한 전기충격 실험을 쥐들에게 실시했다. 쥐들을 분리해 한쪽은 전류를 통제할 수 있도록 하고, 다른 한쪽 쥐들은 통제할 수 없도록 했다. 전기충격 실험을 거치고 나서는 실험 쥐들을 어린 쥐 한 마리와 함께 우리에 넣어두고 뇌파를 관찰했다. 쥐들은 새로운 쥐와 접촉할 때 개들과 유사한 행동을 한다. 무리 중에 나이가 많고 힘이 센 쥐가 새로 들어온 어린 쥐의 냄새를 맡는다. 전기충격 실험에서 상황을 제어해 전기충격에서 벗어날 수 있었던 쥐들은 정상적으로 어린 쥐의 냄새를 맡는 행동을 보였다. 상황을 제어하지 못해 전기충격에 계속 노출된 쥐들은 어떻게 반응했을까? 그 쥐들은 구석에 모여서 몸을 웅크린 채 새로 들여보낸 어린 쥐를 인지하지도 못했다.

마이어가 쥐의 뇌파를 들여다보자 뚜렷한 차이가 드러났다. 겁을 먹고 움츠러든 쥐들의 뇌파 사진을 보면 배측봉선핵dorsal raphe nucleu 부위가 빛이 나며 활성화되었다. 배측봉선핵은 뇌에서도 원시적인 뇌에 해당하며 스트레스에 반응해 인접한 부위에 세로토닌을 방출한다. 전기충격을 통제할 수 있었던 쥐들도 처음에는 스트레스 반응을 보였지만 곧 전전두피질 영역이 활성화되자 배측봉선핵의 원시적인 스트레스 반응이 잠잠해졌다. 이번 장 전반부에 소개했듯이 요란하게 위험경보가 울리면 전전두피질이 제어 장치처럼 작동해 이를 해소한다. 마이어는 한 걸음 더 나아가 전기충격을 통제할 수 없었던 탓에 배측봉선핵에서 과민한 스트레스 반응을 보이는 쥐들의 전전두피질을 자극했다. 그러자 쥐들이 갑자기 달라져서 무기력을 학습한 쥐들의 특징이 전혀 나타나지 않았다. 요란한 위험 경보가 잠잠해지고 해당 부위의 뇌파가 비활성화되었다. 마이어가 미국 심리학 협회에 보고한 바에 따르면, "이는 마치 전뇌가 나서서 이제 우리가 상황을 통제하겠다면서 흥분한 뇌간을 진정시키는 것과 같다."

움츠러든 쥐와 개들은 무기력해지는 법을 학습한 게 아니었다. 스스로 상황을 통제하는 법을 배우지 못했을 뿐이다. 과학 용어로 말하자면 전전두피질을 활성화할 수 있다는 사실을 배워야 했다. 제어 장치인 전전두피질을 활성화하면 요란한 경보를 진화할 수 있다. 만약개와 쥐들이 상황을 통제할 수 있다는 사실을 알면 무기력하고 무감각한 상태에 빠질 일이 없을 것이다. 우리는 요란한 위험 경보를 끄는법을 배워야 한다. 우리가 학습할 것은 무기력이 아니라 희망이었다.

인생이 자신의 통제를 벗어난 느낌이 들 때 또는 앞에 놓인 과제를해결할 기미가 보이지 않을 때 사람은 절망에 빠지기 쉽다. '해서 뭐해?' 그러니 '하지 말자'라고 포기하는 것은 자연스러운 반응이다. 사람의 몸은 에너지를 비축하도록 진화했기 때문이다. 우리는 절망하지 않는 법을 새로 배우고 훈련해야 한다. 희망을 훈련하려면 멈추지 말고 뭔가를 지속해야 한다. 엄청난 일을 하라는 게 아니다. 사소하고 쉬운 일이라도 좋다. 자신이 상황을 통제한다는 느낌, 자신이 결과에 영향을 미칠 수 있는 일이면 충분하다. 이 작은 신호만으로도 전전두피질이 활성화한다. 가령 너무 많은 이메일 때문에 움츠린다면 하루 중에 특정한 시간을 정해 이메일에 답장하는 게 좋다. 만약 아끼는 이를 여읜 슬픔에 의욕을 잃어버렸다면 자신에게 슬퍼할 권리를 허용해야 한다. 넷플릭스에 빠져 살든 어떻든 애도의 기간을 가지되 슬픔을 조금씩 놓아 보내야 한다. 깊은 상실감을 느끼고 다음 날 바로 "일상으로 복귀할" 필요는 없지만, 자신의 통제력을 조금이라도 사용하며 작은 단계를 차근차근 밟아나가면 정상으로 돌아올 수 있다. 이를테면 본격적으로 운동하는 대신 가벼운 산책을 하거나 친구를 만나 커피를 마셔도 좋고, 하루 한 시간이라도 기존에 진행하던 프로젝트에 투자하는 것이 좋다. 우리는 절망하고 무감각한 상태에 빠져 헤어나오지 못할 때가 많은데, 말하자면 '희망 근육'을 쓰는 법을 배우지 않았기 때문이다. 아주 사소한 행동이라도 자신에게 선택권이 있음을 상기시키는 일을 꾸준히 하면 뇌를 정상화하는 능력을 키울 수 있다.

여러 후속 연구에서도 마이어 연구진이 발견한 전전두피질의 역할을 확인했다. 고통스러울 때 전전두피질을 활성화하면 부정적인 감정 반응이 줄어든다. 반면에 우울증을 앓는 사람은 전전두피질을 활성화하는 능력이 감소했다. 무감각한 상태에 빠진 알츠하이머 환자의 두 뇌를 관찰했을 때 전전두피질 기능이 저하했음을 확인한 연구도 있다. 여러 연구에서 발견한 사실을 종합할 때 부정적 감정뿐 아니라 이런 감정에 수반되는 무감각한 태도를 조절할 때도 전전두피질 기능이 중요하다.

우리가 상황을 통제할 수 있고 자유롭게 선택할 수 있을 때 전전두피질이 활성화하고 스트레스나 난관에 직면할 때 나타나는 감정을 조절할 능력이 생긴다. 반면에 선택권이 제거되면 전전두피질이 비활성화하고, 걷잡을 수 없는 스트레스 반응이 나타난다. 이때 우리 뇌는 모든 자극에 수동적으로 반응하는 상태가 되어 무슨 일이든 쉽게 포기한다. 선택권이 사라지면 우리는 희망을 잃고 무기력을 학습한다.

로렌 레오티Lauren Leotti, 쉬나 아이엔가Sheena Iyengar, 케빈 옥스너Kevin Ochsner는 학술지인 〈인지과학 트렌드Trends in Cognitive Sciences〉에 기고한 논문에서 통제력의 중요성을 강조했다. "조사에서 드러난 증거를 보면 통제력을 행사하려는 욕구, 따라서 선택하려는 욕구가 생존에 대단히 중요함을 알 수 있다"라면서 다음과 같이 요약했다. "상황을 제어하려는 욕구는 후천적으로 학습하는 것이 아니라 타고난 것이며 따라서 생리적 욕구에 가깝다. 우리는 선택하도록 타고났다." 사람은 무슨 일을 하든 통제감을 소유하고픈 욕구가 있다. 기업에서 직원의 행동을 제약하고 일일이 통제한다면 이는 어려운 상황에 직면했을 때 쉽게 포기하는 환경을 조성하는 것과 마찬가지다. 자율성을 강화하는 방향으로 전환할 때 어려움이나 괴로움을 인내하는 힘을 끌어낸다.

"우리 목표는 복도를 지나갈 때 교실마다 어떤 차이점도 느끼지 못하도록 하는 것이다. 동일 기간에 동일 활동을 하고 동일 주제를 가르쳐야 한다." 방금 말한 교육과정 운영지침은 1900년대 초, 그러니까 헨리 포드가 최초로 자동차 공장에 이동식 조립라인을 도입했던 때에 어울리는 지침으로 보인다. 그러나 이미 짐작한 사람도 있듯이 이 지침은 오늘날 미국의 학교에서 적용하는 운영지침이다. 내가 만난 교사들은 학생을 가르치는 일이 사실상 허용되지 않는 셈이라고 입을 모으며 다양한 사례를 들려주었다. 오늘날 교육은 정해진 번호대로 색칠만 하는 그림 놀이에 더 가깝다. 학생들의 일과는 1분 단위까지 정해져 있다. 교사는 교사용 수업 교재에 적힌 그대로 학생들에게 전달하고 사전에 계획된 활동을 진행해야 한다.

이 같은 운영지침이 충격으로 다가오는 이유는, 각 학교에서 내거는 사명 선언문에서는 학생 눈높이에 따라 개별화된 학습의 중요성을 강조하기 때문이다. 학업 성취도 평가 점수를 올려야 한다는 압박이 증가함에 따라 교육 당국은 교사들의 수업 방식을 통제하기에 이르렀다. 교육 당국은 수십만 달러를 들여 표준 교재를 제작하고 교사는 그 교재 내용을 전달하면 그만인 중개자 역할을 맡았다. 학생들의 시험 성적을 올리는 일은 교사가 아니라 교재에 달려 있다. 창의성과 자율성 대신 효율성과 통제를 중시하는 방향으로 바뀌었다. 한 교사는 내게 말했다. "글만 읽을 수 있으면 누구든 나를 대체할 수 있겠구나 하는 생각이 들었어요. 정해진 수업 계획에서 벗어나면 안 되고 교사용 교재를 그대로 읽으면 되니까요. 학교 다니며 배웠던 게 다 무슨 소용이죠? 내 지식과 경험은 쓸모가 없어졌어요." 우리는 대부분 위에서 시키는 대로 따르는 법을 배운다. 심지어 학생들을 이끌고 지도할 사람들조차 예외가 아니다.

스포츠계에서도 사정은 별반 다르지 않다. 아무 지역의 고등학교나 대학 미식축구장에 가서 선수들이 훈련하는 모습을 지켜보라. 감독이 선수들에게 할 일을 지시한다. 선수 재량에 맡기는 일은 거의 없거나 전혀 없다. 다음에 어떤 운동을 할지, 훈련에 쓸 바벨 중량은 얼마인지, 단거리 달리기 횟수며 사이사이 진행하는 회복 시간, 심지어 생수를 마실 시간까지 지시하고 통제한다. 선수는 지시를 따르기만 하면 된다. 보수적인 감독이라면 지시를 따르지 않는 선수에게 징계를 내리기도 한다. 가령 달리기 훈련 시간 안에 마지막 한 바퀴를 완료하지 못했다면 그 선수 또는 팀 전체가 다시 한 차례 훈련을 반복하는 식이다. 감독 성향이 진보인지 보수인지를 떠나 대다수 훈련 장면에서 빠진 게 있다. 그것은 선택지이다. 선수들에게는 재량권이 없다.

구시대 방식의 강인함을 기르는 훈련에서 감독들은 대체로 선수가 더는 버티지 못하고 구토할 때까지 몰아붙이곤 한다. 선수들을 이렇게 훈련해야 고통과 피로에 면역이 생기리라고 감독들은 믿는다. 기업에서는 직원이 구토할 때까지 밀어붙이는 일은 없을지 몰라도 어쨌든 뼈를 깎는 노동을 통해 강인한 인재를 개발하고 싶어 한다. 신입 직원은 자신의 가치를 증명한다는 명목으로 1주일에 80시간 일한다. 내가 지도하는 의뢰인 가운데 투자은행 임원이 있는데, 그는 인턴 사원과 신입 직원들은 심야에도 이메일을 보낸다고 말했다. 밤늦도록 일하는 것처럼 보이려고 이메일 전송 앱으로 예약한 시간에 자동으로 이메일을 전송하는 것이다. 〈뉴욕타임스New York Times〉가 2015년에 보도한 기사를 보면 "이메일은 자정이 지나 도착하고 답장을 왜 안 하느냐고 묻는 문자가 뒤이어 도착한다." 자기도 "죽도록 열심히 일한다"라는 인상을 윗사람에게 심어주며 자기를 입증하려는 문화가 곳곳에 만연하다. 뼈를 갈아 넣는 직장생활을 견뎌낼 수 있는 강한 사람만이 살아남는 문화다.

여기서 한 가지 짚고 넘어가야 할 문제가 있다. 직장인도 선수들도 그들 앞에는 둘 중 하나의 선택만 주어진다는 점이다. 즉 버티거나 아니면 그만두어야 한다. 그러나 권력 관계를 고려하면 그만두는 쪽은 애초에 없는 선택지나 마찬가지다. 가능한 한 오래도록 생존해야 한다. 최대산소섭취량 측정 시험을 받는 선수들이 자기 손으로 통제할 수 없는 러닝머신 위를 무조건 달려야 하는 것과 같다. 직장인은 실패할 경우 해고당하는 결과를 피하지 못하고, 훈련을 끝까지 견디지 못한 선수는 그 대가로 징계를 받는다. 심신이 지치고 좋지 않은 감정이 일어날 때 전전두피질의 제어 장치를 켜고 문제를 해결할 방법을 가르치지 않고, 우리 사회는 그동안 선택지를 제거해 무기력을 학습하게 만든 셈이다. 선택지가 제거된 환경에서는 나지막한 칸막이를 넘어 안전한 곳으로 탈출할 시도조차 하지 못하고 무감각해진 개들과 다름없어진다.

진짜 문제는 무력감으로 끝나지 않는다는 점이다. 통제와 감시를 도구로 활용하는 환경에서는 두려움에 자극받아 행동하는 사람으로 길든다. 다른 이유는 없고 체벌이나 야단맞는 게 싫어서 또는 해고당하기 싫어서 뭔가를 하고 있다면 코앞에서 고함치고 벌주는 사람이 있어야 열심히 움직이는 사람으로 길든 것이다. 그러나 경기 당일 선수 홀로 승부를 내야 하는 상황에서는 어떻게 될까? 인간이 습관의 동물이라는 점을 고려하면 그 모습을 상상하기는 어렵지 않다.

운동선수로 활약하다가 현재는 스포츠 사회학자로 일하는 짐 데니슨Jim Denison은 경기력을 조금 다른 관점에서 바라본다. 데니슨은 세계 최정상급 육상선수들을 곁에서 지켜보았다. 그러나 캐나다 육상 지도자 센터Canadian Athletics Coaching Center에서 책임자로 일하는 데니슨은 더 빠르고, 더 강하고, 더 힘이 좋은 선수를 훈련으로 길러내는 방법에 관해 감독들이 더 배울 것은 없다고 믿었다. 데니슨과 동료인 조지프 밀스Joseph Mills의 지도자 철학에 영감을 준 이는 다름 아닌 미셸 푸코였다. 프랑스 철학자 푸코는 육상선수의 경기력에 대해서 생전에 한 번도 논의한 적이 없는 인물이다.

프랑스 철학자 푸코가 육상선수 지도 방식에 어떻게 영향을 주었는지 내가 묻자 데니슨은 푸코의 권력 이론을 언급했다. 푸코가 해석한 바에 따르면 권력은 시간, 공간 그리고 개인의 생산성을 규제하는 데 이용된다. 푸코는 정치적 환경에서 권력이 개인에게 미치는 영향을 비판했다. 그리고 권력은 통제력과 밀접한 관계에 있으며 개인이 권력을 포기하면 수동적이고 순종적인 존재가 된다고 지적한 바 있다. 데니슨과 밀스는 이 권력 개념이 육상선수와 감독 사이에도 적용된다고 보았다. 두 사람은 다음과 같이 설명한다. "선수를 지도하는 일은 자칫하면 (…) 기술관료가 일정한 원리에 따라 통제하는 절차로 변질하기 쉽습니다. 감독으로서 각 훈련이 선수에게 어떤 효과를 내는지 이해하는 작업보다 자신의 권력을 이용해 선수를 통제하고, 감시하고, 간섭하고, 규제하고, 교정하고, 차등을 두는 일에 더 힘을 씁니다. 그러나 육상 경기에서는 역설적이게도 상수라는 것이 없습니다. 장거리 경주는 항상 변수가 생기기 마련이에요. 달리면서 느끼는 신체 상태에 따라 선수는 수많은 의사결정을 내려야 합니다." 그러면서 데니슨과 밀스는 덧붙인다. "그렇다면 경기장에서 직접 뛰는 선수가 아니라 관람석에 앉아 있을 감독이 훈련 과정을 전적으로 통제할 때 과연 그 훈련 계획이 선수에게 얼마나 효과가 있을까요? 우리는 이 점을 우려하는 겁니다."

육상선수가 경기장에 들어서면 그때부터 선수는 홀로 싸운다. 스스로 결정을 내려야 한다. 그런데 훈련 과정에서는 모든 의사결정을 감독이 내린다. 데니슨과 밀스는 이 방법을 뒤집어야 한다고 제안했다. 훈련 내용을 선수더러 설계하라는 말이 아니라 대다수 훈련 과정을 선수 재량에 맡겨야 한다는 뜻이다. 훈련할 때 속도를 올릴지 내릴지 한 바퀴 더 달릴지 아니면 훈련을 끝마칠지 결정하도록 선수에게 허용하면 선택하는 행위 자체가 뇌에 미치는 긍정적 영향을 이용할 수 있다. 스스로 선택할 권한을 주어 선수가 전전두피질을 활성화하도록 훈련한다면 위기 순간에 느끼는 고통과 피로, 불안감을 이해하고 조절하는 법을 배울 수 있다. 감독은 선수가 실패할지라도 스스로 과제에 도전하고 그 과정에서 조정하는 법을 배우도록 허용해야 한다. 데니슨과 밀스가 제시하는 훈련 방식에서 감독은 선수에게 일일이 지시하거나 명령하지 않고, 선수에게 재량권을 주고 실수하거나 실패할 가능성까지 모두 허용한다. 문제가 닥치면 그 상황을 어떻게 처리할지 고민하고 방법을 선택하는 일도 선수 몫이다.

데니슨과 밀스가 제시하는 훈련 방식에는 경기력을 끌어올리는 것 이상의 장점이 있다. 200명이 넘는 남녀 선수를 조사한 바에 따르면 훈련 과정에서 선수에게 충분한 재량권을 보장할 때 심리적 안녕감을 높이는 효과가 있다고 드러났다. 반면에 훈련을 철저히 통제하는 환경은 심리적 욕구를 억압해 삶의 만족도를 떨어뜨렸다.

강한 정신력을 키우는 열쇠는 선수를 제약하고 통제하는 데 있지 않다. 선수를 엄하게 징계하고 처벌하는 방법도 그 비결이 될 수 없다. 어떤 과제라도 무조건 완수하라고 소리치며 선수를 닦달하는 방법도 틀렸다. 사람은 통제감을 상실할 때 상황에 대처하는 능력도 상실한다. 선택권이 없는 환경에서는 강인함을 키울 수 없다. 자기 앞에 놓인 문제를 어떻게 하면 해결할 수 있을지 스스로 방법을 궁리할 때 우리 뇌에 불이 들어온다. 인간은 선택하도록 만들어진 존재이므로 스스로 선택하며 배우도록 허용해야 한다.

강인함의 핵심

사람은 통제감을 상실할 때 상황에 대처하는 능력도 상실한다. 선택권이 없는 환경에서는 강인함을 키울 수 없다.

경기장에서든 직장에서든 강인함을 훈련하는 것이 목표라면 사람들에게 어느 정도 자율성을 보장해야 한다. 괴로움을 경험하고 견디는 것만으로는 충분하지 않다. 강인해지고 싶다면 통제감을 기르고 유지할 줄 알아야 한다.

나를 주도하는 법

자기 통제감을 높일 수 있는 4가지 훈련 방법을 소개한다.

1. 작은 일부터 자기 힘으로 한다

괴로움을 유발하는 문제를 떠올려보자. 성과와 관련해 불안감을 느끼는 문제일 수도 있고, 대화로 갈등을 해결해야 하는 문제일 수도 있다. 이럴 때 우리는 흔히 문제 자체를 통제하려고 한다. 불안감이 문제라면 긴장감이나 두려움을 없애려고 노력한다. 그러나 긴장감을 누그러뜨리려 애써도 아무 소용이 없을 때 자연스레 우리 뇌에서는 자기 몸이나 문제 상황을 스스로 통제하지 못한다는 결론에 도달한다. "불안감을 없앨 수가 없어. 노력해도 안 돼."

처음부터 너무 힘든 괴물을 상대하지 말고 해결하고 싶은 문제와 관련해서 자신이 통제할 만한 작은 목표에 먼저 도전해야 한다. 가령 불안을 해결하고 싶다면 호흡을 조절하는 일부터 시작해보자. 숨을 천천히 쉬는 일은 할 수 있지 않은가? 성과 문제라면 지각하지 않고 제시간에 도착하는 일부터 시작해도 좋고, 마라톤 코스에서 1마일을 먼저 주파하는 일을 목표로 삼아도 좋다. 자신이 제어할 수 있고 실행 가능한 단위로 목표를 잘게 쪼개자. 물론 작은 목표를 성취하는 데서 끝이 아니다. 작은 디딤돌을 하나하나 놓으면서 차츰 더 멀리 나아가는 것이 목표다. 일단 작은 일을 목표로 정해 통제감을 기르고 나면 조금씩 목표를 키우면 된다. 작은 목표에서 큰 목표로.

2. 선택지를 제공한다

우리는 자기도 모르게 선택지를 제거해 스스로 궁지에 몰릴 때가 많다. 다른 탈출구는 생각지 못하고 덫에 빠져 그저 버텨야만 한다고 생각한다. 선택지가 없는 환경에서는 어려움을 견디고 참아낸다고 해서 정신력을 단련하는 게 아니다. 예컨대 어떤 과제를 오후 3시까지 완수하겠다고 목표로 정했다 치자. 이 일이 감당할 만한 일이라면 통제감을 높이는 데 효과가 있다. 그러나 자신의 역량을 넘어서는 일이라면 어떻게 될까? 아마도 우리는 "난 할 수 없어"라며 포기할 가능성이 더 크다.

좋은 습관을 기르려면 구체적이고 철저하게 지켜야 한다고들 한다. 운동 습관을 들이려면 이를테면 매일 아침 7시에 하루도 빼먹지 않고 운동해야 한다는 뜻이다. 그러나 연구 결과에 따르면 "할 수 없으면 일주일에 이틀은 빼먹어도 돼"라는 식으로 선택지를 두는 사람이 더 오랜 기간 꾸준히 습관을 유지했다고 한다. 행동과학자이자 《슈퍼 해빗How to Change》의 저자 케이티 밀크먼Katy Milkman은 다이어트 기간에 멀리건 스튜를 허용하는 것으로 이 선택지를 두는 행위를 설명한다. 다이어트 중이라도 이른바 '치팅데이'를 두어 먹고 싶은 음식을 먹을 때 다이어트 식단을 지속하는 데 도움이 된다는 연구 결과도 같은 맥락이다. 철저히 지키지 못할 바에는 아예 안 하겠다는 접근법으로는 아무 성과를 얻지 못할 때가 많다.

자신에게 선택지를 허용한다는 의미는 하던 일을 중도에 그만둘 수도, 진행 속도를 늦출 수도 또는 목표 자체를 단념할 가능성도 모두 허용한다는 뜻이다. 실제로 포기하라는 말이 아니라 여러 선택지를 두고 스스로 의사결정을 함으로써 통제감을 키우는 게 핵심이다. 포기한다는 선택지를 두는 것은 설령 그 결과가 나쁠지라도 앞으로 벌어질 일에 자신이 주도권을 갖는다는 의미다. 무조건 피하고만 싶은 일, 생각하기도 싫은 일로만 여길 게 아니라 포기하는 일까지 자신의 통제 범위 안에 두어야 한다. 그래야 비로소 포기도 용기라는 사실을 배운다. 지금까지 성공만을 계획했다면, 자신의 목표를 포기하거나 일을 그만둔다면 어떨지 그 결과에 관해서도 고려해야 한다.

3. 문제를 뒤집어본다

NCAA 크로스컨트리 챔피언십 지역대회 바로 전날이었다. 다음 날 우리 팀은 텍사스, 아칸소, 루이지애나 지역구에서 내로라하는 선수들과 경기를 치를 예정이었다. 전국대회 출전이 확실시되는 강력한 3인조 덕분에 우리 여자팀은 10여 년 만에 가장 좋은 성적을 내고 있었다. 유일한 문제는 연장자 선수인 메레디스 소렌슨Meredith Sorensen이었다. 몸 상태는 최상인데 그 어느 때보다 심각한 불안감에 시달리고 있었다. 2주 전 컨퍼런스 챔피언십 경기에서도 메레디스는 출발선에서 총성이 울리기를 기다리던 중 몸을 돌려 속에 있는 걸 모두 쏟아내고 난 뒤에야 경기를 치렀다. 메레디스에게는 흔한 일이었다. 메레디스는 너무 긴장하면 참을 수 없이 속이 울렁거렸다. 경기를 마치고 나서는 의료 막사에 누워 정맥주사를 맞아야 했다. 2주 뒤 메레디스는 몸 상태를 회복하고 경기에 나서게 되었지만, 경기력을 최대한 끌어올리려면 어떻게 메레디스를 도와야 할지 나는 막막했다.

경기 전날 가까운 곳에 술 한잔하러 갔다가 나는 앤디 스토버^{Andy Stover}를 만났다. 앤디는 과거 대학교 장거리 선수였고 지금은 사회복지사로 근무하는데 무슨 일에든지 참신한 방법을 찾아내는 재주가 있다. 내 결혼식에 들러리를 서주기도 했다. 나는 지금까지 메레디스 문제를 해결하려고 시도했던 여러 기법을 나열했다. 불안감에 대비하는 법이며 시각화 기법, 불안감을 설렘으로 마음가짐을 바꾸는 법까지 기존 방법을 모두 써봤다고 설명했다. 그러자 앤디가 말했다. "문제를 뒤집어봐. 그 선수에게 재량권을 주는 거지." 어리둥절한 얼굴로 앤디를 쳐다보자 그가 말을 이었다. "경기에 앞서 매번 토한다면 그 행동이 이미 루틴에 통합된 거야. 시합만 생각하면 이미 토할 걸 예감하고 두려워하는 거지. 루틴이 되었으니 반복해서 토하는 거고, 그럴 때마다 온갖 방법을 써보지만 실패할 때마다 그 선수는 이건 자신이 어찌할 수 없는 문제라고 학습하게 되지. 토하지 않으려고 싸우는 거 그만두게 하고, 그 선수에게 루틴을 조정할 수 있도록 재량권을 줘봐."

이튿날 메레디스가 몸을 풀기 시작하더니 내게 와서 말했다. "곧 토할 것 같아요." 내가 답했다. "좋아! 언제 토할 거야?" 걱정 가득한 메레디스의 얼굴이 순식간에 당혹감에 휩싸였다. "제가 토하고 싶어서 이러는 게 아니에요." 혼란스러워하는 메레디스를 보며 내가 말했다. "알아. 어쨌든 토할 거잖아. 그러니까 언제 토하고 싶은지 알려달라는 거야. 가볍게 조깅하기 전에? 아니면 반복 훈련 이후? 아니면 스트라이드^{보폭 향상} 훈련 직전? 늘 하는 몸풀기 루틴에서 어느 시점에 토했으면 좋겠는지 물어보는 거야. 경기는 오전 10시에 시작해. 어느 시간대에 구토하는 루틴을 포함하는 게 좋을까?" 메레디스는 여전히 혼란스러워하면서도 어쨌든 내 제안을 받아들였는지 "9시 45분이요, 마지막 스트라이드 루틴 직전에 하는 게 좋겠어요"라고 대답했다. 나는 이 정신 나간 전략에 100% 확신이 있음을 보이려고 가능한 한 진지하게 말했다. "좋았어. 9시 45분. 내가 알람을 맞춰놓을게. 우리 둘 다 시간을 알고 있으니 그때 가서 일을 잘 처리하면 돼."

9시 45분이 되자 알람이 울렸고 나는 메레디스에게 다가가 토할 시간이 되었으니 일을 처리하자고 했다. 그런데 예상치 못한 일이 벌어졌다. 메레디스는 토하지 않았다. 수차례 대회를 치렀어도 메레디스가 토하지 않은 적은 처음이었다. 불안감을 깨끗하게 털어낸 것은 아니었다. 다만 토할 시간을 미리 결정하고 통제감을 어느 정도 찾은 덕분에, 토할 생각에 매몰되어 불안해하지 않고 경기 전에 늘 수행하던 루틴 자체에 몰입할 수 있었다. 메레디스는 그날 이전 최고 기록보다 20위 가까이 상승하며 좋은 경기를 펼쳤다. 다만 아쉽게 몇 초 차이로 전국대회에 출전할 자격은 얻지 못했다.

육상 경기뿐 아니라 어느 분야에서든 두려워하고 회피하고 싶은 상황이 있다면 오히려 그 문제를 의식하고 알아차림으로써 상황을 반전시킬 수 있다. 두려움을 일으키는 자극은 상황을 반전시킬 필요가 있음을 알리는 신호일 때가 많다. 현재 자신이 맡은 일에서 마치 남의 옷을 입고 거짓말하는 기분이 드는가? 믿을 만한 친구가 있으면 한번 물어보자. 자신이 하는 일을 확실히 알고 있는지 물어보면 아마 친구는 자신 있는 척 그냥 하는 거라고 대답할 공산이 크다. 수많은 임직원 앞에서 발표할 일이 있을 때 당황하는가?

그 사실을 사람들 앞에서 말하라. 여러 감독과 기업 임원 앞에서 강연할 때 나는 여덟 살 때 어린이 스포츠 클럽을 다니던 내 모습을 띄우고 말한다. "저 때가 제 축구 지식이 절정에 달했을 때입니다. 여기 계신 분들은 모두 저보다 더 아는 게 많을 거고 그래서 지금 좀 떨립니다. 그러나 스포츠나 비즈니스 성과에 관해서는 잘 알고 있기에 시간을 내주신다면 제가 도움이 되리라 확신합니다." 두려움을 오히려 솔직하게 인정할 때 괴물과 맞서는 힘을 얻는다. 사람들은 이 같은 상황에서 진실을 밝히는 것을 나쁘게 생각했을 테지만 좋지 않게 여기던 일을 감행할 수도 있을 만큼 유연하게 사고해야 한다. 생각을 약간만 전환하면 불가능해 보이던 일도 가능한 일이 되는 경우가 많다.

4. 자기만의 루틴을 만든다

보스턴 레드삭스 소속 노마 가르시아파라Nomar Garciaparra는 활동 당시 최고의 유격수로 꼽혔는데, 타석에 들어서면 자신만의 성가신 루틴을 시작한다. 양손의 배팅 장갑을 고쳐 끼고, 왼쪽 팔뚝에 착용한 밴드를 잡아당기고, 헬멧 챙부터 시작해 신체의 여러 부위를 툭툭 두드리고 나서 다시 헬멧을 두드린 뒤에 가슴 부위에서 성호를 긋는다. 그러고 나서는 스윙할 준비가 될 때까지 야구방망이를 휘돌린다. 육상선수도 그렇지만 타석에서 정교한 루틴을 밟는 야구 선수는 가르시아파라뿐만이 아니다. 유명한 테니스 선수 라파엘 나달과 세리나 윌리엄스도 특별한 루틴을 갖고 있다. 이들에게는 경기에 나가기 전에 늘 같은 방식으로 신발 끈을 묶고 똑같은 위치에 생수병을 놓아두는 등의 별난 버릇이 있다. 스포츠계를 주름잡는 유명 선수들이, 어리석어 보이기도 하고 성가신 루틴에 의지하는 이유는 무엇인가? 통제감 때문이다. 보완적 통제라는 이론에 따르면 사람은 외부 대상에 질서를 부여해 자기 통제감을 획득할 수 있다. 아무리 숙련된 타자일지라도 시속 145km로 날아오는 공을 때려 득점하려면 어느 정도 운이 따라야 한다. 따라서 타자는 이 불확실성에 대항해 루틴이라는 이름으로 자신의 통제력을 행사한다. 루틴을 수행할 때 우리는 자신이 통제하지 못하는 영역을 의식 밖으로 밀어내고 자신이 통제할 수 있는 행동에 집중한다. 루틴이란 불안감에 대응하는 기제로서 자신이 느끼는 통제감을 실제보다 확대하는 행위다. 불확실성이 크고 통제 가능성이 적은 임무를 수행해야 한다면 루틴을 만들어 부정적인 내면의 목소리와 감정을 효과적으로 다스릴 수 있다.

타인을 선도하는 법

이 책에서는 강인함을 기르기 위해 우리가 할 수 있는 일을 주로 다룬다. 우리 삶과 우리가 수행하는 과제에서 느끼는 통제감은 상사나 감독 등 우리를 지도하는 사람에 따라 그 정도가 달라진다. 만일 당신이 리더 위치에 있다면 구성원에게 재량권을 부여하고 통제감을 키우는 부분에도 책임이 있다. 따라서 구성원의 통제감을 키우는 데 도움이 되는 훈련법에 관해 여기서 먼저 다루고자 한다.

1. 간섭하지 않는 법을 배운다
감독이든 교장이든 또는 경영자이든 지도자 위치에 있을 때는 세부 사항까지 하나하나 간섭해 성과를 올리고 싶은 유혹에 빠지기 쉽다. 언제 어디서 무엇을 해야 하는지 일일이 지정하려고 든다. 이 같은 미세 경영은 다른 사람이 일을 제대로 처리하지 못하리라는 두려움 때문에 생긴다. 하나부터 열까지 명령하고 통제하는 사람은 "나는 당신이 그 일을 제대로 할 거라 믿지 않아"라고 말하는 셈이다.

미 특수 부대에서 자주 하는 말이 있다. "믿고 맡기되 검증하라." 전폭적인 신뢰와 과잉 관리 사이에서 균형을 강조하는 말이다. 그러나 과잉 관리로 끝날 때가 훨씬 많다. 구성원의 실패는 거기서 그치지 않고 리더의 평판과 자존심도 타격을 입기 때문이다. 리더는 구성원들에게 직무역량을 가르치고 고삐를 옥죄고 감시하는 대신 조금씩 재량권을 넘겨야 한다. 그리고 구성원들이 올바른 방향으로 나아가고 있는지 주기적으로 점검해야 한다. 재량의 정도는 시간이 흐를수록 확대하는 것이 좋다. 리더가 할 일은 사람들을 필요한 자리에 배치해 스스로 일을 처리하도록 이끄는 것이다.

2. 한계를 정하고 재량권을 허용한다

재량권을 준다는 말은 구성원이 멋대로 행동하도록 놔두라는 말이 아니다. 일정한 한계와 제약을 두고 구성원에게 자율성을 부여하는 것을 의미한다. 신입 직원이라면 더더욱 한계를 정해주는 일이 중요하다. 아무 대책 없이 고삐를 완전히 풀어주고 구성원이 임무를 완수해내기를 기대해서는 안 된다. 직무 기량이 부족한 영역에서는 통제를 유지하되 업무에 한계를 두고 그 범위 안에서는 자유를 누리도록 허용해야 한다. 예를 들어, 육상선수에게 100m 달리기를 10회 반복 훈련하라고 지시한다면 사이사이 얼마나 휴식을 취할지는 선수 재량에 맡긴다. 선수가 스스로 선택하도록 허용하는 것이다. 기업을 예로 들면, 분기 보고서를 작성한다고 할 때 이를테면 그 안에 들어갈 가장 중요한 슬라이드 세 장은 상사가 함께 수정하기로 한계를 정하고 나머지 슬라이드 작업은 직원이 재량껏 디자인하고 개발하도록 허용하는 것이다.

나는 누군가를 지도할 때마다 내가 쓸모없어지도록 상대를 돕는 것이 목표라고 이야기한다. 상대가 나를 의지하지 않고 나로부터 독립하도록 지도하려고 애쓴다. 독립은 작은 일부터 시작한다. 이를테면 매달 하나의 훈련을 선수가 선택하게 한다. 그리고 차츰 더 많은 책임과 권한을 선수에게 넘긴다. 다만 그 과정에서 선수가 경로에서 벗어나면 이를 교정한다. 선수가 잘못했을 때도 다음과 같이 성급하게 끼어들어 통제권을 제거하는 것은 절대 금물이다. "이제 알겠죠? 아직 혼자서는 안 돼요. 무엇을 해야 하는지 다시 내가 정확히 알려줄게요."

3. 실패를 허용하고 그 안에서 성찰하고 성장하도록 돕는다

통제권을 돌려준다는 것은 실수도 허용한다는 의미다. 구성원이 감당할 만한 프로젝트를 진행할 때는 더 많은 재량권을 부여해 자율성을 보장한다는 것을 의미한다. 터무니없이 힘든 과제를 알아서 하라고 맡겨놓고 일을 망쳐도 팔짱 끼고 지켜보라는 뜻이 아니다. 조금씩 재량권을 확대해 더 많은 책임과 권한을 이행할 수 있도록 성장을 돕는다. 아울러 자신이 한 일을 평가하고 반성할 시스템을 구축해야 한다. 스포츠 분야에서는 경기가 끝나고 감독진이 모여 경기 영상을 분석한다. 좋은 감독은 실수를 저지른 장면을 보며 선수들을 야단치지 않는다. 경기를 복기하는 시간은 이미 지나간 일을 질책하는 시간이 아니라 앞으로 해야 할 일을 가르칠 기회이기 때문이다. 군대에서는 탄두 대신 페인트탄이 발사되는 총으로 실전처럼 훈련을 수행한다. 종료 후에는 사후 검토 과정을 거치며 모의 훈련에서 잘한 점과 개선할 점을 꼼꼼히 분석한다. 훈련 때 실패한 일을 지적하고 서로 질타하는 시간이 아니다. 병사들은 사후 검토 과정에서 배운 교훈을 자기 것으로 만들어 다음번 훈련 때 똑같은 실수를 저지르지 않도록 노력한다.

사람들에게 실패할 여지를 주는 것은 스포츠 분야에서는 종종 있는 일이지만 비즈니스 세계에서는 도외시하는 일이다. 중요한 고객이나 프로젝트를 잃는 불상사는 방지하면서 구성원들이 실수하거나 실패할 여지를 허용하는 업무 환경을 조성해야 한다.

＊　＊　＊

통제감을 느끼지 못할 때 우리 안에서는 부정적인 감정과 생각이 꼬리를 물고 이어진다. 과제가 더욱 어렵게 느껴지고, 괴로움이 더 심해지고 의심이 더 커진다. 의욕이 떨어져 만사에 무감각해지고 뭔가를 실행에 옮길 힘도 없어진다. 현재 처한 상황을 헤치고 나갈 희망이 보이지 않을 때 강인한 정신력을 발휘하기란 불가능에 가깝다. 이런 상황에서는 뭘 해도 아무 소용없다고 포기하기 쉽다. 그러나 강인한 사람은 주어진 조건에서 최선을 찾아 앞으로 나아간다. 강인함이란 괴로움을 인내하는 데서 그치지 않고 '좋은' 결단을 내리는 데 그 핵심이 있다.

무조건 앞으로 나아가는 것이 아니라 때로는 방향을 돌리거나 물러나거나 그만두는 결정을 내리는 것이 강인함이다. 오랜 세월 등정 계획을 세우고 준비했던 산악인을 예로 들어보자. 드디어 계획을 실행에 옮겨 산 정상까지 수백 미터밖에 남지 않은 상황이다. '정상에 오를 수만 있다면……' 산악인은 오로지 정상만을 바라보며 몰려오는 피로와 의심을 떨쳐내려고 애쓴다. 이 같은 상황에서는 기어이 정상까지 올라갔다가는 무사히 하산하지 못하리라고 예감하면서도 그 사실을 인정하기가 매우 어렵다. 자존심 때문에라도 계속 나아가고 싶은 마음이 든다. 여기서 되돌아가는 것은 그만큼 힘든 결정이다. 우리는 강인함을 끈기와 동일시할 때가 많지만 때로는 그만두는 것이 강인함이다. 의심이 밀려오고 앞이 하나도 보이지 않을 때도 그 안에서 좋은 결정을 찾아내는 사람이 강인한 사람이다. 때로는 끈기 있게 버텨내야 하고, 때로는 그만둘 줄도 알아야 한다.

자기 힘으로 선택할 수 있을 때 우리는 통제감을 회복하고 제대로 의사결정을 내릴 수 있다. 통제감이란 자신감을 되찾게 해주는 초능력과 같아서, 이 힘이 있으면 부정적인 감정과 맞서 싸우고, 어려움 속에서 배울 점을 찾고, 적응하고, 성장하는 데 도움이 된다. 여러 조사에 따르면 어떤 과제에 선택권을 부여할 때 그 선택권이 설령 거의 무의미하고 하찮다 해도, 선택지가 아예 없을 때보다 조금이라도 더 즐겁고 더 할 만하다는 느낌이라고 답하는 사람들이 많았다. 만약 누군가를 강인한 사람으로 키우고 싶다면 의사결정을 내리는 자리에 배치하고 합당한 권한을 부여해야 한다. 우리는 너무 오랫동안 무기력감을 훈련했다. 미식축구 선수는 지쳐서 더는 못할 때까지 버피 운동을 하라는 지시를 받는다. 교사는 수업 교재를 충실히 따르라는 지시를 받고 거기서 벗어나면 감봉처분을 받는다. 우리는 대부분의 훈련 과정을 러닝머신 위에서 최대산소섭취량을 측정하는 방식과 유사하게 바꿔놓았다. 그냥 견디든지 아니면 그만두는 길뿐이다. 지금은 재량권을 제거하지 말고 확대할 때다. 사람들에게 선택할 권리를 돌려주고 스스로 희망하는 법을 훈련하도록 허용해야 한다.

강인함을 기르는 제2원칙: 몸이 하는 말에 귀를 기울인다

몸이 하는 말에 귀를 기울여라

6장
감정은 독재자가 아니라 전령이다

　지금껏 살아오면서 가장 행복했던 순간을 눈을 감고 떠올려보자. 아이가 탄생하고 기쁨에 차올랐던 순간이 떠오르는가? 아니면 연인과 마주 보고 서서 평생 서로 아끼고 지지하기로 서약하던 날 둘이 하나로 이어져 사랑의 감정이 벅차올랐던 순간이 떠오르는가? 행복한 순간을 떠올리기만 해도 기분 좋은 감정이 되살아날 가능성이 크다.

　사랑과 행복, 기쁨을 주는 순간을 우리는 소중히 여기고 이런 순간을 위해 살아간다. 이런 순간이 있기에 인생은 살 만하다고 우리는 생각한다. 그러나 사랑이나 기쁨의 감정을 느끼지 못한다면 어떨까? 결혼식 제단 앞에서 아무것도 느낄 수 없고, 당신 주위를 날아다니는 나비들을 보며 그 의미가 무엇인지 떠올릴 수 없다면 어떨까?

　2009년에 나와 동명이인인 스티븐이라는 사람이 평생 사랑할 애인을 만나 결혼했다. 다들 예상하듯이 이 남자는 환하게 미소를 지었다. 아내와 함께한 이 순간이 지극한 축복의 시간임을 알리는 표시였다. 문제가 있다면 스티븐이 지은 이 미소가 가짜라는 사실뿐이었다. 스티븐이 사악한 의도로 미소를 꾸민 것은 아니었다. 스티븐은 자기 앞에 선 여인이 곧 자신의 아내가 되리라는 사실이 진심으로 기뻤다. 다만 사랑이나 기쁨의 감정을 느끼지 못했을 뿐이다. 실감정증에 걸렸기 때문이다.

스티븐은 〈모자익Mosaic〉에 자신의 질병에 관해 얘기했다. "감정의 관점에서 얘기하자면 내가 겉으로 드러내는 감정 반응은 전부 가짜처럼 느껴집니다. 내 반응은 대부분 학습된 반응입니다. 모두가 즐겁고 행복해할 때 나는 거짓말하는 기분이 들어요. 연기하는 거죠. 내가 그래요. 거짓덩어리죠."

실감정증이란 엄격히 말하면 장애가 아니다. 말 그대로 감정을 표현하지 못하는 상태를 가리키는 용어다. 자신이 느끼는 감정이 무엇인지 파악하지 못하고 묘사하지 못해 애를 먹는 사람들을 두루 지칭한다. 실감정증도 그 증상에 따라 여러 종류가 있다. 아무 감정도 느끼지 못하는 사람이 있는가 하면 감정을 느끼긴 해도 그것을 말로 표현하는 데 어려움을 느끼는 사람이 있다. 스티븐이 설명하는 그의 증상도 복합적 양상을 띤다. "나는 뭔가를 느끼긴 해도 그것이 무슨 느낌인지 파악하고 구분할 수가 없어요." 당연한 일이겠지만, 실감정증은 좋지 않은 영향을 미친다. 실감정증은 외상 후 스트레스 장애를 겪는 군인이나 일반인 가운데 자살 충동을 겪는 사람들과도 관련이 있다. 실감정증을 겪는 이들이 내면에서 듣는 소리는 익숙하지 않은 외국어 차원이 아니라 전혀 감을 잡을 수 없는 형태의 언어다. 로제타석을 발굴하기 전에 최초로 상형문자를 접한 사람과 같다. 실감정증을 겪는 사람의 내면세계는 영문 모를 소리로 가득하다.

실감정증은 극단적인 사례이지만 사람마다 감정을 읽고, 구분하고, 이해하는 능력은 천차만별이다. 느낌과 감정은 우리 몸이 항상성 명령에 따라 제대로 작동하고 있는지 알려준다. 몸 상태에 관한 업데이트 정보인 셈이다. 감정은 우리 몸이 필요에 따라 경보를 울리거나 유용한 정보를 알려주고, 기능을 조절할 수 있도록 우리를 돕는다. 그런데 구시대 방식으로 강인함을 기르는 모델에서는 감정을 무시하거나 억눌러야 한다고 요구한다. 우리는 감정을 그대로 받아들이지 않고 물리쳐야 했다. 구시대의 강인함 모델로는 진정한 강인함을 배울 수 없다. 몸에서 보내는 신호에 귀 기울이는 사람이라야 괴로움을 견디면서 목표를 향해 나아갈 수 있기 때문이다.

느낌이 우리 몸에서 하는 역할

느낌과 감정이라는 용어는 사촌지간으로, 우리는 두 용어를 구분 없이 사용하곤 한다. 초조한 느낌과 두려움, 불쾌한 느낌과 혐오감 사이에서 우리는 그 차이를 구분하지 못하고 길을 잃기 쉽다. 다만 강인함을 기르는 문제와 관련해서는 느낌과 감정이 하는 역할을 단순하게 구분할 수 있다. 느낌은 우리 몸에 필요한 특정한 명령을 유발하기 위해 주위를 환기하는 역할을 한다. "이게 … 뭔가 다른데"라고 우리 몸이 말해주는 것이다. 왜 그런 느낌이 드는지 이유를 알아내기 위해서 보내는 신호다.

느낌과 비교하면 감정은 훨씬 복잡하다. 감정은 맥락과 의미를 함께 이해해야 한다. 단순한 불쾌감이 슬픔으로 변하려면 그 슬픔이 무엇을 뜻하는지 함의하는 내용을 알아야 한다. 처음에는 즐거움이라는 단순한 느낌만 있었는데, 내면세계와 외부 세계에서 일어나는 다른 일과 결합하고 거기에 경험이 더해질 때 이 느낌은 불쑥 사랑이라는 감정으로 바뀐다. 우리 몸에 필요한 정보를 전달해 특정한 행동을 유도하는 속삭임이 느낌이라면, 감정이란 현재 어떤 변화가 발생했으니 뭔가 조치해야 한다고 크게 소리치는 경보에 가깝다. 느낌이 넌지시 건드리는 정도라면 감정은 거칠게 떠미는 수준이다.

강인함과 관련해서 느낌과 감정은 중요한 역할을 한다. 강한 정신력을 발휘하거나 힘든 결단을 내려야 할 때마다 우리의 느낌과 감정은 그에 필요한 무대를 마련한다. 느낌과 감정이 일어나는 것은 특정한 반응을 끌어내려는 준비 과정이다. 그러나 느낌과 감정이 우리를 통제하지는 못한다. 로버트 라이트Robert Wright가 《불교는 왜 진실인가 Why Buddhism Is True》에서 썼듯이 "감정이 하는 일 또는 감정이 존재하는 목적은 다윈의 진화론 개념에 빗대어 표현하자면 그 순간에 가장 적합한 모듈의 기능을 작동시키고 서로 연계하는 데 있다." 다시 말해 느낌과 감정은 특정한 행동이 나오기까지 쇠사슬처럼 연결된 준비 단계 중에서 첫 단계에 해당한다.

낯선 도시에서 어두컴컴한 골목길을 걸어가는 상황을 상상해보자. 불편한 느낌이 든다. 목 뒤쪽 머리카락이 쭈뼛 곤두서고 어깨가 긴장한다. 위험 징후는 보이지 않지만, 어슴푸레한 골목 모퉁이에 강도라도 숨어 있는 듯 우리 몸은 바짝 경계 태세를 갖춘다. 이런 감각은 어디서 나오는 것일까? 대낮에 그 길을 걸었다면 또는 자신이 사는 동네의 골목길을 걸었어도 똑같은 느낌이 들었을까? 느낌과 감각이 어디서 나오는지 이해하려면 우리 뇌가 감각 정보를 어떻게 처리하는지 들여다봐야 한다.

우리 눈은 풍경을 받아들이고 어둡게 그림자 진 곳에서 일어나는 움직임이나 보도 위의 움푹 파인 곳을 주시한다. 코는 공기 중에 떠다니는 냄새와 향기를 포착한다. 귀는 수풀에서 부스럭거리는 소리를 포착한다. 피부는 살갗에 부딪히며 떨어지는 잎사귀나 살갗을 훑고 지나는 바람을 느낀다. 우리 뇌는 심장 박동수가 빨라지거나 체온이 증가하거나 근육의 산성도가 변하는 것까지도 파악하고 해석한다. 신경섬유는 몸 곳곳을 지나며 근육과 관절, 각각의 장기에서 일어나는 신진대사, 체온과 호르몬 변화, 역학적 상태와 화학 반응 상태에 관해 정보를 전달한다. 다시 말해 우리 몸에는 강력한 감시 시스템이 있다. 마치 백화점 매장에 있는 의류와 전기제품, 에어컨과 전자장비에 전부 감지기가 부착된 것과 같다. 모든 감지기는 물건을 누가 건드리거나 훔칠 때나 이동시킬 때 또는 당연히 있어야 할 움직임이 없을 때도 정보를 보낸다. 모든 정보는 통제실로 전달되고 그곳에서 경비원을 호출할지 경보를 울릴지 아니면 그냥 놔둘지 결정한다.

우리 몸에는 방금 설명한 것처럼 생리학적 상태를 감지하는 '내수용 감각'이 있고 그 신호를 뇌에서 처리하는데, 그 영역은 대뇌 피질로부터 전대상 피질과 전전두피질을 거쳐 뇌섬엽으로 퍼져 있다. 내수용 감각계는 몸 전체의 항상성 기능과 관련해 정보를 제공한다. 우리 몸이 현재 어떤 상태인지 가령 체온은 정상인지, 혈당이 너무 높지는 않은지 꾸준히 정보를 전달한다. 내수용 감각계는 갈증, 촉감, 가려움, 성적 흥분, 온기, 심장 박동수, 심지어 포도주를 시음할 때 느끼는 감각까지 다양한 감각을 감지한다. 내수용 감각계는 필요에 따라 경보를 울리고, 유용한 정보를 알려주고, 기능을 조절할 수 있도록 돕는다. 비행사가 항공기 계기판을 보며 각종 정보를 확인하고 조종하는 것과 같다. 다만 우리 몸은 감각 정보를 전달할 때 자아가 이를 바로 확인할 수 있는 디지털 계기판이 없다. 대신 느낌과 감각이라는 독창적인 수단을 이용한다.

1896년에 자신을 소개하면서 최초로 심리학자라는 용어를 썼던 빌헬름 분트Wilhelm Wundt는 '감정 우위' 개념을 제시했다. 이 가설에 따르면 작은 단위의 감각과 느낌이 다른 어떤 신호보다 먼저 의식의 영역에 도달한다. "가장 먼저 우리가 알아차리는 강력한 요소는 감정적 요소다. 이것들은 다른 어떤 요소보다 먼저 의식이 응시하는 지점으로 세차게 밀려 들어온다." 분트에 따르면 쾌감이나 불쾌감 등 우리가 즉각적으로 느끼는 감정이 행동을 유발하고 그 감정에 접근하거나 회피하는 등의 반응을 요구한다고 믿었다. 근 100년 동안 주목받지 못했던 분트의 가설이 오늘날 현대 과학자들에 의해 재조명되고 있다.

신경과학자 안토니오 다마지오Antonio Damasio는 저서 《느낌의 진화The Strange Order of Things》에서 현대 신경과학에서 이해하는 내용을 요약했다. 감정과 느낌은 "순간순간 우리 몸 상태에 관해 정보를 제공한다. 생명을 지속하는 데 도움이 되는 상황을 겪을 때 우리는 그 경험을 긍정적으로 묘사하고 유쾌하다고 판단한다." 흥분, 피로감, 불편함 등의 모든 느낌은 내수용 감각계가 요약해서 전달하는 정보로서 현재 상황에 변화가 생겼으니 주의를 기울이라는 신호다.

느낌의 기능은 현재 몸 상태에 관한 정보를 알리는 데 그치지 않고 분트가 제시한 대로 가능한 해결책을 향해 나아가도록 우리를 유도한다. 어떤 대상을 향해 다가가라고 또는 회피하라고 속삭인다. 맛있는 과일(즐거움)이면 먹으라고 속삭이고 쓰거나 맛없는 과일(불쾌함)은 뱉어내라고 속삭인다. 느낌은 우리에게 어떤 신호가 위험하지는 않은지, 무시하고 계속 진행해도 좋은지 평가하라고 속삭인다. 느낌에 귀 기울이는 사람은 정보를 얻을 뿐 아니라 길을 안내받을 수 있다.

느낌은 예측하는 데 쓰일 정보다

호주머니에서 진동이 느껴져 핸드폰을 꺼내 살펴보는데 걸려온 전화도 없고 새로 받은 이메일도 알림 문자도 없었던 경험이 있는가? 걱정할 것 없다. 당신만 그런 게 아니다. 최근 설문조사에 따르면 70%가 넘는 학생들이 이 '유령 진동 증후군'을 경험했다. 그 학생들은 예측에 실패한 것이다. 이들의 뇌는 주변 환경을 주시하다가 감각을 만들어냈다. 현대인은 호주머니 속의 네모난 물건에 잔뜩 신경을 쓰기 때문에 우리 뇌는 혹시 진동이나 알림이 울리지는 않을지 고도의 경계 태세를 유지하는 데 익숙하다. 핸드폰을 많이 사용하는 사람일수록 유령 진동 증후군을 더 많이 경험하는 것이 우연이 아니다.

느낌은 현재 일어나는 일에 관한 정보를 제공하고 반응하는 것만이 아니라 앞으로 일어날 일을 예측하며 정보를 제공하기도 한다. 최신 과학 이론에 따르면 우리 뇌는 장차 무엇을 개선해야 하는지 예측한다. 백화점 매장의 경보 시스템 비유를 들자면, 곳곳에 부착된 감지 센서에는 피드백 기술이 적용되어 있어 어느 매장이 또는 어느 진열대가 도난당할 위험성이 높은지 예측하는 임무를 수행한다. 심지어는 도난 사고가 일어나기도 전에 도둑의 행보를 예측해 경보를 울린다. 우리 뇌는 근육과 심장, 피부에서 실제로는 아무 정보를 전달받지 않았을 때도 어떤 감각 정보가 곧 들어오리라고 예측하고 선제적으로 행동하기도 한다.

진정한 강인함을 키우는 과정에서 반드시 감정에 귀 기울여야 하는 이유가 있다. 그만큼 감정이 중요한 정보를 전달하기 때문이다. 자동차 계기판은 연료를 얼마나 사용했는지 알려줄 뿐 아니라 기름이 다 떨어지기 전까지 얼마나 더 달릴 수 있는지를 알려준다. 느낌과 감정은 이 계기판과 같다. 우리 몸은 감각 정보를 받아들이고 우리 몸에서 계속 주시해야 하는 정보가 무엇인지 예측한다. 연구 결과에 따르면 느낌과 감각은 우리가 곧 경험할 어떤 일이 우리 몸을 얼마나 힘들게 할지 암시한다고 한다. 우리 몸을 자동차에 비유하자면, 얼마나 많은 연료를 써야 하는지 추측한다. 공연 무대를 앞두고 대기 시간에 초조해하는가? 이는 평소와 달리 고도의 에너지를 쏟아낼 준비를 해야 한다고 우리 몸에서 신호를 보내기 때문이다. 다시 말해 조만간 우리 몸에서 써야 하는 자원이 얼마인지 암시하는 신호다. 이는 낯선 골목을 걸을 때 줄곧 불편함을 느끼는 것과 다르지 않다. 이때 우리 뇌는 나중에 후회하느니 미리 조심하는 편이 낫다고 판단한다. 잠재적 위험을 암시하는 불편한 느낌이 의식에 떠오르면서 혹시 모르니 도망칠 준비를 해야 한다고 경보를 발령한다. 어떤 장애물을 만나든 불도저처럼 밀고 나가는 정신력을 강조하며 우리가 느끼는 것들을 무시할 때, 그리고 이런 사람을 "강인한 사람"으로 정의할 때 우리는 자신의 필요와 역량을 오판할 위험에 빠진다. 더 나은 판단을 내리는 데 도움이 되는 귀중한 정보를 놓치는 행위다. 느낌과 감정을 무시하는 행위는 계기판의 눈금을 지워버리는 행위와 같다. 연료가 언제 떨어질지 알 필요 없으니 대충 짐작으로 맞추겠다는 심산이다.

한 사람이 겨우 지나다닐 만한 흔들다리 위에 당신이 서 있다고 상상해보자. 걸을 때마다 다리가 좌우로 출렁거린다. 약 60m 높이에서 아래를 내려다보니 나무와 강물이 보인다. 아래를 내려다보고 있자니 발밑에서 다리가 출렁거리고 심장 박동수가 빨라지고 아드레날린이 분비되면서 흥분 또는 불안이 전신을 훑고 지나간다. 다리를 건너니 매력적인 사람이 다가와 방금 경험과 관련해 설문지에 간단히 답변해달라고 부탁한다. 당신이 설문지를 작성해 건네자 이번에는 그 사람이 설문지 귀퉁이를 찢어서 전화번호를 적은 뒤 더 궁금한 게 있으면 이 번호로 연락하라고 말한다.

1974년에 심리학자 아서 아론Arthur Aron과 도널드 더튼Donald Dutton이 캐나다 밴쿠버에 있는 캐필라노 흔들다리에서 이 실험을 수행했다. 이들은 사람들이 높은 곳에서 느끼는 공포감을 측정한 게 아니다. 설문지를 건네는 남자 또는 여자에게 느끼는 호감도를 측정했다.

이 실험을 마쳤을 때 남성 참가자들은 절반 정도가 여성 조사원이 남긴 번호로 전화를 걸었다. 연구진은 장소만 바꿔서 동일 실험을 진행했다. 남성 참가자들은 아무도 두려움을 느끼지 않을 3m 높이의 튼튼한 다리를 건넜다. 이번에는 남성 참가자 중 12.5%만이 실험이 끝나고 여성 조사원에게 전화를 걸었다. 이 같은 차이는 남성의 적극성이나 자신감 때문에 발생한 게 아니다. 연구진에 따르면 이는 귀인 오류 때문이었다. 남자들은 위험천만한 다리를 건널 때 느낀 흥분과 매력적인 여성이 설문지를 건넬 때 느낀 설렘을 혼동했다.

남성 참가자들은 흔들다리를 건너느라 두근거렸던 가슴과 떨림이 자신의 눈앞에 있는 아리따운 여성 때문이라고 잘못 해석했다. 이들의 뇌가 대충 계산을 끝내고 이렇게 결론 내린 셈이다. '이봐! 아드레날린이 솟고 심장이 막 두근거리고 흥분돼. 네 앞에 여자가 서 있어. 저 여자에게 끌린 게 틀림없어!' 흔들다리가 위험했다는 사실은 잊어버렸다. 틀림없이 저 여자 때문이다. 남자들은 두근거림과 흥분의 원인을 엉뚱한 데서 찾았다. 이 현상은 두려움이나 초조함을 유발하는 행동을 한 뒤에만 일어나는 게 아니다. 연구진은 심장 박동수가 증가하고 신경계를 활성화하는 운동을 한 뒤에도 똑같은 착오를 일으킬 수 있음을 입증했다.

비행기 조종석을 다시 예로 들면 그 계기판에는 좌측 연료 탱크, 우측 연료 탱크, 고도, 온도 등 그 명칭과 관련 정보가 정확히 표시된다. 그러나 우리 몸이 감지하는 느낌은 그렇지 않다. 그저 감각이 느껴질 뿐이다. 맥락을 고려해 우리가 관련 정보를 채워야 한다. 이 감각은 두려움일까 설렘일까? 흔들다리에서 추락할 위험에 처해 있는가? 아니면 롤러코스터 놀이기구처럼 꽤 안전하고 즐겁게 시간을 보내고 있는가? 아론과 더튼의 실험에서 남성 참가자들은 맥락을 잘못 파악했다. 이들은 실감정증에 걸린 것이 아니다. 이들은 심장이 두근거리는 두려움을 느꼈다. 그러나 두려움을 그 자체로 보지 않고 잘못 해석해 설렘으로 오판했다.

느낌은 정보를 제공하거나 특정 행동을 유도하는 역할도 하지만 왜곡하기도 쉽다. 의식에 도달한 내수용 감각을 우리가 더 많이 알아차리고 무엇을 의미하는지 제대로 해석할 때 나중에 더 나은 의사결정을 내릴 수 있다. 유럽에서 실시한 두 연구에서 심리학자들이 밝혀낸 바에 따르면 감정을 인지하고 그 감정이 생겨난 원인과 의미를 명확히 이해하는 사람들이 스트레스나 불안, 압박감이 심한 상황에서도 좋은 성과를 올릴 가능성이 크다. 이들은 불안감을 설렘으로 바꾸고, 압박감을 유익한 정보와 의욕으로 전환했다. 몸에서 보내는 메시지를 명확히 이해한 덕분이었다.

느낌은 첫 번째 방어선 기능을 한다. 느낌을 무시해야 남자다운 사람이 되는 것이 아니다. 느낌은 생명을 유지하는 데 없어서는 안 될 정보를 제공한다. 느낌을 알아차리면 더 나은 결정을 내리는 데 도움이 된다. 신경과학자 안토니오 다마지오와 동료들은 의사결정에서 감정이 어떤 역할을 하는지 알아내기 위해 보통 사람과 달리 감정을 전혀 경험하지 못하는 환자들을 조사했다. 이들은 감정을 처리할 때 반응하는 핵심 부위인 복내측 전전두피질에 손상을 입은 상태였다. 연구진은 이 환자들에게 감정 반응을 불러일으킬 이야기와 사진들을 제시했다. 보통 사람들은 기쁨이나 혐오감을 경험할 사진을 볼 때 환자들은 거의 아무런 반응도 보이지 않았다. 살인 허용 여부를 고민해야 하는 도덕적 딜레마가 담긴 이야기를 접했을 때도 복내측 전전두피질 손상 환자들은 대조군과 정반대로 답을 내놓을 때가 많았다. 장차 입을 손해를 판단해야 하는 문제에서도 이 환자들은 형편없는 판단을 내렸다. 환자들은 혐오감이나 불쾌함을 거의 느끼지 못했는데, 이런 감각은 옳고 그름을 가릴 때뿐 아니라 일상의 문제에서 판단을 내릴 때도 안내자 역할을 한다. 다마지오가 《데카르트의 오류Descartes' Error》에서 지적했듯이 실험실이 아닌 현실에서도 이 환자들의 행동은 별 차이가 없었다. 환자들은 일상 활동에서도 판단력이 형편없었다. 환자들은 가정에서나 직장에서 잘못 내린 결정으로 삶을 그르치는 경우가 빈번했다. 의사결정을 내리는 일에 관한 한 느낌과 감정은 전혀 나쁜 것이 아니다. 아니 반드시 있어야 하는 안내자다.

학계의 연구 결과는 분명하다. 감정을 무시하거나 억누르고 강인함을 단련해야 한다고 가르친 정선 캠프 훈련 방식은 우리 뇌와 몸이 실제로 작동하는 방식에 어긋난다. "온 힘을 다해 이겨내자"라는 주문은 무엇을 견디고 이겨내야 하는지 그 대상을 찬찬히 살펴볼 때라야 의미가 있다. 구시대 방식에서 강조하는 근성은 이러한 관점에서 잘못되었다. 느낌은 우리 몸이 보내는 신호로서 우리가 이해할 대상이다. 고통은 우리가 겁내서 피하거나 아니면 억지로 뚫고 나아가야 할 대상이 아니다. 그것은 해석이 필요한 메시지이다. 주의를 기울여야 할 때도 있고 그냥 지나가도록 놔둬야 할 때도 있다. 만약 어려운 과제에서 느끼는 불확실성을 위험으로 착각하거나 긴장감을 착각해 엄청난 압박감으로 해석한다면, 제아무리 강인한 사람이라도 당황하며 어찌할 바를 모르게 된다. 강인함을 키우는 첫 단계는 몸에서 발생하는 신호를 이해하고 올바로 해석하도록 심신을 단련하는 것이다.

강인함의 핵심

우리는 느낌을 왜곡하기 쉽다. 그러지 않으려면 맥락을 이해하고 해석해야 한다. 느낌을 올바로 해석할수록 더 좋은 결정을 내린다.

──── 느낌이 의사결정을 좌우한다 ────

영화 〈타이타닉Titanic〉은 거대한 문화 현상이었다. 제임스 캐머런 감독은 이 영화로 20억 달러가 넘는 흥행수익을 기록했고 아카데미상 14개 부문에 후보로 올라 11개 부문에서 영예를 안았다. 비평가와 팬들이 하나같이 입을 모아 캐머런 감독이 만든 작품에 찬사를 보냈다. 그러나 그로부터 20년이 지났는데도 캐머런 감독이 내린 한 가지 결정을 두고 논란이 멈추지 않는다.

드디어 거대한 배가 침몰하고 로즈와 잭은 얼음장 같은 바닷속에서 버둥거린다. 그러던 중에 용케 두 사람은 떠다니는 문짝을 하나 발견한다. 로즈와 잭은 문짝을 붙들고 함께 그 위에 오르려다가 실패한다.

첫 번째 시도가 실패로 돌아가자 잭은 로즈부터 구하기로 혼자 마음 먹는다. 잭은 로즈만 문짝 위에 올리고 그 위에서 내려오지 말라고 신신당부한다. 그리고 잭은 문짝에 매달려 물속에서 버틴다. 자신이 사랑하는 여인을 살리기 위해 잭은 차가운 바닷물에서 죽는 길을 택했다. 고귀한 희생이었다.

영화 속에서 로즈로 분한 케이트 윈슬렛Kate Winslet은 2016년에 지미 키멀Jimmy Kimmel 쇼에 출연해 "솔직히 잭도 문짝에 올라올 공간이 충분했다고 생각해요"라고 말했다. 이른바 '도어게이트Doorgate'로 불리는 논쟁과 관련해 의견을 밝힌 것이다. 영화가 개봉하고 인터넷에서는 잭도 로즈와 함께 문짝에 올라 생존할 수 있었다고 주장하는 수많은 네티즌이 그 가능성을 놓고 거세게 논쟁했다. 네티즌 탐정들은 이 딜레마를 풀려고 수많은 시간을 들였다. 문짝의 면적을 도면으로 그려 공간을 측정하고 부력까지 계산해냈다. 캐머런 감독도 이 논쟁에 끼어들어 한마디 거들었다. "대본 147쪽에 '잭이 죽는다'라고 적혀 있으니까 그 답은 아주 간단합니다."

잭의 희생이 고귀하고 영웅적이라는 데 이의를 제기하는 사람은 없을 것이다. 캐머런 감독은 사랑을 위해 희생하는 잭이 필요했고, 영화에서 잭은 죽어야 했다. 만약 시나리오를 다르게 썼다면 어땠을까? 잭이 자신을 희생하는 대신 로즈가 요구했다면? "안돼요, 잭. 문짝에서 내려와요. 나는 살아야 해요!" 그 장면을 보고 관객들은 어떻게 생각할까?

이번에는 장면을 이렇게 바꿔보자. 잭이 희생하는 대신 로즈와 함께 살기 위해 몇 번이고 문짝에 오를 방법을 시도했다면 어땠을까? 여러 차례 노력이 모두 실패하고 두 사람이 함께 문짝에 오르려다가는 둘 다 죽으리라는 사실을 깨달은 잭이 로즈를 물속에 빠뜨렸다면? 그러면 관객들은 잭에게 어떤 감정을 느꼈을까?

또 이번에는 두 주인공이 낯선 사람과 함께 문짝에 몸을 싣고 차가운 바다를 표류한다고 상상해보자. 당장은 문제가 없어도 문짝이 세 사람의 무게를 버텨내지 못하리라는 것을 깨닫고 두 주인공이 살아남기 위해 나머지 한 명을 바다에 밀어 넣는다면 어땠을까? 만약 이 나머지 한 명이 영화에서 로즈를 괴롭히던 오만불손한 '악당' 칼 호클리였다면?

이야기에 조금씩 변화를 줄 때마다 당신은 등장인물에게 받는 느낌이나 감각이 달라지는 것을 감지했을 테다. 잭과 로즈가 자신들이 살아남기 위해 곁에 있는 낯선 사람을 바다에 빠뜨렸다면 당신은 그 행동에 혐오감을 느끼며 두 주인공을 향한 생각도 달라졌을 것이다. 그러나 그렇게 바다에 빠진 이가 영화 내내 악당으로 등장했던 사람이라면 혐오감이 아니라 오히려 두 사람을 변호하고 싶을지도 모른다. 똑같이 이기적인 행동인데 이 경우에는 정당성을 발견한다. 펜실베이니아대학교 연구진은 이와 유사한 이야기로 실험을 진행했다. 실험에서 피험자들은 폭력을 정당하게(자신을 학대하는 배우자를 살해한 경우) 느낄 수도 있고 아니면 영화의 어떤 장면처럼 부당하게 느낄 수도 있었다. 피험자들은 이 실험에서 행해지는 폭력에 관해 각기 다르게 느꼈다고 말했고, 이들의 뇌 역시 실제로 다른 반응을 보였다. 피험자들이 폭력을 정당하다고 보았을 때 뇌에서 도덕적 판단을 담당하는 부위에 환하게 불이 들어왔다. 이는 피험자들이 해당 폭력을 이치에 맞는다고 생각했음을 의미한다.

철학자와 심리학자는 지난 수십 년 동안 이 같은 사고실험을 이용해 사람들이 어려운 도덕 문제를 어떻게 판단하는지 살폈다. 무엇이 옳고 무엇이 그른지 우리는 어떻게 아는 것일까? 이 사고실험은 흔히 '전차 문제'라고도 한다. 문제마다 누군가 죽는다는 결말에는 차이가 없어도 그 결말에 도달하기까지 맥락에서 조금씩 차이가 있다. 첫 번째 전차 문제 상황을 보자. 인접한 선로에 한 명이 서 있는데 고장 난 열차가 빠르게 달려 내려온다. 열차가 그대로 진행하면 다섯 명이 치여 죽을 상황이다. 이제 당신에게 선택권이 주어진다. 선로 전환기를 당기면 열차의 진행 방향을 바꿀 수 있다. 그러면 인접한 선로에 있던 한 명이 죽는 대신 다섯 명을 살릴 수 있다. 물론 아무것도 하지 않고 그대로 지켜볼 수도 있다. 두 번째 문제에서는 선로 전환기로 전차의 진행 방향을 바꾸는 방법이 아니라 당신이 한 사람을 전차 앞으로 밀어 넣어야 다섯 사람을 살릴 수 있다. 어떤가? 문제에 따라 당신이 어떻게 행동할지 또는 어떤 행동이 도덕적인지 아닌지 판단하는 기준이 달라졌는가?

2001년 하버드대 심리학자 조슈아 그린Joshua Greene은 피험자들에게 다양한 전차 문제를 제시하고 기능성 자기공명영상으로 뇌를 살폈다. 문제마다 조건이 약간씩 달라지는데 크게 두 종류로 나눌 수 있다. 하나는 예컨대 한 사람을 전차 앞으로 밀어 넣는 경우처럼, 다수의 목숨을 구할 때 다른 사람에게 직접 위해를 가해야 하는 상황을 제시한다. 다른 하나는 예컨대 선로 전환기를 돌려 열차의 진행 방향을 바꾸는 경우처럼 사람에게 직접 해를 가하지 않고 다수를 살리는 상황을 제시한다. 전자의 상황에서는 응답자들이 혐오감이나 불쾌감을 느끼는 경향을 나타냈지만, 후자의 상황에서는 그런 반응이 나타나지 않았다. 자기 손으로 직접 사람에게 해를 가하지 않을 때는 전자보다 감정 반응이 약해졌다. 그린의 연구진은 기능성 자기공명영상 사진을 살펴보고 응답자들이 직접 위해를 가하는 상황을 읽었을 때 뇌에서 감정을 처리하는 부위에 불이 들어온 것을 확인했다. 이는 응답자들이 도덕 문제의 옳고 그름을 판단할 때 느낌과 감정도 중요한 역할을 한다는 의미다. 연구진은 느낌과 감정이 얼마나 개입하느냐에 따라 어떤 결정이 내려질지 예측할 수 있었다.

그린의 실험 이후 조너선 하이트Jonathan Haidt는 《바른 마음The Righteous Mind》에서 진화론 관점에서 도덕 추론이 어떻게 전개되는지 설명했다. 사람들은 자신이 옳고 그름을 판단할 때 논리적 추론 과정에 따라 결정한다고 생각할 것이다. 하이트는 이성이 아니라 느낌이 결정적 역할을 한다고 믿는다. 하이트의 말을 들어보자. "무엇을 어떻게 생각하는지 판단하려고 할 때 우리는 마음을 들여다본다. 느낌이 좋으면 그것을 좋아하는 것이 틀림없다. 뭔가 느낌이 불쾌하면 그것을 좋아하지 않는 것이 틀림없다." 도덕 판단을 내릴 때도 다른 의사결정을 내릴 때와 마찬가지로 느낌이 중요한 역할을 한다. 혐오스러운 느낌은 어떤 대상이 자신에게 좋은지 나쁜지를 알려주는 메시지다. 느낌은 정보를 전달하는 데 그치지 않는다. 특정한 행동으로 넌지시 우리를 유도한다. 그리고 문제에 대응하도록 촉진한다. 느낌은 우리가 어디로 나아갈지 그 길을 결정하는 데 도움이 된다.

어려운 상황에 직면하면 여러 느낌과 감정이 혼재한다. 느낌과 감정은 우리에게 필요한 정보를 전달하고 특정한 행동으로 유도하고 촉진한다. 이 역할을 이해할 때 느낌과 감정이 밀려들 때 혼란에 빠지지 않고 문제를 분명하게 이해할 수 있다. 느낌은 장차 일어날 위험이나 보상을 우리 몸이 어떻게 예측하고 있는지 그 단서를 제공한다. 약간의 불안감은 혹시 모를 위험에 경계심을 늦추지는 않았지만, 그 일을 충분히 감당할 수 있음을 알리는 신호다. 공포심이 밀려오면 이는 최악의 경우를 대비해 언제든 탈출 버튼을 누를 준비가 되어 있음을 알리는 신호다. 이때는 새로운 대응전략을 모색해 위기를 돌파할 필요가 있다. 느낌은 우리 몸이 어떻게 실패의 위험을 줄일지 그 단서를 제공한다. 무엇보다 좋은 점은 느낌이 제공하는 단서를 분명하게 이해할수록 기존에 내린 의사결정을 고수할지 아니면 새로운 길을 개척할지 선택하기가 훨씬 수월하다는 점이다.

강인함의 핵심

느낌은 정보를 전달하는 데 그치지 않고 특정한 행동으로 넌지시 우리를 유도한다.

2015년도 통계에 따르면 십 대 청소년 가운데 약 17%가 어떤 형태로든 자해를 시도했다. 대체로 사람들은 심각하고 영구한 손상을 가하려는 목적이 아니라 힘든 상황에 대응하는 수단으로서 자해를 저지른다. 극도로 괴로울 때 자해하는 행위는 자신을 괴롭히는 문제를 지우고 그와는 아무 관련이 없는 느낌을 찾아가는 행위이기도 하다. 정서적 고통이라는 감각을 내주고 육체적 고통이라는 감각을 얻는 일종의 거래다.

스완지대학교에서 진행한 일련의 연구에서 심리학자들은 자해 행동 원인에 관해 또 다른 설명을 제시했다. 연구진은 자해가 힘든 상황에 대응하는 수단이라는 기존 설명을 확인하고 나아가 자해 행동을 촉발하는 감각과 감정에 집중했다. 헤일리 영Hayley Young과 동료들은 내수용 감각을 이해하는 능력의 차이, 즉 우리 몸이 뇌에 보내는 다양한 신호를 처리하고 개념화하는 능력이 중요하게 작용한다는 가설을 제시했다. 초기 연구에서 연구진은 자해하는 사람들이 자체 평가한 내수용 감각 능력과 자해 행동 사이에서 연관성을 발견했다. 자해 행동을 보이는 이들은 내수용 감각을 제대로 구별하지 못했고 내수용 감각을 평가하는 능력이 낮았다.

연구진은 이 연관성을 발견하고 한 걸음 더 나아갔다. 연구진은 피험자들에게 가만히 앉아서 심장 박동수를 세어보라고 시켰다. 조건이 하나 있었다. 피험자들은 손으로 맥을 짚거나 기계의 도움을 받을 수 없었다. 우리 몸에서 가장 중요한 장기인 심장이 보내는 신체 정보에 집중하도록 만들어 내수용 감각 능력을 측정하는 시험이었다. 심장 박동수를 정확히 파악하는 사람일수록 몸의 내부 상태를 읽어내는 능력도 뛰어나다. 자해한 이력을 지닌 피험자들을 연구진이 대조군과 비교해보니 전자의 경우 자신의 느낌과 감각에 민감했지만, 신체 내부 상태를 파악하는 능력은 현저하게 떨어졌다. 자해 이력을 지닌 사람들은 신체 내부에서 보내는 신호를 더 많이 느꼈지만, 그 신호들을 구별하거나 해석하지 못했다. 연구진은 논문에서 결론짓는다. 자해 행동이란 "감정 경험에서 신체 기능과 연관된 내수용 감각과 감정을 정확히 파악하지 못하는 데서 발생한 문제를 해소하는 역할을 하는 것으로 보인다."

앞서 흔들다리 실험에서 자신이 느낀 감정의 원인을 착각한 사람들도 이와 비슷하다. 한쪽은 느낌의 원인을 엉뚱한 데서 찾았고, 다른 한쪽은 자신의 느낌을 이해하고 처리할 능력이 없었다. 신체와 뇌에서 보내는 신호를 제대로 읽지 못할 때 우리는 가장 쉬운 방법으로 이에 대응한다. 즉 느낌을 무시하거나 제거한다. 자해 행동은 가장 극단적인 대응책에 해당한다.

내수용 감각 능력이 손상된 이들을 조사한 결과 중독 장애라든지 섭식장애를 겪는 이들이 많았다. 내면세계를 이해하지 못할 때 사람은 해결책을 찾기 위해 외부로 눈을 돌린다. 똑같은 원리가 느낌과 감각에도 적용된다. 곤란한 상황에서 여태 경험한 적 없는 부끄러움이나 불안감을 처음으로 느낀 유치원생은 느낌의 정체를 알지 못하기에 성질을 부리는 방법으로 문제에 대응한다. 일터에서 내내 답답한 심정으로 하루를 보낸 직장인은 퇴근해서 배우자에게 분노를 쏟아낸다. 내면세계를 명확히 이해하지 못할 때 우리는 효과적이지 못한 대응 방법에 의존하는 경향이 있다. 내면세계에서 보내는 신호를 읽고 분별하는 능력이 있을 때 우리는 유연하고 생산적인 방법으로 문제에 대응할 수 있다.

40대 남자가 한동안 운동을 하지 않다가 오랜만에 체육관에 가면 내수용 감각을 파악하는 데 어려움을 겪는다. 대학 시절을 문득 떠올리며 남성성을 과시하고 싶은 욕구에 사로잡히기라도 하면 나이에 걸맞지 않게 20대 청년이나 할 법한 운동에 힘을 쓸지도 모른다. 이튿날 잠에서 깨면 온몸이 쑤시고 근육에서 통증이 느껴진다. 침대에서 겨우 몸을 일으켜 비틀거리며 문가로 걸어가는데 몸이 아픈 게 단순한 근육통인지 아니면 심한 부상 때문인지 분간이 가지 않는다. 그냥 남자답게 무시하고 지내야 할까 아니면 당장 정형외과 의사를 찾아가야 할까? 전성기 시절의 영광을 다시 누리려고 무리하게 운동한 사람만이 문제로 고민하는 것은 아니다. 단순한 근육통인지 심각한 부상인지 분간하는 문제는 사실 어린 육상선수들이 반드시 배워야 하는 일이다. 육상선수에게 이 문제는 훈련을 끝까지 참고 견뎌도 되는 상황인지 훈련을 중단해야 하는 상황인지 가늠하는 일이다.

내수용 감각 능력이 뛰어난 사람은 비행기 조종석 계기판에 적힌 표시나 설명서를 일일이 확인하지 않고 훑어보기만 해도 상황을 파악하는 숙련된 조종사와 다르지 않다. 노련한 운동선수는 고통과 부상을 분간한다. 무대에서 공연하는 전문가는 긴장감과 불안감을 구별한다. 경영자는 자신의 직감이 올바른 방향으로 인도할 때와 직감을 무시해야 할 때를 안다.

단순한 감각과 복잡한 감정을 이해하는 능력은 더 나은 의사결정으로 이어지고 나아가 강인한 사람으로 성장하는 기반이 된다. 강인함이 필요한 상황이란 대체로 스트레스와 압박감이 높고 힘든 일이 많은 법이다. 다시 말해 느낌과 감정을 오해하거나 착각하기 좋은 환경이다. 아드레날린이 넘쳐 흥분한 상태를 걱정과 불안이 가득한 상태로 오인하기 쉽다. 연구 결과를 보면 강인한 선수일수록 몸에서 보내는 피드백을 이해하는 데 뛰어나다. 캘리포니아대학교 샌디에이고 캠퍼스에서 진행한 연구를 보면 회복탄력성에서 낮은 점수를 받은 사람들이 스트레스를 받을 때 내수용 감각 능력도 떨어졌다. 영국의 심리학자들은 내수용 감각을 이해하는 데 뛰어난 주식 거래자들이 더 높은 수익을 올릴 뿐 아니라 이직률이 높기로 악명 높은 직종에서도 더 오랜 기간 근무한다는 흥미로운 사실을 발견했다. 의사결정에 뛰어난 투자의 대가는 더 좋은 자격증을 지닌 사람이 아니라 자신의 몸이 보내는 신호를 읽을 줄 아는 사람이었다. 내 친구 마르셀도 투자은행에서 상품을 평가하고 불확실성이 높은 환경에서 의사결정을 내리는 일을 하는데 이 연구 결과를 보여주자 이렇게 대답했다. "학위와 자격증을 갖추면 이쪽 업계에 들어올 수 있지. 그러나 남들보다 앞서려면 사유할 줄 알고 자기인식 능력이 있어야 해."

만약 우리가 몸에서 보내는 신호를 줄곧 잘못 해석하면 뇌의 예측 능력에도 결함이 생긴다. 이와 관련해 정상급 선수와 특수부대원을 조사한 연구진은 말한다. "내수용 감각 신호에 반응하고 인식하는 능력이 감소할 때 회복탄력성이 낮은 사람은 심리 동요에 대처하지 못하는 상태가 된다. 내수용 감각을 관찰하는 기능이 저하되어 현재 몸 상태를 알려주는 정보를 제대로 통합하지 못할 때 미래의 몸 상태를 잘못 예측해도 교정하지 못할 가능성이 크다." 간단히 말해 들어오는 정보의 질이 형편없으니 나오는 예측도 형편없다는 의미다.

다양한 내수용 감각을 인지하고 그 차이를 구별하는 능력을 상실하면 의사결정에서 손쉬운 선택으로 넘어가기 쉽다. 강인해지려면 이런 느낌들을 알아차리고 해석하는 능력을 세밀하게 조절할 수 있어야 한다. 내수용 감각 능력이 좋은 사람일수록 부정적인 감정에 더 잘 대응하고 우울증에 걸릴 가능성도 더 적다. 우울증에 걸린 사람은 보통 사람과 달리 몸의 신호를 잘 읽지 못한다. 아마추어 선수가 일반적인 근육통과 경기력 저하를 초래하는 부상을 구분하지 못하는 것과 같다.

강인한 사람이란 대다수가 보지 못하는 내수용 감각의 미세한 차이를 구별하는 능력이 있는 사람이다. 다행히 이 능력은 누구나 발달시킬 수 있다. 이번 장에서 살펴보았듯이 이 차이를 구별하는 작업은 다음 두 가지 요소를 중심으로 이루어진다.

1. 느낌과 감각을 인식하기
2. 느낌과 감정을 해석하고 맥락화하기

내수용 감각의 미세한 차이를 구별하려면 우선 경험 안으로 깊이

들어가는 시간이 필요하다. 감정이나 감각에 주의를 집중하고 그것들이 전달하는 정보를 충분히 오래 들여다보면 한때는 전부 회색으로 보이던 것도 조금씩 차이를 드러낸다. 불편한 느낌과 마주하고 주의를 집중하면서 한 꺼풀씩 떼어 그 안을 들여다보자.

내수용 감각 능력을 키우는 또 다른 전략에는 감정에 이름을 붙이는 작업이 있다. 이렇게 하면 감각 신호의 차이를 이해하고 특정 감각과 그에 대한 잘못된 반응을 끊어낼 수 있다. 서로 유사한 감각(심장 박동 증가, 손에 나는 땀, 떨리는 느낌)이라도 두렵거나 초조한 마음이 아니라 신나고 설레는 마음으로 전혀 다르게 해석할 수 있다. 감정이나 경험에 이름을 붙이면 해석이 달라지고, 이에 반응하는 방법도 달라진다. UCLA 연구진은 대중 앞에서 발언하기 전에 참가자들이 느끼는 감각에 이름을 붙이도록 한 후에 그들의 뇌를 관찰했다. 그 결과 편도체 활동이 감소해 경보 반응이 줄어들고 감정을 통제하는 전전두 피질 부위의 활동이 증가했다. 자신의 느낌을 보다 구체적으로 묘사한 사람일수록 대중 연설할 때마다 소용돌이치던 감정을 수월하게 다스릴 수 있었다. 임상 심리학자들도 감정의 바퀴라는 도표를 활용해 감정에 이름을 붙이고 분류하는 개념을 적용한다. 예컨대 분노라는 기본 감정을 이 도표에서 확인하면 매우 분하다, 성나다, 격노, 질투, 소통 차단 같은 감정으로 구분한다. 자신이 느끼는 감정에 명칭을 붙이고 묘사하며 감정을 세부적으로 파악하는 것이 이후 어떤 일을 수행하는 능력에 긍정적 영향을 미친다.

느낌과 감정에 이름을 붙임으로써 우리는 통제감을 회복한다. 모호

했던 감정이 눈앞에 구체적으로 드러나 비로소 이해할 수 있고, 조종할 수 있고, 받아들일 여지가 생긴다. 느낌과 감정에 관해 말로 표현하는 방식도 중요하다. 우울증을 예로 들면, 사람들은 흔히 "나는 슬프다"라고 표현한다. 그러나 곰곰이 생각해보면 이 표현은 앞뒤가 맞지 않는다. 이 말은 슬픔을 상수로 놓고 변화 가능성을 고려하지 않기 때문이다. 이렇게 말하기보다는 "한 차례 슬픔이 밀려오는구나"라고 말하는 것이 좋다. 이 말은 슬픔이 곧 지나가리라는 것을 의미한다. 표현을 달리하려는 노력이 시시해 보일지 모른다. 그러나 우리가 느낌을 묘사할 때 사용하는 언어는 우리가 감정에 지배당할지 또는 우리가 감정을 통제할지를 결정하는 데 크게 영향을 미친다.

느낌과 감정이 우리에게 전하는 신호를 구별하는 능력을 기른다면 좋지 않은 생각이나 행동이 초래하는 연결고리를 끊을 수 있다. 그뿐 아니라 느낌과 감정을 보다 정확하게 해석할 수 있고, 어떤 느낌이나 감정은 신경 쓸 필요가 없고 중요치 않다는 사실을 깨닫는다. 자아가 과잉 반응해 잘못된 경보를 울리는 일도 줄일 수 있다. 어떤 정보는 아무 쓸모가 없고 어떤 정보는 유용하다고 느끼는 것도 마찬가지다. 어떤 느낌은 그냥 흘려보내는 게 좋다. 우리 몸이 보내는 신호를 잘 이해할수록 의사결정에서 더 나은 선택을 할 수 있다.

강인함의 핵심

내수용 감각을 알아차리지 못함 → 잘못된 예측 → 잘못된 의사결정으로 강인함을 기를 기회를 놓침

연습 1단계: 내 마음 들여다보기

1. 구체적으로 그림을 그린다

해결하고 싶은 문제가 있는가? 거기서 느끼는 경험과 유사한 경험을 이 연습에서 느껴보자. 육상 경기 시합에서 느끼는 고통을 예로 들면, 운동용 자전거를 타고 강도 높게 훈련하거나 얼음 욕조에 들어가 비슷한 통증을 느껴보는 방법이 있다. 불안감이 문제라면, 특히 대인 관계에서 느끼는 불안감이라면 불편함을 경험할 만한 사교 모임에 일부러 참석하는 방법이 있다. 높은 곳에서 비슷한 불안감을 느낀다면 호텔 테라스에 서 보는 것도 한 방법이다. 이렇게 연습할 때는 항상 안전에 유의한다.

2. 느낌과 감각 안으로 깊이 들어간다

자신의 느낌이나 경험을 직시한 채 가만히 그 감각에 주의를 기울인다. 아무런 가치 판단을 내리지 않고 있는 그대로 경험하는 것이 중요하다. 우리 목표는 여러 경험을 수집하는 데 있다. 그 경험에 어떤 대책을 모색할 필요는 없다. '통증'이나 '불안감'이 각기 다른 맥락에서 어떻게 의미가 달라지는지 그 정체를 밝히려는 것이다.

연습 2단계: 이름 붙이기

1. 어휘를 늘린다

초등학교 1학년 아이에게 사람을 묘사하라고 하면 예쁘다, 똑똑하다, 멋지다 등과 같은 단순 형용사를 주로 사용한다. 어휘가 늘어나면 사람과 사물을 훨씬 효과적으로 묘사할 수 있다. 감정과 느낌에 관한 한 우리는 대부분 유치원생 수준에 머물러 있다. 어휘를 늘리면 분별력과 명쾌함을 얻는다.

2. 느낌을 묘사한다

자신이 느끼는 것을 묘사할 때 가능한 한 창의적이고 다양하게 묘사하려고 해야 한다. 정체가 모호한 통증을 예로 들어보자. 통증이 화끈거리게 아픈가 아니면 묵직하게 아픈가? 한시적인가 아니면 지속적인가? 똑같은 원리가 스트레스나 불안감에도 적용된다. 감정의 바퀴 같은 도표를 이용하거나 유의어를 검색해 자신의 경험을 세밀하게 묘사해보자. 내면의 경험을 묘사할 때는 먼저 감각에 관한 이해의 폭을 넓히고 그런 다음 세세하고 깊이 있게 들어가야 한다.

3. 느낌과 생리현상을 구분한다

경험을 묘사할 때는 느낌과 신체 감각을 구분해야 한다. 예를 들어, 손에 땀이 나고 심장 박동수가 빨라지는 것은 신체적 감각이다. 우리는 불안과 두려움을 자주 혼동하는데 이 둘은 별개다.

4. 이름을 붙인다

감정은 특정 맥락 속에서 전개된다. 각기 다른 신호를 분간해야 한다. 대화를 시작하기 전에 긴장감을 느끼는가? 그 느낌에 "공연 전 흥분 상태"라는 이름을 붙여보자. 어떤 느낌에 이름을 붙이고 나면 그 느낌을 제어할 힘을 얻는다. "네가 뭔지 그리고 어떻게 다루어야 하는지 나는 알아."

5. 느낌을 재평가한다

몸이 보내는 신호를 유용한 정보라고 생각해보자. 불안감이나 두려움, 고통 또는 슬픔을 느낄 때 이를 메시지가 담긴 신호로 볼 수 있는가? 느낌이나 감정의 미묘한 차이점을 이해하고 느낌과 감정에 이름을 붙이면 거기에 담긴 메시지를 통제할 수 있다. 당신이 느끼는 불안감을 설렘으로 해석할 수 있는가? 지금 느끼는 두려움은 경계심을 깨우고 주의를 환기하는 역할을 한다. 소중한 사람을 잃고 느끼는 슬픔은 곁에 있는 이들을 더욱 소중히 여기고 소원해진 관계를 회복하라는 신호가 될 수 있다. 감정과 느낌을 정보라는 관점에서 생각하면 거기에 귀를 기울일지 아니면 그대로 지나가도록 두는 게 좋을지 선택할 수 있다. 이 같은 관점의 전환은 혼란한 내면세계를 다스리는 데 강력한 도구다.

전령 VS 독재자

느낌과 관련해서 우리는 느낌을 알아차리고 해석하는 단계보다 그것을 다스리는 마지막 단계에 집중하는 경향이 있다. 느낌을 무시하는가, 아니면 느낌에 굴복하는가? 남자들은 어려서부터 느낌 같은 건 무시하거나 차단하라고 배우는 한편, 여자들은 "지나치게 감상적"이라는 조롱을 듣는다. 남녀 모두 비슷한 훈계를 듣고 자란다. 느낌과 감정은 특정한 경우를 제외하고는 억눌러야 하는 대상이다. 그러나 직장을 구할 때나 사랑할 사람을 찾을 때는 열정을 좇거나 마음이 시키는 대로 따르라고들 한다. 어떤 때는 감정에 충실히 따라야 하고 또 어떤 때는 감정을 차단하라는 훈계를 듣는다. 핵심은 감정을 어떻게 처리하느냐에 있다.

어려운 의사결정을 앞두고 강인함을 발휘하려면 감정을 통제하고 조절할 줄 알아야 한다. 그러나 이는 문제 해결에서 마지막 단추에 해당한다. 느낌과 감정을 통제하려고 아무리 힘을 내고 애써도 특정한 느낌과 그에 반응하는 행동이 단단히 결속된 경우라면 좀처럼 그 연결고리를 끊기 힘들다. 누군가에게 욕설을 들으면 상대방 얼굴에 곧바로 주먹부터 날리는 아이처럼 느낌과 반응이 이미 하나로 단단하게 묶여 있으면 통제하고 싶어도 통제할 부분이 많지 않다.

만약 우리가 첫 단추에 해당하는 작업, 즉 감정을 이해하고 해석하는 일에 초점을 맞추면 뒤이어 전개되는 모든 일에 변화를 줄 수 있다. 다시 말해 우리가 주의를 기울이는 대상, 내면에서 벌어지는 대화와 그에 이어지는 행동 반응이 달라진다. 스트레스를 유발하는 감정에 곧바로 반응하는 일을 줄이고 공황에 빠지기까지의 시간을 늦출 수 있다. 내면의 감정을 읽고 이해하는 능력이 생기면 몸이 보내는 메시지를 알게 되고, 또 앞으로 어떤 경보가 울릴지 짐작할 수 있으므로 대응 방법을 모색할 수 있다. 몸이 보내는 메시지를 알면 정확한 해결책을 선택하는 일이 훨씬 수월해진다.

몸에서 보내는 신호를 정확히 읽어내는 일이 강인함의 핵심이다. 강인한 사람은 몸이 하는 말을 알아듣고 거기에 반응할지 아니면 그냥 무시할지 결정한다. 모든 욕구와 신호에 우리가 굴복해야 하는 것은 아니다. 잘못된 신호도 있다. 가령 단맛을 찾는 욕구는 인류가 열량을 섭취하기 힘들었던 시절에는 유용했으나 현대에는 그렇지 않다. 느낌과 감정을 읽어내는 사람은 의사결정에도 뛰어나다. 느낌과 감정에 주의하는 게 좋을지 아니면 그냥 흘려보내는 게 좋을지 분간할 수 있다. 또 목표 달성에 필요한 유용한 자극으로 활용할 수 있다. 스페인 연구진은 스트레스가 높은 상황에서 사람들이 어떻게 행동하는지 실험하고, 압박감 속에서 느끼는 불안감을 자신에게 유리하게 활용하는 사람들을 발견했다. 이들은 과제 지속 시간이 남들보다 길고, 학습 성과가 남들보다 우수하고, 직업 만족도가 남들보다 높았다. 이들에게는 불안감이 동기를 일으키는 원천이었다. 불안감을 유리하게 활용한 사람과 그러지 못한 사람 사이에 차이점은 무엇이었을까? 자신이 느끼는 감정을 명쾌하게 이해하느냐 못하느냐의 차이였다. 연구진의 결론을 들어보자. "자신의 느낌을 분명히 이해한 사람들이 불안감 속에서도 우수한 성과를 달성할 가능성이 더 크다." 이른바 부정적인 감정이라도 우리에게 이로울 수 있다. 이는 자신의 내면세계를 명확하게 이해하느냐 못하느냐에 달렸다.

몸에서 보내는 신호를 정확히 읽어내고 분별할수록 신호를 놓치거나 섣불리 반응하는 대신 느낌과 감정을 더 유용한 정보로 활용할 수 있다. 연구 결과에 따르면, 내수용 감각 능력이 좋을수록 스트레스를 더 효과적으로 처리한다. 정상급 선수부터 군인, 모험가에 이르기까지 극도의 스트레스를 경험하는 사람들이 그런 조건에서 우수한 성과를 내는 열쇠 가운데 하나는 자신의 몸 상태에 귀 기울이고 이해하는 능력이었다. 이들은 감정이 제공하는 정보에 따라 자신이 처한 상황에 적절하게 반응할 수 있었다. 자신이 처한 위기를 이기지 못하고 굴복한 듯 보이는 사람들은 내면의 신호를 읽는 데 어려움을 겪었다. 이는 새내기 선수가 통증을 느낄 때 시간이 지나면 저절로 사라질 통증인지 아니면 부상 가능성을 알리는 신호인지 분간하지 못하는 경우와 같다.

우리가 느끼는 것을 명확히 이해할 때 몸이 보내는 신호를 정보로 활용해 자신에게 이로운 반응을 끌어낼 수 있다. 반면에 느낌을 이해하지 못할 때 우리 뇌는 요란한 경보에 당황해 감정에 휘둘리기 쉽다. 우리 뇌는 불확실성 앞에서 경보를 울리기 때문이다. 느낌이 무슨 신호를 보내는지 명확히 알면 어떻게 대응해야 하는지 알게 된다. 느낌과 감정은 우리에게 정보를 전달하는 전령인가? 아니면 우리가 전혀 또는 거의 손을 쓸 수 없도록 특정 반응으로 몰아붙이는 독재자인가? 우리가 할 일은 느낌과 감정이 전령으로서 그 역할에 충실하도록, 전령이 하는 말에 귀를 기울이는 것이다.

7장
마음의 소리를 다스리는 법

1981년, 길이 약 6.4m의 범선 한 척이 미국에서 출항해 대서양 횡단에 나섰다. 영국까지의 항해는 몇 가지 사소한 문제를 제외하고는 매우 순조로웠다. 영국에 정박해 잠시 시간을 보낸 이들은 스페인으로 남하했고, 마지막으로 북아프리카 서쪽 대서양에 있는 카나리아제도에 도착했다. 1982년 1월, 이제 본국으로 돌아갈 시간이었다. 이들은 미국으로 돌아가기 위해 서쪽으로 항해했다.

출발한 지 7일째 되던 날에 선장과 선원은 한밤중에 크게 부딪히는 소리와 함께 배가 흔들리는 것을 느꼈다. 이들은 배가 고래와 부딪혔거니 짐작했다. 이 충격으로 배 밑에 구멍이 뚫려 순식간에 바닷물이 들어왔다. 배를 포기하기로 한 이들은 신속하게 구명보트를 바다에 띄우고 손에 집히는 대로 물건을 실었다. 그리고 배가 침몰하기 직전에 쓸 만한 물건을 찾아 마지막으로 짐을 실었다. 특히 구명 장비와 식량을 되도록 많이 챙겼다. 선박이 침몰할 즈음 이들이 올라탄 1.8m가량 구명보트에는 구명 장비와 최대 보름가량 버틸 식량이 있었다. 대서양을 표류하게 된 이들은 냉혹한 현실에 직면했다. 살아남을 가능성은 두 가지였다. 다른 선박이 망망대해를 지나다가 작은 구명보트를 발견하거나 아니면 해류를 타고 이동해 구명보트가 카리브제도의 어느 해안가에 당도하는 것이다. 적어도 두 달 이상 걸릴 일이었다.

남은 식량과 물로 어떻게 생존할지 알아내는 일이 무엇보다 급선무였다. 배에서 가지고 내린 식량만으로는 부족했기에 어떻게든 식량을 보충할 방법을 찾았다. 물고기를 잡을 작살과 바닷물을 증류할 장치를 만들었다. 선장이 손재주를 발휘하고 빗물까지 모았지만, 하루에 먹을 수 있는 깨끗한 물은 탄산음료 한 캔 정도였다. 간신히 탈수증을 모면할 만큼의 양이었다.

며칠간은 버틸 만했지만 몇 주가 지나자 갈증 때문에 몸도 마음도 피폐해졌다. 대화도 거의 없어졌다. 어느 날 선원이 견디다 못해 물을 더 달라고 요구했지만, 선장은 강경하게 거부했다.

"물이요, 선장님. 제발 물 좀 주세요. 물이 더 필요해요."

"절대 안 돼. 한 방울도 더 줄 수 없어."

"선장님. 물을 주세요. 지금 당장요. 이러다 죽어요."

"좋아, 정수하지 않은 물은 마셔도 괜찮아. 얼마든지 마셔. 하지만 깨끗한 물은 안 돼. 그 물은 하루에 1파인트(약 230ml)만 마실 수 있어. 그 이상은 안 돼."

선장 본인도 탈수증과 아사 직전이었지만 엄격하게 규칙대로 참고 인내했다. 생존하려면 눈앞의 욕구에 굴복해서는 안 된다는 사실을 선장은 알았다. 선장과 선원은 오로지 생존이라는 목표를 향해 오랜 시간을 버티고 있었다. 선장과 선원은 76일간 대서양을 떠다녔다. 그 사이에 9척의 배가 근처를 지나갔지만, 이들이 재빨리 쏘아 올린 신호탄이나 구명보트를 발견하지는 못했다. 조난신호 자동 발신 장치로 구조 신호도 계속 보냈지만, 이 신호에 응답한 사람은 없었다. 선장은 표류 기간 내내 생존 가능성을 고려해 힘든 결정을 내려야 했다. 식수는 하루에 1파인트만 허용하고 식사도 소량만 허용했다. 선원이 생존이라는 목표를 잊지 않도록 상기시키고, 기적이 일어나리라는 희망을 포기하지 말라고 격려했다. 그리고 마침내 기적이 찾아왔다. 이들은 대서양을 무사히 건너 카리브해의 마리 갈란트Marie-Galante라는 조그만 섬에 도착했다. 이들이 살아남았던 데에는 선장이 만든 바닷물 증류 장치와 흔들림 없이 원칙을 고수했던 선장의 역할이 컸다.

다만 지금까지 했던 이야기에 반전이 하나 있다. 여기서 생존자는 사실 스티븐 캘러핸Steven Callahan 한 사람뿐이다. 애당초 선원은 없었다. 캘러핸은 혼자서 대서양을 횡단했다. 선장과 선원이 나눈 대화는 모두 캘러핸이 머릿속으로 주고받은 이야기였다. 훗날 캘러핸은 《표류Adrift》에서 썼듯이 이성적 자아, 신체적 자아, 감정적 자아로 역할을 분리했다. 선원일 때는 현실의 어려움을 토로하는 역할을 맡았다. 자신이 느끼는 고통이며 두려움, 욕망을 이야기했다. 선장일 때는 선원을 통제하는 역할을 맡았다. 아무리 힘들어도 생존에 필요한 결단을 내렸다. 캘러핸은 말한다. "감정적 자아는 두려움을 느끼고 신체적 자아는 고통을 느껴요. 두려움과 고통을 이겨내려고 나는 본능적으로 이성적 자아를 붙들었어요."

캘러핸이 바다에서 표류하느라 정신을 잃고 인격이 분리된 것일까? 아니면 생명이 달린 위기 상황에서 자연스럽게 가동된 생존 기제였을까? 사람들은 대부분 둘 중 하나라고 생각하겠지만 사실 극단적인 경우가 아니어도 사람은 스트레스를 받을 때 이와 비슷하게 인격이 분리되는 경험을 한다. 머릿속에서 벌어지는 치열한 다툼을 경험하지 않은 이는 없을 것이다. 한편에서는 악마가 지칠 대로 지쳤다고 불평을 늘어놓고, 끊임없이 의심하고 이제 포기해야 한다고 그 이유를 제시한다. 다른 한편에서는 천사가 의욕을 고취하고 자신감을 불어넣으며 일을 끝까지 완수하도록 격려한다. 마라톤을 할 때도, 값비싼 옷을 구매할지 말지 백화점에서 고민할 때도, 꿈을 이루기 위해 사표를 던질지 말지 결정할 때도 머릿속에서 다툼이 일어난다. 어쩌면 지금 당신 머릿속에서는 악마가 이렇게 속삭일지도 모른다. 지금 이 책을 읽느니 더 나은 일을 하라고 말이다. 우리가 흔히 경험하는 내면의 다툼과 캘러핸이 경험한 다툼 사이에 차이가 있다면 캘러핸이 두 목소리에 선장과 선원이라는 이름을 부여했다는 사실뿐이다. 이상해 보이겠지만 최근 신경과학과 심리학 이론에 따르면, 우리 뇌는 인격을 분리한 캘러핸과 비슷해서 각기 다른 자아가 우리의 주의를 끌기 위해 서로 논쟁을 벌인다.

회의실에 앉아 있는데 주요 고객을 반드시 확보해야 한다고 생각하니 긴장해서 속이 울렁거린다. '나는 못 해. 내 실력이 곧 들통나고 말 거야.' 이런 생각이 들면서 두려움이 밀려드는데 또 다른 생각이 떠오른다. '아니야. 넌 충분히 준비했어. 넌 이 일을 손바닥 보듯이 훤히 알아. 넌 할 수 있어!' 구시대 방식으로 강인함을 기르는 모델에서는 내면에서 일어나는 다툼을 바로 잠재우라고 요구한다. 부정적인 목소리를 무시하고 거침없이 앞으로 나아가는 사람이 강인한 사람이기 때문이다. 부정적인 생각 자체를 약해빠진 증거로 보고 인격에 결함이 있는 듯 취급한다. 그러나 새로운 연구 결과에 따르면 두 목소리 모두 우리에게 중요한 정보를 제공한다. 긍정의 목소리도 부정의 목소리도 우리가 주의할 가치가 있다. 때로는 그대로 지나가도록 허용하고 또 때로는 귀담아듣고 따라야 한다. 이러한 목소리를 알아차리는 사람이야말로 강인한 사람이라고 새로 정의할 때 우리는 이를 도구로 활용하고 힘든 상황에서 더 나은 결정을 내릴 수 있다.

여러 개 모듈로 구성된 뇌/다중 자아

우리는 뇌를 생각할 때 흔히 하나의 중앙통제 장치가 모든 정보를 수집해 결정을 내리는 컴퓨터를 떠올린다. 뇌의 각 부위가 상호 연결되어 서로 소통할 수 있고, 하나의 중앙통제 장치에서 모든 데이터와 피드백, 정보를 취합해 결정을 내린다고 생각한다. 안타깝게도 이는 사실이 아니다. 뇌는 여러 조각을 이리저리 이어붙인 패치워크 작품과 같다.

뇌가 어떻게 진화했는지 생각해보자. 뇌는 각각의 부위가 처음부터 완성된 형태로 설계되어 통합된 장치가 아니다. 수천 년에 걸쳐 인류의 두개골 안에 있는 구조물 역시 각 부위가 조립하는 방식으로 진화했다. 인간의 뇌는 문제를 만났을 때 이를 해결하려는 새로운 목적에 적응하면서 기존 구조에 새로운 기능을 추가하는 방식으로 발달했다.

이는 1800년대에 지어진 오래된 집을 사들여 현대 생활 수준에 맞게 고쳐 쓰는 것과 같다. 그 집의 벽은 오늘날의 에어컨이나 난방기를 설치하기에 적합하지 않은 구조로 만들어졌다. 이 집을 지었을 당시에는 케이블 TV는 물론 현대의 배관이나 전기 콘센트조차 없었다. 벽을 다 허물고 처음부터 새로 짓는 것은 허용되지 않기에 임시변통해야 한다. 예전 주택 구조 안에서 현대적 편의를 제공할 우회로를 찾는 수밖에 없다. 이를테면 본채와 분리되어 부엌으로 썼던 공간을 차고로 전환하는 등 기존 시설을 용도 변경하는 방법이 있다. 창문형 에어컨을 추가하거나 바닥을 뜯어내 냉난방기를 설치할 수도 있다. 침실 벽을 허물어 인접한 방과 하나로 결합해 안방을 만드는 방법도 있다. 아니면 빅토리아 시대에 여성을 위해 '졸도 의자'가 놓여 있었던 공간을 세 번째 욕실로 개조할 수도 있다. 어떤 변화를 주든지 기존에 있던 구조 위에서 지어야 한다. 낡은 집에 아무리 변화를 주어도 매우 효율적인 현대의 건축 양식으로 냉방, 난방, 전기 시스템을 통합할 수는 없다. 아쉬운 대로 지내야 한다.

뇌는 처음부터 한 덩어리로 만들어진 것이 아니라 각 단위의 모듈이 연결된 조립식 구조다. 그러나 뇌의 영역들은 서로 단절된 것이 아니라 직접 소통할 수 있는 영역이 있는가 하면 간접적으로 소통할 수 있는 영역도 있다. 우리 뇌는 여러 영역에서 생성하는 상반된 정보를 보유할 수 있는 시스템이다. 지금 하는 일이 얼마나 중요한지 상기하고 동기를 강화하는 데 한 모듈이 집중하는 사이 또 다른 모듈은 신체 중심부 체온이 위험한 수준으로 증가한다는 정보를 받는다. 한 자아가 목표를 완수하라고 밀어붙이는 사이 다른 자아는 심각한 위험에 처할 수 있으므로 지금 하는 일을 중단하도록 지시한다. 만약 두 자아가 직접 소통하지 못하는 경우라면 어느 쪽 자아가 이길까?

우리 뇌는 최고경영자 한 명이 최종 결정을 내리는 방식이 아니라 여러 모듈이 마치 여러 자아처럼 기능하고, 뇌의 여러 부위가 서로 소통하며 일을 처리할 수 있는 시스템이다. 뇌는 여러 모듈로 이루어진 집합체이고 모듈 각각은 서로 협력하며 다양한 목표를 달성한다. 학자들의 주장에 따르면 우리의 자아는 그 기능을 살필 때 여러 개의 부분 자아로 구성되어 있을 가능성이 크고, 지금까지 밝혀진 바에 따르면 최소 7개의 부분 자아는 다음 영역을 맡는다. 자기보호, 짝짓기, 짝 유지, 친애, 동족 보호, 사회적 지위, 질병 회피 기능. 우리 뇌는 불확실성이나 스트레스가 심한 상황에 직면할 때마다 그 상황을 가장 잘 다루는 부분 자아가 목소리를 낸다.

디즈니 픽사의 애니메이션 〈인사이드 아웃Inside Out〉을 본 사람이라면 모듈로 구성된 뇌의 특징과 여러 다른 자아가 어떻게 자기 목소리를 내는지 알 테다. 영화에서는 기쁨, 슬픔, 혐오감, 분노 같은 감정을 주인공 라일리Riley의 머릿속에 들어 있는 여러 캐릭터로 묘사한다. 각각의 감정 캐릭터는 라일리의 세계로부터 정보를 받아들이고, 특정한 행동 및 태도를 지휘하는 통제실을 장악하려고 언쟁을 벌인다. 감정 캐릭터 중 하나가 통제권을 차지하게 되면 지휘 버튼을 누를 수 있고 라일리는 해당 버튼에 따라 반응한다. 감정 캐릭터가 전달받은 정보는 불완전한 것으로 묘사되는데 이는 현실에 부합한다. 한 장면에서 혐오감은 탄식하며 말한다. "라일리가 너무 이상해. 어째서 저럴까? 기쁨이라면 이럴 때 어떻게 해야 하는지 알 텐데." 기쁨, 슬픔, 분노, 혐오감은 어떤 행동이 최선인지 정답을 모를 때도 있지만 서로 다투고 논쟁하고 소리친다. 여기서 이긴 감정 캐릭터만이 라일리의 의식을 조종하는 통제실의 버튼을 누른다.

〈인사이드 아웃〉에서 보았듯이 느낌과 감정은 내면에서 말다툼을 일으키고 방아쇠 역할을 하며 우리 뇌의 모듈을 활성화하고, 특정한 행동을 하도록 우리를 유도한다. 예를 들어 야생동물이 야영지 쪽으로 다가오는 것을 보고 두려움을 느낄 때 우리 뇌에서는 자기보호 모듈이 작동해 야영지를 버리고 달아나라고 소리를 지를 것이다. 그런데 야영지에 혼자 있는 게 아니라 어린 아들과 있는 부모라면 어떻게 될까? 부모는 자기 자신이 아니라 자식을 걱정할 것이다. 이 상황에서 주된 관심사는 자기보호가 아니라 어린 자녀를 보호하는 일이다. 동족 보호를 담당하는 부분 자아가 작동하면 부모는 위험을 감수하고 동물이 아이를 헤치지 못하게 막아선다. 위협적이지 않은 상황에서도 부분 자아가 어떻게 작동하는지 확인할 수 있다. 한 실험에서 편안한 영화와 공포 영화를 보고 난 뒤에 피험자들이 자신과 다른 인종의 남자들을 사진으로 보고 어떻게 인상을 평가하는지 관찰했다. 남자들은 같은 사진이라도 공포 영화를 보고 나면 사진 속 인물이 분노하고 있다고 평가한 경우가 더 많았다. 공포 영화에서 받은 느낌이 자기보호 모듈을 활성화한 것으로, 인류가 동족이 아닌 사람을 경계하며 살아야 했던 시절로부터 물려받은 기능이다.

영화이니만큼 〈인사이드 아웃〉에서는 상상력을 발휘해 한층 자유롭게 표현했지만, 최근에 발표되는 감정과 부분 자아 이론을 보면 놀랍게도 신경과학 이론에 상당히 충실하다. 다만 영화와 달리 감정은 어떤 기억의 구슬이 의식의 수면 위로 올라가는지 한번 보려고 말다툼만 벌어지는 않는다. 현실에서는 내면에서 맹렬하게 전투가 벌어진다. 기쁨, 슬픔, 분노 등의 감정은 자기 주인을 제어하기 위해 서로 다투는 각각의 캐릭터로 볼 수 있다. 때로는 잠깐 사이에도 부분 자아가 바뀌어 우리의 의식을 완전히 장악하기도 한다. 가령 당신이 사랑하는 사람과 벌인 치열한 말다툼을 생각해보자. 몇 시간 전만 해도 서로 따뜻하게 애정 공세를 펼쳤는데 어느새 가시 돋친 말로 상대가 저지른 잘못을 하나하나 열거했을 것이다. 그사이에 전혀 다른 사람으로 변한 것일까? 두 사람 다 정신이 나간 것일까? 로버트 라이트가 《불교는 왜 진실인가》에서 설명한 바에 따르면 "새로운 경영진이 들어와 뇌를 움직이는" 상황임이 틀림없다.

스위치를 켜고 끄듯이 쉽게 결과가 뒤집히기도 하지만, 모듈식 구조인 우리 뇌에서 일어나는 변화는 결과를 쉽게 예측하기 힘든 경우가 더 많다. 여러 개의 부분 자아는 무하마드 알리와 조 프레이저가 벌이는 권투 경기처럼 서로 주먹을 교환하며 박빙의 승부를 펼친다. 한쪽이 우세를 점하는가 싶다가도 어느새 상대가 기운을 차리고 반격한다. 이처럼 부분 자아도 의식을 차지하기 위해 엎치락뒤치락 싸운다. 이때 떠오르는 생각들이 결과에 영향을 미친다.

'내가 중앙선을 넘어 역주행하면 어떻게 될까?' 자동차를 타고 가다가 불쑥 주변 사람들의 걱정을 사기 쉬운 이런 터무니없는 생각이 침입한 적 있는가? 또는 아주 높은 교각이나 발코니에 서서 만약 여기서 뛰어내리면 어떻게 될지 생각한 적 있는가? 이런 생각을 했어도 당신은 미친 게 아니다. 조사에 따르면 자기 생각을 입 밖으로 꺼냈을 때 정신과 의사에게 가보라는 얘기를 들을 만큼 이상한 생각을 한 적 있다고 답한 이들이 94% 이상이다. 이런 달갑지 않은 생각이 뜬금없이 떠오르는 이유는 무엇일까?

일설에 따르면 이는 머릿속에서 이뤄지는 모의실험으로, 우리 몸은 자신이 죽는 상황을 비롯해 현재 상황에서 일어날 가능성을 예측하고자 여러 시나리오를 평가한다. 앞서 말한 사례에서는 실제로 그렇게 하고 싶은 충동이 강해서 떠올린 생각이 아니므로 끔찍한 사건이 벌어지는 경우를 상상하는 과정에서 공포를 크게 느끼지는 않는다. 그러나 끔찍한 생각이 의식에 침입하면 어느 정도 흥분감과 불안감이 느껴지기 때문에 난간에서 한 걸음 뒤로 물러서거나 운전 도중에 핸드폰을 확인할 생각을 접고 운전에 집중하게 된다. 끔찍한 일을 실행할 마음이 있는 것도 아닌데 이런 생각이 침입하는 이유는 무엇일까?

스트레스 상황에 직면할 때 어떤 일이 일어나고 또 어떤 일이 일어날 수 없는지 여러 개의 부분 자아는 머릿속으로 모의실험을 한다. 라이트가 제시한 이론에 따르면 여러 모듈이 무의식에서 다양한 생각을 생산하고 이 가운데 의식의 영역까지 도달한 생각들이 내면 대화를 형성한다. 라이트가 주장한 바에 따르면 이때 의식으로 들어오는 생각은 그 중요성에 따라 결정된다. 만약 특정한 목소리를 우리가 알아차린다면 그 목소리 이면에 더 강렬한 느낌이나 감각이 있기 때문이다. 이 모든 것을 고려할 때 그 과정은 이렇다. 전령 역할을 하는 느낌이 의식에 도달할 만큼 큰 소리를 내면, 그 느낌에 따라 특정한 생각이 의식 속으로 들어와서 특정한 반응이나 행동을 보이도록 자극한다. 제2장에서 우리는 진정한 강인함이란 감정을 민감하게 알아차리는 것임을 설명하고 그 순서를 간단히 살펴봤다. 느낌으로부터 생각이 떠오르고, 특정 반응을 자극해 마지막에 의사결정에 도달한다. 이 과정을 더욱 명확하게 이해하고 들여다볼 필요가 있다.

앞서 사례에서 나오는 터무니없는 생각은 내면에서 일어나는 어마어마한 대화 가운데 극히 일부에 지나지 않는다. 전문가들은 내면 대화를 통합하는 대화와 대립하는 대화로 나눈다. 먼저, 단일한 목소리가 의식에 도달할 때가 있다. 이 경우에는 여러 자아가 요란하게 목소리를 내지 않고 갈등 없이 자기 대화가 진행된다. 이를테면 배우자에게 하고 싶은 말이나 자신이 완수할 과제가 무엇인지 차근차근 열거하며 의사결정에 이른다. 실제 인물과 나눌 대화를 모의실험하는 경우에는 자신이 펼칠 논지를 정리하고 상대가 어떻게 반응할지 예상한다. 이런 종류의 자기 대화를 가리켜 심리학자들은 통합하는 대화라고 한다. 승자와 패자로 나뉘는 치열한 논박은 적고, 한 가지 시나리오를 예행 연습하는 내용이 많다. 다시 말해 다양한 관점을 고려하고 상황에 따라 어떻게 반응하며 문제를 풀어갈지 연습하는 시간이다.

반면에 내면 대화에는 앞서 언급했듯이 권투 시합처럼 치열하게 논쟁을 벌이며 대립하는 대화도 있다. 두 개의 목소리가 서로 다른 자아를 대변하며 특정한 결론이나 행동에 이르도록 밀어붙인다. 가령 레스토랑에서 맛있는 버거와 건강한 샐러드를 놓고 고민 중이라고 하자. 이때 두 개의 목소리가 갑자기 등장해 자기가 옳다고 주장한다. 한쪽에서는 건강을 챙겨야 하는 이유를 늘어놓고 또 한쪽에서는 먹고 싶은 대로 먹는 게 좋은 이유를 주장한다. 심리학자들은 이런 자기 대화를 가리켜 대립하는 대화라고 지칭한다. 생각이 다른 두 목소리가 논쟁에서 승리하려고 애쓰며 일종의 협상을 벌인다. 강인함이 요구되는 상황에서는 흔히 대립하는 대화가 발생한다. 현재 처한 상황에서 잃을 게 많거나 향후 위험성이 높을수록 대립하는 자아들은 더욱 목소리를 높인다.

여러 개의 부분 자아는 각자 다른 동기를 지닌 인격체처럼 경쟁적으로 목소리를 낸다. 한쪽 목소리가 건강을 추구하면 또 다른 목소리는 잠재적 보상이나 쾌락만을 고려한다. 폴란드 루블린대학교University of Lublin 심리학자 마우고르자타 푸할스카-바실Malgorzata Puchalska-Wasyl은 목소리와 연관된 감정과 동기에 따라 내면에서 들리는 수많은 목소리를 분류하기 위해 실험을 실시했다. 푸할스카-바실은 다양한 시나리오에서 실험 참가자들이 묘사한 자기 대화를 분석한 뒤 우리가 가장 흔하게 접하는 목소리를 5종으로 간추렸다.

* 믿음직한 친구: 개인의 장점, 관계, 긍정 정서와 관련 있는 목소리

* 애증 관계 부모: 힘, 사랑, 애정 어린 비판과 관련 있는 목소리

* 거만한 경쟁자: 쌀쌀맞고 인정 없는 목소리, 성공을 중시하는 목소리

* 평온한 낙천주의자: 긍정적 미래를 예상하는 느긋한 목소리

* 구제 불능 아이: 부정적 감정을 표현하고 통제감을 상실한 목소리

푸할스카-바실은 이 분류표를 만들면서 우리가 경험하는 내면의 목소리를 빠짐없이 수록하고자 한 게 아니다. 내면의 목소리가 다양한 목적을 수행한다는 사실을 보여주고자 했다. 내면의 목소리는 긍정적일 때도 있고 부정적일 때도 있다. 자신에게 유용할 때도 있고 해로울 때도 있다. 신바람 난 목소리일 때도 있고 차분한 목소리일 때도 있다. 매우 가까운 사람처럼 애정을 보일 때도 있고 거리를 두고 쌀쌀맞게 말할 때도 있다. 내면의 목소리는 저마다 메시지를 담고 있으며 특정한 반응이나 행동을 유도한다. 단순히 정보를 전달하는 목소리가 있는가 하면 강력히 촉구하는 목소리도 있다. 위험을 알리는 목소리가 있는가 하면 의욕을 고취하는 목소리가 있다. 주의를 집중하도록 격려하는 목소리가 있는가 하면 주의를 딴 데로 돌리는 목소리가 있다.

학자들이 내면의 목소리를 여러 가지로 분류한 데에는 그만한 근거가 있다. 신경과학자들은 내면에서 일어나는 대화 유형에 따라 뇌에서 활성화되는 부위도 다르다는 사실을 발견했다. 한 연구진이 관찰한 바에 따르면 자기를 비판하는 대화가 진행될 때 우리 뇌에서는 실수를 처리하고 해결할 때 활성화하는 부위가 반응한다. 반면에 마음

을 진정시키는 자기 대화는 연민과 공감을 표현하는 기능과 관련된 뇌 부위를 활성화한다. 또 다른 연구에서 밝혀낸 바에 따르면 여러 형태의 자기 대화는 우리 뇌에서 말하기와 듣기를 담당하는 부위와 연관이 있다. 내면 대화와 연관된 신경과학은 아직 걸음마 단계에 불과하지만, 스트레스 상황에서 자기 자신과 대화를 나누는 방식이 스트레스 대응 행동에 영향을 미치는 것은 틀림없다.

강인함을 기르는 구시대 방식에서는 내면의 목소리가 무엇을 말하든 대개는 신경 쓸 필요조차 없다고 가르친다. 포기하고 싶은 생각이 들었다거나 실패하지는 않을지 의심한다고 순순히 인정하면 나약한 인간이라는 주홍글씨가 새겨질 각오도 해야 한다. 강인한 사람은 부정적인 생각을 허용하지 않기 때문이다. 물론 이는 전혀 사실에 부합하지 않는다. 모든 사람은 그 마음에 두려움과 의심을 부추기는 악마가 산다. 어려움에 직면할 때 머릿속에서 일어나는 일을 알아차려야 장차 현실에서 일어날 일에 대비하고 대처할 수 있다. 우리는 내면의 목소리를 자신에게 유리하게 이용해야 한다.

내면 대화는 다양한 형태로 일어난다. 낯선 사람의 목소리로 들릴 때도 있고 자기 자신에게 명령하는 목소리로 들릴 때도 있고 분명 익숙한데 불쑥 들어와 이상한 말을 하는 낯선 목소리일 때도 있다. 내면 대화는 동기부여, 정보 제공, 지시, 행동 유발 등 여러 역할을 담당한다. 찰스 퍼니휴Charles Fernyhough가 《내 머릿속에 누군가 있다The Voices Within》에서 설명한 바에 따르면, 내면의 목소리는 "장차 할 일을 계획하는 데 유용하고, 일을 시작한 이후에는 행동 방침을 정하는 데 도움이 된다. 내면의 목소리는 우리가 해야 할 일과 관련한 정보를 유념하도록 격려하고, 무엇보다도 행동에 나서기까지 마음의 준비를 하는데 도움이 된다." 철학자 피터 캐러더스Peter Carruthers는 내적 발화가 여러 시스템 또는 여러 자아를 통합하는 데 일조한다고 제시했다. 내면의 목소리는 자신이 무엇을 우려하고 어떤 동기를 품었는지 일깨우기 때문에 이를 바탕으로 어떻게 행동할지 결정하는 데 유용하다.

내면의 목소리는 안전 기제와 같아서 내면의 세계를 우리가 처리하고 다룰 수 있는 형태로 변환시킨다. 머릿속에서 목소리가 들리는 현상을 정신병의 징후로 보는 통념에 반대하고 목소리 듣기 운동Hearing Voice Movement을 펼치는 사람들에 따르면, 내면의 대화는 우리가 느끼고 경험하는 것들을 구체적으로 파악할 수 있게 돕는 수단이다. 스트레스와 불안감을 느낄 때 우리가 이 감각을 상대할 수단은 그리 많지 않다. 퍼니휴가 주장한 바에 따르면, "여러 목소리를 듣고 부정적 반추가 일어나면 달갑지는 않겠지만 적어도 우리가 이해하고 관여할 수 있다. 이 경우 내적 발화를 제어한다는 것은 결국 유기체가 스트레스에 탄력 있게 대처하도록 만드는 방향으로 머릿속 목소리들이 진화했음을 나타낸다."

내면의 목소리는 느낌이나 감정에 대처하도록 우리를 이끈다. 우리는 목소리를 듣고 적극적으로 말을 걸고 또 협상을 벌일 수 있다. 내면의 대화는 자기 자신과 나누는 대화일 때도 있고, 망망대해를 표류하던 사람의 경우처럼 전혀 다른 인격체와 나누는 대화일 때도 있다. 두 경우 모두 모호한 느낌이나 감각을 우리가 들을 수도 있고 말을 걸

수도 있는 구체적인 대상으로 전환한다. 이로써 우리에게는 몸이 전하는 느낌을 무조건 무시하거나 수용하는 선택지 외에 목소리와 의논하고 타협할 수 있는 선택지가 생긴다. 목소리로부터 거리를 확보할 수도 있고, 들을 가치가 없다고 판단되면 그냥 무시할 수도 있다.

내면 대화가 어떤 형태를 취하든지와 상관없이 우리는 내면의 목소리에 반응하고 관계 맺는 방식을 통제할 수 있다. 부정적 자기 대화를 나누다가 기분이 나락으로 떨어질 수도 있고 또는 무의미한 음모론을 펼치는 정신 나간 친구를 대하듯 내면의 목소리를 그냥 무시해버릴 수도 있다. 어쨌든 우리는 내면의 목소리를 바꿀 수 있다. 내면 대화를 생산적인 방향으로 바꿀 수도 있고, 의욕을 떨어뜨리는 목소리라면 감정적으로 반응하지 않도록 일부러 거리를 유지할 수도 있다. 내면 대화의 성격에 따라 어떻게 다루는 게 좋을지 전략을 세운다면 내면의 대화가 우리에게 해를 끼치지 않고 유익하게 작동하도록 만들 수 있다.

강인함의 핵심

전령 역할을 하는 느낌이 의식에 도달할 만큼 큰 소리를 내면 그 느낌에 따라 특정한 생각이 의식 속으로 들어와서 특정한 반응이나 행동을 보이도록 자극한다. 내적 발화는 여러 시스템 또는 여러 자아를 통합하는 데 일조한다. 자신이 무엇을 우려하고 어떤 동기를 품었는지 일깨우기 때문에 이를 바탕으로 어떻게 행동할지 결정하는 데 유용하다.

당신은 머릿속에서 들리는 목소리들을 어떻게 다루는가? 지금까지 우리는 어떻게 생각이 일어나고 의식에 떠오르는지 또 스트레스가 극심할 때 어째서 천사와 악마가 내면에서 다투는지 설명했다. 지금부터는 내면 대화를 어떻게 관리하고 이용할지 그 방법을 다룰 차례다.

공연을 앞두고 무대에 오르기 직전에 복도에서 대기할 때 내면에서 어떤 목소리가 소리친다. "이곳에서 나가고 싶어!" 이때 또 다른 목소리가 나타나 "넌 해낼 수 있어!"라고 격려하며 수백 명의 관중이 지켜보는 무대 위에 서도록 등을 떠민다. 이렇게 머릿속에서 천사와 악마가 대화를 나누며 대립하는 일은 흔하다. 때로 내면의 목소리들은 우리가 의식하지 못하는 새에 불쑥 나타난다. 이때 우리는 그냥 무시하거나 아니면 내면의 악마와 맞서 싸워야 한다. 반면에 긍정적 자기 대화와 다짐처럼 자신이 의식하고 만들어내는 내면의 목소리가 있다. 내면에서 벌어지는 논쟁에서 이기기 위해서는 두 가지 전략이 핵심이다. 하나는 의식에 나타나는 것으로 보이는 목소리들을 다루는 전략이고 또 하나는 자신이 통제 가능한 목소리를 활용하는 전략이다.

내면의 논쟁에서 이긴다는 것은 무슨 의미일까? 머릿속에서 자신을 유혹하는 악마 대신에 천사의 말을 귀담는 것을 의미한다. 또는 부정의 목소리가 들릴 때 페이스북에서 막말하는 친구들을 대하듯 그냥 흘려보내는 것을 뜻한다. 내면의 목소리 덕분에 우리는 내면에서 소용돌이치는 혼란이 무엇인지 이해하고 처리할 수 있다. 목소리들이 벌이는 논쟁에서 싸워 이기는 게 좋을 때가 있고, 논쟁의 방향을 바꾸는 게 좋을 때가 있다. 먼저 내면의 논쟁에서 이기기 위해서 우리가 활용하고 발전시킬 세 가지 전술을 살펴보자.

1. 소리 내는 자기 대화로 바꾼다.

2. 긍정의 목소리와 부정의 목소리 가운데 어느 쪽을 들을지 결정한다.

3. 1인칭에서 3인칭으로 거리감을 확보한다.

1. 목소리를 바꾼다: 소리 없는 자기 대화 VS 소리 내는 자기 대화

누나 에밀리는 맞은편 구석에 내가 서 있는 것도 알아차리지 못한 듯 방 안을 엉성하게 걸어 다녔다. 어떤 물건에 시선을 고정한 채 이따금 입을 열었다. "공… 공을 잡아… 토스하고… 공…" 그러면서 어떤 행동을 완수하더니 얼굴에 미소를 띠고 손뼉을 쳤다. 그때 누나는 내게 말한 게 아니었다. 누구와도 말하지 않았다. 그냥 자기 자신과 대화를 나누고 있었다. 당시 열세 살이던 나는 두 살 위 누나가 방 안을 서성이며 혼자 흥겨워하는 모습을 지켜봤다. 나는 그날 어떻게 내적 발화가 전개되는지 코앞에서 목격했다.

심리학자 레프 비고츠키Lev Vygotsky의 인지발달 이론에 따르면 인간이 처음부터 내면 대화를 할 수 있었던 것은 아니다. 발달 단계상 인간은 머릿속으로 말하는 내면 대화를 하기 전에 소리 내어 말하는 외적 언어를 먼저 사용한다. 앞으로 실행할 행동을 우리 누나가 입 밖으로 표현한 것은 기이한 행동이 아니다. 혼잣말은 모든 아이가 발달 과정에서 자연스럽게 거치는 일이다. 아이들은 소리 내어 자신과 대화하는 단계를 거친다. 이는 어떤 일을 하기 전에 자신을 격려하고 또 다음에 어떻게 행동해야 하는지 자신에게 정보를 제공하기 위함이며 이때는 언어를 축약하는 특징이 있다. 이 같은 종류의 외적 언어는 특히 어려운 과제를 해결하는 과정에서 나타나고 부모와 교사는 아이가 어떤 말을 하는지 식별할 수 있다. 아이는 자신이 하는 일을 말로 표현하며 다음 단계에서 할 일이 무엇이고, 자신의 목표가 무엇인지 자신에게 상기시킨다. 형태상 외적 언어에 속하지만, 이 대화는 타인과 의사소통하는 언어가 아니다. 혼잣말에는 자신에게 정보를 제공하고, 주의 사항을 상기하고, 동기를 유발하고, 특정한 행동을 실행에 옮기도록 격려하는 기능이 있다.

비고츠키가 제시한 발달 이론에 따르면 이 같은 혼잣말은 성장하면서 차츰 내적 언어로 전환한다. 처음에 비고츠키는 두 대화의 유사성에 주목했다. 성인이 듣는 내면의 목소리와 비슷하게 아이들이 쓰는 혼잣말에도 축약하고 생략하는 특징이 있다. 이뿐 아니라 전자와 후자 모두 자기 자신과 대화하는 특성이 있다. 만약 비고츠키의 이론이 옳다면 성인이 듣는 내면의 목소리에는 어린아이가 경험하는 혼잣말과 마찬가지로 자기를 조절하고 다음 행동을 안내하는 기능이 있어야 한다. 아직 탐구할 내용이 많긴 해도 비고츠키가 100년 전에 제시한 인지발달 이론은 오늘날 여러 연구로 대부분 뒷받침되고 있다.

어린아이가 쓰는 혼잣말과 마찬가지로 만약 성인의 내면에서 일어나는 대화를 소리 내는 자기 대화로 전환하면 어떨까? 기술력이 중요한 스포츠를 보면 선수들이 혼잣말하는 모습을 흔히 볼 수 있다. 테니스 선수는 자신이 친 공이 네트에 걸렸을 때 자기를 맹비난하고, 골퍼는 공을 치기 전에 예비 동작을 하면서 마지막 순간에 주의할 점을 중얼거린다. 자신에게 뭔가를 가르치는 혼잣말일 때도 있고, 의욕을 고취하는 혼잣말일 때도 있다. 이런 종류의 자기 대화가 하는 역할은 내면의 대화와 크게 다르지 않다. 그렇다면 혼잣말은 얼마나 효과적일까?

NCAA 크로스컨트리 챔피언십 지역대회에 참가했을 때였다. 경기를 시작한 지 얼마 되지도 않았는데 몸 상태가 평소와 달랐다. 나와 팀 동료 몇 명은 개인전에서 전국대회에 출전할 가능성이 꽤 컸다. 단체전에서는 전국대회 출전 가능성이 희박했지만, 팀원 각자가 자신의 최고 기록을 경신한다면 가능성이 아예 없는 것도 아니었다. 6.2마일(10km) 경기에서 겨우 1마일밖에 뛰지 않았는데 단체전은커녕 개인전에서조차 전국대회 출전 가능성이 희미해지는 것을 느꼈다. 다른 팀 선수들이 우리 팀이 예상했던 것보다 훨씬 빠른 속도로 경기를 운영했다. 우리 팀이 세운 계획은 무용지물이 되고 말았다. 나는 동료 선수인 마르셀 바로 뒤에서 달려야 했으나 그러지 못했다. 그해에 참가한 모든 경기에서 우리는 서로 몇 초 차이로 결승선을 통과한 터였다. 앞을 바라보니 마르셀은 저 멀리 선두 그룹에 있었고 나는 뒤에 처져서 속도를 더 내지 못했다. 속으로는 경기 초반이니 괜찮다며 당황할 필요가 없다고 되뇌었지만, 걱정이 덩치를 불리며 다가오는 것을 느꼈다. 이때가 그날 경기에서 성패를 가른 순간이었다. 나는 불쑥 큰소리로 혼잣말을 했다. "넌 괜찮아. 봐, 말도 하잖아. 호흡하는 데도 전혀 문제가 없잖아."

숨이 턱까지 차오르는 경기 도중에 두어 문장이나 입 밖에 냈다는 사실에 나는 깜짝 놀랐다. 마치 내 몸을 구속하던 고삐가 풀린 것만 같았다. 긴장이 풀리고부터 나는 주변 선수들을 하나씩 제치기 시작했고 이윽고 마르셀

이 포함된 선두 그룹이 시야에 들어왔다. 3마일 지점에 다다라서야 여섯 명의 선두 그룹에 낄 수 있었다. 선두 그룹에 들어서자마자 나는 마르셀 곁으로 달려가서 외쳤다. "걱정하지 마. 내가 이렇게 왔으니까." 앞서 달려가던 아칸소 출신의 두 선수는 놀란 얼굴로 뒤를 돌아보았다. 내가 투지를 발휘하자 머릿속에서 누군가 말했다. '이것 봐! 지금도 대화할 수 있어. 끄떡없잖아!' 나는 5등으로 결승선을 끊었다. 마르셀보다 5초 늦은 기록이었다. 우리 팀은 전국대회 단체전에 출전할 자격을 놓쳤지만, 마르셀과 우리 팀의 3인자 스콧 그리고 나는 모두 개인전 출전권을 따냈다. 아울러 나는 힘들고 고통스러울 때 떠오르는 나쁜 생각을 잠재울 새로운 경기 전략을 발견했다.

피로와 괴로움을 견디고 전국대회 출전권 네 장 중 한 장을 획득해야 하는 부담감을 이겨내야 했지만 나는 불도저처럼 무조건 밀어붙이는 전략에 의존하지 않았다. 차례차례 문제를 처리하며 목표를 향해 나아갔다. 진정한 강인함은 어려움을 견디며 올바른 길을 찾아 나가는 것이다. 내면의 목소리에 주의를 기울여야 하고, 자신에게 해를 끼치는 목소리를 다루고 극복하려면 목소리를 조정할 줄도 알아야 한다. 내면의 목소리를 무시하고 무조건 앞으로 나아가는 것이 아니라 찬찬히 귀를 기울이며 그 순간 어떤 전술을 써야 효과적일지 살펴야 한다. 때로는 입 밖으로 소리 내어 말함으로써 목소리에 힘을 싣는 게 좋다. 때로는 내면의 생각이 그냥 흘러가도록 놔두는 게 좋을 때도 있다.

내가 경험한 효과를 뒷받침하는 것으로 보이는 연구가 있다. 과학자들이 알아낸 바에 따르면 문제에 대응할 때 내면에서 일어나는 대화를 소리 내어 말할 때 더 효과가 컸다. 다른 이유도 있겠지만 인지적 관점에서 볼 때 내면의 대화보다 소리 내는 혼잣말이 수행하기가 더 쉽기 때문이라고 전문가들은 설명했다. 앞서 다루었듯이 인지발달 단계에서 내적 언어는 훨씬 나중에 생기는 능력이다. 따라서 내면의 대화보다 단순한 형태인 혼잣말을 활용하면 부담을 줄이고 행동으로 옮길 수 있는 메시지를 더 간결하게 전달할 수 있다. 계단을 어떻게 올라야 하는지 또는 공던지기 놀이를 어떻게 하는지 그 방법을 혼잣말로 자신에게 가르치는 두 살배기처럼 우리는 어린아이로 돌아가서 혼잣말하는 능력을 끄집어내야 한다. 소리 내는 자기 대화가 효과적인 또 다른 이유는 마음으로만 생각할 때보다 끝까지 책임감을 유지하는 효과가 있기 때문으로 보인다. 임상 심리학자 스티븐 헤이즈Steven Hayes와 동료들은 실험 참가자들이 혼자 마음속으로만 결심을 세울 때와 그 결심을 입 밖으로 꺼내 공개할 때 어떻게 달라지는지 비교했다. 관찰 결과 후자의 경우 그 말을 들은 사람이 있을 때 전자보다 훨씬 더 책임감 있게 행동했다.

우리가 돌아다니면서 내면의 생각을 모두에게 공개해야 한다는 의미가 아니다. 자신을 응원하는 말이건 자신을 가르치는 말이건 때로 이를 입 밖으로 말하는 방법은 그동안 내면의 목소리를 귀담지 않던 완고한 자신에게 분명한 메시지를 전달하는 효과적인 전략이다.

2. 어느 목소리를 들을 것인가: 긍정의 목소리 VS 부정의 목소리

10m 높이의 다이빙 보드 위에 서 있으면 오금이 저리는 체험을 한다. 대회에 참가한 선수라면 공중에서 몸을 비틀고 회전하는 정교한 동작을 몇 초안에 수행해야 하기에 긴장감이 더욱 크다. 게다가 그 대회가 팬아메리칸 게임(이하 팬암 대회) 선발전이라도 되면 플랫폼 위로 오르는 선수의 머릿

속에 어떤 생각이 지나갈지 짐작하기 어렵지 않다. 심리학자 패멀라 하이렌 Pamela Highlen과 보니 베넷Bonnie Bennett은 앞 좌석에 앉아 다이빙하는 선수 44 명의 심리를 관찰할 수 있었다.

과학자들은 선수들의 자기 대화 내용과 불안감 정도를 측정하며 팬암 대회 출 전권을 획득한 선수와 애석하게 실패한 선수 간의 차이점을 발견했다. 출전권 을 따낸 선수보다 실패한 선수들이 긍정적 자기 대화를 더 많이 이용했다.

사람들은 긍정적 사고를 이용할 때 마음을 다스리는 데 더 효과적이라고 생 각할 때가 많다. 내면의 대화를 긍정적인 자기 대화와 다짐으로 가득 채우 면 최상의 기량을 펼칠 수 있으리라 여긴다. 긍정의 목소리로 나쁜 생각과 의심을 몰아내면 부정적 생각이 자랄 여지가 없다. 힘든 도전을 앞두고 자 기를 의심하는 생각이 떠오를 때 사람들은 흔히 이렇게 다짐한다. "나는 할 수 있어." "지금까지 정말 열심히 준비했어." 몇몇 연구에서 긍정적 사고가 경기력이나 성과 향상에 이롭다는 결과를 보여주듯이 이 주장에는 분명 일 리가 있다. 그러나 이 문제가 그렇게 단순하지만은 않다.

워털루대학교 연구진은 긍정적 자기 대화를 조사한 연구에서 실험 참가자 가 자존감이 높을 때라야 효과가 있음을 발견했다. 자존감이 낮으면 긍정적 자기 대화가 해로울 수 있다는 뜻이다. 다시 말해 우리 뇌는 가짜 자신감에 속지 않는다. 인간에게는 긍정적 다짐이 사실이라는 믿음이 어느 정도 필요 하다. 자기 대화의 경우 거짓으로 자신감을 불어넣으면 효과를 보지 못한다.

스프링필드대학교 스포츠 심리학자 주디 반 라알테Judy Van Raalte와 동료들은 테니스 선수들의 경기를 다수 조사하고 긍정적 자기 대화와 부정적 자기 대 화가 미친 영향을 비교한 결과, 승자와 패자 모두 긍정적 자기 대화의 양에서 차이가 없음을 확인했다. 그러나 시합에 이긴 선수들은 패배한 선수들에 비해 부정적 자기 대화가 적었다. 연구진은 데이터를 더 깊이 분석한 끝에 자기 대화가 긍정적인지 부정적인지 그 차이보다 자기 대화를 해석하는 방식이 중요하다는 사실을 확인했다. 자기 대화의 효능을 믿은 선수가 그렇지 않은 선수보다 점수를 내주는 횟수가 더 적었다.

3. 호칭을 전환해 거리감을 확보한다: 1인칭 VS 3인칭

여섯 살 아이가 과제에 계속 집중하게 만드는 일은 얼마나 어려울까? 초등학교 1학년 교사이기도 한 내 아내 힐러리는 말한다. "어렵죠. 아이들의 집중력은 한 번에 몇 분밖에 되지 않아요. 그래서 뇌를 자주 쉬게 하죠." 만약 아이들 근처에 게임이 설치된 아이패드처럼 주의를 빼앗는 요소가 있다면 어떨까? "꿈도 꾸지 말아요. 불가능한 일이에요."

2016년에 펜실베이니아대학교와 미시간대학교 연구진이 4~6세 아동 180명을 대상으로 공동 연구를 진행했다. 레이첼 화이트Rachel White와 동료들은 일련의 실험에서 아동의 인내심을 실험했다. 연구진은 아이들에게 아주 중요한 임무가 있으니 도와달라면서 "훌륭한 보조자"로서 열심히 과제를 완수할 것을 부탁했다. 사실 그 일은 몹시 따분한 일이었다. 화면에 치즈가 보이면 버튼을 누르고, 고양이가 보이면 아무것도 누르지 않으면 되었다. 연구진은 테이블 위에 아이패드도 놓아두었다. 아이들이 뇌를 식힐 필요가 있을 때를 대비해 재미있는 게임도 아이패드에 설치해두었다.

연구진은 방을 나서기 전에 아이에게 인내심을 발휘하는 요령을 알려주었다. 첫 번째 그룹의 아이들에게는 "나는 열심히 하고 있지?"라고 혼잣말하며 자기 생각과 감정이 어떤지 말해보라고 주문했다. 두 번째 그룹의 아이들도 마찬가지였다. 이번에는 1인칭 대명사 대신에 자기 이름을 사용해서 혼잣말을 해보라고 주문했다. "질Jill, 열심히 하고 있지?" 마지막 그룹의 아이들에게는 자신이 존경하는 사람의 이름을 자기에게 지어주고 그 이름을 사용해 혼잣말을 해보라고 요청했다. 이를테면, '배트맨, 열심히 하고 있지?'라는 식이다. 실험 내용을 아이들이 정확하게 이해했는지 확인하고 연구진은 방에서 나왔고, 아이들이 10분간 과제를 충실히 수행하는지 아니면 정신이 다른 데 팔려서 자기가 하고 싶은 일을 하는지 관찰했다. 우선 1인칭인 '나'를 사용해 혼잣말했던 6세 아이들은 주어진 10분 가운데 약 35%를 과제에 집중하고 나머지 시간은 아이패드를 가지고 놀았다. 자기 이름을 사용해서 3인칭으로 혼잣말한 아이들은 좀 더 나은 결과를 보였다. 주어진 시간에서 45%를 과제에 집중했다. 마지막으로 건축가 밥Bob the Builder, 배트맨, 탐험가 도라처럼 자신이 닮고 싶은 유명 캐릭터 이름으로 자기 자신을 부른 아이들은 주어진 시간 가운데 거의 60%를 과제에 집중했다. 내면의 자아로부터 거리감을 둘수록 더 오랜 시간 과제에 집중했다.

"자기 일이 아니고 남 일이라고 너무 쉽게 얘기한다"라는 말을 자주 하는데 이 말은 대체로 사실에 부합한다. 회사를 그만두는 게 좋을지, 애인과 관계를 끝내는 게 좋을지 우리는 쉽게 결정하지 못한다. 자신이 해당 사안과 너무 밀접한 관계에 놓여 있으면 객관성을 지니기 어렵기 때문이다. 결정을 내리지 못하고 허우적거릴 때 머릿속에서는 그런 자신을 합리화하고 정당화하는 목소리가 들린다. 그런데 똑같은 상황을 겪는 친구나 지인이 조언을 구하면 대체로 곧바로 답을 제시하곤 한다. 뜸 들이지 말고 그 남자와 헤어지라고 친구에게 조언한다. 이 같은 원리는 친구에게 조언할 때만 적용되는 것이 아니다. 심란한 마음을 다스리고 자신에게 올바른 길을 안내할 때도 적용된다. 인칭을 바꾸는 것만으로도 거리감을 확보할 수 있다. 이 방법으로 6세 아이들은 심리적 거리감을 만들었다. 내면의 대화를 나눌 때 1인칭 대명사를 사용하면 문제 상황과 자신을 분리하기 어렵다. 이때 3인칭 대명사나 자신의 이름 또는 본보기가 되는 타인의 이름을 사용하면 자신과 문제 상황 사이에 거리감을 확보할 수 있다. 그러면 문제 밖으로 나와 친구에게 조언하듯 객관적 관점에서 문제를 파악하게 된다. 미시간대학교 연구진이 수행한 연구 결과에 따르면, 1인칭 대명사를 사용할 경우 자기 생각에 치우쳐 문제에 매몰되는 경향이 있지만 거리감을 생성하는 어구를 사용하면 제삼자 시선으로 문제를 볼 수 있다. 자기 생각에만 골몰하면 문제와 맞물려 감정이 증폭한다. 시야가 좁아지고 감정에 이끌려 나쁜 생각이 꼬리를 물고 이어지면 강인한 길을 선택하지 못하고 손쉬운 길을 선택하기 마련이다. 최근 연구에 따르면 문제에 매몰되면 자신을 객관화하지 못하고 상황 자체를 위협으로 여긴다. 따라서 위기를 불러올 만한 세부 사항에 시선을 고정하게 된다. 반면 거리감을 확보한 상태에서 문제를 보면 시야가 넓어진다. 밀려오는 나쁜 감정에 이끌려 지나치게 감상적으로 반응하지 않고 상황을 있는 그대로 살핀다. 이때 우리는 곤경에 처한 상황을 기회로 평가하고 도전 과제로 인지할 수 있다.

심리학자들은 앞선 사례와 똑같이 '거리감 두기' 패러다임을 이용해 성인이 겪는 스트레스를 다루도록 하고 이를 관찰했다. 내면 대화할 때 1인칭 시점("나는 할 수 있다!")에서 벗어나 3인칭 관찰자 시점으로 자신과 거리감을 두도록 했다. 호감 있는 상대에게 좋은 인상을 심어주는 일부터 대중 앞에서 연설하는 일, 에볼라 바이러스로 인한 불안감을 다루는 일까지 여러 스트레스 상황에서 이 패러다임은 문제 해결에 효과적이었다. 스트레스에 처했을 때 자신과 거리감을 확보한 상태에서 나누는 내면의 대화는 불안감과 부끄러움, 나쁜 생각을 반추하는 시간을 줄이는 데 도움이 될 뿐 아니라 제반 성과를 높이는 결과로 이어졌다. 대중 연설을 앞두고 지나치게 긴장하던 사람도 전문가들에게 호평을 받을 만큼 발표력이 향상하고, 어려운 문제라도 정확한 사실에 근거해 의사결정을 내리게 된다. 과제를 지속하는 시간도 길어졌고 문제를 바라보는 통찰력도 생긴다. 이뿐 아니라 과거에 입은 정신적 외상을 다루는 데에도 도움이 된다.

이 모든 변화는 '나'에서 '너' 또는 '당신'으로 호칭을 바꾸는 일에서부터 시작한다.

미시간대학교 심리학자 이선 크로스Ethan Kross가 연구한 바에 따르면, 누군가에게 학대받고, 공격받고, 배신당하고, 멸시받고, 거절당하고, 버림받아서 분노와 수치, 좌절감을 겪었던 일을 기억할 때 호칭을 바꿔 자신과 거리를 두고 대화하는 경우 고통에 반응하는 부정적 감정이 완화했다. 이뿐 아니라 연구진은 실험 참가자가 부정적인 기억을 떠올릴 때 3인칭으로 내면의 대화를 나누면 자기를 참조해 정보를 처리하는 뇌 영역의 활동이 감소한다는 사실을 알아냈으며 그 결과를 〈네이처Nature〉에 발표했다.

자기 대화를 나눌 때 2인칭이나 3인칭을 사용하면 스트레스 자극과 그에 대한 감정적 반응 사이에 거리감을 확보한다. 간단히 호칭만 바꾸는 속임수만으로도 문제를 넓게 볼 수 있다. 문제와 나 사이에 거리감을 생성하고 관

점을 확장할 때 외부 자극에 기계적으로 반응하는 대신 내면의 목소리와 대
화하면서 대응 방안을 찾을 수 있다. 우리가 사용하는 어휘에 약간 변화를
주는 방법으로 거리감을 확보한다면 순간적인 충동에 따라 반응하지 않고
문제를 통제하는 힘을 되찾을 수 있다.

*　*　*

　내면의 대화가 미치는 영향력은 주로 그 대화를 해석하는 방식이
결정한다. 부정적인 자기 대화를 자기에게 유용하게 해석하는 이들도
있다. 이들이 내면에서 듣는 목소리는 마치 언어폭력을 쓰는 배우자
의 목소리와 비슷하다. 신랄하게 가슴을 후벼 파면서 자신을 채근하
는 내면의 목소리가 이들에게는 동기부여로 작용한다. 선수들을 지도
하면서 나는 극소수이긴 해도 경기를 치를 때 자신에게 욕을 퍼부어
달라고 요청하는 사람도 만나보았다. 이들은 거친 말을 들을 때 자극
을 받아 안주하려는 마음에서 벗어나게 된다고 했다. 긍정적인 자기
대화가 역효과를 내는 사람과 함께 일한 적도 있다. "나는 할 수 있어.
내가 이길 수 있어!"라는 기대감이 커지고 흥분하면 이들은 오히려 몸
이 말을 듣지 않는 상태에 빠진다. 몸에서 일어나는 흥분 반응을 뇌에
서 긍정적으로 보지 못하고 이대로 가만두면 큰일 날 것으로 오해하
기 때문이다. 자신에게 할 말이 무엇이고 하지 말아야 할 말이 무엇인
지 엄격한 잣대를 들이대기는 쉽지만, 내면의 목소리는 감정과 마찬
가지로 애당초 좋고 나쁜 것이 없다. 그 순간에 들을 말과 듣지 말아

야 할 말이 있을 뿐이다. 언제, 어떤 목소리에 귀 기울여야 하는지는 우리 자신에게 달렸다.

내면의 대화는 복잡하다. 언제나 자기 자신을 응원하고 다정하게 대해야 한다고 쉽게 단언할 일이 아니다. 이번 장에서 설명했듯이 내면의 목소리는 그 종류가 매우 다양하고, 각각의 목소리는 우리 뇌를 구성하는 부분 자아를 대표한다. 자신의 감정을 돌보는 일을 다룬 수필에서 철학자 알랭 드 보통은 말한다. "좋은 내면의 목소리란 품위 있는 재판관과 비슷하며 그만큼 중요하다. 말하자면 선과 악을 가름할 수 있고, 늘 자비롭고 공정하고 사태를 정확히 파악하고 우리를 도와 문제를 해결하는 데 관심이 많다." 내면의 목소리가 낙관주의자인지 비관주의자인지는 중요하지 않다. 타당한 목소리인지 아닌지 그것이 중요하다. 부정적인 내면의 목소리가 우리의 발목을 잡는다거나 매사에 "넌 할 수 있어!"라고 외치는 낙천적인 목소리가 현실을 직시하지 못하게 방해한다면 경험의 폭을 넓힐 필요가 있다.

강인해져야 하는 상황에서 우리가 할 일은 올바른 자아가 사령탑을 장악하게 하는 것이다. 어떤 목소리가 되었든 우리가 바라는 행동을 격려하는 목소리가 내면의 대화에서 이기도록 만들어야 한다. 때로는 긍정의 목소리로 부정의 목소리에 맞서는 게 좋다. 때로는 정신 나간 자아를 무시해야 한다. 또 때로는 떠오르는 생각을 3인칭 시점에서 바라보며 자신과 거리감을 확보하는 게 좋다. 힘든 순간에 우리 안에서 벌어지는 내면의 대화에 어떻게 반응하는지 이 문제가 매우 중요하다는 사실은 틀림없다. 힘들고 어려운 과제 앞에서는 악마의 목소리에

222

강인함의 힘 : Do Hard Things

대화의 주도권을 내주고 나쁜 생각으로 치달아 포기하거나 굴복할 수 있으므로 주의해야 한다.

강인함을 기르는 제3원칙: 바로 반응하지 말고 대응한다

제3원칙

바로 반응하지 말고 대응하라

8장
흔들리는 마음을 고정하기

　댄 클레더Dan Cleather는 상반된 매력이 공존하는 사람이다. 크고 무거운 기구를 들어 올리는 사람이지만 신비주의와 철학에 능숙한 학자다. 근력과 컨디셔닝 운동을 가르치는 코치이자 교수로 일하는 댄은 자신의 몸 위아래로 여러 종류의 추상적인 문양을 문신으로 새겼다. 셔츠에 가려 보이지는 않지만, 용과 비슷한 문양이 우반신을 덮고 있다. 동료들과 마찬가지로 무거운 바벨을 들어 올리는 데 전문가다. 댄이 새긴 문신을 자세히 살펴보면, 바벨 운동으로 다져진 몸과 힘을 자랑하는 사람들이 몸에 새길 법한 문신과는 조금 차이가 있다. 댄은 태극권 수련법을 잊지 않으려고 그 움직임을 나타내는 문신을 다리에 새겼다. 댄은 새로운 유형의 체력 코치다. 댄은 박사학위를 지닌 사상가이자 종교는 물론 철학에 관해서도 해박한 사람이다. 나는 영국 트위크넘에서 댄을 만나 술 한잔하면서 문신을 새긴 이유에 관해 대화를 나눴다. 다방면에 조예가 깊은 사람인만큼 그 이유도 한 가지가 아니었다. "문신 자체에 담긴 의미 때문이기도 하고, 문신을 새기는 과정 때문이기도 해요. 문신하게 되면 몇 시간씩 누워서 고통을 느낍니다. 어떻게든 그 고통을 해결해야 해요. 이렇게 말하니 좀 이상한데 절대 내가 마조히스트는 아닙니다!"

고통을 다루는 일은 강인함과 관련이 깊다. 사람들은 고통을 생각할 때 기쁨이나 슬픔 같은 감정과는 다르게 여기지만 우리 몸에서는 거의 똑같이 기능한다. 여러 통증 신호가 합쳐져 우리 몸에 이상이 생겼을지도 모른다는 메시지를 전달한다. 문신을 새길 때 느낌이 어땠는지 묻자 댄이 대답했다. "때로는 서너 시간 동안 누워 있기도 해요. 정확히 언제 끝날지 몰라요. 그 시간 동안 어떻게든 아픔을 버텨야 합니다. 마무리 작업을 할 때는 한 시간은 더 버틸 수 있을 것 같지만, 문신 아티스트가 다 끝났다고 하는 순간 갑자기 이해하기 힘든 감각이 마구 몰려와요. 그걸 다 견뎌낸 거잖아요. 그때쯤이면 심적으로도 지쳐 있기 때문에 만약 문신 아티스트가 뭔가를 빠트렸다고 15분간 추가로 작업해야 한다고 치면 고문이 따로 없죠. 난 그건 못 해요." 댄은 불자가 아니지만 불교 전통에도 친숙하다. "고통과 불확실성을 다루는 비결이 있나요?" 클레더가 농담처럼 말했다. "고통을 받아들여라. 고통과 싸우려 들지 말라."

임무를 수행하는 수도승

위스콘신대학교 뇌 영상 행동 연구소Laboratory for Brain Imaging and Behavior에서 앙투안 루츠Antoine Lutz와 동료들은 클레더가 경험한 것, 즉 고통을 탐구했다. 연구진은 인간이 고통을 느끼는 동안 머릿속에서 어떤 작용이 일어나는지 알고 싶었다. 연구진은 실험 참가자들을 모집해 그들이 고통을 느끼는 동안 뇌파가 어떻게 변하는지 기능성 자기공명영상 장치로 뇌를 관찰했다. 실험 참가자들은 문신을 새기는 고통 대신 다른 괴로움을 경험했다. 연구진은 피험자들의 손목 아래쪽 피부에 열 패드(따뜻한 물과 매우 뜨거운 물을 사용해 고통을 유도하는 정교한 장치)가 닿게 설치했다. 실험 참가자의 절반은 고통을 다루는 일에 평범한 사람들이었지만, 나머지 절반은 달랐다. 후자는 1만 시간이 넘게 불교 명상을 수행해온 사람들이었다.

열 패드가 피부에 닿을 때 명상 수행자들과 대조군은, 고통 강도가 최대 10단계라고 할 때 7단계 조금 넘는 강도로 똑같이 고통을 경험했다. 그러나 연구진이 실험 참가자들에게 고통 때문에 얼마나 힘들었는지 물었을 때 두 그룹의 답변은 대조적이었다. 고통을 다루는 일에 초보인 그룹은 명상 수행자들에 견줘 두 배나 더 괴로워했다. 두 그룹은 똑같은 강도로 고통을 느꼈는데도 반응이 전혀 달랐다.

명상 수행자들의 뇌파를 들여다보니 그 이유를 알 수 있었다. 피험자들의 뇌에서는 괴로움을 느끼기 이전부터 반응이 일어났다. 열 패드가 몹시 뜨거워질 것을 예상한 초보자 그룹에서는 감정을 처리하는 부위인 편도체에 불이 들어오며 위험이 닥치리라는 신호를 보냈다. 이에 비해 명상 수행자 그룹은 편도체 반응이 적은 편이었다. 고통을 느끼기 이전부터 두 그룹은 전혀 다른 방식으로 앞으로 닥칠 경험에 대비했다. 한 그룹은 비상경계 태세가 되어 위기상황에 대비했다. 또 한 그룹은 괴로운 상황에 직면할 것을 알았지만 경계경보를 울리지 않기로 했다.

기능성 자기공명영상 장치를 분석한 결과 명상 수행자 그룹은 피부에 뜨거운 열 패드가 닿자 고통에 빠르게 적응하며 고통의 강도를 차츰 약하게 느꼈다. 반면에 초보자 그룹은 고통을 점점 더 강하게 느꼈다. 명상 수행자 그룹이 고통을 느끼지 않는 게 아니었다. 이들은 다른 방식으로 반응했다. 뇌에서 경보를 울리는 대신에 다른 경로를 이용해 이 낯선 감각을 다루었다. 명상 수행자 그룹은 뇌섬엽 부위를 활성화했다. 이 부위는 우리가 경험하는 감각 자극의 의미를 인식하는 기능과 관련이 있다. 수행자들은 명상 훈련을 통해 고통을 느낄 때 바로 당황하지 않고 그 감각을 다루는 법을 익혔다. 이들은 고통이라는 감각을 무시하거나 억누르지 않고 고통을 수용하면서 견디는 법을 알았다.

명상 수행자 그룹이 자신이 경험한 느낌을 표현한 답변을 분석하니 이들은 고통을 이겨냈다거나 굳세게 버텨냈다고 말하지 않고 고통에 연연하지 않으니 고통의 강도가 약해졌다고 묘사했다. 명상 수행자 그룹은 "고통을 그대로 수용하는 능력이 훨씬 뛰어났고, 고통에 어떤 의미도 부여하지 않았다." 명상 수행자들은 어찌 된 까닭인지 "불쾌한 자극에 뇌가 반사적으로 반응하지 않도록 유연하게 조절할 수 있는 능력"을 개발했다고 연구진은 결론지었다. 다시 말해 명상 수행자들은 자동으로 반응할 법한 상황에서도 신중하게 대응하는 법을 알아낸 것이다. 보통 사람이라면 대체로 경계경보를 울렸을 통증 신호를 이들은 약간 따가운 수준으로 재평가했다. 이들은 자극에 곧바로 반응하지 않고 대응하는 방법을 알았다.

우리는 괴롭고 힘들 때마다 감정에 매몰되어 허둥대는 경우가 많다.

고통이 느껴지면 곧바로 고통에 수반하는 감정을 보일 때가 많다. 강인함이란 기계적인 반응에 결박당하지 않고 선택지를 늘려가는 일이다. 이는 곧 명상 수행자들이 자극에 대응하는 방식을 배우고 익혀야 한다는 뜻이다. 고통을 밀어내려고 애쓰기보다 외부 자극과 반응 사이에 자신을 관찰할 공간을 생성하면 현재 벌어지는 상황을 견디며 올바른 길을 찾을 수 있다. 이때 우리는 자신이 실수하고 나서 짜증이 나지만 그렇다고 남들에게 성질을 부릴 필요는 없음을 깨닫는다. 회사에서 잔뜩 시달려 불만이 있을지라도 그 불만을 사랑하는 가족에게 풀지 않고도 해소할 수 있음을 배운다. 선수는 불안감이나 두려움이 유발하는 감정이 어떤 느낌인지 경기 전에 긴장할 때 느끼는 초조함이 무엇인지 구별할 수 있게 된다. 우리는 자극에 반응하는 방식을 바꿀 수 있다.

우리 뇌에는 자극을 처리할 때 주로 활동하는 부위가 두 개 있다. 첫째, 앞서 언급한 편도체다. 편도체는 경계경보 시스템이자 좋든 나쁘든 스트레스를 유발하는 자극을 해석하는 기능을 담당한다. 수도승과 명상 수행자만이 보통 사람과 다른 편도체 반응을 보이는 것이 아니다. 요가 숙련자도 고통스러운 자극을 느꼈을 때 밀려드는 감정을 능숙하게 누그러뜨렸다. 편도체는 우울감이나 불안을 느낄 때 민감하게 반응하는데, 보통 사람 중에서도 혐오스러운 사진을 보거나 고통스러운 자극을 받을 때 감정 조절에 능숙한 사람은 다른 사람보다 편도체 부위 활동이 감소하는 것으로 나타났다.

둘째, 위협 요소를 보면 경보부터 울리는 편도체에 맞서 균형을 잡아주는 부위인 전전두피질이 있다. 편도체가 불안감을 유발해 과제 수행 능력을 떨어뜨린다고 할 때 전전두피질은 감정 반응을 조절하고 임무 수행 능력을 유지한다. 최근 예일대학교 연구진은 실험 참가자가 먹이사슬 컴퓨터 게임을 하는 동안 충격을 받을 위험이 있을 때 뇌가 어떻게 반응하는지 살폈다. 실험 참가자는 충격받을 것을 예상하고 강한 스트레스 반응을 보였지만, 전전두피질이 편도체와 상호작용한 덕분에 피험자들은 실험 내내 일정한 수행 능력을 유지했다. 피험자들의 뇌는 감정을 조절할 수 있었고 주의를 딴 데로 돌리지 않았다. 전전두피질(및 관련 영역)이 흥분한 편도체를 진정시켜 경보를 울릴 필요가 없다고 판단하기 때문이다. 최신 연구에 따르면, 사람마다 감정 조절 능력에서 차이를 보이는 이유는 대부분 편도체와 전전두피질 사이의 상호작용 여부에 기인한다.

수도승이 감정을 조절하는 과정에 고도로 단련된 사람이라면 번아웃 증후군으로 고통받는 사람은 수도승과는 다른 쪽 극단에서 살아간다. 이 책을 읽는 당신도 후자에 속할 가능성이 크다. 번아웃 증후군은 대부분의 서구 국가에서 전염병처럼 퍼져 있으며 설문조사를 보면 미국 노동자의 76%가 이로 인해 심각한 영향을 경험한다. 항상 무기력하고 의욕이 없으며 불만이 가득한 것이 전형적인 증상이다. 번아웃 증후군을 겪으면 힘든 상황에 대응하는 방식이 바뀐다. 앞서 언급한 명상 수행자들이 경험한 것과 유사한 스트레스 상황에 놓일 때 번아웃 증후군을 겪는 사람의 신경계는 정반대로 반응한다. 이들의 뇌 영상을 보면 편도체가 과도하게 반응하고 전전두피질과의 상호작용이 약하게 나타난다. 경보 시스템인 편도체와 경보 반응 제어 시스템인 전전두피질 간의 연결성이 약해져 있는 탓에 전전두피질이 일찌감치 개입할 수가 없다. 번아웃 증후군은 명상 수행과는 정반대로 반응하게끔 우리 뇌를 길들인다. 소용돌이치는 감정을 제어할 장치 없이 과민하게 경계경보를 울리는 상태가 된다. 오늘날 근무 환경은 내면의 세계를 통제하지 못하는 방향으로 우리를 길들인다.

압박감이 심한 챔피언십 대회에서 심리를 조절해 기량을 제대로 펼치는 선수가 있는가 하면 그러지 못하는 선수가 있는데, 그 차이점도 편도체와 전전두피질의 연결성으로 어느 정도 설명이 가능하다. 다른 이유도 있지만, 스트레스와 불안이 높아져 우리 몸에서 아드레날린과 도파민을 과도하게 분비하면 전전두피질의 기능이 떨어진다. 지나치게 각성한 상태가 지속해 전전두피질이 제 기능을 하지 못하면, 원시적인 반응을 보이는 편도체가 지휘봉을 넘겨받을 여지가 생긴다. 경기를 앞두고 극심한 수행불안으로 이성이 마비된 듯한 상태를 경험한 사람은 이때 내부에서 일어나는 변화가 무슨 느낌인지 안다. 결정적인 순간에 강한 선수는 스트레스와 피로가 증가해도 전전두피질의 기능을 그대로 유지한다.

치열한 경쟁 속에 살아가는 선수들이나 번아웃 증후군에 노출된 사람들은 자신이 하는 일에 인생 성패가 걸려 있다고 생각한다. 사람들은 어려움을 이겨내려고 열심히 노력하고 또 그 과정에서 자기를 개발하고 좋은 성과를 올리고 싶어 한다. 자신이 바라는 목표를 달성하려면 주당 80시간을 일하며 강인하게 버티는 것만이 해답처럼 보인다. 그러나 현실에서 사람들은 자신을 속이고 있다. 스트레스와 피로를 무시한 채 번아웃 증후군에 걸릴 정도로 열심히 일하는 것은 우리 뇌가 생각을 멈추도록 단련하는 행위나 마찬가지다. 이렇게 되면 어려움을 견디며 자신이 나아갈 길을 찾아가는 능력을 상실하게 된다. 현재에 주의를 집중하고 정확히 평가하는 것만이 뇌가 평정심을 찾는 길이다.

위스콘신대학교 연구진은 열 통증 실험만으로 부족했는지 숙련된 명상 수행자들을 대상으로 스트레스 강도를 더 높여 실험을 진행했다. 연구진은 명상 수행자들이 동시에 두 가지 스트레스 요인을 경험하도록 설계했다. 먼저, 심리학자들이 개발한 트리어 사회 스트레스 검사Trier Social Stress Test: TSST를 실시했다. 이 스트레스 검사는 대중 앞에서 공개 연설하는 사람들에게 가장 악몽 같은 순간을 재현한 실험으로 피험자는 자신이 하는 연설을 혹평하고 조롱하기만 하는 평가단 앞에 서야 한다. 두 번째로 연구진은 피험자들의 몸에 캡사이신을 발라 스트레스 요인을 가중했다. 고추 속에 든 캡사이신 성분은 발열 작용을 일으킨다. 연구진은 신체적 스트레스와 사회적 스트레스를 결합한 실험에서 코르티솔 호르몬 수치를 파악해 스트레스 반응을 추적하고, 명상 수행자의 몸이 캡사이신에 어떻게 반응하는지 염증 반응을 추적했다. 피험자들을 진 빠지게 만드는 실험을 진행하며 뇌를 관찰한 결과 명상가들은 코르티솔 분비와 염증 반응을 모두 억제하는 것으로 나타났다. 이 실험은 명상 수행자가 스트레스에 반응할 때 심리뿐 아니라 생리 현상에도 변화가 있었음을 분명히 보여준다.

연구진은 또 한 가지 흥미로운 현상에 주목했다. 명상 수행자들은 스트레스나 불안감, 고통이 심해질 때 이를 견디기 위해 자기 자신을 속이거나 현실을 벗어나 특별한 체험 상태에 들어간 게 아니었다. 명상 수행자들은 자신이 경험하는 현실을 피해 주의를 다른 데로 돌리지도 않았고 현실로부터 자신을 분리하려고 애쓰지도 않았다. 명상 수행자들은 현실을 그대로 받아들였다. 명상 수행자들의 생리 현상 데이터와 자가 보고 데이터를 비교한 연구진은 수행자들이 인식한 현실이 실제 현실과 거의 일치한다는 사실을 확인했다. 반면, 대조군은 왜곡된 인식을 보였다. 대조군이 보여준 감정 반응은 생리 현상 데이터가 나타내는 실제보다 과장되게 나타났다. 명상 수행자들은 대조군보다 자신이 경험하는 스트레스를 더 정확하게 평가했으며, 이 같은 인식 덕분이기도 하겠지만 감정을 조절하는 능력이 뛰어났다. 명상 수행자들은 "내면 상태를 더 정확하게 인식했고 자신이 느낀 생리 신호를 설명하는 표현에서도 대체로 감정이 실리지 않는 편이었다."

숙련된 명상 수행자들은 고통뿐만 아니라 다른 감정을 다루는 문제에서도 나를 비롯한 보통 사람들과 차이를 보인다. 심리학자이자 《명상하는 뇌Altered Traits》의 저자 리처드 데이비드슨Richard Davidson이 연구한 바에 따르면, 뇌의 경보 시스템인 편도체는 스트레스 요인에 독특하게 반응한다. 편도체는 위험 신호가 들어오면 5초에서 8초쯤부터 급격하게 활동이 증가하다가 다시 5초쯤 지나 위험 신호가 잦아들면 평소대로 돌아간다. 감정 반응과 관련해서 평범한 사람이라면 경보를 울리고 편도체 활동이 증가하는 초기 반응에 주로 관심이 많을 것이다. 그러나 연구진은 편도체의 초기 반응뿐 아니라 편도체 활동이 평소 수준으로 돌아가기까지 얼마나 오래 걸렸는지에도 관심을 보였다.

100명이 넘는 참가자를 대상으로 실험한 결과 편도체 활동이 평소 수준으로 돌아가기까지 걸린 시간에 따라 참가자들이 자신의 환경을 어떻게 평가했을지 예측할 수 있었다. 편도체 활동이 평소 수준으로 돌아가기까지 오래 걸린 사람일수록 무표정한 얼굴을 보고서도 화난 얼굴이라고 평가할 가능성이 컸다. 그뿐 아니라 신경질적인 반응을 보일 가능성도 더 컸다.

심리학자들은 이 현상을 감정의 관성이라고 부른다. 뇌에 영향을 미친 감정이나 감각을 떨쳐내지 못하는 상태를 의미한다. 나쁜 감정이나 생각이 늘어나 편도체가 민감하게 반응할수록 그 영향력이 오래 남는다. 동료가 자신을 비방하는 말을 듣거나 학우들이 모두 보는 앞에서 교사에게 혹평을 들었을 때 느낀 감정이나 생각은 오래도록 사라지지 않고, 몇 시간이고 또는 며칠이고 머리에서 맴돌며 재연되곤 한다. 앞서 언급했듯이 나쁜 생각이 꼬리를 물고 일어나 감정의 소용돌이에 빠진다거나 어느 순간 심신이 무너지는 현상 또는 공황의 여파가 지속하는 상태를 일컫는다. 이 상태에서 감정은 특정 방향으로 우리를 끌어당기고 떠민다. 우리는 반응을 통제하지 못하고 나쁜 생각이 꼬리를 물고 일어나는 상태에 이른다. 감정의 소용돌이에 빠지면 감정의 관성 탓에 스트레스를 일으킨 실제 사건에 제대로 대응하지 못한다.

숙련된 명상가들이 실제 스트레스 강도에 거의 일치하는 스트레스 반응을 보였다는 연구 결과와 감정의 관성이라는 개념을 함께 고려할 때 한 가지 사실이 분명해진다. 수도승이나 요가의 달인 또는 명상 수행자는 실제 경험하는 현실대로 반응한다는 사실이다. 이들은 스트레스 상황에서 적절하게 반응하고 그 반응이 제 역할을 다하도록 놔둔다. 이들과 달리 평범한 사람은 실제 스트레스 요인뿐 아니라 그것에 대한 불안한 예측과 그로 인해 발생하는 반향에까지 반응한다. 설상가상 이런 경험을 학습하거나 지속할 경우 다음번에는 이 같은 반응이 더 강해진다. 데이비드슨은 《에즈라 클라인 쇼The Ezra Klein Show》에서 이 점을 요약했다. "어떤 면에서 보통 사람은 스트레스를 받기 전과 받는 동안 그리고 받고 나서도 고통을 겪으니 세 배나 더 고통을 겪는다. 반면에 장기간 명상을 수련한 사람은 고통스러운 자극이 들어올 때 그 순간에만 반응한다."

신경과학은 역사가 짧아서 변화무쌍한 편이지만 자극과 반응 사이의 연결고리를 약화하는 개념은 그 역사가 수천 년 전으로 거슬러 올라간다. 이 연결고리를 알아차리는 원리는 고대 불교 수련법에서 핵심을 구성한다. 불교에서는 생각과 느낌에 가치 판단을 내리지 말고, 감각과 경험을 있는 그대로 받아들이라고 가르친다. 불교의 명상 수행은 복잡한 머릿속에서 일어나는 내면의 작용을 우리가 다스리도록 돕는 데 중점을 두었다. 최근에는 스티븐 코비Stephen Covey와 빅터 프랭클 같은 작가들이 자극과 반응 사이에 자신을 관찰하는 공간을 생성하는 전략에 어떤 이점이 있는지 강조한 바 있다.

자극과 반응 사이에 공간을 생성하는 방법은 우리 모두 배울 수 있다. 이는 처음 감각과 감정 반응 이후 그 관성 때문에 반향을 일으키는 나쁜 감정을 끊어내는 데 유용한 도구다. 어려움을 만났을 때 아무것도 아니라는 듯 자신을 속이고 무조건 뚫고 나가는 건 진짜 근성이 아니다. 고통을 견디며 해결 방법을 찾아 나가는 방법이야말로 진정한 근성을 기르는 길이다. 느낌이 일어나고, 내면에서 논쟁이 벌어지고, 과도하게 흥분하는 단계마다 우리는 어떻게 반응할지 경로를 수정할 수 있다. 자극과 반응 사이에 공간을 생성하는 방법은 자극에서 반응으로 진행하는 기존의 익숙한 패턴을 교란하는 작전이다. 다시 말해 느낌이 일어나고 과도한 흥분으로 이어지기까지 그 속도를 늦추는 전략이다. 의식에서도 또 무의식에서도 이 전략을 사용해 경계 수준을 낮추거나 내면 대화를 진행하는 시간을 번다면 심신이 급격하게 무너지는 순간에 이르지 않는다.

이 연구 결과에서 주의할 점은 이 실험이 수십 년 동안 명상을 수행한 사람을 대상으로 이루어졌다는 점이다. 우리는 대부분 명상에 그만한 시간과 열정을 들일 여유가 없다. 다행히 연구진이 관찰한 바에 따르면 나흘 정도의 마음챙김 훈련만으로도 나쁜 감정을 줄일 수 있다. 마음챙김 명상 외에도 자극과 반응 사이에 공간을 생성하는 기술을 연습할 시간은 많다. 운동할 때나 공포영화를 볼 때, 또는 책상에서 작업할 때도 카페에서 바리스타에게 말을 걸 때에도 이 기술을 연마할 수 있다.

자극과 반응 사이에 공간을 생성하는 원리는 극도로 힘든 환경, 이를테면 여섯 살 아이들이 가득한 교실에도 적용되는 개념이다. 내 아내 힐러리가 처음 1학년 교사를 맡았을 때 미국 학교에서는 행동 클립 도표를 사용해 아이들을 지도했다. 아이가 나쁜 행동을 하면 녹색에서 노란색 그리고 빨간색 쪽으로 클립을 옮겨 도표만 보면 아이가 얼마나 잘못했는지 누구나 볼 수 있게 했다. 힐러리는 말한다. "그 도표는 효과가 없었어요. 도움이 되기는커녕 아이들 기분만 상하게 했죠. 그렇지 않아도 신경이 날카로운 아이에게 분노와 죄책감, 부끄러움까지 느끼도록 만들었으니까요. 행동 도표를 보면 아이들은 으레 성질을 부렸죠."

　최신 과학과 심리학 이론을 행동 관리 분야에 적용함에 따라 학교에서 아동의 행동을 관리하는 접근법에 변화가 생겼다. 이제 학생이 못된 행동을 하거나 지침을 따르지 않으면, 힐러리가 설명한 바로는 다음과 같이 해야 한다. "먼저 아이에게 물어요. '다시 해보지 않을래?'라고. 그런 다음 아이에게 선택권을 줍니다." 이때 아이는 잠시 자신의 행동이나 실수를 생각하고 나서 자신의 문제행동을 교정할 시간을 갖는다. 교사는 학년 내내 이런 방식으로 아이들이 문제행동을 교정하도록 지도한다. 학생이 문제행동을 교정하고 나면 교사는 더는 그 일을 문제 삼지 않는다. 힐러리는 말한다. "사람은 다들 실수하기 마련이에요. 실수하는 건 괜찮아요. 원점으로 돌아갈 선택권을 주는 것은 자신의 감정을 곰곰이 생각해보고 다시 올바르게 행동할 기회를 주는 겁니다. 아이들은 밀려드는 여러 감정에 익숙지 않고, 그럴 때 어떻게 하면 좋을지 아직 잘 몰라요. 감정을 어떻게 처리하면 좋을지 생각할 시간과 여유를 줘야 합니다." 그래도 나쁜 행동을 계속한다면 어떻게 할까? "두 가지 선택지를 줍니다. 예컨대, 자기 책상에서 숙제할지 아니면 내 책상에 와서 숙제할지 선택하라고 해요. 지금 이 자리에서 스스로 문제행동을 교정할지 아니면 쉬는 시간에 나와 함께 문제

행동을 교정할지 선택하라고 하는 거죠. 아이들에게 선택권을 줘서 아이들이 통제감을 느끼도록 해요. 그러나 어디까지나 허용되는 범위 안에서 행동하도록 교사로서 지도합니다. 아이들이 무턱대고 '싫어요' 라고 억지를 부릴 수는 없어요."

학교에서 현대 심리학의 행동 교정 방법론을 채택한 이후에도 아이들은 여전히 말썽을 피우고 실수를 저지른다. 그러나 아이들은 배우고, 적응하고, 성장하는 중이다. 이전과 비교할 때 아이들이 막무가내로 성질을 부리고 화를 내며 큰소리 지르는 일이 감소했다. 힘들고 어려운 일이 있을 때 어떻게 해야 하는지 여섯 살 아이들을 가르칠 때도 느낌과 반응 사이에 공간을 만들어 감정을 조절하는 법과 선택권을 부여하는 방법이 매우 중요하다는 사실을 우리는 다시 확인했다.

실존주의 심리학자 롤로 메이Rollo May는 《창조를 위한 용기The Courage to Create》에서 우리가 가고자 하는 길이 무엇인지 본질을 꿰뚫는다. "인간이 자유로운 존재이려면 자극과 반응 사이에서 멈추는 힘이 있어야 하고, 그 멈춘 사이에 자신이 원하는 방향으로 반응을 선택할 수 있어야 한다." 나는 사람들을 지도할 때 느낌과 반응 사이에 공간을 만드는 일에 이름을 붙여 조용한 대화를 나누는 능력이라고 부른다.

강인함의 핵심

실제 경험하는 현실대로 반응해야 한다. 우리는 대부분 실제 스트레스 요인뿐 아니라 스트레스가 남긴 반향에도 반응한다. 강인한 사람은 현실을 정확히 인식하는 법을 배우고 과민하게 반응하지 않고 적절하게 반응하도록 자신을 통제한다.

내가 신출내기 장거리 육상선수였을 때 고통을 다루던 방법은 불편한 감각을 무시할 만큼 무시하다가 더는 무시할 수 없으면 그다음부터는 꾹 참고 견디는 것이었다. 초기에는 이 방법이 꽤 효과가 있었다. 전국 고교 선수 중에서 가장 빠른 축에 들었던 나는 고통을 참고 달리는 요령을 알아냈다고 생각했다. 그러나 이 방법은 심신에 심각한 부작용을 남겼다. 나는 지쳐서 쓰러질 때까지 달렸고 경기를 마치고 나면 거의 매번 구토했다. 고통을 참고 달리는 것을 강인함의 징표라 여기고 나 자신을 대견하게 생각했다. 경쟁자들보다 훨씬 더 가혹하게 자신을 몰아붙이고 있다는 사실이 뿌듯했다. 그러나 이 방법은 지속가능한 방법이 아니었다. 시간이 흐를수록 감정이 메말라버려서 경기 도중에 어려운 고비가 와도 이를 극복하기 위해 끌어다 쓸 감정 자원이 남아 있지 않았다. 피로감이 몰려오자 달리는 속도가 줄었고 나는 속수무책으로 다른 선수들이 앞질러 나가는 모습을 지켜보아야 했다.

성인이 된 이후 역행성 성대 운동장애와 씨름하는 동안 나는 만약 이 질병을 이겨낸다면 정신력을 키울 방법을 다시 모색해야 한다는 사실을 깨달았다. 우리가 불쾌한 자극을 받을 때나 부정적인 자기 대화가 시작될 때 이 문제를 다루는 네 가지 전략이 있다.

1. 회피하기 또는 무시하기

2. 맞서 싸우기

3. 받아들이기

4. 재평가하기

초기에 내가 사용한 해결책은 1번과 2번을 결합한 전략이다. 무시할 수 있을 때까지 무시하다가 맞서 싸웠다. 이것을 나는 불도저 전략이라고 한다. 그 시절에는 강인한 정신력을 기르는 기본 전략이었다. 불굴의 의지력으로 고통을 이겨내야 한다. 그러지 못하면 나약하다는 의미다. 나약한 인간이라는 딱지가 붙지 않으려면 온몸으로 장애물을 들이받고 돌파해야 하기에 기적이라도 일어나서 몸이 상하지 않기를 바랄 수밖에 없다. 불도저 전략은 구시대에 강인함을 기르는 방법론의 기초가 되었다. 그런 까닭에 폴 브라이언트 감독은 불볕더위도 아랑곳하지 않고 지옥 훈련을 강행했고 선수들의 경기력이 떨어질 때마다 고함을 치고 욕을 퍼부었다. 나도 십 대 시절에 그랬지만 여전히 많은 이들이 불도저 전략이 최고라고 믿는다. 그러나 앞서 살핀 대로 있는 그대로의 나를 인식하고 진정으로 강인해지려면 네 가지 가운데 3번과 4번 전략이 토대가 되어야 한다.

불쾌한 자극을 무시하거나 억누르기로 선택할 경우 먼저 우리는 그 불쾌한 감각이나 생각에 주의를 기울여야 한다. 이렇게 주의를 기울이는 노력 자체가 우리 뇌에는 이 감각이나 생각이 중요할 수밖에 없다는 신호다. 우리가 적극적으로 고통을 밀어내거나 무시하려고 애쓸수록 오히려 고통이 증폭한다. 우리 뇌는 감정의 관성에 따라, 처음에 중요하다고 인식한 신호를 증폭하고 이제 고통을 잊고 앞으로 나아가야 한다는 새로운 메시지를 전해도 받아들이지 못하기 때문이다. 자기 자신에게나 타인에게 "진정해" 또는 "그냥 잊어버려"라고 조언해 본 사람은 이 현상을 익히 잘 알고 있다. 무시하고, 회피하고, 억누르는 전략은 역효과를 낸다.

무슨 감각이나 생각이든 그 경험을 알아차리고 받아들인다고 해서 그 감각이나 생각이 우리를 지배할 힘을 갖는 게 아니다. 사실은 우리가 의식적으로 알아차림으로써 생각이나 감각이 우리를 지배할 힘을 잃는다. 연구 결과에 따르면 불편하거나 괴로운 감각과 생각을 있는 그대로 받아들이는 훈련을 실천할 때 그것들을 다룰 수 있는 유리한 고지에 서게 된다. 이때 우리 뇌는 감각을 느끼는 즉시 자동으로 경보를 울리던 반응성을 낮춘다. 감각을 있는 그대로 받아들이면 공간이 만들어지고, 우리는 그 공간에서 감각이 흘러가도록 가만히 놔둘 수도 있고 다른 관점에서 인식하고 재평가할 수도 있다.

나 역시 운동 경력이 쌓이고 감각을 있는 그대로 받아들이는 법을 배우면서 훈련 내용도 경기 내용도 바뀌었다. 지쳐 쓰러질 때까지 달릴 투지를 조금이라도 더 끌어내려고 경기 전마다 나를 억지로 각성시킬 필요가 없어졌다. 그 대신 경기하다가 피로감이 느껴지면 이 감각과 대화를 나누었다. 예전에는 힘들고 피로한 느낌이 들면 정면으로 맞서 싸울 태세를 갖춰야 한다는 신호로 인식했다. 바뀌고 나서는 내 몸 상태를 확인하는 피드백 정보로 인식한다. 피로감은 내 몸이 부단히 노력하고 있음을 알리는 신호이고, 내 몸의 연료가 떨어지기 시작했음을 알리는 신호다. 전에는 통증이 증가하면 당황하거나 두려움을 먼저 느꼈고 이대로는 결승선을 통과하지 못하리라고 걱정했다. 바뀌고 나서는 주의를 기울일 신호와 그냥 흘려보낼 신호를 구분하며 경기를 풀어갈 수 있었다. 아킬레스건에서 날카로운 통증이 느껴지면 부상 가능성을 떠올렸고, 넓적다리에서 묵직한 느낌이 들면 근육이 부풀어 오른 상태에 불과하다고 판단했다. 예전 같으면 "젠장! 아파 죽겠어. 하지만 넌 강인한 남자야. 고통쯤은 참고 뛰어야지!"라는 목소리가 들렸겠지만, 바뀌고 나서는 차분한 내면의 대화가 이어졌다. "점점 불편해지네. 괜찮아. 아픈 게 당연한 거야. 잘못된 거 없어. 예상한 일이야. 팔에 힘을 빼고 주의를 집중하자." 선불교 고수로 변신해 고통이나 불안감을 느끼지 않는 경지에 도달한 게 아니다. 내가 느끼는 피로감과 고통, 괴로움은 차이가 없었다. 머릿속의 악마는 사라지지 않았고 여전히 나타나서 나더러 포기하라고 소리쳤다. 예전과 달라진 점은 힘들거나 괴로운 느낌이 들 때 습관처럼 자동으로 당황하지 않도록 나를 제어하는 기술을 익혔다는 사실이다. 잠시 내 마음을 들여다보는 그 틈으로 인해 모든 게 달라졌다. 이것이 내가 말하는 조용한 내면의 대화다.

조용한 대화가 하는 역할은 피로감이 찾아올 때 바로 당황하지 않도록 자극과 반응 사이에 공간을 만들어 내면세계의 속도를 늦추는 것이다. 조용한 대화를 나누면 성급하게 가치 판단을 내리지 않고 어려움 속에서도 차분하고 조용하게 올바른 길을 찾아 나가는 능력을 기른다. 조용한 내면의 대화를 나누면 경기하는 도중에 느끼는 스트레스, 피로, 포기하고 싶은 충동을 다스릴 수 있다. 또는 치열하게 논쟁하는 도중에 치미는 분노, 두려움, 실망감을 다스릴 수 있다. 자극과 반응 사이에 공간을 넓힐수록 꼬리를 물고 일어나는 나쁜 감정을 차단할 기회를 더 많이 얻는다. 감정이 소용돌이에 빠지는 대신 힘들어도 위로 올라가는 길을 선택할 힘이 생긴다.

조용한 내면의 대화를 나눈다고 해서 스트레스와 불안감의 영향에서 완전히 벗어나는 것이 아니다. 그러나 모든 상황을 고려해 더 나은 의사결정을 내릴 수 있다. 자신과 조용한 대화를 나누는 법은 이론상으로는 어렵지 않다. 나쁜 감정이 일어나고 마음이 혼란에 빠질 때 잠시 멈추고 자기 자신과 대화를 나누면서 내면세계와 외부 환경에서 들어오는 정보에 귀를 기울이고, 세상이 돌아가는 속도에 휩쓸리지 않는 것이다. 이는 자극에 맞서 싸우지 않고 그 경험을 정상적인 경험으로 수용함으로써 가능하다. 자신에게 중요한 정보를 제공하는 신호로 경험을 재인식할 수 있는 공간에 머문다면 앞으로 어떻게 반응할지 스스로 선택할 수 있다.

조용한 대화를 나누면 관찰 공간이 생겨서 자신의 경험을 다른 관점에서 해석하거나 특정 방향으로 유도하거나 방향을 바꿀 수 있다. 모든 경험이 자신과 조화를 이룬다. 조용한 대화가 무엇인지 기초 이론을 알아보았으니 이제 이 능력을 어떻게 개발할지 살펴보자. 두 가지 단계가 있다.

1. 공간 만들기: 홀로 마음에 머물며 시간을 보낸다.
2. 마음 고정하기: 자동으로 반응하지 않고 대응하는 능력을 기른다.

침대와 화장실이 서로 인접한 작은 방에 홀로 앉아 있다고 생각해
보자. 다른 오락거리는 없다. 창문조차 없어서 시간이 얼마나 흘렀는
지 짐작할 수도 없고, 오직 한 줄기 빛이 방안을 비출 뿐이다. 당신은
온종일 비좁은 공간에 앉아 자신과 대화를 나누는 일밖에 할 일이 없
다. 지금 당신 머리에 떠오른 곳은 어디인가?

당신을 온종일 홀로 가두는 방법은 두 가지가 있다. 하나는 어둡고
조용한 방에서 명상에 전념하며 휴가를 보내기 위해 몇백 달러를 지
급하고 들어가는 명상 센터다. 다른 하나는 교도소 독방이다. 전자의
경우는 내면세계를 "청소"하고 "마음을 고요하게" 하여 "인체의 자연
회복력을 높여 우리 몸에 놀라운 휴식을 선물한다"라고 선전하는 심
리치료 센터다. 후자의 경우는 잘못을 처벌하는 곳으로 심신을 진압
하는 데 목적이 있다. 당신을 통제하는 사람이 누구이고, 교도소에서
용납되지 않는 행동이 무엇인지 보여주기 위함이다. 하나는 깨달음을
얻도록 안내하는 경험이고, 다른 하나는 제정신을 유지하기 힘들 만
큼 가혹하게 몰아붙이는 경험이다. 하나는 고립으로 인한 공황 상태,
외상후 스트레스 장애, 기억 및 인지 기능 약화를 비롯해 오래도록 정
신적 손상을 남기는 경험이다. 다른 하나는 연구 결과가 보여준 대로
인지력을 높이고, 꼬리를 물고 일어나는 근심과 생각의 고리를 끊고,
긍정적인 방향으로 행동 변화를 유도하는 경험이다. 두 곳 모두 우리
가 평소에 힘들어하는 일을 억지로 하게 만드는 공통점이 있다. 바로

홀로 마음에 머물며 시간을 보내는 일이다.

자유가 제한되는 환경이 아니어도 우리는 쉽게 마음에 머물지 못한다. 심리학자 티모시 윌슨Timothy Wilson이 수행한 연구에서 사람들은 전화기도 없고 친구도 없고, 주의를 돌릴 만한 물건이 전혀 없는 방에 혼자 갇혔다. 그곳에는 의자와 탁자가 있고 그 탁자 위에는 버튼이 달려 있다. 실험 참가자들은 버튼을 누르면 고통스러운 전기충격이 뒤따를 것이라는 주의 사항을 들었다. 선택지는 두 가지뿐이었다. 무료함을 받아들이고 그저 사색하며 시간을 보내든지 아니면 버튼을 눌러 전기충격을 가해 고통을 느끼며 시간을 보내는 것이다. 여기서 합리적인 선택이 무엇인지는 꽤 분명했다. 탁자의 버튼 따위는 잊고 잠시 홀로 생각하며 시간을 보내는 것. 쉽고 간단한 일이었다. 그러나 실험 참가자들의 행동은 예상을 벗어났다. 참가자 가운데 남자는 67% 그리고 여자는 25%가 15분간 홀로 생각하며 시간을 보내는 쪽이 아니라 자신을 괴롭히며 시간을 보내는 쪽을 선택했다. 한 사람은 15분 동안 무려 190회나 버튼을 눌렀다. 평균 4.7초마다 스스로 전기충격을 가했음을 의미한다.

홀로 마음에 머무는 기술은 강인함을 기르는 기초 단계다. 그리고 사람들은 대부분 이 일을 끔찍하게 싫어한다. 홀로 가만히 머릿속을 들여다보면 느낌이나 생각의 강도가 증폭하고, 그 영향력도 몇 배로 증가한다. 부정적인 생각을 반추하다가 나쁜 감정의 소용돌이에 빠질 가능성이 커진다. 해결책은 꽤 간단하다. 홀로 마음에 머무는 일에 익숙해져야 한다.

독방에 갇혀서 시간을 보내라고 제안하는 게 아니다. 앞서 독방 사례를 잠깐 언급했지만, 좋은 것도 지나치면 독이라는 말이 있다. 통제가 가능하고 자신이 얼마든지 벗어날 수 있는 수준으로 스트레스를 이용하면 홀로 마음에 머무는 일에 적응하도록 훈련할 수 있다. 그러나 명상 센터에서 조용하게 휴가를 보내는 일이라도 어떤 사람에게는 견디기 어려운 괴로움이 되기도 한다. 준비가 안 된 사람은 이 정도의 고립만으로도 급성 격리 증후군을 겪을 수 있고, 심각하게는 정신 질환으로 이어지기도 한다. 다행히 우리가 내면세계를 다스릴 법을 배우기 위해 자신을 극단적으로 격리할 필요는 없다. 체육관에 가서 처음 운동할 때 180kg 중량부터 들어야 하는 게 아니다. 전기충격을 택할지언정 홀로 사색하기를 거부한 사람들을 보면 알 수 있듯이 사람들은 자기 마음을 조용히 들여다보는 능력이 형편없으므로 5kg짜리 덤벨부터 시작해도 충분하다.

운동할 때 대다수가 하는 일이 있다. 바로 음악 감상이다. 운동시간은 홀로 마음에 머무는 연습을 하기에 더없이 좋은 시간이다. 우리 의식은 장시간 너무 많은 감각을 받아들인다. 운동시간은 잠시나마 내면세계에 귀 기울이기에 적합한 시간이다. 그러나 우리는 대부분 내면에서 벌어지는 혼란으로부터 주의를 돌리고 싶어 한다.

고등학교 시절 브리타니 곤잘레스Britani Gonzales는 올스타 농구선수이자 지역 육상대회 800m 종목에서도 우승을 차지한 이력이 있다. 휴스턴대학교에 입학한 후로는 장거리 육상에서도 두각을 드러냈다. 브리타니도 운동할 때 음악을 듣곤 했다. 여유 있게 달릴 때는 확실히 음악이 도움이 되었다. 음악은 괴로운 감각에서 주의를 돌리는 효과가 있었다. 그러나 달릴 때 힘들어지면 사정이 달라졌다. 브리타니는 말한다. "몸이 괴로워지기 시작하면 음악 때문에 내면의 대화를 통제하기가 어려웠어요. 정신이 산만해지고 경기 리듬이 흐트러지더니 결국은 달리기 속도가 떨어졌어요. 호흡 소리라든지 바닥을 차는 소리를 들을 수가 없어요. 팔 움직임이 음악 리듬과 어긋나고, 몸 상태를 주시하다가도 어느덧 풍경에 주의를 빼앗기곤 해요. 가볍게 달릴 때 필요한 기술과 그만 포기하고 싶다는 생각이 간절할 정도로 힘들게 달릴 때 필요한 기술은 전혀 달라요."

음악에 주의를 빼앗기면 우리 뇌는 다른 피드백을 받지 못하게 된다. 당신도 일할 때 이런 현상이 일어나는 것을 경험했을 테다. 음악을 듣거나 팟캐스트를 듣는 일은 이메일에 답하는 정도의 단순 업무를 처리할 때는 도움이 될지 모르지만, 집중해서 과제를 완수해야 할 때는 음악이 수행 능력을 떨어뜨린다. 고도로 집중력을 발휘해야 할 때는 멀리서 조용하게 들리는 음악조차도 감각 처리에 과부하를 초래한다. 노력하지 않고 할 수 없는 일이라면 그 일에 온전히 집중해야 한다. 이런 이유로 장거리 운동선수는 홀로 마음에 머무는 능력을 키우기 위해 헤드폰을 벗어 던진다.

우리의 주의를 빼앗는 문명의 이기가 늘어가고 우리는 갈수록 홀로 사색하고 성찰하는 능력을 잃어간다. 내면의 자아가 낯설어지면 우리는 자아가 하는 말에 과민하게 반응한다. 내면의 세계를 읽고 이해하는 능력을 상실함에 따라 내수용 감각을 알아차리는 능력도 감소한다. 마음챙김 관련 서적과 팟캐스트 그리고 관련 앱이 급증하는 현상은 사람들이 이 능력을 상실하고 있음을 증명한다. 내면의 자아를 상대할 일이 갈수록 줄어드는 산만한 세상에서 사람들은 해결책을 찾는다. 우리가 마음을 들여다보며 자기 생각과 감각을 살피는 법을 연습할 때 부정적인 자극에 매이지 않고 흘려보내는 능력도 향상한다.

마음을 챙긴다는 것은 알아차리는 것을 뜻한다. 이것은 불교 명상만을 의미하지 않는다. 브리타니는 달리면서 몇 시간이고 자기 마음에 머무는 역량을 키웠다. 음악 없이 오롯이 자신에게 집중했다. 달릴 때마다 명상 상태를 유지한 것은 아니지만 시간이 지나면서 자연스럽게 주의를 집중하는 능력을 길렀다. 호흡에 집중하는 일부터 시작해 몸 상태 그리고 내면의 대화에 의식을 집중하다가 마지막에는 아무 생각 없이 뛰었다. 브리타니는 감각과 생각, 경험하는 모든 것에 편안해졌다. 임상 심리학자들은 감각 차단 탱크 같은 장치를 이용해 몸에 들어오는 모든 자극을 제거함으로써 불안감을 줄이고 내수용 감각을 알아차리는 능력을 끌어올리기도 한다. 지나친 긴장감으로 "수행 붕괴" 현상을 겪는 선수들을 지도할 때면 나 역시 이들의 인지 감각에 변화를 주었다. 농구선수라면 슈팅 연습을, 골퍼라면 퍼팅 연습을 어둠 속에서 연마하도록 주문했고, 선수들이 자신의 내면세계를 알아차리고 그 메시지를 귀담으며 해결책을 찾아가도록 도왔다.

우리는 운동할 때뿐만 아니라 저녁 식사 준비나 설거지, 애완견과 산책하기 같은 일상 활동에서도 마음챙김 능력을 키울 수 있다. 머릿속에 떠오르는 감각과 생각에 주목하되 어떤 의미를 부여하거나 가치판단을 하지 않는다. 외부 자극과 내수용 감각 정보에 귀를 기울이거

강인함의 힘 : Do Hard Things

나 무시하는 법을 배운다. 호흡에 집중하고 내면의 대화가 어떻게 바뀌는지 눈여겨본다. 짜증을 내던 내면의 목소리는 어느덧 저녁 식사 때 먹을 음식을 떠올리며 즐거워하는 목소리로 변했을 것이다.

마음챙김 연습의 효과를 과학적으로 입증하는 연구도 이어졌다. 알아차림이라는 역량을 키우면 편도체를 비롯해 "감정 조절 네트워크"가 활성화된다. 위스콘신대학교 연구진은 실험 참가자들이 공포 자극을 의식하고 알아차리는 행위가 감정 조절 능력을 향상하고 편도체와 전전두피질 간의 상호작용을 높여 이후 바람직한 행동 반응으로 이어진다는 사실을 발견했다. 우리는 앞서 두 부위의 연결성이 중요하다는 사실을 자세히 살폈다. 심리학자 레지나 라파테^{Regina Lapate}와 동료들도 이 사실을 발견했다. "자극에 이어지는 반사적인(생리적) 반응과 가치 판단을 내리는 행동 사이에 알아차림이라는 행위로 인해 그 연결고리가 끊어진 것으로 보인다." 우리가 항상 의식하며 신호를 알아차리고 대상에 주의를 기울여야 하는 것은 아니다. 사실 시간이 지나면 이 과정은 대부분 무의식적으로 이뤄진다. 그렇지만 알아차리는 능력을 기르기 위해서는 먼저 의식적으로 주의를 기울이는 훈련을 해야 한다. 알아차림의 원리는 우리 마음이 어디를 향하는지 의식하고 거기에 주의를 기울이는 데 있다. 이 역량이 커질수록 자극과 반응 사이에 공간이 넓어진다.

조용한 대화를 나누는 능력을 기르기 위한 1단계는 단순하다. 마음에 머물며 홀로 가만히 시간을 보내는 것이다. 산책하다가 또는 푹신한 의자에 앉아서 또는 줄 서서 기다리는 동안에도 할 수 있다. 내면

세계를 통제하라는 의미가 아니다. 그저 내면의 세계에 익숙해지라는 것이다. 따분함이건 노여움이건 어떤 감각이 느껴지든 간에 그 감각을 지켜보면 된다. 생각이 흘러가는 대로 지켜보다가 돌아와 다시 현재에 집중하는 법을 배우면 된다. 너무 많은 것을 하려고 애쓸 필요 없다. 그저 홀로 마음에 머물면 된다. 아주 쉬워 보이지만 가장 중요한 기본이다. 우리는 마음을 들여다보는 일에 익숙해지는 법을 배워야 한다. 자극과 반응 사이에 아무 공간이 없이 반사적으로 핸드폰을 집어 들거나 자극에 이리저리 끌려다니는 사람이 되어서는 안 된다. 사람들이 자극을 다루는 기본 전략은 산만하게 주의를 돌리거나 몸이 전하는 자극을 아예 무시하는 경우가 많은데, 이는 자극과 반응 사이에 잠시 틈도 두지 못하고 수없이 오랜 시간을 보낸 탓이다.

마음에 머물며 가만히 있는 행위보다 이리저리 주의를 돌리는 행위가 훨씬 쉬워서 사람들은 후자에 의존하기 쉽다. 대다수 사람이 혼자 있게 되면 핸드폰부터 집어 드는 것도 이런 이유 때문이다. 약속 장소에서 친구를 기다리거나 광고가 끝나기를 기다리는 동안에도 가만히 마음을 들여다보지 못하고 불편해서 주의를 딴 데로 돌리곤 한다. 우리는 이렇게 몸에 밴 반응을 극복하고 우리를 둘러싼 세계에 주의를 기울이는 법을 배워야 한다.

의식의 영역에 들어오는 느낌과 생각을 가만히 관찰하는 것만으로도 큰 도움이 된다. 산책하러 나갈 때 핸드폰이나 헤드폰을 놔두고 집을 나서면 그 순간부터 마음의 근육을 사용할 수 있다. 그러나 우리가 기르고 싶은 역량이 무엇인지 의식할 필요가 있다. 알아차림의 기술은 의식하기, 주파수 맞추기, 자세히 서술하고 창조하기, 이렇게 세 단계로 나눌 수 있다. 알아차림의 기술은 6장에서 다룬 내수용 감각 능력을 키우는 법과 7장에서 다룬 내면의 목소리와 연계되는 영역이다. 알아차림은 그동안 익혔던 지식을 통합하는 훈련 과정이다. 먼저 의식하기 훈련은 자극이 들어오는 대로 이리저리 주의를 돌리지 않는 법을 익히는 데 도움이 된다. 주파수 맞추기 훈련은 의식적으로 세상에 주의를 기울이는 법 또는 주의를 돌리는 법을 익히는 과정이다. 자세히 서술하고 창조하기 훈련은 내면세계를 살피고 조정할 수 있는 인지능력을 키우는 과정이다. 이 세 가지 훈련을 통해 자극과 반응 사이에 공간을 만드는 법을 익히고 근심이나 괴로움을 마주할 때 적용해보자.

의식하기 훈련: 지루함에 적응한다

1. 주의를 흩트리는 요소가 거의 없는 방에 앉는다. 눈은 떠도 좋고 감아도 좋다.

2. 다양한 감각이 느껴질 테고, 긍정적이거나 부정적인 생각이 일어난다. 의식에 떠오르는 생각을 가만히 의식한다. 그것들에 주의를 집중하지도 말고 밀어내려고 애쓰지 않는다. 의식이 어디로 향하고, 자신이 어떤 것에 관심을 보이는 성향이 있는지 그저 관찰한다.

3. 그만두고 싶거나 핸드폰을 확인하고 싶은 욕구가 느껴지면 그 욕구를 그대로 경험한다. 저항하지 않는다. 시간이 흐르면서 그 욕구가 차츰 사라지는지 아니면 점차 강해지는지 관찰한다. 그 욕구에 맞서 싸우지 않는 것이 중요하다. 의식에 들어오는 감각과

생각을 알아차리되 곧바로 과잉 반응하거나 놀라지 않는 데 이 훈련의 목적이 있다.

4. 처음 목표는 5분 동안 가만히 마음에 머물며 지루함에 적응하는 것이다. 일단 적응이 되고 나면 훈련 시간을 점차 늘려서 15분에서 20분 동안 가만히 마음을 관찰한다.

주파수 맞추기 훈련: 주의를 집중하거나 다른 곳으로 돌린다

1. 주의가 산만해질 때가 있다면 언제인가? 산책이나 조깅, 설거지, 잔디 깎기, 식료품 점에서 줄 서서 기다리기 등 도중에 음악을 듣는다거나 핸드폰 화면을 계속 내린다면 어떤 활동이라도 좋다. 끝까지 주의를 흩트리지 않고 완수하는 것이 목표다.

2. 어디에 주의를 기울이는지 알아차린다. 핸드폰을 확인하고 싶거나 다른 물건을 만지 작거리고 싶은 욕구를 언제 느끼는지 주목한다.

3. 어디에 한눈파는지 알아차렸으면 이제 주의를 되돌려 다시 현재에 온전히 집중하도 록 유도한다. 설거지하는 중에는 그릇을 씻는 일에만 집중한다. 지금 여기서 하는 일 이 자신에게 중요한 과제임을 의식하며 마치 클로즈업하듯이 한곳에 주의를 집중해 현재 수행하는 일에 몰입한다.

4. 이번에는 정반대 방향으로 주의를 돌리는 훈련을 한다. 현재 여기서 하는 일에서 주 의를 돌려 주변 대상으로 시선을 넓힌다. 의식이 산만해지는 것을 허용한다.

5. 이 훈련은 원하는 곳에 주의를 집중하거나 주의를 돌리는 능력을 키우는 데 목적이 있다. 잘하고 못하는 것을 판단할 필요는 없다. 주의력을 통제하는 역량을 기르기 위 해 노력하는 시간이다. 시간이 지나면 중요치 않은 일은 무시하고 중요한 일에 집중 하는 법을 터득하게 된다.

> **자세히 서술하고 창조하는 훈련: 상상력을 이용한다**

1. 조용히 앉아 있을 만한 편안한 장소를 찾는다.

2. 눈을 감고 이를테면 스트레스 없이 한가롭게 숲속을 거닌다거나 등산을 하거나 골프를 치는 모습을 떠올린다.

3. 가능한 한 많은 감각을 떠올리며 그 장면을 자세하게 상상으로 채워 넣는다. 풀잎을 바라보고, 피부를 스치는 바람도 느끼고, 꽃향기도 맡는다.

4. 거듭 강조하지만 어떤 판단을 내리지 말고 그저 경험하는 것이 중요하다. 구체적으로 심상을 떠올리는 훈련을 하면 감각을 느끼고 시각화하는 기술을 기른다. 이 훈련은 내면세계의 감각을 자세히 서술하고 창조하는 능력 그리고 내면세계를 조절하는 인지능력을 키우는 데 목적이 있다.

2단계. 마음 고정하기:
자동으로 반응하지 않고 대응하는 능력을 기른다

뉴질랜드에서 내로라하는 육상 지도자들이 스노우 팜Snow Farm에 있는 한 작은 건물에 모였다. 스노우 팜은 도시로부터 멀리 떨어진 산악지대이며 자동차 제조사들이 혹한의 동계 환경 조건에서 자동차 성능을 검사하는 시험장도 이곳에 있다. 뉴질랜드의 촉망받는 지도자들과 나를 비롯해 미국에서 온 대니 맥키Danny Mackey 코치도 이곳에서 4일간 육상을 주제로 논의할 예정이었다. 뉴질랜드 육상협회Athletics New Zealand에서 경기력 향상 방법을 탐구하기 위해 개최한 행사로서 나는 과거에 참여했던 여느 학회처럼 수많은 대화와 토론을 접하리라고 예상했다. 훈련법과 영양학, 회복 방법에 관해 이야기하고 각 종목에 맞는 컨디셔닝 운동에 관해 세부적으로 토론하는 자리인 줄 알았다.

스노우 팜에서 일어난 일은 예상과 달랐다. 나는 바로 전날 만난 뉴질랜드 코치와 함께 무릎이 닿을 듯 가까운 거리에서 마주 보고 있어야 했다. 뉴질랜드에서 최고의 근력 운동 코치로 꼽히는 에밀리 놀란 Emily Nolan이 우리에게 내린 지시는 간단했다. 의자에 앉는다. 대화하지 않는다. 그저 상대편 눈을 들여다보며 가만히 앉아 있어야만 했다. 주위에서 몇 차례 킥킥 웃음소리가 들리고 곧 침묵이 흘렀다. 우리는 지시를 따르려고 노력했다. 어색하고 불편한 느낌이 감돌았다. 처음에는 긴장을 풀고 싶어 상대의 시선을 회피하고만 싶었다. 몇 분 동안은 다들 긴장해서 상대방 눈을 똑바로 보지 못하고 이마 이쪽저쪽으로 눈길을 옮기다가 이따금 피식거리곤 했다. 참가자들은 자기에게 부여된 과제를 수행하려고 애썼다. 상대방 얼굴에서 어느 한 지점을 정해 쳐다보거나 겸연쩍게 미소 지으며 부담감을 줄여보려 했다.

상대의 눈을 2분도 쳐다볼 수 없으리라 걱정했던 사람들은 시간이 흐르자 그보다 훨씬 더 오랫동안 이 행동을 지속할 수 있음을 깨달았고, 방 안 공기도 바뀌었다. 대응법을 알아냈으나 그다음에는 버티는 게 문제였다. 이 과제를 언제까지 해야 하는지 아무도 몰랐기에 불편함을 극복할 또 다른 수단을 선택해야 했다. 그것은 현재 상황을 받아들이는 것이었다. 3분, 4분, 5분. 시간이 지날수록 사람들 사이에서는 긴장이 완화되고 사람들의 표정도 몸도 풀리기 시작했다. 우리는 낮선 사람의 눈을 바라볼 때 느끼는 어색함에 더는 맞서 싸우지 않았다. 불편함을 순순히 받아들였다. 거의 10분이 지나고 불편함에 익숙해질 때쯤 그만 쳐다봐도 된다는 지시가 떨어졌다. 여기저기서 안도의 숨이 흘러나왔다.

지금쯤 당신은 우리를 불편하게 하는 상황과 강인함 사이의 연관성을 알아차렸을 테다. 방금 말한 사례에서는 불편한 상황에서 불편함을 어떻게 수용하고 해결하는지 그 과정이 잘 드러나 있다. 아무런 판단을 내리지 않고 불편하지 않은 느낌을 일정 시간 흉내 냈을 때 어느덧 우리 마음이 문제에 대항하는 것을 멈추고 불편함을 그대로 수용했다는 것이다. 이는 그 상황에 굴복한다는 의미가 아니다. 불편함을 불편하지 않게 받아들이는 법을 배운다는 의미다.

내가 지도하는 육상선수와 여러 전문가를 대상으로 이 실험을 해보았다. 결과는 다르지 않았다. 이들은 문제에 대응할 방법을 찾을 때까지 상황을 견뎠고 결국 불편한 상황을 그대로 수용했다. 자신을 일부러 불편한 상황에 노출하는 전략을 내가 처음 접한 곳은 육상이나 스포츠 심리학 분야가 아니라 연애 심리학이었다. 심리학자 아서 아론 Arthur Aaron이 진행한 실험이 대표적이다. 아론은 서로 전혀 모르는 남녀 간에 유대감을 형성하기 위해 속내를 드러낼 수밖에 없는 사적인 질문을 서로 던지고 답하게 한 뒤 마지막 4분 동안 상대방 눈을 바라보게 했다. 연구 결과 실험에 참여한 남녀 사이에 친밀감이 증가한 것으로 나타났다. 일부러 곤란한 상황에 빠지게 만들고 그 상황에서 일어나는 감각을 온전히 알아차리게 만든 덕분이었다. 아론의 방법론이 얼마나 효과가 있었을까? 무슨 실험인 줄도 모르고 아론이 설계한 실험에 처음으로 참여한 이들은 이 실험을 마치고 나서 사랑에 빠져 결혼했다.

과학 지식을 흡수하는 데 열을 올리던 이십 대 청년 시절에 이 연구 결과를 접한 나는 첫 번째 데이트 상대에게 이 방법을 시도해보았다. 열정을 가지고 4분 동안 지긋이 상대를 바라보았는데 결과는 그리 좋지 않았다. 사랑을 쟁취하려는 노력은 비록 실패로 돌아갔지만 아무 수확이 없었던 건 아니다. 잘 모르는 사람을 바라보는 행위, 특히 그 사람의 눈을 지긋이 쳐다보는 행위가 참으로 어색하고 불편한 일임을 깨닫는 계기가 되었다. 사람들을 불편하게 만들 새로운 훈련 방법을 알아낸 것이다.

약간의 불편함과 어색함을 유발하는 모든 활동은 자극과 반응 사이에 공간을 만들기 위해 마음의 근육을 단련할 기회다. 신체에 불편함을 유발하는 활동(예, 등을 벽에 대고 의자에 앉은 자세를 유지하기, 손을 얼음 속에 넣기, 숨 오래 참기)을 이용해도 좋고, 두려움을 유발하는 활동(대중 연설, 고소공포증)을 이용해도 좋다. 불안감을 가만히 지켜보는 훈련 방법(핸드폰을 책상에 올려두고 벨이 울려도 받지 않기)을 이용해도 좋다. 어떤 활동을 하느냐보다 그 활동이 유발하는 느낌을 활용하는 게 더 중요하다. 원리는 간단하다. 불안감과 스트레스를 일으켜 한시라도 빨리 벗어나고픈 공간에 사람들을 집어넣는 것이다. 그러고 나서 이 책에서 설명한 기술을 활용해 흔들리는 마음을 고정하고 자극에 곧바로 반응하지 않고 방법을 찾아 대응하도록 한다.

사람들에게 방법을 먼저 가르치고 나서 배운 방법을 적용할 수 있는 상황에 노출해야 한다.

우리 뇌는 패턴을 인식하는 기계다. 따라서 자극과 감정 사이에 또는 감정과 내면의 대화 사이에 또는 어느 특정한 자극과 반응 사이에 단단한 연결고리가 있을 수 있다. 뇌가 특정 감각을 느끼는 순간 곧바로 특정 반응으로 건너뛰면 이는 습관처럼 뇌에 새겨진 경우다. 이를 테면 불안을 느끼면 곧바로 핸드폰을 집어 드는 사람이 있다. 자극과 반응 사이에 형성된 단단한 고리를 끊으려면 둘 사이에 공간을 만들 어야 한다. 일단 공간이 생기면 주의를 돌려 생산적으로 대응할 방안 을 찾을 수 있다. 이것이 조용한 대화가 하는 역할이기도 하다.

부정적인 느낌이나 생각, 감정을 유발하는 상황에 일부러 들어가 마음을 다스리는 기술을 활용해 그 상황에 적응하는 훈련이 필요하 다. 별로 위험하지 않으니 부정적인 반응으로 치달을 필요가 없다고 뇌를 설득하고, 어떻게 대응하는 것이 좋을지 관찰하는 법을 훈련해 야 한다. 현재 자신이 고민하는 문제보다는 일상에서 느끼는 사소한 불편함부터 다루는 법을 익히는 것이 좋다. 자극과 반응 사이에 공간 을 만드는 법, 긍정적인 자기 대화를 나누는 법, 주의를 조절하는 법 을 훈련하려면 실패를 두려워할 필요가 없는 조건에서 불편함을 마주 하는 게 좋다. 지금쯤이면 진정한 강인함을 기르는 훈련이 어째서 구 시대 방식과 그토록 차이가 크게 나는지 이해할 수 있을 테다. 우리가 스트레스에 반응할 때 맞서 싸우거나 도피하는 전략에 의지하면 느낌 이나 감정, 내면의 대화 그리고 행동 사이에 잘못된 연결고리를 형성하기 쉽다. 우리가 자극에 맞서 열심히 싸우거나 무시할수록 우리 뇌는 그것을 중요하게 여겨 다른 선택지를 고려할 힘을 잃기 때문이다.

조용한 대화 나누는 법

1. 감각을 느낀다. 감각에 바로 반응하지 않고 감각을 정보로 해석한다.

2. 생각이 어디로 흐르는지 지켜본다. 떠오르는 생각을 지켜보고 부정적인 생각은 흘러가도록 놔둔다. 긍정적인 내면의 대화가 일어나도록 노력한다.

3. 포기하거나 그만두고 싶은 욕구를 그대로 경험한다. 그만두고 싶은 충동이 느껴지면 여러 전략을 시도하며 그 충동을 해결할 길을 찾는다. 먼저 자신이 느끼는 충동을 알아차린 후에 그 충동에 주의를 집중하거나 주의를 딴 데로 돌려본다. 또는 내면의 대화를 이용해 마음을 다스린다. 여기서 핵심은 그 충동에 맞서 싸우지 않는 데 있다.

4. 경험하는 감각과 그만두고 싶은 충동 사이에 공간을 만드는 것이 목표다. 느낌에 반사적으로 반응하지 않도록 그 사이에 형성된 연결고리를 끊어야 한다.

─── 조용한 대화 기술을 적용해 문제를 해결한다 ───

심리학자 합 데이비스Hap Davis는 2004년 올림픽이 끝나고 정상급 수영선수들을 대상으로 기능성 자기공명영상 장치로 뇌를 관찰했다. 축구나 농구에서 시합 후에 영상을 분석하듯이 수영선수들에게 저조한 성과를 낸 영상을 보여주었다. 자신이 세운 목표 달성에 실패한 경기라든지 올림픽 대표선수 선발전에서 탈락한 경기 또는 단체전에서 도움이 되지 못한 경기를 보여주었다. 수영선수들은 자신이 실패한 경기를 지켜볼 때 편도체에 불이 들어오고 활성화되었지만 운동피질은 그다지 활성화되지 않았다. 선수들의 뇌는 경보를 올리고, 실패와 관련해서 부정적 감정이 증폭하는 반응을 보였다. 이러한 현상을 관찰한 데이비스는 선수들을 간단한 훈련 프로그램에 집어넣었다. 이 훈련 프로그램은 자신이 감정에 어떻게 반응했는지 평가하고 감정을 제대로 이해하여 기존의 반응 경로를 바꾸는 데 목적이 있었다. 이 훈련 뒤에 연구진은 수영선수들에게 기록이 형편없었던 경기 영상을 다시 보여주었다. 뇌를 관찰하니 선수들의 편도체 반응이 달라졌다. 편도체의 활성도가 감소하고 운동피질 부위의 활성도가 증가했다. 선수들이 느낀 변화에 관해 데이비스는 〈타임Time〉과의 인터뷰에서 말했다. "실패한 경기 영상을 시청하는데 부정적 감정이 씻겨나간 것 같다고 하더군요. 이제는 그 경기에 관해 얼마든지 얘기할 수 있고, 그게 어려운 일도 아니라고요."

자신과 조용한 대화를 나누는 법을 익힌 후에는 사소한 일상의 문제부터 시작해 훨씬 중요한 자기만의 문제로 적용 범위를 넓혀가자. 가령, '발표 공포증'으로 고민이라면 먼저 그와 비슷하게 불편함이나 불안함을 불러일으키는 상황에서 조용한 대화를 훈련한다. 이를테면 얼음장 같은 물에 손을 담그는 일처럼 신체에 불편함을 유발하는 방법도 있고, 자신의 민망한 모습을 담은 동영상을 시청하는 일처럼 정신적으로 괴로움을 유발하는 방법도 있다. 내면세계에서 일어나는 감정을 가만히 지켜보면서 올바르게 반응하는 길을 찾아 나서는 것이 목표다. 이렇게 불편함에 적응하고 나서 차츰 구체적인 자신의 문제로 적용 범위를 넓힌다. 가령 동네 카페에서 낯선 사람에게 자신을 소개할 때 느끼는 긴장감에 적응하고 나서 친구나 가족 앞에서 자기 견해를 주장할 때 느끼는 긴장감을 다루도록 한다. 발표 공포증을 느끼는 사람은 이렇게 긴장감의 강도를 점점 높여서 자신이 느끼는 공포를 다룰 수 있도록 연습한다.

일상에서 느끼는 불편함에 적응하는 훈련에서 구체적인 상황에서 느끼는 불편함으로 전환할 때는 자신이 실수한 내용을 관찰하거나 분석하는 것도 좋은 방법이다. 자신의 경기 영상이라든지 발표 영상을 보며 평가하는 시간을 갖거나 친구나 동료와 함께 자신의 영업 활동 보고서를 검토해보자. 어떤 느낌이나 감정이 소용돌이치면 그것을 가만히 지켜보며 알아차리고 제6장에서 설명했듯이 느낌과 감정에 이름을 붙여보자. 그리고 다른 관점에서 감정을 바라보고 오랜 친구가 알려주는 유용한 정보처럼 대하는 법을 익힌다. 자기 문제가 아니라 제삼자의 문제를 관찰하듯 심리적 거리감을 확보하거나 내면의 대화를 나누는 방법도 좋다. 곧바로 반응으로 치닫지 않고 내면의 세계가 움직이는 속도를 늦추며 귀담아둘 느낌과 그냥 흘려보낼 느낌이 무엇인지 결정하는 것이 중요하다. 자신의 실수를 관찰하며 조용한 대화를 나누는 훈련을 하게 되면 수치심에 끌려다니지 않도록 마음을 단련할 수 있다. 부끄러움이나 수치심에 반사적으로 반응하는 버튼을 끄고 감정을 그대로 수용하며 대응책을 모색하는 뇌를 활성화하는 훈련이다. 이 훈련을 하는 동안 불편한 느낌에 맞서 싸우는 자신을 발견하거든

싸우지 않고 뒤로 물러난다. 맞서 싸우는 것은 역효과를 낸다. 마음이 흔들릴 필요가 없으니 경보를 꺼도 좋다고 자신에게 이야기하자.

뇌를 훈련하는 일은 몸을 훈련하는 일과 비슷하다. 쉬운 일부터 시작해 차츰 더 현실적이고 어려운 문제로 나아가야 한다. 상상력을 이용하자. 감정이 소용돌이치며 부정적인 자기 대화가 마음을 장악하는 경우라면 그것이 무엇이든 지금까지 다룬 훈련법을 적용할 좋은 기회다. 그리고 마지막으로 자신이 해결하고 싶은 문제와 비슷한 상황에서 조용한 대화를 나누는 훈련을 한다. 문제에 따라 비슷한 환경을 쉽게 연출할 수도 있지만, 창의적인 발상이 필요할 때도 있다. 여기서 목표는 가능한 한 실제와 똑같은 감각을 느낄 수 있는 상황을 구현하는 것이다. 만약 특정한 상황에서 느끼는 불안감이 문제라면, 유사한 수준의 불안감을 불러일으키는 상황을 찾아야 한다. 자신을 불편한 상황에 몰아넣고 그 상황에서 올바르게 반응하는 길을 찾도록 자신의 마음을 단련하는 방법을 단계별로 살펴보자.

자신의 실수를 지켜보는 훈련

1. 자신이 해결하고 싶은 일이 무엇이든 그것을 수행하는 모습을 찍은 영상을 시청한다.

2. 실수하는 자기 모습을 지켜볼 때 느끼는 짜증 또는 부끄러움에 주목한다. 그런 느낌에 수반되는 감정을 평가한다.

3. 마음에서 일어나는 느낌과 감각을 가만히 알아차린다. 자극과 반응 사이에 공간을 만들고 부정적인 생각의 소용돌이에 빠지지 않도록 한다. 감정에 이름을 붙이고, 심리

적 거리감을 확보하는 등 지금까지 배운 전략을 사용한다. 생각이 어디로 흐르는지 살피고 과민하게 반응하지 않도록 생각의 흐름을 조정한다. 호흡 훈련부터 알아차림 훈련, 주의를 돌리는 방법 등을 활용한다.

문제를 극복할 때 생기는 어둠을 마주하는 훈련

1. 무슨 일이든 실력을 키우는 방법은 연습하고 연습하는 길뿐이다. 자신이 강해지고 싶은 일이 있으면 그 일과 관련된 과제를 정해서 연습한다.

2. 과제를 수행하면서 일어나는 생각이 무엇이든 허용한다. 부정적인 생각이 일어나면 끝까지 따라간다. 이러다 자제력을 잃는 건 아닌가 하는 두려움을 경험한다. 이를테면 중요한 발표를 앞두고 예행연습을 할 때 악마가 나타나 실력이 형편없음을 끝없이 조롱한다면 그 악마와 마주한다.

3. 감정이 마구 추락하는 것을 경험할 때 그 감정의 소용돌이 한복판에서 자신을 꺼내려고 노력한다. 여러 전략을 사용해보며 어떤 전략이 그 순간에 효과적인지 관찰한다. 이때 사용할 대응 전략에 관해서 다음 장에서 자세히 살피겠지만 여기서 몇 가지만 간단히 살펴보자.

   (i) 주의를 조절하기: 필요에 따라 어느 한 부분만 확대해 주의를 집중하거나 또는 해당 대상에서 주의를 돌려 다른 데로 시야를 넓힌다.

   (ii) 이름 붙이기: 느낌이나 경험에 이름을 붙인다. 6장에서 다룬 내용을 떠올린다. 이름을 붙이면 그것들을 통제할 힘이 생긴다. 느낌마다 미세한 차이를 구분하고 명확하게 이해할수록 좋다.

   (iii) 다른 관점에서 바라보기: 상황을 바라보는 관점을 바꿔본다. 예를 들어, 당신은

스트레스를 부정적으로 보는가 아니면 긍정적으로 보는가?

(iv) 목표 조정하기: 자신이 제어할 수 있고 실행 가능한 단위로 목표를 쪼갠다. 장거리 달리기라면 구간별로 실행 목표를 나누고 프레젠테이션이라면 섹션별로 목표를 나눈다.

(v) 목적 기억하기: 해당 과제를 수행해서 달성하려 했던 목적을 기억한다. 그 일을 왜 시작했고, 그것이 왜 중요한지 기억하자.

(vi) 실패 용납하기: 우리는 무언가에 도전할 때 실패가 두려워서 자기방어에 급급할 때가 많다. 실패를 용납해야 자신의 잠재력을 최대한 끌어올릴 수 있다.

평정심 찾기

불교 승려 비쿠 보디Bhikkhu Bodhi는 우뻬카upekkha를 이렇게 설명한다. "우뻬카라는 덕목은 세속의 운이 요동쳐도 마음이 평온한 상태를 일컫습니다. 마음이 어느 한쪽으로 기울거나 치우침이 없고, 자유롭고, 균형 잡힌 상태입니다. 이 마음 상태는 이해의 득실, 명예나 수치, 칭찬이나 비난, 쾌락이나 고통에 일희일비하지 않습니다." 이 개념은 불교에서 매우 중요하기 때문에 불자들이 가꿀 네 가지 덕목(사무량심) 가운데 하나이며, 일곱 가지 지혜(칠각지) 가운데 하나다. 불교에서 우뻬카는 변화를 어떻게 다루어야 하는지, 특히 이 책의 주제와 관련해 말하자면 괴로움을 다루는 방법에 관해 말한다. 우뻬카는 "평정심"으로 번역된다. 옥스퍼드 영어 사전에 따르면 "특히 어려운 상황에서 마음 상태에 변화가 없고, 평온하고, 침착하다"라는 뜻이다.

불교에서만 평정심을 중시하는 것은 아니다. 힌두교 경전에서는 말한다. "오, 침착한 아르주나여 성공과 실패에 집착하지 말고 의무를 다하라. 이러한 평정심을 요가라 부르노라." 스토아 철학에서도 마음이 평정한 상태인 아타락시아ataraxia 개념을 강조한다. 기독교 성서에는 영생하기 위해 고난을 참고 견디라는 표현이 가득하다. 누가복음의 한 구절을 예로 들어보자. "인내하면 너희가 영혼을 얻으리라." 1765년에 감리교 창시자 존 웨슬리John Wesley는 이 구절을 해석하며 이렇게 덧붙였다. "마음을 고요하고 평안케 하십시오. 자신의 주인이 되세요. 불합리하고 소란한 열정에 굴하지 마십시오. 자신의 영혼을 다스린다면 재난을 피하고 온갖 위험으로부터 좋은 것들을 지킬 수 있을 것입니다." 다시 말해 평정심을 지키라는 뜻이다.

이번 장은 수도승과 명상 이야기로 시작해 육상 이야기와 연애 심리학까지 여러 소재를 다뤘다. 이제 처음 시작했던 이야기로 돌아가 마무리하는 것이 좋을 듯싶다. 자극과 반응 사이에 공간을 만드는 것, 그 공간에서 선택지를 늘리며 강인해지는 것 그리고 자극에 곧바로 반응하지 않고 대응 방법을 찾는 것은 모두 평정심의 다른 모습이다. 사람들은 평정심이라고 하면 아무 감정을 느끼지 않거나 억누르는 상태로 착각하는 경우가 많다. 앞서 살폈듯이 깊은 경지에 이른 명상가라도 보통 사람과 똑같이 사랑과 두려움을 경험한다. 다만 그 느낌에 보통 사람과는 다르게 대응할 뿐이다. 흔들리는 마음을 고정하는 능력이 있으면 대응하는 방식을 선택할 수 있다. 그 능력을 가리켜 평정심이라 부르든 조용한 대화라 부르든 상관없다. 혹자는 인내심이라고

도 하고 혹자는 자극에 바로 반응하지 않고 대응하는 능력이라고도 한다. 강인함을 기르는 열쇠는 자극과 반응 사이에 공간을 만들고 어떻게 반응할지 주도적으로 선택하는 데 있다.

스콧 배리 카우프만Scott Barry Kaufman은 저서 《트랜센드Transcend》에서 평정심을 이렇게 정의했다. "관찰하고 알아차리는 능력을 수양하는 것, 맹목적으로 목표를 추구하지 않는 것, 새로운 정보를 끊임없이 받아들이고, 늘 지혜를 구하고, 현실을 정직하게 인식하는 것 그리고 자신의 성장뿐만 아니라 타인과 자신의 성장에 미치는 영향을 끊임없이 관찰하는 것… 살면서 불가피하게 마주하는 스트레스 요인을 따듯하고 열린 자세로 맞이하는 것이다." 평정심과 강인함이 함께 작업할 때 우리가 바라는 목적을 이룬다.

9장
감정의 주인으로 사는 법

"당신 잘못이야!" "아니, 당신이 말하지 않았잖아!" "아니, 말했어!" "일 처리 좀 똑바로 못하겠어?" 가까운 사이에서는 언쟁을 피할 수 없다. 아무리 사람 좋고 느긋한 사람이라도 사랑하는 사람과 치열하게 언쟁을 벌일 때가 있다. 재정 문제나 장래 계획 같은 중요한 사안으로 언쟁할 때도 있지만, 사소한 문제로 다툴 때가 훨씬 많다. 상대가 쓰레기 치우는 것을 깜박해서 또는 가게에서 밀가루 사 오는 것을 잊어버렸다는 이유로 분노와 짜증이 밀려오면 어느새 거실에서 전쟁 같은 싸움이 벌어지곤 한다. 별것 아닌 일이 부정적인 느낌과 감정을 촉발해 어느새 집채만 한 눈덩이처럼 커지면 주변의 것들을 죄다 휩쓸어 버릴 때까지 좀처럼 소멸하지 않는다.

감정에 휩싸인 어른은 마치 유년기로 퇴행한 듯하다. 원하는 것을 얻지 못했거나 몰래 과자를 훔치다가 들켜놓고서 발끈하는 어린아이처럼 군다. 제삼자의 시선에서 볼 때 감정이 폭발한 어른은 떼를 쓰고 성질을 부리는 아이만큼이나 어이가 없다. 부모가 사소한 문제로 화를 내며 싸우는 광경을 목격한 십 대 청소년에게 물어보라. 부모가 설전을 벌이는 동안 아이는 믿기지 않는 표정을 지으며 형이나 동생에게 물을 테다. "엄마랑 아빠가 설거지 때문에 싸우시는 거야? 두 분 진정 좀 하시지. 두 분 다 제정신이 아닌 것 같아." 그러나 치열하게 설전을 벌이는 당사자 눈에는 설거지만큼 중차대한 문제도 없을 테다. 사소한 문제로 시작했을지라도 나쁜 생각과 느낌이 꼬리를 물고 감정이 소용돌이치면 거대한 눈덩이로 변해 산사태를 일으키기도 한다.

감정이 격앙되어 이성이 마비된 듯싶을 때, 우리는 아무것도 못 할 성싶은 상태에 빠지곤 한다. 분노에 사로잡히고 나면 그 감정이 사그라질 때까지 기다리는 것 외에 별다른 선택지가 없다. 육아나 노동 또는 삶 자체가 힘들어 심신이 지치고 한계에 달했을 때 구시대 방식의 강인함으로는 효과가 없다. 감정에 저항하고, 밀어붙이고, 무조건 고통을 참고 앞으로 나가라는 것은 한참 성질을 부리고 있는 부모나 아이, 배우자에게 "진정해"라고 말하는 격이다. 그런 말은 효과가 없을 뿐더러 도리어 화를 키울 뿐이다.

나쁜 감정이 거대한 눈덩이처럼 불어날 때 우리에게는 더 나은 대응 방법이 있다. 사랑하는 사람과 다툼을 벌일 때, 감당할 자신이 없어 회의실에 들어가는 것조차 망설여질 때, 좌절한 나머지 사표를 던지고 싶을 때, 한계점에 다다랐다고 느낄 때도 습관처럼 굳어진 반응과 다른 길을 선택할 여지가 있다.

지금까지 우리는 진정한 강인함을 기르는 방법을 살펴보고, 역경을 견디며 목표를 향해 나아가는 정신자세와 기술을 훈련하는 법을 다루었다. 이번 장에서는 우리가 한계에 다다랐을 때, 그리고 자극에 어떻게 반응하고 대응할지 선택할 여지가 있을 때 어떻게 해야 하는지 그 방법을 살펴보자. 번아웃 위기나 감정의 폭발, 과잉 반응이 불가피해 보일 때 그리고 감정의 눈덩이가 갈수록 몸집을 키우며 맹렬하게 돌진해서 우리를 덮치려 할 때 그 사태를 저지하려면 어떻게 해야 하는가? 눈덩이의 진행 방향을 다른 데로 돌려야 하는가? 눈덩이를 파괴해야 하는가? 아니면 속도를 늦춰야 하는가? 해답은 대응 방법을 배우는 데 있다.

두려움에 대처하는 법

친구들에 둘러싸인 모이스 조지프Moise Joseph와 톰 애비Tom Abbey는 멀리서도 눈에 띈다. 두 사람은 성장 배경이 다르다. 모이스는 아이티 사람이고, 톰은 뉴욕 출신이다. 한눈에 봐도 두 사람은 실력 있는 육상선수였음을 알 수 있다. 모이스는 올림픽 출전 선수였다. 그리고 톰은 올림픽 출전을 준비하는 엘리트 육성 프로그램에서 아깝게 탈락한 선수였다. 두 사람 모두 오랜 시간 보통 사람은 상상도 못 할 수준으로 몸을 단련했다. 이들은 수많은 관중 앞에서 불안감과 스트레스를 극복하고, 기량을 최대로 발휘할 수 있을지 두려움과 싸우며 선수 시절을 보냈다. 두 사람은 위험을 감수하고 모험을 걸었다는 공통점도 있다. 모이스는 최고의 육상선수가 되려는 꿈을 좇아 국적을 옮겼다. 톰은 육상선수로 열심히 살다가 진로를 바꿔 회사를 창업했다. 그러나 공포 체험 실험차 버지니아의 허름한 귀신의 집에 들어섰을 때 두 사람의 심리 상태는 전혀 달랐다.

모이스는 눈에 띄게 몸을 떨며 긴장했다. 실험 참여자들이 귀신의 집에 들어갔을 때 모이스는 덩치에 걸맞지 않게 잔뜩 움츠리며 자기 앞에 있는 사람에게만 시선을 고정했다. 올림픽에도 출전했던 183cm의 육상선수가 귀신의 집을 관람하는 170cm의 여성 뒤에 몸을 숨기려 했다. 어둠 속에서 별안간 좀비가 튀어나올 때면 모이스는 비명을 지르며 허겁지겁 뒤로 물러났다. 출구가 가까워지자 칠흑같이 어두운 방이 나왔고 조바심이 나서 견디지 못한 모이스가 누구라도 들으라는 듯 소리쳤다. "빨리 이동합시다. 빨리요." 그러나 전기톱 소리가 들려오자 모이스는 마치 둑이 무너지듯 더는 두려움을 참지 못하고 출구를 향해 번개처럼 내달렸다. 세계 정상급 속도로 내달리니 귀신 분장한 배우들이 감히 앞을 가로막지 못했다.

반대로 톰은 신명이 났다. 괴이하고 무섭게 분장한 사람들이 어두운 곳에서 갑자기 튀어나오자 톰도 긴장감이 치솟았다. 톰은 귀신 놀이에 흠뻑 빠져들었다. 톰도 모이스처럼 비명을 질렀는데 그 성격은 전혀 달랐다. 그 비명은 겁에 질려서 나온 소리가 아니라 의도적으로 느끼는 공포와 흥분이 뒤섞인 데서 나오는 소리였다. 톰은 눈을 휘둥그레 떴다. 그러나 톰은 한시바삐 출구를 찾아 나서지도 않았고 어떻게든 공포를 이겨내려고 애쓰지도 않았다. 현재를 즐기라는 그 유구한 격언을 충실하게 따르고 있었다. 가짜 핏방울마다 절단된 신체 부위를 볼 때마다 톰은 감정이 고조되었다. 톰은 공포 체험에 온전히 몰입했다.

톰과 모이스는 똑같이 두려움이라는 감정 상태를 경험했다. 그러나 그 감정을 다루는 방식은 전혀 달랐다. 톰은 감각을 자세히 들여다봤고, 모이스는 공포 감정을 줄이는 방식으로 대처했다. 덴마크의 오르후스대학교Aarhus University 연구진은 귀신의 집에서 공포를 체험한 사람들이 두 종류로 나뉜다는 사실을 발견했다. 한쪽이 아드레날린 중독자라면 또 다른 쪽은 겁쟁이였다. 전자는 공포감을 증폭했고 후자는 공포감을 억눌렀다. 공포 체험을 끝마쳤을 때 두 그룹이 느낀 재미와 만족감에는 놀랍게도 별 차이가 없었으나 두 그룹이 공포를 경험한 방식은 사뭇 달랐다. 아드레날린 중독자 그룹은 최대한 자극을 끌어 올려 재미를 느꼈다. 반면에 겁쟁이 그룹은 자극을 최소화하며 거의 비슷한 재미를 느꼈다.

한 그룹은 공포심을 더 끌어올렸고 다른 한 그룹은 공포심을 줄여나갔다. 피험자들이 귀신의 집을 통과하는 과정을 촬영한 영상과 인터뷰를 분석한 연구진은 각 그룹이 공포심 강도를 조절하기 위해 인지 및 행동 측면에서 다양한 기법을 적용한다는 사실을 발견했다. 그런데 연구진이 여러 대응 전략을 자세히 분석하니 특히 주의를 기울이는 방식이 중요한 역할을 하는 것으로 나타났다.

두려움이라든지 괴로움에 직면할 때 우리가 대응하는 방법은 우리가 느끼는 경험과 행동 반응에 영향을 미친다. 주의를 집중해 경험에 깊이 몰입할 수도 있고, 주의를 딴 데로 돌릴 수도 있다. 아니면 "이것은 현실이 아니다"라는 식으로 자신의 경험을 다른 관점에서 바라볼 수도 있다. 이때 대응 방식은 옳고 그른 것이 없다. 자신이 직면한 상황과 목표에 부합하는 방식인지 아닌지가 중요하다. 톰처럼 감각을 증폭하여 두려운 느낌에서 짜릿함을 느끼는 것이 해답일 때도 있다. 반면에 감각을 억눌러 마음이 감당하지 못할 일을 예방해야 할 때도 있다. 스트레스 강도가 증가할 때도 자극에 대처하는 적합한 방법을 쓰면 과제를 수행하기에 효율적인 상태로 뇌가 기능하고 몸과 마음이 균형을 유지할 수 있다.

아드레날린 중독자 그룹이 두려움을 증폭하기 위해 사용한 상위 열 가지 전략에서 최상위 전략은 "그 상황에 집중하는 방법"이었다. 인터뷰에서 피험자들은 "그 안에 있으려" 했다고 진술했다. 그 외 전략으로는 자발적으로 몰입하기, 시각 정보에 주의 집중하기, 귀신 역할 배우가 하는 말과 행동에 몰두하기 그리고 이것은 진짜 현실이 아니라고 상기하기 등이 있었다. 반면에 겁쟁이 그룹은 같은 전략을 거꾸로 적용했다. 이것은 현실이 아니라고 생각하며 그 상황에 몰입하지 않으려고 했다. 시각 정보에 주의를 집중하지 않았고, 주의를 다른 데로 돌리고, 출구에 도달하는 데 집중했다.

상기한 전략은 모두 감각과 정보, 나아가 내면의 대화에 주의를 집중하거나 주의를 돌리는 법과 연관되어 있고 이는 내면의 세계와 외부 세계의 문제를 다루는 데 도움이 된다. 주의력을 조절하는 능력을 키우면 문제를 일으키는 경험을 수용해 해결하거나 또는 무시할 수 있다. 그렇게 되면 괴로움을 쉽게 극복할 수도 있고, 끝까지 버텨내 좋은 성과를 낼 수도 있다. 흔히들 이 전략을 가리켜 "감정 조절" 방법이라고 하지만, 이 명칭은 너무 협소하다고 생각한다. 그동안 이 책에서 살폈듯이 수많은 감각과 감정과 생각이 서로 어우러져 작용하기 때문이다. 감정을 조절하면 감정 이외의 것에도 영향이 미친다.

두려움을 마주할 때 우리는 일부러 위험을 즐기는 사람들처럼 반응할 수도 있고, 아니면 겁쟁이 그룹처럼 반응할 수도 있다. 전자의 경우에는 경험에 온전히 몰입해 두려움을 오락거리로 해석한다. 후자의 경우에는 내면의 세계와 외부 세계에서 들어오는 자극을 적절히 무시하거나 억누르면서 공포를 무사히 통과한다. 어떤 대응 전략을 쓸지 그 선택은 우리에게 달렸다. 일촉즉발의 위기에 몰린다든지 부정적인 감정의 소용돌이에 빠지지 않으려면 또는 전기톱 소리에 놀라서 줄행랑을 친 사람처럼 과민 반응하지 않으려면 적절한 전략을 선택해야 한다.

괴로움에 대처하는 법

1972년도 올림픽 대회에서 마라톤 경기를 치르기 위해 출발선에 섰을 때 프랭크 쇼터Frank Shorter는 꼭 우승을 차지해 새 역사를 쓸 작정이었다. 당시 미국인에게 마라톤이라는 운동은 이상한 괴짜들을 위한 대회였기에 관심을 보이는 사람이 거의 없었다. 42.195km로 마라톤 종목이 최초로 실시된 1908년 이후로 미국인이 이 경기에서 우승한 적은 한 번도 없었다. 당시에는 마라톤이 지금처럼 많은 사람이 참가하는 경기도 아니었다. 마라톤은 신생 스포츠였다. 오늘날 뉴욕에서 마라톤 대회가 열리면 센트럴파크 공원을 가로지르는 선수가 긴 행렬을 이루지만 1970년에 제1회 뉴욕 마라톤 대회가 열렸을 때 참가자는

127명에 불과했다. 1897년에 처음 시작해 오랜 역사를 자랑하는 보스턴 마라톤 대회도 1972년도에 참가한 사람은 1219명에 불과했다. 오늘날 보스턴 마라톤 대회에 참가해 보일스턴 거리로 향하는 이들은 무려 4만 명에 이른다.

쇼터는 출발 신호 이후 2시간 12분 만에 결승선을 통과하며 뮌헨 올림픽 대회에서 금메달을 차지했다. 미국에서는 쇼터의 우승이 계기가 되어 달리기 붐이 일어났다. 그 뒤로 달리기는 선별된 운동선수만 참여하던 운동에서 몇 년 만에 수많은 사람이 참여하는 운동으로 변했다. 마라톤을 비롯해 장거리 도로 경주가 각 도시에서 생겨났고, 관람객까지 수십만 명이 참여해 축제 분위기에서 진행하는 대규모 대회가 폭발적으로 늘었다.

쇼터의 우승과 달리기 붐 덕분에 그때까지만 해도 비인기 종목에 불과했던 달리기 운동에 관한 연구가 이어졌다. 1972년도 올림픽 이후에 뛰어난 과학자들로 구성된 연구진이 세계 정상급 육상선수들의 성공 비결을 풀기 위해 모였다. 운동을 과학적으로 연구하는 일에 앞장선 데이비드 코스틸David Costill, 피터 카바나Peter Cavanagh, 케네스 쿠퍼Kenneth Cooper를 비롯해 여러 학자가 연구에 참여했다. 세계 정상급 선수들을 섭외해 이리저리 탐색하고 실험하는 일이 쉽지 않으리라 판단한 연구진은 〈스포츠 일러스트레이티드Sports Illustrated〉의 작가 케니 무어Kenney Moore의 도움을 받아 선수들을 섭외했다. 무어 역시 1972년도 올림픽 마라톤에 출전해 4위를 기록한 선수이기도 했다. 무어는 생리학, 생역학, 심리학 관점에서 진행하는 실험에 미국 내 최고 선수들이 참여하도록 도왔다. 프랭크 쇼터와 스티브 프리폰테인Steve Prefontaine을 비롯해 다수의 올림픽 출전 선수가 이 실험에 참여했다. 쟁쟁한 선수와 과학자들이 모여 협력한 이 결과물은 이후 한 세대를 이끄는 스포츠 과학의 토대를 마련했다.

두 과학자 윌리엄 모건William Morgan과 마이클 폴록Michael Pollock은 육상 선수의 심리를 분석하는 과제를 맡았다. 마라톤이 대중화되고 많은 이들이 거리로 나와 달리기를 즐기는 사이 달리기는 고독한 운동이라는 인식이 형성되었다. 사람들이 생각하는 마라톤 선수는 점점 커지는 괴로움을 홀로 몇 시간씩 견디면서도 개의치 않는 내향적인 사람들이었다. 모건과 폴록은 쇼터를 비롯해 성과가 좋은 선수들이 경기 중에 느끼는 압박감과 어려움을 어떻게 극복하는지 알아내고 싶었다. 두 사람은 어려운 약어로 가득한 온갖 설문지를 선수들에게 내밀었다. 상태 불안 척도, 신체 지각 검사, 우울 형용사 체크리스트, 기분 상태 점수, 아이젱크 성격검사를 비롯해 여러 검사를 진행했다. 세계 정상급 선수들의 심리를 검토할 기회를 얻은 연구진은 이 기회를 최대한 활용해 이들이 보통 사람과 어떻게 다른지 구석구석 조사했다.

설문조사가 모두 끝나고 모건과 폴록은 다시 인터뷰를 한 시간 진행하며 선수들이 경주하는 동안 느끼는 경험과 스스로 동기를 부여하는 방법에 관해 물었다. 마지막 질문은 이랬다. "장거리 경주나 마라톤 경기 중에 무슨 생각을 하는지 설명해주세요. 달리는 동안 어떤 생각이 떠오르나요?" 자기 분야에서 뛰어난 전문가인 두 사람은 "내면의 감각과 분리하는" 전략을 선수들이 사용했으리라고 추측했다. 다시 말해, 두 시간 넘게 달리는 단조롭고 괴로운 운동이 아니라 딴 데로 주의를 돌려 거기에 집중하면서 기분을 전환하리라 판단했다.

모건과 폴록이 세운 가설은 빗나갔다. 정상급 마라톤 선수들은 주의를 다른 데로 돌리지 않았다. 오히려 내면의 감각에 전념하려 주의를 기울였다. 연구진에 따르면 "선수들은 호흡뿐만 아니라 발바닥, 종아리, 넓적다리에서 일어나는 느낌과 감각 등 몸에 집중했다. 달리는 속도는 자신들이 파악한 몸 상태에 따라 결정했다." 이와는 달리 실험 참가자 가운데 달리기를 취미로 하는 이들은 주의를 분산하는 전략을 선택해 달리는 행위 자체에 거의 주의를 기울이지 않았다. 어떤 이들은 유년기 기억을 떠올렸고, 어떤 이들은 머릿속으로 친구에게 편지를 썼다. 숫자를 세거나 지나치는 풍경에 집중하는 이들도 있고, 속으로 노래를 부르는 이들도 있었다. 이후 수십 년 동안 심리학과 운동 수행력을 다루는 서적에서는 주의를 집중하거나 반대로 주의를 분산하는 관점에서 수행력을 설명하는 견해가 주를 이룬다. 이 원리는 달리기 운동을 하는 사람이나 육상선수에게만 적용되는 것이 아니었다. 주의 집중에 관한 이론은 학습 최적화부터 자존감 함양은 물론, 침실에서의 애정 행위에까지 두루 적용되었다. 전문가는 주의를 집중할 줄 알지만 보통 사람은 집중해야 할 때도 주의가 산만해진다.

주의의 폭을 좁히기 vs 주의의 폭을 넓히기

일에 몰두한 나머지 배우자가 당신의 이름을 불러도 듣지 못하거나 핸드폰 소리나 진동을 놓친 적이 있는가? 작품 활동이나 글쓰기로 고통받을 때 사람들은 주변 세계를 알아차리지 못하는 행복한 몰입 상태에 빠지기 위해 애쓰곤 한다. 다른 일에는 신경 쓰지 않고 자신이 하는 일에만 주의를 집중하고 싶어서다. 반면에 일부러 노력하지 않아도 한곳에만 주의를 집중하는 상태에 빠지기도 한다. 압박감이나 스트레스가 높을 때는 주의의 폭이 좁아져 눈앞의 일만 보게 된다. 비행기가 난기류를 만나 비상착륙을 앞둔 처지에 놓이면 조종사는 주의의 폭이 좁아져, 각종 계기판과 기기를 두루 파악하며 폭넓게 감각을 받아들이지 못한다. 한 연구에 따르면 조종사들 가운데 40%가 난기류 상황에서 착륙하는 동안 시끄럽게 울리는 경보음을 전혀 듣지 못했다. 주의의 폭이 좁아지면 인식 범위도 달라진다. 좌우로 움직이던 눈동자는 바로 앞에 놓인 몇 가지에 시선이 고정된다. 그 몇 가지만이 중요한 세계가 펼쳐지고 그 외에 다른 자극을 모두 차단한다. 조종사들은 이 현상을 가리켜 무주의 난청inattentional deafness이라 하고, 과학자들은 주의의 폭이 축소되었다고 한다.

주의의 폭을 좁히는 방식으로 자극에 반응했을 때 우리가 얻는 이점이 있다. 이 경우 우리는 모든 계산 능력을 소수의 중요한 절차에 집중하게 된다. 느린 와이파이 속도에서 화상회의를 원활하게 진행하기 위해 핸드폰과 태블릿 같은 기기의 인터넷 접속을 전부 끊는 것과

강인함의 힘 : Do Hard Things

마찬가지다. 주의의 폭을 좁히는 방식은 목표 달성에도 도움이 된다. 주의를 산만하게 만드는 요소를 전부 차단하고 가장 중요한 목표를 전면 중앙에 배치하기 때문이다. 자신이 달성할 목표를 재확인하고 주의를 집중할 때 의욕을 고취하는 효과가 있다. 그러나 주의의 폭을 좁힌 채로 너무 오래 머물면 그 외에 유용한 단서나 신호를 놓치게 된다. 뒤로 물러나 더 나은 경로를 살피려고 노력하지 않으면 하나의 경로에만 집착한다. 인지 범위가 축소된 채로 너무 오래 그 상태에 갇히면 사고에 대응하지 못할 확률이 올라가고 수행 능력이 떨어진다. 다른 곳에 문제가 생겼다는 비상 신호를 놓치기 때문이다.

마라톤 선수는 경기 중에 주의의 폭을 좁히는 전략을 쓰고 조종사는 재난을 피할 때 주의의 폭을 넓히는 전략을 쓴다. 그렇다면 배우자와 싸움을 벌이기 직전인 상황이나 업무 압박감에 심신이 무너지는 위기에서 우리는 어떻게 해야 할까? 조종사의 전략을 따라야 할까 아니면 마라톤 선수의 전략을 따라야 할까? 그것도 아니라면 또 다른 전략을 찾아야 할까? 걷잡을 수 없는 감정의 소용돌이에 빠질 위험에 처했을 때 주의의 폭을 좁힐 때인지 아니면 넓힐 때인지 어떻게 아는가? 최신 연구 결과를 보면서 이 질문에 답을 찾아보자.

비행기 조종사가 무주의 난청 현상에서 벗어나 평소대로 수많은 소리와 시각 정보, 신호 등의 감각 정보를 받아들이려면 어떻게 해야 하는가? 좁혔던 주의의 폭을 넓혀야 한다. 미시간대학교 연구진이 실험에 참여한 조종사들에게 비상착륙을 시도할 때 주의의 폭을 넓힐 것을 주문하자 이들의 수행 능력이 눈에 띄게 향상되었다. 주의의 폭을 넓히면 마치 시야를 가리던 차안대를 치워버린 것처럼 주변 세계에 눈을 뜬다. 인지 범위를 넓히면 특정한 의사결정이나 행동에 고정되지 않도록 예방한다. 그뿐 아니라 우리 뇌가 작동하는 방식도 바뀐다.

푹신한 의자에 엎드려 도넛을 먹는 개 사진이 눈앞에 있다. 1분 만에 사진 제목을 지어보자. 이번에는 상상할 수 있는 가장 특이한 새의 이름을 떠올려보자. 또 이번에는 벽돌로 할 수 있는 일을 최대한 많이 생각해보자. 이런 이상한 질문은 과학자가 창의력을 검사할 때 던지는 질문이다. 벽돌의 용도가 특이할수록 좋다. 만약 벽돌로 건물 벽을 세우는 일밖에 떠올리지 못한다면 창의력이 낮은 편이다. 문이 잠긴 차량의 창문을 열 때 벽돌을 쓰는 일은 어떤가? 앞의 답변보다는 조금 낫다. 만약 벽돌을 곱게 갈아서 새로운 스타일의 화장품을 만들겠다고 대답했으면 어떨까? 어떻게 그런 생각을 했는지 질문할 사람은 있어도 창의성을 문제 삼을 사람은 없을 것이다.

주의의 폭을 넓히는 일에는 창의성이 핵심이다. 창의력은 문제 해결의 기초일 뿐만 아니라 진정한 강인함을 기르는 과정에서도 없어서는 안 되는 능력이다. 창의성은 세상을 넓게 보는 눈을 제공해 새로운 길을 열어주고, 습관처럼 굳은 통상적인 경로를 차단한다. 기존의 경로는 힘들이지 않고 쉽게 따라갈 수 있을지 몰라도 결국엔 좌절로 이어질 때가 많다. 출판사에 원고를 보냈다가 20번째로 거절당하는 편지를 받았을 때, 5세 아동 20명과 이성을 잃지 않고 장시간 논쟁을 벌여야 할 때 그만 포기하느냐 아니면 새로운 돌파구를 찾느냐는 약간의 상상력을 발휘하는 데 달렸다.

한 실험에서 연구진이 메릴랜드대학교 학생들에게 창의력 검사와 유사한 질문을 던졌다. 연구진의 목표는 창의력이 높은 학생과 낮은 학생을 구분하는 게 아니었다. 연구진은 학생들의 창의력을 촉진할 수 있는지 알고 싶었다. 연구진은 학생들의 상상력을 끌어올리기 위해 아칸소 지도를 제공했는데, 딱히 영감을 줄 만한 도구로 보이지는 않았다. 연구진은 실험 참가자를 두 그룹으로 나누고 한쪽에는 아칸소주 전체를 살펴보라고 지시했고, 다른 한쪽에는 아칸소주의 주도인 리틀록Little Rock에 빨간색 형광펜을 칠한 지도를 제공했다. 이 단순한 과제를 수행하면서 학생들은 주의의 폭을 좁히거나 주의의 폭을 넓혀 도시 전체를 살폈다. 나무를 살핀 이들도 있고, 숲을 살핀 이들도 있었다. 이후 연구진은 앞서 언급한 창의력 검사 설문지를 학생들에게 건네고 풀어보라고 했다.

전체 지도를 보며 주의의 폭을 확장한 학생들은 다른 그룹보다 더 독특한 답변을 제시했다. 그러나 아칸소주 전체보다 리틀록 도시에 시선을 고정한 학생들의 답변은 그다지 창의적이지 못했다. 말하자면 전자가 벽돌을 갈아 화장품을 만들겠다고 답변한 사람에 해당한다면, 후자는 벽돌을 건물 세우는 용도로만 생각한 사람에 가깝다. 이후 조건을 달리해 여러 유사한 실험이 진행되었다. 가령 한쪽 그룹은 식물의 이파리에 집중하게 하고 다른 그룹은 식물 전체를 바라보게 했다. 실험 조건을 어떻게 변형하든 결과는 일관되게 나타났다. 주의의 폭을 확장하는 과제를 수행한 참가자 그룹은 상상력이 촉진되어 창의적으로 사고했다.

주의의 폭이 축소되면 단순히 상상력만 부족해지는 것이 아니라 부정적 반추가 일어나 우울함을 일으킬 확률이 높다. 7장에서 살폈듯이 내면의 대화가 부정적으로 흐르면 부정적 감정의 소용돌이에서 빠져 제어 불가능한 상태에 빠질 수 있다. 부정적 생각이 꼬리를 물면 내면의 감각 역시 그 부정적인 생각을 지지하는 것처럼 느껴진다. 그러면 자기도 모르는 새에 하던 일을 때려치운다. 글을 쓰려고 책상에 앉아 9시간이나 쉬지 않고 머리를 굴렸지만 한 장을 넘기지 못했을 때, 또는 아이의 조립 장난감에 딸려온 이상하게 생긴 일회용 도구로 3시간 동안 애썼으나 완성할 기미가 보이지 않을 때 다들 포기한 경험이 있을 것이다. 주의의 폭이 좁아지면 다른 선택지나 도구를 모색할 경로를 차단하기 때문에 화가 나거나 기운이 빠진 채로 중도에 과제를 포기하게 된다. 일부 심리학자들에 따르면 주의의 폭이 좁아져 초점이 한곳에 고정되면 부정적 반추가 일어난다. 가령 상사나 동료가 던진 비판 한 마디에 너무 집중하게 되면 그 생각이나 감각에서 벗어나지 못할 때가 많다. 주의의 폭이 좁은 상태에서 반추가 일어나면 부정적 생각과 의심이 증폭하기 좋은 환경이 갖춰진다. 부정적 목소리를 제외한 다른 목소리를 살피거나 들을 수 없는 상태가 된다. 자신이 발표한 내용에 관해 동료가 던진 혹평이 머릿속에서 계속 맴돈다. 자신을 향한 의심이 근거가 없음을 알려줄 감각 정보를 포착하거나 들을 수 없게 된다. 이때 우리 앞에는 자신을 의심하는 목소리 하나만 들리는 세상이 펼쳐진다. 다시 말해 벽돌의 용도를 묻는 창의성 검사를 받는다면 건물 벽을 쌓는 기능 외에는 생각하지 못하는 상태다.

심리학자 바버라 프레드릭슨Barbara Fredrickson도 비슷한 맥락에서 감정을 다루는 원리를 제안했다. 긍정적 감정이 인지능력과 대응 기회를 넓힌다고 설명하고 긍정성을 확장하고 구축해야 한다고 주장한 것이다. 프레드릭슨에 따르면 긍정 정서를 경험할 때 참신한 생각을 떠올리고, 새로운 일에 도전하고, 새로운 경험을 수용할 가능성이 더 커진다. 반면에 부정 정서를 경험하면 가능성을 스스로 제약하는 경향을 보인다. 부정적 감정이 커지면 생각과 행동을 구속하고 분노가 우리를 집어삼키면 선택권이 제한된다. 주의력과 인지능력, 또는 긍정적 감정과 관련해서 드러나는 패턴이 하나 있다. 우리는 선택지를 확장하는 길로 나아가야 하고, 축소하는 길은 피해야 한다.

그렇다면 주의의 폭을 확장하고 축소하는 관점에서 프랭크 쇼터와 정상급 육상선수들을 대상으로 수행한 실험 결과는 어떻게 이해해야 하는가? 정상급 마라톤 선수들은 대체로 주의의 폭을 좁혀 내면의 감각에만 집중하는 전략을 사용했다. 이들은 팔을 앞뒤로 움직일 때와 호흡이 오갈 때의 느낌이 어떤지, 또는 넓적다리에서 느껴지는 피로감에 주의를 집중했다. 그리고 마라톤을 취미로 하는 일반인은 선수들과 반대로 주의의 폭을 넓혀 내면의 감각에서 주의를 분산하는 전략을 썼다. 만약 주의의 폭을 좁히는 방법이 부정적 반추와 우울함과 관련이 있다면, 역사상 적지 않은 정상급 마라톤 선수들이 주의의 폭을 좁히는 전략을 썼다는 사실을 어떻게 이해해야 하는가? 마라톤 선수들의 수행력은 프레드릭슨의 연구 결과와는 상충하는 듯 보이고, 실제로도 상충하는 요소가 있다.

아침에 우리가 눈을 뜨는 순간부터 신체 내부와 외부 세계로부터 매 순간 수많은 정보가 우리 뇌로 쏟아져 들어온다. 이때 우리는 그 정보를 모두 파악할 때까지 기다리는가 아니면 기다리지 않고 대응하는가? 매 순간 쏟아지는 정보와 세상을 이해하는 일과 관련해서 우리 뇌는 하향식과 상향식, 이렇게 두 가지 방식으로 정보를 처리한다. 하향식에서는 뇌가 예측 모드로 작동하기 때문에 이전의 경험과 기대치를 토대로 장차 일어날 일을 예측한다. 하향식에서는 맥락을 중심으로 정보를 처리한다. 강단에 올라 연설하기 전에 가만히 앉아 이름이 불리기를 기다릴 때 두려움과 불안감이 밀려온다면 이는 뇌가 하향식으로 정보를 처리하고 있기 때문이다. 우리 뇌는 아직 청중이나 무대를 보지 못했지만 지난 경험과 맥락에 근거해 앞으로 일어날 상황에 대비한다. 반면, 상향식은 감각 정보를 중시한다. 단서를 찾고 이어서 반응한다. 우리 뇌는 실시간으로 정보를 읽고 상황을 파악한 이후에 반응한다.

이 두 가지 정보 처리 방식은 서로 배타적이지 않다. 그러니까 하향식으로만 정보를 처리하거나 상향식으로만 정보를 처리하는 게 아니다. 우리는 대부분 이 두 가지 방식을 혼용한다. 기존 경험과 맥락을 고려해 예측하는 방식과 내면의 감각 정보를 함께 활용해 가장 일어날 법한 상황을 예측하고 이를 확인하고 그대로 실행하거나 예측을 수정한다. 2020년에 신경과학자 노아 헤르츠Noa Herz, 모세 바Moshe

Bar, 시라 바로어Shira Baror는 우리 뇌의 정보 처리 방식을 하나의 스펙트럼으로 설명했다. 스펙트럼의 양 끝에는 100% 상향식 처리 방식과 100% 하향식 처리 방식이 놓이고, 우리 뇌는 언제나 그사이 어딘가에서 정보를 처리한다. 우리 뇌가 이 스펙트럼 상의 어느 지점에서 정보를 처리하느냐에 따라 우리의 인식뿐 아니라 주의력, 생각, 감정, 행동도 달라진다. 우리 뇌는 두 방식 가운데 상향식 처리 방식과 더 많이 연결되는지 아니면 하향식 처리 방식과 더 많이 연결되는지에 따라 구분할 수 있다. 헤르츠와 동료들은 이 스펙트럼에서 하향식 처리 방식이 놓인 쪽을 주의의 폭이 좁은 상태, 상향식 처리 방식이 놓인 쪽을 주의의 폭이 넓은 상태라고 했다.

뇌가 정보를 처리하는 방식은 접착제와 같아서 인식, 주의력, 생각, 행동, 기분을 모두 결합한다. 주의의 폭이 넓은 상태 쪽으로 이동해보자. 이때 우리 뇌는 다양한 감각 정보에 의지해 대상을 인식하고, 광범위하게 주의를 기울이고, 폭넓게 사고하고, 새로운 것을 탐색하고, 긍정 정서를 느끼는 방향으로 나아간다. 이번에는 주의의 폭이 좁은 상태 쪽으로 이동해보자. 이때 우리 뇌는 숲이 아닌 나무에 주의를 기울이고, 생각이 제한되고, 기존의 경로를 따라 익숙한 선택과 행동 반응을 보이고, 부정 정서를 느끼는 방향으로 나아간다. 새로운 것을 탐색하기보다 현재 상태에 그대로 머물려고 한다.

우리 뇌의 정보 처리 방식과 주의력을 결합한 스펙트럼으로 마음 상태를 이해하면 주의의 폭을 조절하는 전략이 왜 효과가 있는지 뇌과학에 근거해 쉽게 설명할 수 있다. 주의의 폭을 넓히는 과제를 수행했을 때 우리가 더 창의적으로 사고하는 이유도 설명한다. 이는 주의력을 확장했을 때 더 많은 정보가 들어올 뿐만 아니라 우리 뇌가 작동하는 방식까지 바뀌기 때문이다. 이때 우리 뇌는 주의의 폭이 좁은 하향식 정보 처리 방식에서 전환해 주의의 폭이 넓은 상향식으로 정보를 처리하게 된다. 그리고 상향식 처리 방식과 하향식 처리 방식을 혼용하는 비율에 따라 주의력과 생각, 행동, 감정 같은 요소도 함께 변한다. 주의력을 좁히면 우리의 생각과 기분도 그에 따라 달라진다. 전체론적으로 사고할 필요가 있는 과제를 수행해 생각의 폭을 넓히면 나머지 요소도 함께 변한다. 다시 말해 나무가 아니라 숲을 보라는 말은 인생에 도움이 되는 비유에 그치지 않고 실제로 현재 기분을 바꿀 방법이라는 뜻이다.

헤르츠와 동료들이 주장한 마음 상태 이론에 따르면 구시대 방식으로 기르는 강인함이 실패하는 이유도 설명할 수 있다. 구시대 방식은 우리 선택을 제한한다. 앞으로 나가기 위해 무조건 고통을 참고 근성 있게 버티면서 목표를 완주하도록 요구한다. 그리고 실패할 경우 우리는 두 배로 더 열심히 노력해야 한다. 똑같은 경로를 반복하면서 다른 결과가 나오기를 희망해야 한다. 이와 달리 진정한 강인함을 기르는 방식은 마음 상태 이론과 같은 원리로 작동한다. 뇌가 작동하는 방식을 전환함으로써 어려운 일에 도전할 때 수반하는 생각과 감정, 느낌과 상호작용하는 방식에 변화를 준다. 더 열심히, 더 끈질기게 같은 방법으로 노력하는 게 아니라 새로운 길을 시도한다. 상황에 따라 주의의 폭을 넓히거나 좁혀서 뇌가 작동하는 방식을 조절한다.

부정적 반추를 경험하는가? 이때 우리 뇌는 편협하게 사고하고, 주의의 폭이 좁아져 행동 반응을 제한한다. 주의력과 생각, 행동이 서로 영향을 주고받으며 악순환에 빠진다. 이 책 전반에서 나는 부정적 느낌이나 생각의 소용돌이에 빠지는 경험을 자세히 다루었다. 하나의 문제를 반추하기 시작하면 자신이 인지하는 세계가 점점 좁아지고 감정도 달라진다. 헤르츠와 동료들이 옳다면, 우리 마음은 스펙트럼 한쪽 끝으로 이동해 하향식 처리 방식으로만 정보를 처리하는 상태다. 부정 정서와 생각의 소용돌이에 갇혔을 때 우리가 예측하는 미래는 암울할 뿐이다.

주의의 폭이 좁아져 부정적 감정의 소용돌이에 갇혔을 때 어떻게 해야 빠져나올 수 있는가? 무주의 난청 현상에서 벗어나기 위해 주의의 폭을 넓혀야 했던 비행기 조종사와 다르지 않다. 또는 과학자들이 조언한 대로 1인칭 대신 3인칭 시점으로 전환해 관점을 넓히고 문제의 경험으로부터 자신을 분리해야 한다. 주의의 폭을 너무 좁혔다면 주의의 폭을 넓히는 방법으로 대응한다.

상기한 마음 상태 이론에 따르면 "행동에 따라 기분이 바뀐다"라는 말이 어째서 진실인지도 설명할 수 있다. 슬프고 우울할 때 기분을 바꾸려고 해도 잘 바뀌지 않는다. 이때 억지로 기분을 바꾸려 애쓰지 말고 행동을 바꿔보자. 침대에서 일어나 산책이라도 하는 것이다. 그러면 기분이 한결 나아지는 것을 느낄 때가 많다. 행동에 따라 기분도 달라지기 때문이다. 인기 팟캐스터 리치 롤Rich Roll은 이삼십 대 때 마약과 알코올 중독으로 고생했다면서 내게 말했다. "기분이 우울하고 사는 게 재미가 없을 때 나는 억지로라도 몸을 움직입니다. 아주 조금이라도 말이죠. 이렇게 하면 관점을 전환하고 내 몸의 운영체계를 초기화하는 데 도움이 됩니다. 대개는 마음에 구름이 걷히고 다시 태양이 뜹니다."

주의의 폭이 넓거나 좁은 상태는 좋고 나쁨의 문제가 아니다. 주의의 폭을 좁히면 바로 앞에 놓인 일에 집중할 수 있으므로 다음에 일어날 일을 예측하고, 그 일을 감당할 준비를 하는 데 우리가 지닌 모든 자원을 쏟을 수 있다. 한곳에 집중하면 세부 사항을 자세히 파악하고, 눈앞에 있는 목표에 시선을 고정하고 현재의 궤도에서 벗어나게 만드는 외부 힘에 저항할 수 있다. 우리가 주의의 폭을 극단적으로 좁힐 필요가 있는 순간은 대개 매우 짧다. 주의의 폭을 좁힌 상태로 너무 오래 있으면 나쁜 감정의 소용돌이에 빠지기 쉽다. 주의의 폭을 넓히면 더 많은 정보를 받아들이고, 이질적인 생각들 사이에서 새로운 패턴과 연관성을 발견한다. 이때 우리 뇌는 새로운 정보를 탐색할 수 있고, 경로를 빠르게 수정할 수 있다. 그러나 주의의 폭을 넓힌 상태로 너무 오래 머물면 그 환경에서 받아들이는 감각에만 반응하게 된다. 주변 세계를 탐색하는 데 너무 많은 시간을 소비하느라 바로 앞에 놓인 정보와 가능한 대응 전략을 제대로 활용하지 못하는 경우가 발생한다. 수행력이 우수한 사람은 주의의 폭을 넓힐 때와 좁힐 때를 안다. 프랭크 쇼터를 비롯해 정상급 마라톤 선수들이 익힌 성공 비결이기도 하다.

아래 소개하는 전략 여섯 가지를 활용하기 위해서는 먼저 언제 주의의 폭을 조절해야 하는지 알아야 한다. 우리 뇌는 대체로 스트레스에 처하면 주의의 폭이 좁아진다. 단기적 관점에서는 주의의 폭이 좁아야 유리하기 때문이다. 스트레스에 처하면 우리 뇌는 여러 가능성을 탐색하기보다 하나의 목표에 집중한다. 그러나 시간이 지나면 이 때문에 중요한 정보를 놓치기도 하고, 부정적인 내면의 목소리와 감정의 소용돌이에 빠지기 시작한다. 정상급 선수는 신출내기 선수보다 더 오랫동안 주의의 폭을 좁힐 수 있다. 이들은 부정 정서와 곧이어 따르는 부정적 생각을 반추하지 않으면서도 하나의 목표에 시선을 고정하면서 이득을 얻는다. 필요에 따라 유연하게 주의의 폭을 조절하는 기술이 중요하다. 아래 여섯 가지 전략은 각각 분리되어 있지 않고 서로 영향을 주고받는다. 주의를 전환하면 내면의 생각, 기분, 그리고 행동까지 함께 영향받는다는 사실을 기억하자.

1. 시각적 주의: 인물 모드 vs 풍경 모드

하나의 대상에 주의를 집중하고 거기서도 작은 영역에 초점을 맞춰 가능한 한 많은 세부 사항을 포착하자. 말하자면 인물 모드다. 주의의 폭을 좁히면 우리 뇌는 하나의 과제에 집중하기 좋은 상태가 된다. 이와 반대로 한곳에 몰린 초점을 풀고 멀리까지 한눈에 포착하는 것을 가리켜 나는 풍경 모드라고 한다. 주의의 폭을 넓히는 전략이다. 괴로움을 감당하기 힘들 때는 잠시 주의를 분산하는 방법이 부정적인 감정의 소용돌이에서 빠져나오는 데 도움이 된다.

2. 인지적 주의: 기발한 생각 vs 평범한 생각

나는 이 전략을 가리켜 퀴즈쇼 프로그램인 〈발칙한 기부쇼Family Feud〉의 사고방식이라고 한다. 이 방송에서 사회자는 출연자에게 기발한 퀴즈를 내고 (예: 위아래로 움직이는 것 말하기), 출연자는 설문조사에 참여한 사람들이 내놓았을 답변을 맞춰야 한다. 처음에는 엘리베이터처럼 누구나 생각하는 상투적인 답변을 떠올린다. 만약 이 답변이 순위표에서 낮은 순위를 차지한 답변이었다면, 이제는 길거리에서 한두 명이나 제시했을 법한 이상한 답변을 떠올려야 한다. 주의의 폭을 좁히는 방식이 있고 주의의 폭을 넓히는 방식이 있다. 좁게 볼 때 평범한 답변이 나오고, 넓게 볼 때 특이한 답변이 나온다. 전자는 한 가지에 집중하는 데 유리하고, 후자는 창의성과 혁신을 이루는 데 유리하다.

3. 신체적 주의: 행동에 따라 기분도 바뀐다

앞에서 다룬 개념이지만 관련 실험을 하나 더 살펴보자. 한 연구진이 실험 참가자들을 두 가지 자세로 의자에 앉게 했다. 무엇이 나올지 기대하면서 책상에 바짝 가까이 다가와 앉으라고 지시받은 이들은 의자에 엉덩이를 살짝 걸친 채 앉았다. 반면에 책상에서 떨어져 등받이 쪽으로 편하게 기대앉으라고 지시받은 이들도 있었다. 이후에 연구진은 참가자들에게 사진을 분류하는 작업을 부여했다. 등받이에 편하게 기대앉은 사람들은 범주의 폭을 넓게 고려해 창의적으로 사진을 분류했다. 이를테면 자동차와 낙타를 같은 범주로 구분했다. 의자에 살짝 걸쳐 앉은 사람들은 범주의 폭을 좁게 고려했다. 행동에 따라 기분이 바뀌는 것은 물론이고 생각과 인식 등도 바뀐다. 행동에 변화를 주는 방법도 주의의 폭을 넓히거나 좁히는 전략의 하나다.

4. 시간적 주의: 미래를 상상한다

힘든 시기를 보낼 때는 앞으로 6개월 또는 1년 아니면 10년 뒤에 이때 일을 어떻게 기억할지 생각해보자. 먼 훗날 시점에서 현재를 어떻게 생각할지 상상해보면 현재 겪는 고통이 무엇이든 영원하지 않다는 사실을 깨달을 때가 많다. 먼 훗날 시점에서 보면 이 순간은 인생의 다른 순간들과 마찬가지로 잠시 지나는 순간임을 깨닫는다.

5. 언어적 주의

7장의 내용을 기억해보자. 내면의 대화가 일어날 때 호칭을 1인칭에서 전환해 2인칭이나 3인칭으로 바꾸면 거리감을 확보해 자신에게 일어나는 일에 객관적으로 대응할 수 있다. 이 전략은 내면의 대화에만 적용되는 것이 아니다. 2인칭 또는 3인칭으로 일기를 쓰면 감정을 처리하는 데 도움이 된다.

6. 환경적 주의

오늘날 작가들은 작업량을 소화하기 위해 주의를 방해하는 물건이 거의 없고 와이파이도 연결되지 않는 환경에 작업실을 마련할 때가 많다. 작가들은 당장 처리해야 하는 작업에만 집중할 수 있도록 주의를 좁히는 환경을 만든다. 반면에 자연에서 산책하거나 감탄을 자아내는 풍경 사진을 보는 것만으로도 창의성을 촉진한다는 연구 결과가 있다. 이때 우리 뇌는 마주하는 괴로움을 위협이 아니라 도전 대상으로 인식하도록 바뀌고, 스트레스 때문에 지친 심신도 훨씬 빠르게 회복한다. 자연은 우리의 인식을 확장한다. 과제 수행력을 높이는 마음 상태와 행동을 촉진하도록 자신의 환경을 바꿔보자.

억제 vs 조절: 삶과 죽음의 문제에 대처하는 법

2020년 가을, 케이티 아놀드Katie Arnold는 둘째 딸을 낳았다. 3개월 후 아놀드의 아버지가 암으로 세상을 떠났다. 아놀드는 이 힘든 시기를 회상하며 내게 말했다. "산후 우울증과 애도의 감정이 연달아 덮쳤어요. 호르몬이 미쳐 날뛰고 모든 것이 엉망진창으로 변하는 기분이었어요." 잡지 〈아웃사이드Outside〉 편집자였던 아놀드는 아이의 탄생과 부친의 죽음을 겪으며 온갖 감정이 휘몰아치는 폭풍을 맞았다. 아놀드는 회고록《집을 향해 달리다Running Home》에서 이렇게 쓴다. "사랑, 두려움, 분노, 후회, 좌절, 다정함, 부끄러움, 놀라움, 비통함 그리고 경외감까지. 이 모든 감정 중에서도 애도의 감정이 가장 강렬합니다. 그것은 크고 혼란스러운 감정 덩어리입니다. 이 감정은 규정하기가 쉽지 않습니다. 그 깊이는 마치 욕망처럼 바닥을 가늠할 수 없고 그 강도는 마치 환희처럼 선명하고 강렬합니다. 마음을 산산이 찢어놓고 사라진 듯싶다가도 다시 가득 차오릅니다." 불안에 사로잡힐 때 사람은 몸과 마음이 고장 나고 제대로 기능하지 못한다. 아놀드에게 애도의 감정은 그저 감정이 아니었다. 아놀드에게는 그 감정이 몸으로 나타났다. "애도라는 것을 하나의 감정 상태로만 알았어요. 신체적 측면도 있다는 사실은 몰랐어요. 애도의 감정은 통증으로 나타났어요. 뼈마디가 욱신거리고 뭔가에 짓눌린 듯 온몸이 무거웠어요. 어딘가 잘못된 게 아닌지 갈수록 겁이 나고… 이렇게 죽어가고 있다는 확신 같은 게 느껴졌죠"라고 아놀드는 설명한다. 팔꿈치, 복부, 무릎 그 어디서든 통증이 느껴지면 암에 걸렸을지 모른다는 공포에 휩싸였다. 이 상태가 1년 반이나 지속되었다.

사람은 누구나 살면서 소중한 사람의 죽음을 경험하고 그 뒤에 밀려드는 복잡한 감정을 다뤄야 할 때가 있다. 그 일을 겪을 당시에는 아놀드도 몰랐지만, 아놀드가 애도의 감정을 몸으로 느끼고 사랑하는 부친이 겪었던 육체적 고통을 비슷하게 느꼈던 경험은 실제로 그리 특이한 일은 아니다. 아놀드는 어찌할 바를 몰랐다. "어떻게 해야 하는지 도무지 알 수가 없었어요. 암이 아니라고 사람들은 나를 안심시켰지만 소용이 없었어요. 통증을 고치려고 이 방법 저 방법 다 써 봤어요. 조금 나아질 때도 있었지만 대개는 효과가 없었죠. 그런데 달리기만큼은 효과가 좋았어요. 아무도 없는 곳을 홀로 달렸어요"라고 아놀드는 설명했다. "달리면서 혼자 생각할 때만은 두려운 생각에서 벗어날 수 있었어요. 달리기 초반에는 언제나 불안이 극도로 심해져요. 하지만 달릴수록 규칙적인 리듬이 느껴지면서 마음이 안정되고 복잡한 생각이 떨어져 나가며 명상 상태에 들어가요. 그때 내 몸이 약하지 않다는 사실을 깨달았어요. 내 몸은 지혜를 말하고 있었어요. '케이티,

사실 넌 건강해'라고요."

달리기 운동이 아놀드를 구원했다. 달리는 순간에는 두려움도 멈추고 두려움이 일으키는 부정적 반추도 멈추고 머릿속이 고요해졌다. 혼자 달릴 때는 맞서고 겨루는 마음도 사라졌다. "달리기는 잡념이 사라지는 명상과 같아서 걷잡을 수 없이 일어나던 두려운 상상도 잠잠해졌어요"라고 아놀드는 말했다. 달리기는 생각을 비우는 훈련이자 취미였지만 꾸준히 달리기 운동을 한 덕분에 2018년에는 리드빌 100마일(160km) 울트라 마라톤 대회 여자 부문에서 우승을 차지했다.

부모, 배우자, 자식을 여의는 슬픔은 세상에서 가장 견디기 힘든 고통에 해당한다. 제어하지 못할 만큼 애도의 감정이 커지면 우울증과 절망감에 빠진다. 사랑하는 이가 세상을 떠나면 삶에 커다란 구멍이 생기고 이해하기 힘든 복잡한 감정이 밀려 들어온다. 어떤 이는 슬픔의 고통을 꼭꼭 묻어두거나 외면하고 고통을 잊기 위해 일에 매달린다. 또 어떤 이는 자신이 느끼는 감정을 친구나 상담가에게 털어놓고 슬픔을 이겨내려 한다. 애도의 감정을 다루는 일은 마음속에서 울트라 마라톤을 뛰는 일과 비슷하다. 애도, 설움, 두려움 등의 감정을 다루고 조절할 때 주의의 폭을 조절하는 방법 외에 우리는 어떤 대응책을 사용하는가? 감정을 무시하는가 아니면 훌훌 털고 넘어가는가? 감정을 그대로 수용하는가 아니면 감정에 끌려다니는가?

사람들이 감정을 조절할 때 쓰는 방법은 다양하다. 여기에는 주의력을 주로 활용하는 전략과 인지능력을 주로 활용하는 전략 이렇게 두 가지가 있다. 해당 감정에 주의를 집중하거나 주의를 딴 데로 돌리는 방법은 주의력을 조절하는 전략이다. 스포트라이트 조명을 비추듯 하나의 대상에 주의를 집중하면 대상을 둘러싼 감각이 증폭한다. 강렬한 분노를 느낄 때 분노가 커질 시간을 주지 않기 위해 주의를 돌려 우리 뇌가 새로운 작업을 처리하도록 유도할 수도 있다. 상실감을 처리하기 위해 자녀라든지 일에 주의를 집중하기도 한다. 주의를 분산하거나 집중하는 전략은 스포트라이트 조명 위치를 옮기듯이 초점의 대상만 바꾸는 작업으로 인지 자원 측면에서 저비용 전략에 속한다. 주의를 조절하는 전략은 경험 자체를 바꾸려는 게 아니다.

인지능력을 활용하는 전략은 주의력을 조절하는 전략보다 더 복잡하다. 문제의 감정을 억제하거나 재구성하거나 또는 자신과 분리하는 전략이 여기에 속한다. 주의 집중하는 대상을 단순히 바꾸는 전략과 달리 인지 조절 전략에서는 감정에 적극적으로 개입한다. 해당 감정을 다른 관점에서 바라보며 자신이 감당할 수 있도록 재구성하는 방법이 있고, 감각이나 느낌을 누그러뜨리며 억제하는 방법이 있다.

감정마다 적절하게 대응하는 전략을 심리학자들이 찾아낸다면 어떨까? 이를테면 슬픔이라는 감정을 처리할 방법을 찾아낸다면 인류가 입는 혜택은 엄청날 것이다. 만성 무릎 통증 환자에게 재활 운동을 처방하듯 감정이 심하게 동요할 때도 다양한 대응 전략을 처방할 수 있게 된다. 지난 20세기에 관련 연구가 활발하게 진행되었고 과학자들은 이를 바탕으로 감정 처방전을 확정하기에 이르렀다. 예컨대 주의를 집중하는 방법은 부정적 반추로 이어지므로 부적절하고, 감정을 재구성하는 방법이 적절하다고 주장했다. 여러 연구 결과가 이를 뒷받침했다. 너무 오래 자기 생각에 주의를 집중했을 때 피험자들은 부정적 감정의 소용돌이에 빠졌다. 연구가 거듭될수록 슬픔이나 애도의 감정을 처리할 때는 반추가 문제 해결 능력을 떨어뜨린다는 주장이 나왔다. 이와 달리 감정을 재구성하는 전략은 부정적으로 인식한 경험을 긍정적으로 바꾸는 데 효과가 있었다. 불안감을 설렘으로 바꾸거나 실망감을 성장할 기회로 바꾸는 전략은 실패나 애도의 감정을 생산적인 방식으로 다루는 데 유용했다. 실험에 따르면 감정을 다루는 데 유용한 전략이 있는가 하면 도리어 방해하는 전략도 있었다.

살면서 우리가 겪는 많은 문제가 그렇듯 감정의 문제도 그 면면을 자세히 들여다볼수록, 좋고 나쁨의 문제로 간단하게 끝나지 않는다. 2010년 이후 관련 기술의 발달로 감정 조절 문제를 흑백논리로 접근하는 것은 부적절하다는 사실이 드러나기 시작했다. 분노를 느낄 때 그 감정으로부터 주의를 돌리는 전략을 쓰는 일은 말처럼 간단하지 않았다. 감정을 조절하려면 감정의 미묘한 차이를 이해해야 했다. 스탠퍼드대학교의 심리학자 갈 셰피스Gal Sheppes와 제임스 그로스James Gross 연구진은 2011년에 "감정 조절 선택Emotion Regulation Choice"이라는 논문을 발표하고 기존 접근법을 수정할 필요가 있다고 주장했다. "이전의 수많은 연구 덕분에 감정 조절 분야는 비약적인 발전을 이루었다. 그러나 최근 전문가들은 이분법적 관점으로 적응적 방법과 부적응적 방법으로 감정 조절 전략을 도식화하는 작업에 의문을 제기한다." 그로스와 동료 학자들이 문제점을 제기한 이후 이 주장을 뒷받침하는 후속 연구가 이어졌다. 감정 조절 전략을 흑백논리로 구분하는 것은 옳지 않았다. 모든 전략은 효과가 있기도 하고 없기도 했다. 모든 전략은 이점이 있는가 하면 치를 비용도 있었다.

예를 들어 흔히 부적응적 대처로 평가받는 반추 전략을 고려해보자. 부정적 생각을 반추할 때 감정을 조절하는 데 방해가 되는 이유를 이해하기는 어렵지 않다. 반추는 불안감이나 우울증과 밀접한 관련이 있기 때문이다. 그러나 일부 전문가들은 하나의 목표에 주의를 집중해야 할 때는 반추 전략이 도움이 된다는 사실을 알아냈다. 자신에게 중요하고 유익한 목표 하나에 마음과 생각을 고정할 때 반추 전략은 주의가 산만해지지 않도록 예방한다. 이른바 의도적 반추는 단일 목표에 집중해 과제를 수행할 때 실수를 줄이고, 외상 후 성장을 촉진하는 것으로 밝혀졌다. 반면에 여러 목표 간에 순위를 결정하고 전환할 필요가 있을 때는 반추 전략이 별로 효과가 없다.

문제를 악화한다고 흔히 평가받는 또 다른 전략으로 감정을 억제하는 방법이 있다. 적극적으로 감정에 저항할 때 억눌린 감정은 반드시 우리에게 되돌아와서 복수하기 마련이라고 한다. 그러나 전문가들은 상황이 극도로 심각할 때는 감정 억제 전략이 효과가 크다는 사실을 발견했다. 일례로, 배우자와 사별한 뒤에는 부정적인 감정을 억제하는 방법이 장기간 이어지는 애도의 감정을 완화하는 데 도움이 된다. 구획화는 일상에서 우리가 많이 사용하는 감정 억제 전략의 한 형태다. 예컨대 스트레스를 일으키는 감정을 알아차려도 문제의 감정을 다룰 마음의 여유가 생길 때까지 마음 한구석에 던져놓는다. 한동안 미루어둔다는 게 여기서 핵심이다. 감정 억제는 단기 해결책이다. 결국에는 그 감정을 처리해야 한다.

감정을 재평가하는 전략은 가장 효과적인 감정 조절 방법으로 꼽힌다. 그러나 메타분석을 통해 200여 연구를 조사한 결과 이 방법이 도움이 되지 않을 때도 있었다. 가령 감정이 격해진 상황에서는 감정에 집중하고 재구성하는 능력이 흔들린다. 주의를 분산하는 전략과 비교할 때 감정을 재구성하는 전략은 더 많은 인지능력이 요구된다. 주의를 분산하지 않고 한 가지 대상에 집중하되 그 느낌이나 생각에 지배당하지 않아야 한다. 게다가 스트레스나 피로감이 심한 상황에서 문제의 느낌과 생각에 관해 처음에 품었던 인식을 수정하려면 상당한 인적자원을 쏟아야 한다. 낯선 사람에게 걸스카우트 쿠키를 팔기 위해 용기를 내는 정도라면 불안감을 설렘으로 재평가하는 일이 그리 어렵지 않다. 그러나 회의실을 가득 채운 투자자들을 설득해야 하는데 다름 아닌 회사의 미래가 그 발표에 달려 있다면 불안감을 설렘으로 재구성하는 일이 훨씬 어려워진다. 아무리 좋은 전략일지라도 그것을 이용하거나 다룰 능력이 부족한 사람에게는 효과가 없다.

모든 전략이 효과가 있기도 하고 없기도 하다면, 어려운 상황에 직면할 때 이들 전략을 어떻게 이용하고 적용해야 하는가? 사별한 사람들을 조사한 연구 결과에서 해답을 찾을 수 있다. 사별의 슬픔을 꽤 원활하게 처리하는 사람이 있고, 장기간 절망감에 빠져 지내는 사람이 있는데 그 차이를 알아보기 위해 심리학자들이 나섰다. 연구진은 다수의 임상 심리학자를 고용해 최근 3년 이내에 배우자와 사별한 40명의 심리 상태를 평가하도록 부탁했다. 이후 연구진은 슬픔을 대체로 잘 이겨낸 그룹과 복합 비애를 겪는 그룹으로 피험자들을 분류했다. 복합 비애란 자신에게 일어난 일을 받아들이지 못하고, 통상적인 애도 기간 이상으로 외로움을 겪고 인생을 무의미하게 여기는 상태를 일컫는다. 피험자들을 분류한 후에 연구진은 이른바 정서표현 유연성을 검사했다. 연구진은 긍정 정서와 부정 정서를 불러일으키는 다양한 사진을 보여주었다. 이를테면 귀여운 강아지라든지 무너지는 세계무역센터 건물 또는 오물로 뒤덮인 변기 사진 등을 화면에 띄우며 피험자들에게 해당 사진이 불러일으키는 감정을 증폭하거나 억누르거나 또는 아무것도 하지 말라고 지시했다. 감정의 강도를 높이거나 낮추는 데 능숙한 사람일수록 정서표현 유연성이 더 좋았다.

당연한 결과지만 복합 비애로 고통받는 사람들이 정서표현 유연성에서 점수가 낮았다. 감정을 조절하거나 통제하는 일에 관한 한 이들은 무력했다. 감정의 강도를 조절할 힘이 없었다. 반면 슬픔을 이겨낸 사람들은 내면의 경험을 통제했다. 이들은 어떤 감정이 밀려와도 그 감정을 증폭하거나 억제할 수 있었다. 감정 대응 전략을 유연하게 선택하는 사람은 오랜 시간 긍정적인 방향으로 역경에 적응할 수 있다.

높은 성과를 올리는 이들은 대체로 상황에 따라 유연하게 감정에 대응하는 전략을 쓸 줄 안다. 이들은 각 상황에서 요구되는 조건에 따라 다양한 전략을 활용한다. 정상급 마라톤 선수들을 비롯해 애도의 감정과 외상을 극복하며 강한 회복탄력성을 보이는 사람들이 여기에 해당한다. 유연하게 감정을 조절하는 능력은 정신적 외상을 치유하는 일부터 부모 곁을 떠난 대학생이 향수병을 극복하고 삶에 적응하는 일까지 우리 삶과 밀접하게 연계되어 있다. 셰피스와 그로스는 이렇게 말했다. "건강하게 적응했다면 이는 다양한 상황에서 요구되는 조건에 따라 유연하게 대응 전략을 선택하고 감정을 조절한 결과다." 주의 전환, 감정 억제, 감정 재평가, 감정과 분리하기 또는 주의의 폭 조절하기 전략 가운데 좋고 나쁜 전략이 따로 있는 게 아니다. 모든 전략이 상황에 따라 효과가 있기도 하고 없기도 하다.

강인함의 핵심

높은 성과를 올리는 이들은 대체로 상황에 따라 유연하게 감정에 대응하는 전략을 쓸 줄 안다. 이들은 각 상황에서 요구되는 조건에 따라 다양한 전략을 활용한다.

상황에 맞는 유연한 전략

2017년에 나는 대학 선수와 육상 전문 선수를 대상으로, 힘든 순간에 어떤 마음 상태인지 비교하는 연구를 개인적으로 진행한 적이 있다. 혹독한 훈련 기간이나 대회를 치르는 동안 선수들이 어디에 주의를 두는지 알고 싶었다. 앞서 언급한 연구 결과와는 달리 정상급 선수는 내면의 감각에 집중하는 전략 하나에 의존하지 않았고, 성적이 저조한 선수도 내면의 감각과 자신을 분리하는 전략 하나에 의존하지 않았다. 모든 선수가 정도와 횟수만 다를 뿐 두 가지 전략을 다 사용했다.

설문 결과에 따르면 정상급 선수는 경기에서 결정적인 순간에 내면의 감각에 집중하고 몸이 느끼는 것을 세세하게 파악했지만, 그 외의 순간에는 "생각을 비운다"라고 대답했다. 생각을 비우는 방법으로 효과를 본 선수들은 이 전략에 '뇌의 전원을 내리기'라는 이름을 붙이기도 했다. 한 선수가 이 경험을 묘사했다. "저는 바로 앞에 달리는 선수에게 시선을 고정한 채 뇌의 전원을 내리고 한동안 자동운항 상태에 들어가요. 내 몸이 알아서 처리하게 놔두는 겁니다. 달리기가 힘들어서 다시 집중할 필요가 있을 때까지 그렇게 달립니다. 정말로 힘을 쏟아야 할 때까지 힘을 비축하는 거죠."

이들은 한 가지 전략만 쓰지 않았다. 상황에 따라 주의력을 조절했다. 피로감이 커져서 완주할 수 있을지 없을지 불확실성이 커지는가? 그럴 때는 뇌의 전원을 올리고 다시 내면의 감각에 집중한다. 주변에 있는 선수들에게서 전술적 변화 조짐이 보이는가? 이럴 때는 주의를 전환해 다른 선수와 주변 상황에 집중한다. 내가 선수들을 만나 인터뷰하고 조사한 바에 따르면, 좋은 기록을 내는 선수는 경기 상황에 따라 도움이 되는 방향으로 주의를 전환했으며 이들이 사용한 전략은 그 수도 많고 복잡했다. 내면의 감각에 집중하는지 아니면 자신과 분리하는지 그 여부로만 판단할 수 없었다. 최근에 밝혀진 연구 결과도 내가 관찰한 사실을 입증한다.

1975년에 폴록과 모건이 육상선수의 심리에 관해 중요한 연구를 수행한 이래 여러 학자가 스포츠 심리 분야에서 이해를 넓혔다. 존 실바 John Silva와 마크 애플바움Mark Appelbaum은 1988년 올림픽 예선전에서 미국 내 상위권 마라톤 선수 32명을 인터뷰하고 이들이 내면의 감각에 집중하는 전략을 주로 사용하지만, 내면의 감각과 자신을 분리하는 전략도 사용한다는 사실을 발견했다. 정상급 마라톤 선수들은 인터뷰에서 전략을 수시로 바꿔가며 "유동적으로 대응했다"라고 대답했다. 실바와 애플바움은 연구를 마치고 우수한 선수들은 상황에 맞는 전략을 유연하게 채택했다고 결론지었다. 우리는 이제 프랭크 쇼터와 동료 선수들이 마라톤 경기 중에 어떤 방식으로 고통과 위기에 대처했는지 온전히 이해한다.

정상급 마라톤 선수는 강도 높은 스트레스와 피로를 느끼는 중에도 여러 전략을 다양하게 활용하는 유연성을 길렀다. 신출내기 선수가 기본적으로 내면의 감각과 자신을 분리하는 전략에 의지하는 이유는 감각이 너무 강렬해지면 그 감각에 압도당하기 때문이다. 이들은 단시간 감각을 증폭하는 전략이라든지 인지 자원을 많이 할당하는 전략에 능숙하지 못했다. 그래서 어떻게든 버텨내는 일에 자원을 쏟는다. 감각이 너무 강렬해질 때 사람들은 기본적으로 가장 쉬운 길을 찾는다. 주의를 딴 데로 돌리는 전략이다. 이 전략은 인지 자원 측면에서 저비용 전략으로 단기간에 적합한 해결책이다.

반면에 정상급 선수는 통증이나 피로를 느끼는 순간에도, 또는 부정적인 감정이 강하게 들어 괴로운 순간에도 문제의 경험에 주의를 집중하는 전략을 쓸 수 있다. 이들은 내면의 느낌과 생각 또는 감각에 주의를 기울이고도 그것에 휩쓸리지 않는다. 이들은 주의를 딴 데로 돌리라고 내면에서 비명을 지를 때도 문제를 똑바로 집중할 역량이 있으므로 내면의 감각에서 더 많은 정보를 알아내고 현재의 경험을 재평가한다. 감정에 집중할 역량이 부족하면 감정을 재평가할 수 없다. 정상급 선수가 자신의 감정에 집중하는 전략을 신출내기 선수보다 자주 선택하는 데에는 이유가 있다. 이들은 그렇게 할 수 있는 역량을 갖추었다. 가장 힘든 순간에도 훨씬 많은 인지 자원과 노력이 요구되는 감정 조절 전략을 쓰는 것은 이들이 오랜 세월 그렇게 훈련한 덕분이다.

이 기술은 뛰어난 육상선수만 쓰는 전유물이 아니다. 인간이라면 누구나 경험하는 행동 패턴이다. 부모라면 잘 알겠지만, 영유아기에는 아이들이 울고, 화내고, 발작을 일으키며 감정을 쏟아내는 경향이 있다. 아이들은 강렬한 감정을 생산하는 데에는 달인이지만 감정을 조절하는 일에는 초보다. 아이들이 지닌 기술은 감정을 생산하고 보여주는 데 집중되어 있다. 아동 발달 관점에서 보면 미운 두 살을 지나고부터 초등학교에 들어가기 전까지 아이들이 감정 조절 능력을 기르는 시기다.

아이들이 어떻게 감정 조절 능력을 기르는지 살펴보면 이른 시기에 발달하는 능력부터 먼저 눈에 띈다. 6개월부터 아기는 주의 조절 능력이 있음을 드러내기 시작한다. 아기는 괴로움을 유발하는 대상으로부터 시선을 회피한다. 두 살쯤 되면 대응 전략으로 주의를 돌릴 수 있게 된다. 두 살배기 아이는 불편한 감정을 처리하기 위해 다른 물건이나 사람에게 주의를 돌릴 줄 안다. 감정을 재평가하는 전략이나 그 밖의 인지 전략을 사용하는 능력은 이보다 한참 후에 발달한다. 아이들의 뇌파를 측정해 감정 조절 능력을 분석한 두 연구를 살펴보자. 연구진은 아이들이 감정 자극을 재평가할 수 있는지 없는지 그 여부를 조사했다. 부정적인 감정을 재평가하고 그것을 긍정 정서로 변환할 때 우리 뇌에서는 후기양성전위(이후 LPP) 진폭이 감소한다. 이 신경 신호는 우리가 특정 감정에 얼마나 많은 주의를 기울이는지를 나타낸다. 5세부터 7세까지 아동을 대상으로 진행한 연구에서는 뇌파에 아무 변화도 발견되지 않았다. 이는 해당 연령대의 아이들이 공포와 불안을 재평가할 수 없음을 나타낸다. 그러나 8세부터 12세까지 아동을 대상으로 진행한 연구에서는 LPP에 변화가 나타났다. 이는 아이들이 감정을 재평가하는 데 성공했음을 암시한다. 아이들이 감정을 재평가하는 법을 배우는 나이가 6세인지 8세인지는 중요하지 않다. 감정 재평가 같은 인지 전략이 발달하기까지 시간이 걸린다는 사실이 중요하다. 인지 전략은 배우고 익혀야 하는 기술이다. 신출내기 마라톤 선수가 주의를 딴 데로 돌릴 줄 아는 아이와 같다면, 정상급 선수는 인지 능력 관점에서 훨씬 어렵고 복잡한 전략을 쓸 수 있는 역량을 길렀다.

우리는 모두 어린아이였고 내면에서 요동치는 감정을 조절하지 못해 짜증을 느끼고 쉽게 좌절했었다. 진짜 강인함을 얻기 위한 여정은 감정 조절 능력을 기르는 과정과 크게 다르지 않다. 어릴 때 우리가 강인함을 기르는 전략은 하나였다. 안에서 일어나는 일을 웬만하면 무시해버리고 끝까지 버텼다. 그러나 이 전략은 사소한 어려움을 극복하는 데는 도움이 되지만 결국에는 실패한다. 어려운 문제를 만났을 때 소용돌이치는 복잡한 느낌과 감정, 생각을 처리할 방법을 찾아야 한다. 우리가 이 방법을 익히면 내면의 세계에 주의를 기울일 능력을 얻고, 과잉반응하지 않고 감정을 다스릴 수 있고, 더 나은 의사결정을 내리게 된다. 성인이라면 이 능력을 기를 수 있는 역량과 수단을 갖추고 있다.

감정에 대응하는 능력

당신이 몇 명의 친구와 함께 눈 덮인 언덕 위에 있다고 상상해보자. 한 친구가 눈덩이를 만들어서 언덕 아래로 굴려보자고 한다. 눈덩이를 가만히 아래로 밀자 저절로 속도가 붙으면서 덩치가 커진다. 경사를 타고 내려갈수록 크기도 훨씬 커지고 속도도 훨씬 빨라진다. 그런데 당신이 흘낏 내려다보니 언덕 아래 펼쳐진 평원에 한 가족이 평화로이 앉아 있다. 그 가족은 거대한 눈덩이가 굴러오는 사실을 눈치채지 못했다. 당신과 친구들은 대체 무슨 짓을 저지른 것인가? 그 가족을 포착했을 때는 이미 가속도가 너무 붙어서 눈덩이를 저지하기란 거의 불가능하다. 눈덩이 앞을 가로막을 수도 방향을 바꿀 수도 없다. 이쯤 되면 당황해서 아무 생각도 나지 않는다.

언덕에서 굴러떨어지는 눈덩이 이야기와 연관 지어 진정한 강인함이 무엇인지 생각해보자. 우리의 감정과 생각, 느낌은 언덕 아래로 굴러떨어지며 덩치를 키우는 눈덩이와 비슷하다. 우리 안에 처음 일어나는 감각은 점차 가속도가 붙다가 특정한 행동을 끌어낸다. 말다툼을 벌이고 나서 머릿속으로 그 장면을 거듭 재연하며 반추한 경험이 있는 사람이라면 느낌과 감정, 생각에 어떻게 가속도가 붙는지 그 위력을 익히 알고 있을 테다. 뇌가 감정을 처리하는 과정을 보면 먼저 감정에 주의를 집중하고, 평가하고, 반응하는 순서를 거치며 점차 강렬해진다. 처음에는 작고 단순한 느낌으로 시작해도 그 느낌이 마음속을 휘젓고 거기에 더 많이 관심을 주고, 불편한 느낌을 어떻게든 해결하려고 곧바로 반응할수록 그 느낌은 더 큰 위력을 갖는다. 눈덩이는 이미 언덕 아래로 구르기 시작했다. 감정이 소멸하거나 진행 방향을 바꾸거나 더 강력한 힘이 나타나 그 감정을 장악할 때까지 우리 뇌는 이 악순환을 반복한다.

강인함이 필요한 상황이란 언덕에서 아래로 구르며 덩치를 키우는 눈덩이를 막아야 하는 상황과 비슷하다. 당신이 눈덩이를 막을 유일한 수단이 가령, 앞을 가로막고 서서 손을 번쩍 들고 "다 덤벼라!"라고 외치는 방법뿐이라면, 문제를 해결할 가능성은 희박하다. 이것은 구시대에 강인함을 기르던 방식이다. 복잡하고 어려운 문제를 해결하기에는 너무 단순한 방법이다. 진정한 강인함을 기르는 일은 문제를 해결할 수많은 전략을 확보하는 일이다. 그렇게 확보한 전략이 모두 효과를 보는 건 아니겠지만 불어나는 눈덩이의 피해를 최소화하거나 저지할 길을 찾아낼 가능성이 훨씬 크다.

문제에 일찍 개입하면 감정의 눈덩이가 굴러떨어지기 이전에 저지할 수도 있다. 만약 감정의 눈덩이를 힘껏 떠밀지 않고 슬쩍 밀면 가속도가 붙는 시간을 늦출 수도 있다. 말하자면 주의를 전환하는 전략에 해당하고, 인지 자원이 적게 들어가는 방법으로 감정에 가속도가 많이 붙기 전에 써야만 효과가 있다. 감정에 가속도가 붙기 전에 이 눈덩이를 붙드는 데 실패하면 어떻게 할까? 여기서부터는 감정 재평가 같은 인지 전략을 고려해야 한다. 이때는 눈덩이를 저지하기보다는 새로운 경로로 방향을 전환하려고 노력해야 한다.

강인함이란 언덕에서 굴러떨어지는 눈덩이가 언덕 아래 있는 가족과 충돌할 위험이 있음을 알아차리고, 눈덩이가 가속도를 얻지 못하도록 저지할 방법을 찾아내고, 언덕 아래 가족과 충돌하지 않도록 해결하는 힘이다. 만약 가속도를 줄여 눈덩이의 위력을 줄일 수 있고, 또 눈덩이가 가족과 충돌하기 전까지 여러 가지 전략을 사용할 힘이 있고, 상황에 따라 전략을 변경하는 유연성을 길렀다면, 우리가 불상사를 막을 가능성이 훨씬 커진다.

강인함을 기르는 문제는 감각이나 감정에 대응하는 전략과 떼어놓고 생각할 수 없다. 문제를 알아차리고 저지할 줄 아는 강인함은 감정 및 생각에 좌우되는데, 감정이나 생각이 의사결정이나 행동에 큰 영향을 미치기 때문이다. 느낌이나 감정, 생각이 일어났을 때 대응 전략을 어떻게 쓰는지에 따라 그 영향력을 증폭하거나 완화한다. 주의 전환 같은 단순한 전략을 쓸 수도 있고, 감정을 재평가하는 일처럼 인지능력이 요구되는 복잡한 전략을 쓸 수도 있다. 어떤 상황에 직면하든 주의력과 인지능력을 어디에 투입하느냐에 따라 과민하게 반응할 수도 있고 시간을 두고 대응책을 모색할 수도 있다.

강인함을 기르는 구시대 방식은 감정을 무시하거나 억제하라는 전략만 강요한다. 자신을 의심하거나 앞일을 두려워하는 것은 나약함의 징표이고, 내면의 목소리가 고통이나 피로감을 호소해도 신경 쓰지 말아야 한다고 가르친다. 구시대 방식에서 선호하는 전략은 느낌과 감정, 생각이 아무리 어수선해도 불도저처럼 뚫고 나가는 방식이었다. 그러나 이 전략은 결국 부작용을 낳기 마련이다.

다행히 오늘날 전문가들은 여러 연구와 탐구를 거쳐 구시대와는 다른 가르침을 준다. 대응 전략을 다양하게 기르고 개발해 어려움을 마주할 때마다 그에 맞는 도구를 꺼내써야 한다는 것이다. 융통성 없이 무조건 참고 견디는 게 아니라 상황에 맞게 적응할 수 있어야 한다. 관련 연구에 따르면 여러 대응 전략을 사용하는 일과 관련해서 우리가 키울 핵심 자질은 다음 두 가지다.

* 여러 전략을 상황에 맞게 사용하는 유연성
* 여러 전략을 어려운 조건에서도 사용할 수 있는 역량

어려운 결정을 내리는 문제의 경우 주의의 폭을 조절하는 전략과 주의를 집중하거나 분산하는 전략 등을 다양하게 실행할 필요가 있다. 대응 전략의 명칭이나 범주는 중요하지 않다. 어떤 전략이든 그 것을 실제로 사용할 수 있는 역량이 중요하다. 다양한 상황에서 다양한 전략을 적용해보아야 효과적인 전략이 무엇인지 알 수 있다. 생각이나 감정을 처리하는 방법으로서 이미 검증된 경우라도 상황에 따라 통하지 않을 때가 있다. 세계 최상급 마라톤 선수 브라이언 바라자는 말한다. "다양하게 전략을 사용하면서 효과가 없는 전략을 버리고 어느 전략이 효과가 있는지 관찰해야 합니다. 시간이 지나면 특정 상황이나 경기에 더 효과적인 전략을 구분할 수 있어요. 다양한 전략을 확

보하면 경기 중에 중요한 고비마다 두세 가지 전략을 쓸 수 있어요." 언제 어느 전략이 더 효과가 좋은지 배우려면 많이 훈련하고 경험하는 수밖에 없다.

몰입 상태와 클러치 상태

개인 최고 기록을 달성한 육상선수가 외쳤다. "하나도 힘들지 않았어요!" 이 선수는 자신의 경험을 음미하며 얼마나 환상적인 경기를 펼쳤는지 신나게 떠들었다. "경기에 푹 빠졌어요. 모든 것이 딱딱 맞았어요. 경기를 펼치는 나 자신을 내가 지켜보는 기분이랄까요. 경기에 관해서 아무 생각도 하지 않았어요. 그냥 리듬을 타면서 몸이 알아서 하도록 놔두었어요. 자동운항 상태였던 거죠."

경기장이나 무대 또는 회의실에서 좋은 성과를 올려야 할 때 사람들은 흔히 쉽지 않은 상황을 맞이하리라 예상할 때가 많다. 선수들은 달리는 동안 괴로울까 봐 걱정한다. 강연자는 발표하는 내내 긴장할까 봐 걱정한다. 그러나 이따금 만사가 술술 풀리는 초현실적인 경험을 할 때가 있다. 이럴 때는 마치 매일 하던 일처럼 익숙하게 어려운 과제를 처리한다. 저명한 심리학자 미하이 칙센트미하이는 이 드물지만 반가운 경험에 "몰입"이라는 이름을 붙였다. 칙센트미하이가 설명하는 몰입이란 다음과 같다. "자아가 사라진다. 시간 가는 줄 모른다. 마치 재즈 연주처럼 모든 행동과 움직임, 생각이 물 흐르듯 자연스럽게 이전 것으로부터 이어진다. 당신의 존재 자체가 그 일에 빠져 자신의 기량을 최고조로 발휘한다." 몰입이라는 신비한 개념을 설명하기가 쉽지는 않지만 경험해본 사람이라면 무슨 느낌인지 정확히 안다.

몰입 상태란 마치 마약과 같아서 한번 경험한 사람은 다시 그 상태를 경험하고 싶어 한다. 이처럼 기분 좋은 몰입 상태에 쉽게 빠질 수 있도록 마음 자세와 환경을 조성하는 법에 관해 설명하는 논문과 서적도 세간에 쏟아져 나왔다. 작가 스티븐 코틀러Steven Kotler는 몰입의 비밀을 풀고, 모든 사람이 몰입 상태에서 더 좋은 성과를 올리도록 돕고자 플로우 게놈 프로젝트Flow Genome Project를 설립하기도 했다. 스포츠 심리학자들은 지난 수십 년 동안 선수의 몰입을 도울 방법을 집중적으로 탐구했다. 몰입은 높은 성과를 올릴 수 있는 열쇠다. 자주 몰입 상태에 이를수록 성과는 자연히 따라온다.

엄청난 성과를 올린 사람들 가운데 흔히들 말하는 편안한 몰입 상태와는 상반된 경험을 보고하는 이들이 있다. "살면서 그렇게 힘들었던 적은 처음입니다. 경기하는 내내 몸이 부서지는 기분이었어요. 어쨌든 해냈지만요." 처음부터 끝까지 쉽게 풀리는 일이 없고, 자신을 향한 의구심을 비롯해 고통과 피로가 극도로 쌓인 상태로 매 순간 피땀을 쏟아내야 했다고 이들은 말한다. 그러나 그 어려움을 이겨낼 방도를 찾고 이들은 경기 우승이나 개인 최고 기록 경신이라는 보상을 얻었다. 자신의 최고 기량을 발휘하는 일과 관련해서 사람들은 한 가지 경로만 떠올릴 때가 많다. 통상적으로 그 길은 바로 몰입하는 것이다. 그러나 높은 성과를 올린 선수의 경험담이나 최신 심리학 연구에 따르면 최고에 도달하는 경로는 몰입뿐만이 아니다.

크리스천 스완Christian Swann은 연구진과 함께 각기 다른 종목의 운동 선수를 대상으로 이들이 대승을 거두거나 개인 신기록을 달성한 후에 느낀 감정에 관해 인터뷰했다. 그 결과 최고 기량을 끌어낸 두 가지 상태를 확인했다. 첫 번째 상태는 선수들이 "몸에 맡긴다"라고 묘사한 대로 몰입에 해당하는 상태였다. 경기는 순조롭게 풀렸고 선수들은 경기를 즐겼다. 두 번째 상태는 몸이 부서질 듯 힘을 쏟아내야 했다고 선수들이 묘사한 상태였다. 압박감이 심하고 승패를 좌우하는 중요한 순간이 오면 선수들은 두 번째 상태에 빠져 경기력을 끌어올렸다. 이때 선수들은 자동운항 상태가 아니라 주의의 폭을 좁히고 이를 악물고 분발해 경기 흐름을 바꿨다. 다시 말해 선수들은 클러치 상태를 경험했다.

몰입과 클러치 상태는 심리적으로 다르다. 전자는 전혀 힘들지 않다고 느끼고, 후자는 몹시 힘들다고 느낀다. 전자는 자기도 모르게 그 상태에 빠지고, 후자는 애써 노력해야 그 상태에 빠지는 것으로 보인다. 그러나 두 심리 상태 모두 최고의 성과를 끌어낸다. 과학자들은 놀라운 성과를 가져다주는 두 심리 상태를 파헤쳤다. 두 심리 상태 모두 선수들의 의욕과 통제감을 끌어올리고 집중력과 자신감을 증진했다. 그러나 주의력, 각성, 노력, 이 세 가지 측면에서 차이가 있었다. 몰입 상태에서 선수들은 저절로 집중하고 최적의 각성 상태로 힘들이지 않고 과제를 수행했다. 반면에 클러치 상태에서 선수들은 긴박한 순간을 인지하고 집중력을 발휘해 고도로 각성한 상태에서 있는 힘껏 에너지를 쏟는다.

칙센트미하이는 몰입을 정의하면서 온전한 집중 상태를 강조했는데 이는 우리가 흔히 생각하듯 의도적으로 주의를 집중하는 상태를 말한 것이 아니다. 한 농구선수는 자신이 몰입한 상태를 이렇게 설명했다. "그냥 집중하는 줄도 모르고 집중했어요. 자신을 채근하지 않아도 저절로 집중하는 겁니다." 전문가들은 관련 연구에서 "몰입 경험은 힘들이지 않고 오랫동안 주의를 집중하는 특징이 있다"라고 평가했다. 주의력은 몰입 상태를 기술하는 하나의 특징일 뿐 아니라 그 경험을 가능하게 하거나 유지하는 수단이기도 하다. 스완과 동료들은 또 다른 연구에서 정상급 육상선수들이 일부러 공상에 빠지거나 주변 풍경을 바라보는 등, 주의력을 분산하는 전략으로 몰입 상태를 유지했음을 발견했다. 골프 선수들도 이와 비슷한 경험을 보고했다. 이들은 캐디와 잡담을 나누며 일부러 경기에서 주의를 돌리는 방법으로 몰입 상태를 유지했다고 한다.

반면에 주의의 폭을 넓히거나 주의력을 분산하는 전략 대신 주의의 폭을 좁히는 전략으로 클러치 상태를 경험하는 선수들도 있었다. 이들은 목표를 잘게 나누어 완수하는 전략을 썼다. 이를테면 경기에 이겨야 한다고 다짐하는 게 아니라 다음 1분 동안 5점을 획득해야 한다고 다짐했다. 이들은 현재 상태에 안주하지 않도록 위기의 순간에 느끼는 긴장감에 주의를 집중하고 각성 상태를 증폭했다. 또는 고통스러운 감각에 주의를 기울이며 자신에게 남은 에너지가 얼마나 되고 그것을 어떻게 이용할지 빠르게 계산했다. 주의의 폭을 좁혀 바로 앞에 놓인 대상에 집중했다. 선수들은 의도적으로 주의를 집중해 어려운 순간을 이겨냈다. 이뿐만이 아니다. 클러치 상태에 들어간 선수는 한 가지 차이점이 더 있다. 이들은 경기 승부처마다 주도적으로 어려운 결단을 내렸다.

스완과 동료들이 클러치 상태를 조사할 때 한 극지방 탐험가가 말했다. "자동차 기어를 변속하듯이 마음가짐이 바뀌는 순간이 있어요. '그래, 지금부터는 쉽지 않겠구나'라는 생각이 들죠. …뭔가 해야겠다고 결심합니다." 클러치 상태는 그냥 나타나지 않는다. 선수들은 저절로 그 상태에 이른 게 아니었다. 그 과정에는 위기감을 느끼고 더욱 힘을 내서 분발하기로 결단하는 순간이 있었다. 스스로 상황을 반전시켜야 했다. 선수마다 클러치 상태에 도달하는 방법은 차이가 있었다. 그러나 가장 힘든 고비에 이르면 어떻게 분발해야 하는지 선수들은 그 방법을 찾아냈다. 클러치 상태는 의식적인 결단이 요구되지만, 몰입 상태는 자신도 모르게 빠져드는 경험이다.

몰입 상태와 클러치 상태는 차이가 있다. 둘 다 최고의 기량을 끌어내지만, 하나는 근성이 필요하고 다른 하나는 운이 따라야 한다. 하나는 의식적으로 결행하는 것이고, 다른 하나는 수용하는 것이다. 클러치 상태와 몰입 상태에서 우리는 진정한 강인함을 발견한다. 사람들은 강인함을 떠올릴 때 참고 버티며 무조건 밀어붙이는 전략만 생각하는 경향이 있다. 지금까지 살펴봤듯이 그 전략은 잘못되었다. 강인함이란 자신의 능력과 상황을 고려해 적절한 전략을 선택하는 힘이다. 때에 따라 감정을 억제하거나 무시할 줄 알고 또 그대로 경험을 수용하거나 주의력을 전환할 줄 알아야 한다. 그렇다면 다양한 전략을 실행하고 활용할 수 있는 평정심과 유연성을 어떻게 길러야 할까?

심리학자 스콧 배리 카우프만은 《트랜센드: 최고의 마음은 어떻게 만들어지는가》에서 역경을 극복하고 우리가 성장하는 열쇠에 관해 말한다. "평정심을 기본으로 삼되 자신을 지키고 장애물에 맞서 싸울 힘과 강경한 태도로 목적을 향해 나아가는 역량을 유지하는 것이다." 평정심이란 외부 자극과 반응 사이에 공간을 만들어 자신이 선택할 여지를 만드는 데 핵심이 있다. 그리고 때로는 스스로 결단하고 클러치 상태에서 상황을 반전시켜야 할 때가 있다.

강인함을 기르는 제4원칙: 괴로움은 더 큰 '나'를 만날 기회다

난관은 더 큰 '나'를 만날 기회다

10장
어려운 일을 하기 위한 기초 다지기

"쟤들한테 말 걸지 마. 쟤들은 너희 경쟁 상대고 적이야." 감독이 경기장으로 들어서면서 엄하게 지시를 내렸다. 대학 신입생으로 첫 대회에 임하는 줄리Julie는 이 지시를 받고 혼란스러웠다.[02] 상대 팀 선수 가운데 다수가 줄리에게는 불과 몇 달 전만 해도 고등학교를 함께 다니던 친구였기 때문이다. 중학교 시절에는 그 친구 중 몇 명과 경쟁을 했지만 그래도 함께 밥을 먹고 경기 전에는 수다를 떨고 심지어 같은 버스를 타고 등교했다. 몇 명은 함께 훈련하던 동료 선수였다. 고등학교에서 팀 훈련이 금지되는 비시즌에는 소그룹을 만들어 함께 훈련하던 친구들이었다. 그런데 별안간 이 친구들을 적으로 삼으라는 지시가 떨어졌다. 선배 선수들은 다른 팀 선수와 친분이 있는 사이여도 경기 당일에는 감독의 지시를 따르며 낯선 사람을 대하듯 행동했다. 줄리도 기분은 나빴지만, 감독의 지시를 그대로 따랐.

시즌이 시작되자 감독의 행동에서 몇 가지 특징이 줄리 눈에 들어

---

02   이 경험담은 대학 육상선수와 전문 선수들이 흔히 경험하는 일을 요약한 것으로, 여기에 나온 이름은 사생활 보호를 위해 가명을 썼다.

왔다. 감독은 몇몇 선수에게는 칭찬을 아끼지 않았지만 반면에 나머지 선수들을 대할 때는 무시하는 듯이 행동했다. 줄리도 감독에게 미움을 받은 적이 있다. 직접 경험해보니 줄리도 감독의 칭찬 한마디가 간절해졌고 훈련 때마다 감독이 시키는 일이 무엇이든 기꺼이 수행했다. 감독은 팀원이 서로 경쟁하도록 부추기는 듯 보였다. 첫째, 감독은 사무실 문에 성적표를 붙여놓았다. 모든 선수가 일등부터 꼴찌까지 이름이 적혀 있었는데 객관적인 기준으로 매긴 순위가 아니라 순전히 감독 마음에 드는 순서대로 순위를 정한 것에 불과했다.

둘째, 감독은 사생활까지 침해하며 선수의 기량을 신랄하게 평가했다. 줄리의 체중을 지적하던 감독이 사생활까지 건드리며 험담했다. "성생활을 포기하지 않으니까 살이 찌지." 오십 대가 이십 대에게 건네는 참으로 별난 훈계였다. 줄리는 그때의 일을 묘사하면서 웃음을 터뜨렸다. "진짜 이상하고 어이가 없었어요. 웃기지도 않았죠."

당시에는 감독의 이 같은 언행을 모두가 정상으로 받아들였다. 챔피언십 대회에서 우승을 차지한 경력이 있는 만큼 권위를 인정받는 인물이었다. 모든 사람이 이 감독의 지시를 따랐다. 그것이 목표를 이룰 수 있는 유일한 길이라고 다들 믿었다. 우리 팀 밖에 있는 사람은 모두 우리에게 해를 끼칠 수 있는 적군으로 취급했고 우리가 믿을 사람은 오직 팀원뿐이라고 믿었다. 감독은 말했다. "우리는 세상에 맞서 싸우는 중이야." 줄리는 대학 선수 시절을 회상하다가 적절한 표현을 찾는 듯 잠시 멈췄다가 말을 이었다. "거의 사이비 종교 단체 같았어요."

이상하게 들릴 테지만, 사이비 종교 단체와 스포츠팀 사이에는 놀

318

라우리만치 유사한 점이 있다. 두 집단 모두 사명이 주어지면 무조건 받아들여야 한다. 집단의 이익을 위해 개인의 필요와 욕구쯤은 희생해야 한다. 자신의 팀이 다른 모든 경쟁 팀보다 우월하다고 믿고 자신의 팀원이 아닌 외부인은 모두 적으로 간주한다. 자신의 팀이 교육하고 훈련하고 경기를 준비하는 방식이 다른 모든 팀에서 쓰는 방법보다 우수하다고 믿는다.

한 가지 중요한 차이점은 의견을 수용하게 만드는 방식에 있다. 사이비 종교 집단에서는 사람을 통제하고 두려워하는 심리를 주로 이용하는데 폭력적일 때가 많다. 조사한 바에 따르면 사이비 종교 지도자가 사람들을 통제해 자신에게 의존하도록 만드는 기법에는 네 가지가 있다.

* 보상이라는 수단을 이용한 통제
* 조건부 관심(말을 듣지 않으면 무시하고 애정을 주지 않는다)
* 협박과 고립
* 과도한 사생활 통제

높은 성과를 올리는 일에 관한 한, 우리는 강인함을 기르는 데 필요하다는 명목 아래 평상시라면 부적절하게 여겼을 행동도 서슴지 않고 실행에 옮긴다. 앞서 말했듯이 스포츠계에서는 이미 만연한 통제 방식이며 비즈니스 분야도 예외가 아니다. 일례로 우리는 스티브 잡스의 천재성을 추켜세우면서 그의 혹독한 리더십에 관해서는 좀처럼 언급하지 않는다. 분노를 마구 쏟아내고, 직원들을 설불리 대량 해고하고, 함께 사업하는 친구는 물론 심지어 가족까지 속인 이야기는 하지 않는다. 한 〈포브스〉 기사는 이 점을 첫 문장에 요약했다. "스티브 잡스는 세계 정상급 망나니였다." 그러나 구시대적인 리더십이 결국 성공했잖은가? 애플은 잡스의 리더십 덕분에 세계를 바꿔놓은 기업이 되었다.

우리 사회는 사람을 극한까지 몰아붙여야 할 때도 있다고 생각한다. 상대가 확실히 알아듣도록 만들려면 고함치고 벌주고 때로 상대의 인격을 모독하는 방법도 불사해야 한다고 여긴다. 이 같은 언행에 상대가 지금 당장은 괴로워할 테지만 훗날 오히려 고마웠다는 말을 하게 되리라고 많은 이들이 생각한다. 잠재력을 끌어올리는 데 약간의 규율과 압박이 필요한 사람들도 있다. 인간은 날 때부터 게을러서 정말로 힘든 일은 억지로 시켜야 한다. 그렇지 않은가?

게으른 자신을 채찍질할 외부인이나 어떤 장치가 필요하다고 생각하는 이들이 많다. 멀리 갈 것도 없다. 코로나 대유행 기간에 미국 재무부 장관 스티브 므누신Steve Munchin이 실업급여를 삭감해야 한다며 제시한 이유만 봐도 알 수 있다. "더 많은 사람이 일터에 복귀하지 않은 채 집에 머물도록 하는 일에 세금을 사용하는 것은 성실한 납세자에게 불공평한 처사입니다." 노동할 유인이 없으면 대다수는 아무 일도 하지 않고 빈둥거릴 것이라는 의미다. 이것은 프로테스탄트 직업윤리에 기초한 미국 사회에서 살아가는 사람들의 정신에 뿌리 깊게 새겨진 상식이다. 그러나 저 상식은 옳지 않다.

지금으로부터 120년 사이에 수행된 다수의 연구 결과들을 다룬 한 메타분석 결과에 따르면 임금 만족도와 업무 만족도 간 교집합은 2% 미만에 불과했다. 140만 명이 넘는 직원을 대상으로 진행한 갤럽 조사에 따르면 업무 몰입도와 임금 수준 사이에는 어떤 상관관계도 보이지 않았다. 최근 분석에 따르면 외적 동기보다 내적 동기로 일하는 직원의 업무 몰입도가 3배 더 높았다. 우리 사회는 사람을 극한까지 밀어붙이거나 당근으로 유혹할 필요가 있다고 생각한다. 그러지 않으면 집에서 넷플릭스나 시청하며 빈둥거릴 게 틀림없다고 여긴다. 틀린 생각이다. 내적인 욕구가 외적인 욕구보다 더 중요하다.

어떤 일에 강한 의욕을 느끼고 몰입하며 지속하는 능력은 강인함과 밀접한 관련이 있다. 스트레스와 피로가 증가하는 상황에서도 과제를 계속 수행하려면 어떻게 해야 하는가? 우리 사회는 오랫동안 통제 중심의 관리, 또는 외적 요인으로 동기를 부여하는 방법을 써왔다. 5장에서 우리는 누군가에게 통제받는 것이 아니라 자신이 상황을 제어하는 통제감을 느낄 때 인내심을 발휘한다는 사실을 설명했다. 그러나 이는 내가 하고 싶은 이야기 가운데 일부일 뿐이다. 나머지 이야기는 사람이 인내하는 '이유'와 관련이 있다.

사이클링부터 수학 문제, 자선활동 등 다양한 분야를 대상으로 학자들은 힘들 때도 과제를 지속하는 능력이 어디서 생기는지 조사했다. 조사 결과 분야는 달라도 공통으로 눈에 띄는 요인이 하나 있었다. 끝까지 인내하는 사람은 추구하는 목표가 달랐다. 이들은 두려움이나 죄책감 또는 압박감 때문에 끝까지 버티는 것이 아니었다. 돈을 많이 벌기 위해 계속 일하는 것도 아니었다. 그 일이 자신의 정체성과 일치하고 즐거움과 만족감을 가져다주기 때문이었다. 누군가 시켜서 하는 것이 아니라 스스로 그 일을 선택했다. 그리고 이들은 남들보다 자주 성공을 거두었다.

스포츠와 여러 산업 분야에 걸쳐 다수의 연구를 수행한 결과에 따르면 내적 동기에 끌린 사람이 더 많이 노력하고, 더 깊이 헌신하고, 더 좋은 결과를 얻었다. 100명이 넘는 영국 육상선수를 대상으로 조사한 바에 따르면 내적 동기를 지닌 선수가 고강도 운동 검사에서 더 강한 인내심을 보였을 뿐 아니라 강인함을 나타내는 다른 항목에서도 더 나은 모습을 보였다. 이를테면, 힘든 상황을 접했을 때 이를 위협이 아닌 도전 대상으로 여겼고, 주의를 돌려 상황을 회피하는 대신 긍정적인 자기 대화를 시도했다. 내적 동기를 지닌 선수는 긍정 정서를 더 많이 경험했고, 과제를 완수한 뒤에도 그 과제를 기꺼이 반복했다.

반대로 외부 통제에 근거한 동기는 무너지기 쉽다. 처음에는 꽤 효과적인 방법처럼 보일지 몰라도 이렇게 끌어올린 의욕은 금세 시들어버린다. 일하고 멈추고를 반복하는 사이에 선수가 절망에 빠지면 두려움을 심어주는 방식이 더는 통하지 않는다. 앞서 언급한 연구 결과를 보면 외부에서 가하는 압박감이 동기로 작용한 선수는 직면한 상황을 위협으로 인식하고 과제에 관심을 잃고 포기할 가능성이 컸다.

내적 동기를 지닌 사람이 인내심도 더 좋지만, 이들에게는 또 다른 비밀 무기가 있다. 이들은 목표를 재설정할 줄 알았다. 성공하기 위해 노력하는 일과 관련해서 사람들은 대부분 끝까지 버티는 데 모든 힘을 집중한다. 그러나 인내심이 성공 공식에서 전부를 차지하지는 않는다. 인내하는 것이 항상 바람직한 선택만도 아니고 성공이 확실히 보장되는 길도 아니다. 산 정상을 코앞에 둔 산악인을 생각해보자. 피로가 쌓이고 산소가 부족해 명쾌하게 사고하기가 힘든 상황이다. 산악인은 정상에 오를 만한 힘은 남아 있지만, 무사히 하산할 때도 에너지가 필요하다. 근 100년 동안 에베레스트산 위에서 발생한 사망 사고를 분석한 결과, 이른바 죽음의 구간으로 불리는 해발 8000m에 도달한 산악인 중에서 10%만이 정상에 오르는 과정에서 사망했고, 반면에 73%가 하산하는 과정에서 사망했다. 무엇이 더 힘든 결단일까? 전체 여정에서 가장 위험한 부분인 하산이 남아 있는데 힘을 전부 소진하더라도 끝까지 정상에 오르기로 결단하는 것일까? 아니면 정상에 오르려던 목표를 포기하고 안전한 하산을 새로운 목표로 재설정하는 것일까?

목표를 재설정하는 능력, 즉 목표를 전환하는 능력은 강인한 사람이 지녀야 할 중요한 기술이다. 하나의 목표를 세우고 각고의 노력을 기울인 후에 그 목표를 포기하기란 불가능에 가깝다. 실패하고 싶은 사람은 아무도 없으며 목적지를 코앞에 두고 돌아가고 싶은 사람도 없다. 강인한 사람은 목표에 도달하기 위해 계속 노력하고 싶어 하는 자신의 욕구를 알아차릴 뿐 아니라 자신이 직면한 현실의 벽과 이를 뛰어넘기 위해 감내해야 하는 위험성이 얼마나 큰지도 정확히 평가하는 냉철함을 지녔다. 이들은 가능한 한 최선의 선택을 한다. 맹목적으로 버티기보다 "포기하는 것"이 올바른 선택일 때는 새로운 관점에서 목표를 재구성하거나 새로운 목표를 설정하고 그 일에 다시 몰입한다. 앞서 언급한 산악인의 경우 정상 도전에서 안전하게 하산해 사랑하는 사람과 재회하는 것으로 목표가 이동한다. 강인한 사람은 흑백논리로 세상을 살지 않는다. 이들은 타협할 줄도 알고, 또 다른 가치 있는 목표에 전력을 다할 줄도 안다.

심리학자들이 조사한 결과에서도 목표를 재설정하는 능력은 통제에 의존하는 외적 동기와 관련이 없고 내적 동기와 관련이 있는 것으로 나타났다. 또 내적 동기를 지닌 사람은 목표를 달성하기가 불가능하다는 피드백을 들으면 목표를 수정할 가능성이 크다. 이들은 다른 목표를 설정하고 새로 시작하라는 목소리에 귀 기울일 가능성이 크다. 이것은 목표에 도달하는 새로운 경로를 찾는 것을 의미할 때도 있고, A라는 목표에서 B라는 목표로 이동하는 것을 의미할 때도 있다.

처음 추구하던 목표가 가시권에서 멀어질 때 목표를 재설정한다는 말은 달성 가능한 범위에 있는 것을 새 목표로 삼는다는 의미다. 소설 집필이 뜻대로 풀리지 않을 때는 한 장을 완결하려던 목표를 버리고 대신 무슨 내용의 글을 쓰고 싶은지 생각을 정리하는 것으로 목표를 수정한다. 이렇듯 목표 재설정은 반드시 급브레이크를 밟고 현재의 목표를 버려야 하는 것이 아니다. 지금 감당할 만한 일에 매진하는 것으로 목표를 조금 변경할 수 있다. 이것은 정상 도달에서 안전한 하산으로 목표를 수정하는 것에 해당한다.

내적 동기를 지닌 사람은 외적 동기에 끌려가는 사람과 달리 명료하게 사고할 수 있기에 몸이 보내는 신호에 귀 기울이게 되고 힘든 순간에도 올바른 결정을 내릴 수 있다. 목표가 가시권에서 벗어날 때 목표를 재설정하는 능력을 기르든 끝까지 해내는 근성을 기르든 이를 수행하는 데 정말로 필요한 동기는 내면에서 나오는 것으로 보인다. 심리학자는 이를 자기 결정성 동기라고 지칭한다.

기본 욕구 충족하기

1970년대에 에드워드 데시Edward Deci가 이끄는 연구진은 3차원 테트리스 조각처럼 생긴 나무 블록을 24명의 대학생에게 건네고 특정한 모양을 완성해보라고 말했다. 사흘 동안 연구진은 실험실을 방문한 학생에게 새로운 모양을 제시하고 나무 블록으로 그 모양을 만들어보라고 주문했다. 이틀째 되는 날에는 참가자 절반에게 즐거운 놀이뿐 아니라 깜짝 선물도 제공했다. 정해진 시간 내에 퍼즐을 풀 때마다 보상으로 학생에게 돈을 지급했다. 심심풀이로 시간을 보내는 재미를 넘어 금전적 보상에 동기부여가 된 참가자는 한층 더 열의를 갖고 퍼즐을 푸는 데 더 많은 시간을 쏟았다.

그러나 셋째 날에는 금전적 보상이 제공되지 않았다. 그저 재미로만 퍼즐을 푸는 행위로 되돌아왔다. 당연한 일이지만 외적 동기가 사라지자 참가자들은 의욕이 떨어졌다. 새로운 모양을 완성하며 퍼즐을 푸는 데 시간이 쏟기보다 가만히 앉아서 아무것도 하지 않으며 보내는 시간이 늘었다. 외적 동기와 내적 동기가 행동에 변화를 일으키는 이 현상은 이렇게 해서 세상에 알려졌다. 곧이어 과학자들이 수행 과제와 연령대를 달리해 유사한 실험들을 진행했다. 오래지 않아 연구원들은 그림을 그리는 어린 학생들을 대상으로 한 실험이나 육상선수들을 대상으로 한 실험에서도 동일한 결과를 확인했다. 외적 보상이나 처벌을 도입하자 동기를 부여하는 방식이 바뀌고 내면의 동기에 변화가 나타났다.

데시는 또 다른 심리학자 리처드 라이언Richard Ryan과 함께 조금 더 과감한 생각을 떠올렸다. 내적 동기와 외적 동기와 관련해 발견한 사실이 과제 수행이나 문제 해결 같은 활동 영역에만 적용되는 게 아니라 차원이 높은 문제, 이를테면 개인의 안녕감에도 적용된다고 예상했다. 연구 범위를 확장해 내적 동기부여를 조사한 데시와 라이언은 모든 사람이 세 가지 기본 심리 욕구를 타고난다고 발표했다. 이 욕구를 충족하면 행복지수가 높아지고, 성장하고 발전하고 싶은 동기를 스스로 품게 된다. 이렇게 자기결정성 이론self-determination theory: SDT이 탄생했다. 기본 심리 욕구에는 자율성 욕구, 유능성 욕구, 소속감 욕구가 있다. 다시 말해 상황을 통제하려는 욕구, 성장하려는 욕구, 사회에 소속되려는 욕구다.

자기결정성 이론이 소개된 이후 많은 이들이 이 이론을 조사하고 육아에서 교육, 약물 남용 문제에 이르기까지 온갖 분야에서 이 이론을 적용했다. 데시와 라이언이 처음 제시한 가설대로 욕구 충족은 건강과 행복 증진을 비롯해 다양한 분야에서의 성과 향상과 관련이 있었다. 자율성 욕구, 유능성 욕구, 관계성 욕구는 기본 심리 욕구다. 기본 심리 욕구를 충족하면 인내심은 물론 행복감도 올라갔다.

존 머호니John Mahoney는 박사학위 논문에서 자기결정성 이론과 개인의 안녕감을 함께 다루면서 육상선수의 기량을 관련지어 분석했다. 세 가지 기본 심리 욕구를 충족하는 일이 인내심 증가와 관련 있음을 보여주는 자료뿐만 아니라 자발적 노력, 집중력 향상, 도전을 즐기는 태도, 스트레스 대응력 향상과도 연관 있음을 밝히는 다양한 연구가 있었다. 자율성이 충족되고 주변에서 지지를 받을 때 자존감이 향상하고 감정지능도 더 발달하는 것으로 나타났다. 기본 심리 욕구를 충족하는 일이 강인함을 구성하는 여러 자질을 기르는 데 도움이 되는 것으로 머호니는 판단했다.

머호니와 연구진은 크로스컨트리 선수와 조정선수를 대상으로 여러 가지를 조사했다. 두 종목 모두 선수들이 매일 피로와 고통을 참아가며 훈련하고 경기를 치러야 하는 공통점이 있었다. 200명이 넘는 선수를 대상으로 조사한 결과 세 가지 욕구를 충족한 선수가 강인함을 측정하는 항목과 주행 기록에서도 점수가 더 높게 나타났다. 머호니가 데이터를 더 자세히 분석하자 선수들의 기본 심리 욕구 충족 여부를 결정짓는 주된 요인이 사회적 환경이었고, 이 사회적 환경에 큰 영향을 미치는 사람은 감독이었다. 선수를 격려하고, 자율성을 보장하고, 소속감을 심어주는 훈련 환경에서 선수는 더 강인하고 더 우수한 경기력을 보였다. 강인함이란 "선수가 심리 욕구를 충족하기에 좋은 훈련 환경을 조성하는 지도 방식"에서 나온다고 머호니는 결론지었다.

인간은 기본 욕구를 충족할 때 잠재력을 최대한 발휘한다. 내적 동기를 지닌 사람은 두려움과 압박감에 사로잡히지 않는다. 소속감을 느낄 때 우리는 설령 실패하더라도 사람들이 여전히 자신을 사랑하고 응원하리라고 생각한다. 그래서 새 힘을 얻고, 자신이 상황을 통제할 수 있다는 기분을 느끼고, 다시 노력하면 결과를 바꿀 수도 있다고 느낀다. 기본 욕구를 충족하는 것은 연료와 같다. 연료가 있어야 강인함을 기르는 데 필요한 도구들을 사용할 수 있다. 기본 욕구를 충족하지 못한 상태에서는 역경이나 고통을 다루는 데 유용한 도구를 아무리 많이 갖추고 있어도 별 쓸모가 없다.

강인함의 핵심

인간은 기본 욕구를 충족할 때 잠재력을 최대한 발휘한다. 기본 욕구를 충족하는 것은 연료와 같다. 연료가 있어야 강인함을 기르는 데 필요한 도구들을 사용할 수 있다.

지금까지 한 이야기가 베어 브라이언트나 바비 나이트 감독, 그리고 중학교 시절 체육 교사가 강인한 팀을 만들자며 했던 말과 상반된다고 생각하는가? 그렇다면 당신이 옳게 이해한 것이다. 기대치가 높고 많은 것을 요구하는 독재자 유형의 감독이라면 선수의 자율성을 박탈하고 결정권을 빼앗는다. 두려움과 징벌을 동력 수단으로 삼아 선수들이 끝까지 버티도록 몰아붙이는 방법으로는 내적 동기를 생산하지 못한다. 그래서는 외적 동기만 생산할 뿐이다. 야단치고 고함을 지르고 코앞에서 선수를 질책하는가? 이 역시 내적 동기를 생산하지 못한다. 두려움이나 압박감으로 동기를 유발하는 방법은 단기간에는 효과가 있을지 몰라도 중요한 순간에 결국 실패한다. 권력과 통제력을 사용해 억지로 선수가 따르도록 만드는가? 이 방법 역시 중요한 순간에 실패한다. 진심으로 선수를 지원하지 않은 채 감독과 선수 모두에게 괴로운 방식으로 유대감을 형성하려고 하는가? 강인함을 기르는 구시대 방식은 우리의 기본 욕구와 상충한다. 중학교 시절 우리를 지도한 미식축구 감독의 지도 방식은 과연 얼마나 악영향을 미쳤을까?

조직 심리학자 에리카 칼튼Erica Carleton은 스포츠 심리학자 마크 보샹Mark Beauchamp과 한 팀을 이루어 감독의 리더십 유형이 선수에게 미친 영향을 조사했다. 연구진은 감독이 팀에 미치는 단기적 영향뿐 아니라 장기적 영향을 평가하기 위해 2000년부터 2006년까지 리그에 몸담았던 NBA 감독 50명을 선별했다. 연구진은 신문, 잡지, 인터뷰를 샅샅이 뒤져 감독의 리더십 유형에 관한 이야기와 기사를 찾았다. 그리고 각 감독이 어떤 방법론을 이용해 팀을 어떻게 이끌었는지를 알려주는 자료를 심도 있게 분석해 각 감독의 리더십 유형을 기술한 장문의 보고서를 상세하게 작성했다.

일단 감독의 리더십 유형 보고서가 완성되자 연구진은 이 보고서를 여러 심리학자에게 보내 각 감독의 리더십 유형을 평가해달라고 요청했다. 특히, 연구진은 폭력적인 리더십 유형을 찾았다. 자기 휘하의 선수를 가르치거나 동기를 부여한다는 명목으로 선수를 조롱하고 비난하는 감독이 이에 해당한다. 선수에게 실력이 없다거나 나약해 빠졌다고 다그치는 감독을 생각해보자. 과거에는 강인함을 키우려면 그

같은 태도와 방법이 필요하다고 흔히들 생각했다.

연구진은 거의 700명에 달하는 선수들의 성과를 평가했다. 폭력적 리더십 유형을 지닌 감독 밑에서 뛰었던 선수를 선수 효율성 지수PER로 평가한 결과 경기력이 확연히 떨어진 것으로 나타났다. 선수의 경기력 저하는 주로 폭력적인 지도 방식을 이용한 감독 밑에서 활동하는 시즌에만 국한되지 않았다. 이후의 선수 경력에도 악영향을 미쳤다. 두 학자의 연구 모델에 따르면 매우 폭력적인 리더십을 경험한 선수는 이후 전체 경력을 살펴보면 하향 곡선을 그렸다. 경기력만 하락한 게 아니라 폭력적인 감독의 지도 방식에 악영향을 받아 선수의 성향도 거칠어졌다. 폭력적 리더십을 경험한 선수는 이후에 선수 생활을 하는 동안 테크니컬 파울을 범하는 횟수가 증가했다. 테크니컬 파울은 그 선수의 공격성을 보여주는 지표이다. 물론 이들은 NBA 선수로서 수백만 달러를 받는 만큼 승리를 위해서라면 무슨 짓이라도 해야 하는 처지인 점도 무시할 수는 없다. 연구진은 폭력적 지도 방식이 나쁜 영향을 미친다는 사실을 논문 제목에서부터 암시했다. "선수 생활 내내 지워지지 않는 상처일까? 폭력적 리더십이 선수의 공격성과 경기력에 장기적으로 미치는 악영향Scarred for the Rest of My Career? Career-Long Effects of Abusive Leadership on Professional Athlete Aggression and Task Performance."

최고경영자나 관리자 또는 감독은 지도자로서 개인에게 자율성을 얼마나 허용할지 결정할 수 있다. 지도자는 구성원이 소속감을 느끼고 성장할 수 있는 환경을 조성하는 책임자다. 당신의 지도자는 구성원의 의견을 거의 수용하지 않고 그저 지시대로 따를 것만 요구하는 사이비 종교 집단과 같은 환경을 조성하는가? 아니면 자신의 잠재력을 탐색하며 구성원이 모험을 시도해도 처벌받지 않는 환경을 조성하는가? 구성원이 서로 격려하고 응원하는 행위를 허용하는가? 아니면 동료조차 자신에게 위협이 되는 경쟁자로 여기라고 말하는가? 지도자가 리더십 방침을 정하고 나면 그에 따라 선수가 기본 욕구를 충족하는 것을 지원하는 또는 방해하는 환경이 만들어진다. 지도자가 통제권과 권력을 이용해 구성원이 기본 욕구를 충족하지 못하게 방해한다면 해당 구성원은 두려움과 압박감에 이끌려 행동하게 된다. 이런 환경에서는 선수의 공격성이 증가하고 의욕이 줄어들고 경기력과 행복지수가 함께 하락한다. 선수를 강압적으로 통제하는 훈련 방식과 리더십은 선수의 경기력을 망칠 뿐 아니라 그 선수를 불행하게 만든다.

반대로 선수의 기본 욕구를 충족하며 선수를 육성하는 지도자 밑에서는 선수가 더 강하고 건강하고 행복하게 성장한다. 스포츠 심리학자 로라 힐리Laura Healy는 말한다. "자율성을 보장하는 감독을 만났을 때 선수들은 기본 심리 욕구 척도에서 더 만족감을 나타냈으며 그 결과 자기 결정성에 따라 목표를 성취하는 경우가 많았다."

구시대 방식을 지지하는 이들의 예상과 달리 진정한 강인함을 기르는 방식에는 지옥 훈련이라든지 훈련을 징계 수단으로 사용하는 관행이 없다. 구성원의 개성을 무시하고 혹독하게 몰아붙이기만 하는 상사도 없다. 자녀가 무엇을 바라는지 의견을 듣지 않고 일방적으로 지시하는 엄격한 부모도 없다. 내 친구 브래드는 아이가 태어나고 처음 몇 년 동안 육아를 하면서 느낀 점을 내게 말했다. "아이는 괜찮다가도 어느 순간 갑자기 말썽을 부리기도 합니다. 고된 하루를 보내고 퇴근한 후라면 아이한테 제발 철 좀 들라고 소리 지르고 싶을 때가 한두 번이 아닙니다. 어른의 눈에는 아주 사소해 보이는 감정도 아이에게는 절대 사소하지 않다는 사실을 이해해야 해요. 그것을 이해하려면 참고 또 참아야 합니다. 나는 어떻게 하면 아이 눈높이에서 아이와 대화하고, 상황을 설명하고, 그 순간을 교육의 기회로 삼을지 자문합니다. 아이한테 소리치고 지나치게 통제하려 드는 것은 아이에게 공포심만 심어줄 뿐이에요. 두려움에 마지못해 말을 듣는 아이로 키우고 싶지 않아요." 공포를 심는 일은 쉽다. 신뢰를 쌓는 일은 훨씬 어렵다. 진정한 강인함이 함양되는 환경은 두려움과 강압적 통제를 이용하지 않는다. 그보다 스스로 배우고, 실력이 쌓이는 것을 체감할 수 있는 환경이다. 설령 실패하더라도 새로운 도전을 용인하며, 무엇보다 팀이나 조직이 그 구성원을 염려하고 지지하는 환경이다.

다시 말해, 사람을 강인하게 만드는 요인은 사람을 건강하고 행복하게 만드는 요인과 일치한다. 수십 년에 걸쳐 뇌리에 박힌 구시대적 강인함과는 반대로 진정한 강인함은 통제나 징계로 함양되지 않는다. 구성원의 보살핌과 응원이 있을 때 강인함은 함양된다. 만약 데시와 라이언이 제시한 자기결정성 이론을 받아들여 그 이론에 근거해 수행능력을 끌어올리고자 한다면, 지도자는 선수들의 다음 세 가지 욕구를 충족하도록 노력해야 한다.

1. 자율성: 간섭받지 않고 지지받고 싶은 욕구, 자기 목소리를 내고

자율적으로 선택하고 결정한다.

2. 유능성: 스스로 성장하고 발전할 수 있는 능력.

3. 관계성: 구성원과 유대감을 형성하고 사명감을 공유한다. 소속감

을 느낀다.

정말로 이 욕구만 충족하면 최고의 팀을 만드는가? 치열한 승부의
세계에서도 통하는 전략인가?

──────── 간섭하지 말고 지지하라 ────────

"명색이 감독이니 제가 작전을 지시해야 맞지만 지난 한 달간 선수
들이 제 이야기를 제대로 듣지 않는 것이 보였어요. 선수들도 제 목소
리가 지겨웠을 겁니다. 저도 제 목소리에 질렸거든요. 지난 몇 년 정
말 힘든 여정을 보냈으니 지칠 만도 하죠." 몇 차례 실망스러운 시즌
을 보내고 선수와 교감을 이루지 못해 좌절한 감독이 어찌 대처해야
할지 몰라서 하는 말처럼 들린다. 모든 감독은 자신이 지도하는 선수
들에게 믿음을 심어주지 못하거나 선수와 유대감을 형성하는 데 어려
움을 겪는 시기가 있다. 온갖 요령과 자신이 아는 여러 전술을 활용할
방법을 가르치려고 해도 작전 지시를 듣는 선수들의 표정에는 기대감
이 전혀 보이지 않을 때가 있다. 선수들은 건성으로 작전 지시를 들으
며 그 순간이 어서 지나가기를 바랄 뿐이다.

앞서 인용한 감독의 말은 골든 스테이트 워리어스Golden State Warriors의

감독 스티브 커Steve Kerr의 말이다. 커 감독의 말이 의아하게 들릴지 모른다. 그도 그럴 것이 워리어스는 NBA 리그에서 하위 팀이 아니었다. 하위 팀은커녕 최상위 팀이었다. 예로 든 인터뷰는 2018년 2월에 한 것인데, 당시 워리어스는 디펜딩 챔피언이었고 NBA 역사상 가장 압도적인 경기를 보여주었던 팀이다. 이 팀은 5년 동안 플레이오프에서 세 차례 우승컵을 들고 두 차례 준우승을 차지했다. 커 감독이 이끈 2018년도 팀은 당시 44승 13패를 기록하며 세 번째 플레이오프 우승이라는 목표를 향해 나아갔다. 앞서 언급한 인터뷰에서 커 감독이 한 말은 결코 좌절감에서 한 말이 아니었다. 44번째 승리를 거둔 이날 경기에서 커 감독이 왜 직접 작전을 지시하지 않고 선수들끼리 알아서 작전을 짜도록 놔두었는지 이유를 설명하면서 했던 말이다.

커 감독은 저녁에 시합을 치르기에 앞서 아침 훈련을 수행할 때 작전을 지시해야 하는 책무를 선임 선수인 안드레 이귀달라Andre Iquodala에게 넘겼다. 시합에서도 커 감독은 타임아웃 시간에 작전판을 들고 지시하지 않았다. 이귀달라와 드레이먼드 그린Draymond Green을 중심으로 선수들만 모여서 작전을 짰다. 선수들이 팀을 자율적으로 통제한 것이다. 부진한 첫 쿼터 이후 워리어스는 경기 운영의 리듬을 되찾았고 결국 피닉스 선스Phoenix Suns를 129대 83으로 꺾고 승리했다. 감독이 작전판을 선수에게 넘기는 이 위험한 행동은 혁신적인 감독이 내놓은 기묘한 술책이 아니었다. 커 감독은 경기 후 언론과의 인터뷰에서 선수들의 집중력이 떨어졌다고 느꼈고, 이 사실을 선수들에게 명확히 전달하고 싶었다고 설명했다. "워리어스는 다른 누구의 팀도 아닌 선수들의 팀입니다. 이 친구들의 것이죠. 이들이 주인의식을 품게 만들어야 합니다. 자신의 운명을 스스로 결정하게 해야죠. 지난 한 달간 선수들이 집중력이 흐트러진 게 보였어요. 그래서 선수들에게 자신의 운명을 직접 통제하도록 놔두는 것이 좋겠다고 생각했죠."

자율성을 지지하는 환경에서 지도자는 목적지까지 선수와 동행하는 가이드 역할을 한다. 지도자는 부드럽게 또는 단호하게 방향을 가리키며 특정 방향으로 선수를 인도하지만 어디까지나 선수가 잠재력을 끌어올리도록 곁에서 돕는 것이 자신의 역할임을 안다. 지도자는 방향을 가리키고 길을 안내할 뿐 결국 실천에 옮기는 주체는 선수 개인이다.

자율성을 지지하는 환경에서는 선수 개인의 선택과 주인의식이 중요하다. 커 감독이 선수들에게 재량권을 넘긴 것은 그 때문이다. 커 감독은 자신이 선수 개개인을 모두 중요하게 여기고 이들을 신뢰한다는 사실을 보여주었다. 조사 결과를 보면 지도자가 자율성을 보장할 때 선수들이 더 나은 상황 대처 기술을 갖추고 자신감이 향상되고 훈련에 임하는 자세도 나아졌다.

반면에 자율성을 무시하는 지도자가 있다. 이들은 선수를 강압적으로 통제하고 권력을 행사한다. 선수를 지배하고 일방적으로 지시를 내릴 뿐 선수의 의견은 거의 수용하지 않는다. 보상, 두려움, 징계, 조종이라는 수단에 의지해 팀을 통제하려 든다. 이스턴워싱턴대학교 Eastern Washington University 연구진은 NCAA에 소속된 64개 육상팀에서 선수의 자율성을 지지하는 섬김형 리더십과 자율성을 무시하는 독재형 리더십에 속하는 감독을 비교했다. 섬김형 지도자 밑에서 뛰는 육상 선수는 강한 정신력 측면에서 높은 점수를 받았고, 트랙에서 세운 기록도 더 좋았다. 비즈니스 영역에서도 조사 결과는 별반 다르지 않았다. 최근 1000여 명의 사무직 근로자를 대상으로 조사한 결과에 따르면, 어려운 과제를 수행하는 근로자의 업무 능력을 예측하는 가장 강력한 변수는 근로자를 아끼고 존중하는 관리자의 태도였다. 관리자가 근로자를 진심으로 염려한다는 사실을 보여주는 것만으로도 근로자의 업무 몰입도, 충성도, 회복탄력성이 증가했다. 구성원을 아끼는 좋은 지도자가 구성원의 업무 성과와 삶의 질을 향상한다.

지도자가 되려면 자신에게 간단한 질문을 던져보아야 한다. 사람들 마음에 어떤 종류의 동기를 불어넣고 싶은가? 동기부여의 수단으로 보상이나 징계를 이용하고 싶은가? 아니면 유능해지고 싶어 하는 기본 욕구를 이용하고 싶은가? 사람들을 지배하고 통제하는 지도자가 되고 싶은가? 그렇다면 상사가 곁에서 감시하고 할 일을 지시할 때만 또는 감독이 선수에게 공을 건네고 일일이 지침을 내리고 임무를 부여할 때만 의욕을 보이는 구성원들을 보게 될 것이다. 자율성을 지지하는 감독이나 관리자는 선수와 구성원에게 스스로 선택하도록 격려하고, 지원하고, 조직을 일부 통제하는 재량권을 발휘하는 환경을 조성하기 위해 애쓴다.

스포츠는 객관적이고 단순명료하다. 더 빨리 달리거나 더 멀리 던지거나 더 무거운 것을 들거나 더 높이 뛰거나 또는 그렇게 하지 못하거나 둘 중 하나다. 수영, 역도, 육상, 사이클링 등의 스포츠는 센티미터, 킬로그램, 초 단위로 기록을 잰다. 심판이 선수의 경기력을 판단하지 않는다. 그리고 선수의 경기력이 향상되었는지 떨어졌는지 그 여부는 숫자로 분명히 결정된다. 경기가 잘 풀리고 기록이 좋을 때는 마법 같은 일이 일어난다. 선수는 탄력을 받아서 매주 경기력이 향상하는 것을 숫자로 확인하고 자신감이 상승한다. 그러나 성과가 떨어질 때는 객관적 수치라는 유익한 도구가 오히려 걸림돌이 된다. 게다가 자신과 무관하게 팀 성적이 좋은 상황이라면 더더욱 개인은 저조한 경기력을 변명하지 못한다. 기록 종목 선수는 심판이 편향되었다고 탓하지도 못한다. 경기력이 떨어지면 선수는 자신감이 사라진다. 이전에 세운 개인 최고 기록을 경신하는 일은 영영 불가능한 일처럼 느껴진다. 의욕이 사라지고 이전까지 낙천주의자였던 이가 비관주의자로 변해 앞으로 더 좋은 성적을 내기는 힘들 것이라고 예상한다. 선수의 심리 상태가 이 정도로 무너지면 성장이 정체된 상태에서 벗어나기란 거의 불가능하다. 미래를 낙관적으로 바라보는 능력을 잃어버리고 정체기에 빠져 허우적거린다.

선수가 의욕을 잃지 않게 하려면 성장할 수 있는 환경을 조성하는 일이 필수다. 우리는 자신이 성장하는 이야기를 계속 써나가고 싶어

한다. 더는 써나갈 이야기가 없는 상태에 도달하게 허용해서는 안 된다. 기업에서도 똑같은 현상이 일어난다. 전에는 업무에 몰입하던 직원이 더는 승진할 자리가 없다고 느끼면 매사에 무감각해진다. 우리는 직원들이 경력을 쌓는 데 매진하도록 의욕을 고취하려고 할 때 보너스와 임금 인상이라는 도구를 먼저 떠올릴 때가 많다. 사실 더는 올라갈 자리가 없는 상황만큼 의욕을 떨어뜨리는 환경도 없다. 목표 달성이 불가능해 보일 때 사람은 일에 흥미를 잃고 현재 상태에 안주한다.

성장을 꿈꾸는 것은 인간의 기본 욕구다. 지도자라면 사람들이 앞으로 더 성장하고 유능해질 수 있다는 밝은 미래가 내다보이는 환경을 만들어야 한다. 이는 기업에서 위로 승진할 수 있는 자리를 만들고, 성장과 성공을 판단할 다양한 기준을 제시해야 함을 의미한다. 금전적 보상 같은 하나의 기준만 중요하게 고려한다면 실패할 것이 뻔하다.

기업에서 직원들의 역량을 기르려면 실패할 위험을 무릅쓰고 도전할 수 있는 환경을 제공하는 것이 중요하다. 만약 직원들이 시키는 일이나 하기를 바란다면 실패를 두려워하는 심리를 이용하면 된다. 프로젝트를 진행하다가 실패할 경우 징계를 받거나 해고당할 가능성이 있다면 장담컨대 직원들은 결코 안전지대를 벗어나는 모험을 하지 않을 테다. 이들은 자기 자리를 보존하는 데 필요한 노력만 기울일 것이다. 적정한 수준의 위험조차 무릅쓰지 않을 테고 안전지대를 벗어나 혁신을 시도하는 일은 없을 테다. 두려움을 동력으로 삼는 환경에서는 설령 승진할 길이 있더라도 성장이 정체된다. 두려움을 이용해 직원을 관리하기보다 이들의 기본 욕구를 충족하는 데 힘쓰는 기업에서는 직원들이 심리적 안정감을 얻는다. 이들은 징계받을 걱정 없이 자기 생각과 의견을 제시한다. 심리적 안정감을 안전지대와 혼동해서는 안 된다. 심리적 안정감은 사람들이 위험을 무릅쓰고 소신 있게 발언하고 본연의 모습대로 행동해도 전혀 불이익을 받지 않는 환경을 조성하는 것이 핵심이다. 직원은 상사에게 징계받을까 봐 두려워하지 않고 자신이 우려하는 바를 솔직히 말할 수 있어야 한다. 회사의 귀중한 시간을 낭비한다고 야단을 들을 걱정 없이 자신의 아이디어를 말할 수 있어야 한다. 구글은 외부 기관에 의뢰해 좋은 성과를 올리는 팀의 특징에 관해 2년간 연구를 수행했고, 좋은 팀이 지닌 다섯 가지 특징 중에서 심리적 안정감이 가장 중요하다는 사실을 발견했다. 팀은 위험을 무릅쓰고 도전해 설령 실패하더라도 불안해하거나 당혹감을 느끼지 않을 수 있어야 한다.

직원이 성장하고 역량을 키울 수 있는 조직은 다음과 같은 환경을 조성한다.

* 도전하는 직원을 격려하는 환경.
* 두려움을 동력으로 삼지 않으며 위험을 무릅쓰고 소신 있게 건의할 수 있는 환경.
* 자기 업무 또는 직종에서 성장하고 역량을 기르며 진급할 수 있는 환경.

소속감을 느끼고 싶은 욕구

2010년에 마이클 크라우스Miachael Kraus, 케이시 황Cassey Huang, 대커 켈트너Dacher Keltner가 발표한 논문은 스포츠계에 적잖은 파장을 불러일으켰다. 이들은 NBA 2008~2009 시즌에 치른 경기를 살피며 300여 명의 선수를 대상으로 행동을 추적하고 분석했다. 각 선수가 기록한 득점, 어시스트, 블로킹, 리바운드 성공률을 살핀 게 아니다. 그보다 얼마나 자주 협력하며 신뢰감을 쌓는 행동을 보였는지 살폈다. 주먹 인사, 하이파이브, 짧은 대화, 동료 선수의 협력이 요구되는 스크린 전술의 활용 등은 동료 선수와 협력하는 정도를 나타냈다. 하이파이브를 하고, 주먹 인사를 나누고, 선수들 간에 긍정적인 상호작용을 더 많이 보여주는 팀일수록 시즌 성적이 더 좋았다. 논문의 공동저자들은 하이파이브, 주먹 인사, 가슴 부딪치기, 머리를 툭툭 건드리며 격려하는 행위가 더 많이 보이는 팀일수록 단결력이 좋고 더 좋은 성적을 올린다고 밝혔다.

스포츠계의 많은 이들이 이 연구 결과를 보고 경기장에서 동료와 하이파이브를 자주 하라는 의미로 이해했지만, 핵심은 그게 아니었다. 행위 자체보다 그 행위에 담긴 의미가 더 중요했다. 신뢰감과 소속감이 높은 팀일수록 선수들은 동료 선수를 신뢰한다는 신호를 더 자주 보낸다. 주먹 인사는 소속감을 표현한다. 연인이나 부부가 상대가 자신에게 얼마나 소중한지를 전달하고 싶어서 "사랑한다"라고 말하는 것과 다르지 않다. 가슴을 서로 부딪치는 행위는 "우리는 한편이야. 잘했어. 뒤는 내가 맡을게"라는 메시지를 전한다. 여기서 목표는 더 좋은 성과를 올리기 위해 주먹 인사의 빈도수를 높이는 것이 아니다. 소속감을 강화하는 것이 목표다.

소속감은 인간의 기본 욕구다. 심리학자 스콧 배리 카우프만에 따르면, "소속감을 느낄 때는 주변 사람이 당신을 받아들이고 관심 있게 대한다고 느낀다. 소속감을 느끼지 못할 때는 주변 사람이 당신을 거부하고 보이지 않는 사람처럼 대한다고 느낀다." 사람은 사회적 동물이므로 생존을 위해서는 대체로 연대와 협력의 이점을 이용해야 한다. 감정은 독재자가 아니라 전령에 불과하다는 사실을 다루었던 6장 내용을 기억한다면 유대감의 부족과 매우 불쾌한 감정 사이에 연관성이 있다는 사실이 당연하게 생각될 테다. 다른 사람에게 거절당한 느낌이 들 때 외로움, 시기, 수치심, 죄책감, 부끄러움, 대인 관계 불안감이 일어난다. 사실 우리 뇌는 거절당한 상처를 신체적 고통으로 느낀다. 실연당한 마음이 팔이 부러진 마냥 욱신거리는 데는 이유가 있다. 사람은 다른 사람에게 소중히 여김을 받고 싶은 강한 욕구가 있다. 이 욕구가 채워지지 않을 때 우리 몸은 이 결핍된 상황을 알리기 위해 내면에서 거센 감정을 일으켜 문제를 해결하기 위해 어떻게든 조치하라고 호소한다.

투쟁 또는 도피 스트레스 반응 체계에 관해서는 다들 들어보았을 테다. 이 스트레스 반응은 위협이나 위험한 상황에 대처할 때 도움이 된다. 인간에는 신뢰와 소속감을 쌓는 일에 도움이 되는 스트레스 반응도 있다. 마음을 진정하고 상대와 유대감을 형성하는 반응 체계다.

진정성 있는 관계를 형성하면 기분이 좋아지는 마약 성분의 오피오이드opioids 호르몬이 분비되는데 이것은 코르티솔과 기타 스트레스 호르몬 수치를 떨어뜨리며 현재 상황을 위협적으로 인식하던 반응에서 벗어나는 데 일조한다. 또 다른 호르몬인 옥시토신은 경계경보 시스템인 편도체를 진정시키는 데 일조한다. 옥시토신이 분비되면 협력하는 행동이 증가한다. 이 호르몬은 기이하게도 상대를 신뢰하는 경우에만 해당 상황에서 유대감을 증진한다. 요컨대, 우리 뇌는 신뢰하지 않는 관계에서 유대감을 쌓는 일에 조심하도록 만들어졌다.

마음을 진정하고 상대와 유대감을 형성하는 반응 체계는 사회적 본능을 이용한다. 다른 사람들과 유대감을 형성해야 생존할 뿐 아니라 성장할 수 있다. 당연한 일이지만 프로 스포츠팀에서도 이 반응을 이용한다. 프로팀이 경기 후 회복력을 향상하려고 이용하는 최신 전략 중 하나는 적정량의 단백질 영양 음료 섭취나 값비싼 기기가 아니라 사람들과 소통하는 것이다. 사람들과 소통하며 회복을 꾀하는 전략은 단결력을 증진할 뿐만 아니라 시합처럼 스트레스가 높은 상황에서 벗어나 몸이 회복하고 적응하는 상태로 전환하는 데도 일조한다. 유대감을 형성하는 것이 비밀 무기인 것이다. 하이파이브를 하는 것과 마찬가지로 동료와의 소통은 억지로 시켜서 되는 일이 아니다. 진정성 있는 유대감은 일상에서 순간순간 형성된다.

그렉 포포비치Gregg Popovich는 샌안토니오 스퍼스팀을 이끈 전설적인 감독이다. 조직문화를 창조하는 일에 관한 한 포포비치는 모든 감독, 최고경영자, 또는 다른 분야의 지도자조차 부러워하는 대상이다. 포포비치 감독이 이끈 선수들은 오랜 세월이 지났어도 여전히 팀원 간의 끈끈한 유대감을 자랑한다. 한 선수는 최근에 이렇게 말했다. "저는 스퍼스팀에서 뛰는 동안 만났던 동료 선수들과 전부 친하게 지냈어요. 믿기지 않겠지만 거짓말이 아닙니다." 그처럼 팀이 단결할 수 있었던 요인을 한 가지 꼽는다면 전체 회식이 있다.

포포비치의 전체 회식에 관한 설들은 대부분 출처가 불분명하다. 세 시간가량 이어지는 저녁 식사 때 먹을 음식과 와인은 포포비치 감독이 정한다고 한다. 식사가 준비되면 선수들이 둘러앉아 능동적으로 활발하게 소통한다. 포포비치 감독은 경기가 끝나면 제트기를 타고 곧장 해당 도시를 벗어나던 NBA의 관행에서 벗어나 스퍼스팀 선수들과 함께 곧바로 전체 회식을 하고 그 도시에서 하루를 묵었다. 함께 시간을 보내는 것 외에 다른 일정은 없었다. 팀을 결속시키기 위한 특별 훈련이나 인위적인 단합 활동은 없었다.

2003년에 한 연구진은 전장에서 군인이 위험을 무릅쓰고 적군에 맞서 싸우는 동기를 조사했다. 이들은 무슨 동기로 전투를 치르는 것일까? 의무감 때문일까? 이라크 전쟁에 참전했던 미군을 대상으로 설문조사를 실시한 결과 군인이 도망치지 않고 적과 맞서 싸운 가장 큰 동기는 전우들 간의 정서적 유대감이었다. 전문가들이 데이터를 자세히 분석한 결과 군인들에게 가장 중요했던 순간은 함께 훈련받던 시간이 아니라 일상에서 보낸 순간순간이었다. "조사한 자료에 따르면 전투가 없는 시간에 나눈 대화가 중요했다. 아무 일도 하지 않고 무료하게 함께한 시간이 의미가 컸다. 이런 순간에 신뢰와 우정이 생기고 집단 정체성이 형성된다"라고 연구진은 결론지었다. 일상에서 순간순간 함께한 시간이 쌓일 때 피상적인 관계를 넘어서게 된다. 이런 순간에 우리는 선수 전용 버스를 함께 타고 가는 동료 선수가 또는 칸막이 책상 건너편에 앉아 있는 동료 직원이 자신과 마찬가지로 똑같은 문제로 힘들게 살아가는 인간임을 깨닫는다.

포포비치와 미군은 유대감을 생성하는 대화의 힘을 발견했다. 박스터 홈즈Baxter Holmes가 기고한 ESPN 기사 덕분에 포포비치 감독 이야기가 대중에 널리 알려졌고 이후 많은 이들이 포포비치 감독을 모방하려고 애썼다. 수많은 프로 스포츠팀이 경기 후 선수들과 함께 고급 식당에서 전체 회식 시간을 갖기 시작했다. 나는 다양한 스포츠 종목에서 여러 프로팀과 협업한 경험이 있는데 그때마다 전체 회식과 관련해서 수차례 불만의 목소리를 들었다. "우리도 전체 회식을 가졌지만 아무도 참석하지 않았어요." 또는 "대화를 나누는 사람이 없어요. 의무라서 참석할 뿐 진짜로 거기 참석하고 싶은 사람은 없어요."

주먹 인사와 마찬가지로 행동이나 활동 자체가 중요한 게 아니다. 팀원이 전체 회식에 참석하도록 강요하는 것이 아니라 유대감과 신뢰를 쌓을 수 있는 공간을 창출하는 것이 중요하다. 포포비치는 대화의 힘과 음식 및 와인에 관한 자신의 열정을 이용해 사람들이 함께 있고 싶어 할 공간을 만들었다. 포포비치 감독은 자기가 정말로 좋아하는 분야로 선수들을 초대했고, 그 열정을 보고 사람들이 영향을 받았다. 감독이 완벽한 만찬을 준비하기 위해 얼마나 많은 시간과 정성을 들이는지 알고 난 선수들은 다들 그 자리에 참석하고 싶어 했다.

단결력이나 화합력은 억지로 끌어내지 못한다. 신뢰가 무너졌거나 단결력을 증진하려고 인위적으로 개발한 활동이나 의무감에서 나누는 대화에서는 단결력이 생기지 않는다. 진심으로 나눈 대화에서 단결력이 생긴다. 경계 태세를 풀고 편안하게 본래 모습을 드러낼 때 단결력이 생긴다. 억지로 되는 일이 아니다. 우리가 할 일은 단결력이 생길 수 있는 공간을 창조하는 것뿐이다. 포포비치의 단체 회식이 중요한 게 아니라 진솔하게 대화를 나눌 수 있는 공간을 창조하는 것이 중요하다.

우리는 주변 사람들과 유대감을 느낄 때 제 기량을 발휘한다. 자신을 응원하는 안정된 기반에서는 두려움이 아니라 성장하고 발전하려는 욕구에 이끌려 행동한다. 이 원리는 스포츠뿐 아니라 비즈니스 환경에서도 그대로 적용된다. 소속감을 느낄 때 신뢰가 생긴다. 신뢰가 쌓이면 사람은 집단에 도움이 되려는 이타적인 이유로도 기량을 갈고닦는 데 집중한다. 반면에 유대감이 없고 두려움을 이기지 못해 억지로 일할 때는 자신을 보존하는 데 꼭 필요한 일에만 집중한다. 이런 환경에서는 다들 생존하는 데 모든 노력을 기울인다. 소속감이 동력인 선수는 시야가 넓어져 팀이 승리하도록 힘쓴다. 두려움이 동력인 선수는 선택의 여지가 좁아져 오직 지지 않으려고 힘쓴다.

포포비치는 심리학자들이 알아낸 사실을 인지하고 회식을 준비할 때 세심한 주의를 기울였다. 바로 환경이 행동을 유발한다는 원리였다. 기업에서도 정수기가 놓인 공간처럼 직원들이 사적인 대화를 나누는 공간에서 비슷한 효과가 발생한다. 이런 공간에서는 직장인이 업무와 무관하게 잡담을 나누거나 아이디어를 교환하며 유대감을 형성한다. 그러다 보면 냉철한 회계사나 관리자도 인간적인 면이 있음을 깨닫기도 한다. 경영진은 근무 시간을 일분일초까지 일하는 데만 사용하게 만들려고 업무 효율성이라는 명목 아래 일정을 빡빡하게 조정하려는 유혹을 자주 느낀다. 그래서 직원들이 라운지에서 보내는 시간, 점심 식사 시간, 복도에서 잡담하며 보내는 시간을 최대한 줄이려고 애쓴다. 이렇게 보내는 시간은 회사 시간을 남용하는 것이라고 인식한다. 그러나 이 사고방식을 받아들이면 우리는 유대감을 형성하는 일상의 순간을 모두 제거하는 셈이다. 직원들이 복도에서 〈왕좌의 게임〉 마지막 편에 관해 잡담을 나누는 시간을 회사 시간이 낭비되는 것으로 보는 대신, 단결력을 높일 좋은 기회로 보아야 한다. 앞서가는 기업은 최신 과학 이론에 근거한 새로운 개념을 받아들여 직원들이 사적인 대화를 나눌 수 있는 공간을 조성하는 데 주력한다. 점심을 먹으면서 업무 얘기를 한다든지 사무실 책상에서 식사하라고 권장하기보다 사적인 대화를 나누는 행위를 격려하고 증진하는 환경을 만들어야 한다. 직장 동료 사이에 진정성 있는 유대감이 생길 수 있는 공간을 창조하는 것이 경영진이 할 일이다. 얼마 전에도 나는 경영자들을 대상으로 강연할 때 만약 당신이 사무실을 둘러보는데 잡담하는 사람이 전혀 보이지 않는다면 근무 환경을 바꾸어야 한다고 말했다. 경영진이 먼저 모범을 보이며 가구 배치를 바꾸고 같은 취미나 열정을 지닌 사람들과 유대감을 형성해야 한다. 만약 당신이 회사 직원들과 친목 모임이나 회식을 하는 중에 서로 대화는 나누지 않고 다들 핸드폰이나 들여다본다면 환경을 잘못 조성한 탓이다.

댄 코일Dan Coyle은 《문화 코드The Culture Code》에서 취약성의 고리라는 개념을 설명했다. 보통 먼저 신뢰를 얻고 나서 자신의 취약성을 드러낸다고 생각하지만, 사실은 정반대다. 먼저 취약성을 드러내야 신뢰를 얻는다. 맞은편에 앉은 사람에게 신뢰한다는 메시지를 전하려면 그 사람에게 당신의 취약한 모습을 드러내야 한다. 만약 상대가 그 신호에 화답하면 그때부터 두 사람 사이에 신뢰가 쌓인다. 우리는 경계심을 버리고 자신의 참모습을 드러낸다. 서로 간에 취약한 모습을 드러내는 일이 거듭될수록 신뢰가 쌓이고 단결력이 증가한다.

스포츠 지도자의 리더십과 선수들의 강인함을 조사한 연구에서 강인한 정도를 예측할 때 가장 좋은 변수 가운데 하나가 해당 선수가 동료나 감독과 유지하는 관계로 나타났는데, 이는 전혀 놀랍지 않다. 소셜 미디어에서 유대감을 과시하는 것이 더 중요한 시대이기에 그 어느 때보다 진실한 관계가 절박하다. 멀리 갈 것 없이 가족과 함께 식사하라는 충고를 생각해보자. 당신은 조부모에게서 이 충고를 들었을 가능성이 크다. 수 세기에 걸쳐 내려온 가족 식사 문화는 우울감과 불안감, 약물 남용, 식이장애, 청소년 임신 비율을 낮추는 것으로 관찰되었다. 우리가 사랑하고 존경하는 이들과 함께 시간을 보내고 나면 좋은 감정이나 좋은 일이 생기면서 선순환이 이루어진다. 기업이 단체 휴가나 단합 활동을 기획해 의무적으로 참가하게 만드는 것은 소속감을 기르는 방법이 아니다. 진정성 있는 소통이 자연스럽게 일어날 수 있는 공간을 만드는 것이 중요하다.

　에드워드 데시와 리처드 라이언이 사람의 동기는 기본 심리 욕구에서 나온다는 사실을 설명하기 위해 자기결정성 이론을 개발했다. 그러나 그전에 에이브러햄 매슬로Abraham Maslow가 욕구 단계설을 만들었다. 욕구 단계설은 안전, 소속감, 자존감이라는 심리 욕구뿐 아니라 음식, 물, 수면이라는 생리 욕구도 포함한다. 매슬로의 연구를 계기로 심리학 연구는 사람에게 어떤 문제가 있는지를 살피는 데서 그 사람이 성장하고 발전하는 데 도움이 되는 요소가 무엇인지를 살피는 쪽으로 초점이 이동했다. 매슬로가 말했다. "사람은 뒤로 물러서서 안전을 택할 수도 있고 앞으로 나아가며 성장을 택할 수도 있다. 사람은 성장하는 선택을 계속해야 한다. 계속해서 두려움을 극복해야만 한다."

　매슬로의 욕구 단계를 피라미드 모양으로 그려놓은 도표를 보면 맨위에 성장, 발달, 창작 욕구 등의 자아실현 욕구가 놓인다. 그러나 이것은 매슬로가 원래 의도했던 바가 아니다. 매슬로의 욕구 단계를 한눈에 보기 쉽게 담은 그 유명한 피라미드 도표를 만든 사람은 매슬로가 아니었다. 1970년도 일기를 보면 매슬로는 이렇게 썼다. "나는 자아실현 욕구를 포함하지 않는 편이 더 낫다고 생각했다. 너무 엉성해서 비판받을 여지가 다분하다." 매슬로가 생각하기에 자아실현 욕구는 너무 개인적인 차원에만 집중하는 욕구였다. 이기적인 방법으로 자기 욕구를 충족하는 일에 불과했다. 아무래도 욕구의 정점에는 개인에 한정되는 욕구가 아닌 개인을 초월하는 욕구가 놓여야 한다고 판단했다. 최종적으로 매슬로는 가장 높은 단계에 자기초월 욕구를 배치했다. 이것은 우리가 자기 자신을 넘어서는 단계다. 말 그대로 개인의 관심사를 넘어서는 욕구다.

매슬로는 자기초월 욕구를 추구하는 단계까지 도달한 사람도 많을 테지만 스스로 그 욕구를 억제할 때가 많다고 확신했다. 죽기 전에 쓴 글에서 매슬로는 사회 분위기가 자기초월 욕구를 억누르도록 만들 때가 많기에 "경영주는 대부분 자신의 이상, 고차원의 상위 동기, 자아를 초월하는 경험을 향한 욕구를 지녔는데도 강인함이라는 가면 아래 자신의 욕구를 감추려 할 것이다"라고 썼다. 우리는 너무 오래 이 강인함이라는 가면을 벗지 못했다. 구시대 방식으로 강인함을 기르는 전략은 기본 욕구를 충족하는 방식과는 거리가 멀었다. 우리는 여태껏 이 사실을 모른 채 그 전략을 추구해온 것이다.

기본 심리 욕구를 충족할 때라야 비로소 잠재 능력을 최대한 끌어올릴 수 있고, 이 책에서 설명한 전략을 활용해 역경과 고통을 극복할 수 있다. 기본 욕구가 충족된 환경은 우리가 멀리 모험을 떠났다가 다시 돌아올 수 있는 안정된 기반을 제공한다. 비록 실패하더라도 여전히 자신을 사랑하고 소중하게 여기는 이들이 있음을 알기에 두려움과 압박감을 느껴도 감정을 조절할 수 있다. 우리는 수행 능력을 향상하는 일에서만이 아니라 더 행복한 사람이 되는 일에서도 성장할 수 있다. 이 목표에 도달하기 위해 누군가 우리를 통제할 이유는 없다. 자신이 원하는 사람들 사이에서 소속감을 느끼고, 그 집단에서 나를 수용하고, 나다운 목소리를 낼 수 있을 때 우리는 이 목표에 도달한다.

10장 어려운 일을 하기 위한 기초 다지기

예상했는가? 건강하게 정상적으로 기능하는 인간이 되는 데 필요한 재료가 곧 역경과 고통을 다스리는 데 필요한 재료라는 사실을 말이다. 운동선수든 학생이든 노동자든 이제는 스스로 성장을 방해하는 일을 중단하고, 무엇보다 인간의 기본 욕구와 생리부터 돌아보기를 권한다.

11장
괴로움에서 의미를 찾다

마흔한 살의 남자가 강단에 섰다. 남자는 흑발을 뒤로 넘겨 이마를 훤하게 드러냈다. 동그란 안경과 옷차림에서 그가 중요하고 신뢰할 만한 인물임을 짐작할 수 있었다. 남자는 의학박사였지만 철학박사 학위 과정도 밟고 있었다. 토요일 오후 5시 정각, 평생교육 대학의 한 강당. 이 교수는 앞으로 한 시간짜리 강의를 매주 토요일 다섯 번에 걸쳐 진행할 계획이었다. 첫날 강의 제목은 "자살: 강요된 소멸, 병들어가는 세계, 성교육"이었다. 제목만 봐도 이 강의에서 오갈 대화가 얼마나 심각할지 쉽게 짐작할 수 있었다. 이 강의는 향후 "엑스페리멘툼 크루시스Experimentum Crucis"로 세상에 알려지는데 이는 다섯 번째 강의 제목이기도 하다. 이 라틴어는 '결정적 실험'이라는 뜻으로 본래 세상을 바꾼 아이작 뉴턴의 결정적 실험에서 빌려온 표현이다. 기존 과학 이론에 사망 선고를 내리고 새 이론의 우월성을 입증하는 실험을 가리키는 말이다.

이 교수는 다음과 같은 말로 첫 강의를 시작했다. "지금은 삶의 의미와 가치에 관해 이야기하는 일이 그 어느 때보다 절박해 보입니다. 다만 이 일을 할 수 있을지 또 할 수 있다면 어떻게 해야 하는지 그게 문제입니다." 교수의 강의 제목을 처음 접한 청중은 아마도 이상심리학 강의를 듣게 되리라 짐작했을 터였다. 그러나 그 제목은 목적을 이루기 위한 수단이었다. 토요일마다 다섯 차례 강의를 진행하면서 교수는 의미 있는 삶을 찾는 열쇠에 관해 자신의 이론을 설명했다. 이 교수는 기존의 통념을 반박하며 즐거움은 인생의 목적이 아니고 목적으로 추구할 수 없으며, 행복 역시 "목적이 될 수 없고, 목적으로 삼지 말아야 한다. 행복은 목적으로 삼아 얻을 수 있는 것이 아니라 나중에 얻는 결과일 뿐"이라고 주장했다. 즐거움과 행복을 얻으려고 쫓아다니는 삶에서 인간은 의미를 찾지 못하고, 우리 영혼은 만족하지 못한다는 것이었다. 우리 삶이 의미를 찾기 바란다면 거기에는 세 가지 방법이 있었다.

첫 번째 방법은 일이다. 예술적인 일이어도 좋고 자신이 좋아서 하는 일도 좋고 창조하는 행위에 가치가 있다. 두 번째 방법은 경험이다. 자연과 사랑과 예술 등을 체험하면서 경외감을 느끼고 세계관을 넓혀야 한다. 즐거움과 행복을 새롭게 정의하는 교수의 말에 청중은 약간 당황했겠지만, 창조와 경험에서 삶의 의미를 찾으라는 메시지에 분명 공감했을 테다. 삶의 의미를 충족하는 세 번째 방법은 고통이다. 삶의 의미를 충족하는 방법으로서 독자들은 허를 찔린 기분이 들었을 테지만, 이 교수를 아는 청중이라면 어쩌면 예상했을 내용이다.

교수는 말을 이어갔다. "자신의 운명과 그에 따르는 고통을 기꺼이 받아들이는 일도 하나의 성취입니다. 실제로 실현 가능성이 가장 높은 성취입니다." 철학박사 학위를 곧 취득할 예정이었던 이 의사는 이번에도 앞서 언급했던 원칙에 충실했다. 고통을 목적으로 삼아야 한다는 말이 아니었다. 고통은 목적이 될 수 없다. 그러나 만약 당신이 고통을 겪는다면 거기서 의미를 찾을 수 있다. 고통은 인간의 허영을 벗기고, 삶에 대응할 기회를 우리에게 허락한다. 고난과 역경에 직면할 때 그것이 우리 삶에서 어떤 의미가 있는지 결정해야 한다. 강단에 선 교수에게 고통은 삶의 의미를 찾는 수단이었을 뿐 아니라 그렇게 찾은 의미가 고통을 이겨내는 수단이었다. 역경을 이겨내려면 고통에서 의미를 발견해야 한다. 그리고 이 의사가 청중에게 강조한 바에 따르면 고통을 견디는 의미는 "그 개인, 오직 그 개인만이" 찾을 수 있다.

이 의사가 이 강의를 전에도 한 번 했던 적이 있다. 그때는 양복에 넥타이 차림이 아니었다. 그때는 강의실도 아니었고 그의 강의를 억지로 듣는 학생들도 없었다. 그곳은 일반적인 장소가 아니었다. 의사는 280명의 다른 사람들과 함께 다섯 줄로 나뉘어 서 있었다. 이 사람들은 토요일에 강의를 들으러 나온 사람들처럼 비즈니스 정장을 차려입지도 않았다. 누더기를 걸친 280명은 요즘 사람들보다 몸집도 작았고, 뱃살은 찾아볼 수도 없었다. 강의가 시작되기 전에 사람들은 다들 똑같은 주제로 짧게 대화를 나눴다. 바로 저녁 식사로 배급되는 수프에 관해서였다. 이때 의사는 강의를 시작했다. 실제로 소리 내어 강의한 것이 아니라 머릿속으로 혼자서 강의했다. 자신이 겪는 시련에서 주의를 돌리기 위해, 심란한 마음에 잠시라도 탈출구를 열어주기 위해 빅터 프랭클은 강당에서 학생들을 만나고 있다고 상상하며 "강제수용소 심리학"이라는 강의를 진행했다.

우리 가운데 강제수용소 포로 생활처럼 끔찍한 어려움을 마주할 사람은 거의 없을 것이다. 그러나 상상을 초월하는 괴로움을 극복한 사람은 우리가 인생에서 마주하는 여러 문제에 대응하는 방법에 관해 우리에게 가르침을 제공한다. 자신에게 닥친 일이 너무 힘들어지면 삶의 의미를 놓치기 쉽다. 자신이 해야 할 일이 감당하지 못할 일처럼 느껴질 때 우리는 번아웃 위기에 내몰리고 '이렇게 애써 봤자 무슨 소용이지?'라고 반문하게 된다. 최신 과학 이론을 비롯해 프랭클이 우리에게 전한 메시지에 따르면 목적은 접착제 같아서 우리가 삶의 의미를 놓치지 않도록 단단히 결속하고 아무리 끔찍한 상황이라도 이겨낼 동기를 부여한다.

지속할 의지

윌리Willie는 여섯 살 된 개의 이름이다. 이 개는 호주 목축견과 셰퍼드 사이에서 태어난 잡종이다. 태어나고 몇 달쯤 지났을 때 타이어 속에서 살던 이 개를 아내가 발견했다. 윌리는 똑똑한 만큼 말썽도 만만치 않게 피운다. 윌리는 상반된 두 가지를 취미로 즐긴다. 바로 텔레비전 시청과 달리기이다. 전자는 즐거운 놀이이자 우리 부부에게는 성가신 습관이었다. 텔레비전에서 뭔가 움직이거나 소리가 들리면 큼지막한 검정 코를 화면에 들이댔다. 말이라도 등장하는 영상을 켜면 화면이 엉망진창이 된다. 달리기는 텔레비전 시청보다 개에게 훨씬 자연스러운 활동이다.

추운 겨울에 달릴 때면 윌리는 내내 목줄을 팽팽하게 당기며 8km 가량 달린다. 그러나 덥고 습한 날씨에는 윌리의 인내력이 증발해버린다. 3km쯤 신나게 열정적으로 달리다가 더위 때문에 속도가 급감한다. 보통 7분쯤 걸리는 거리를 9분이 넘게 걸려서 이동한다. 윌리는 여름에 매번 같은 경로로 2마일(약 3.26km)을 달리는데 우리가 신호를 보내기도 전에 방향을 전환한다. 윌리는 산책 거리를 완벽하게 소화하지만, 속도를 조절하는 기술은 3장에서 언급한 초등학생을 닮았다. 처음에 부지런히 달리다가 중간 구간에서는 천천히 뛴다. 그러다가 마지막에 모퉁이를 돌아 우리 집이 보이는 구간에서 다시 속도를 낸다. 그런데 돌발변수가 생기면 달리는 둥 걷는 둥 이동하던 윌리가 갑자기 폭발하듯 속도를 내기도 한다. 바로 다람쥐다.

다람쥐가 나타나기 전까지 윌리는 분홍색 혓바닥을 길게 늘어뜨리며 달릴 만큼 달렸다는 신호를 보냈다. 숨이 가빠져 속도가 줄어들려고 할 때였다. 극심한 피로에 지쳐가던 윌리였지만 자신을 성가시게 하는 조그만 회색 동물이 눈에 띄자마자 돌변했다. 윌리는 스프링처럼 펄쩍 뛰어올랐고, 30kg 가까이 나가는 덩치로 재빠르게 자신의 숙적인 다람쥐를 추격했다. 윌리는 새로운 동기를 발견했다. 아니 내가 조금 과장하자면 절망의 구렁텅이에서 자신을 끌어올릴 의미를 발견했다.

3장에서 나는 장거리 육상을 하는 초등학교 선수와 성인 선수가 어떻게 속도를 높이거나 줄이는지 설명했다. 선수들은 달리는 도중에 실제 난이도와 자신이 예상한 난이도를 비교하는 간단한 측정법을 이용한다. 예상보다 몸이 힘들지 않으면 속도를 높인다. 반대로 예상보다 더 힘이 들면 속도를 낮춘다. 나는 앞서 이 방정식을 설명하면서 한 가지 요소를 일부러 빼놓았다. 그것은 바로 욕구다.

운동 수행 능력 = 실제 난이도 / 예상 난이도×동인

이 마지막 요소를 가리켜 동인이라고 하든 동기나 목적이라고 하든 상관없다. 이 요소가 우리가 극심한 피로 상태에서도 어디까지 힘을 낼 수 있는지를 결정한다. 우리는 탈진했을 때도 통념과는 달리 자신이 보유한 힘을 전부 소진한 게 아니다. 경기를 마치고 땅바닥에 쓰러진 선수라도 여전히 남은 연료가 있고, 근육을 쓸 수 있다. 한번 생각해보자. 만약 우리 뇌가 정말로 남김없이 힘을 쏟도록 허용한다면 똑똑한 선택일까 아니면 위험한 선택일까? 우리 몸은 자신을 보호하는 안전장치를 갖추고 있다. 극도의 피로와 통증을 느끼는 이유는 수행 속도를 늦추거나 아예 멈추라고 우리 뇌가 신호를 보내기 때문이다. 그러나 최신 스포츠 과학에 따르면 우리 몸의 연료를 언제 모두 소진할지 이를 예측하는 작업은 항상 변수가 많다.

연료가 바닥나기 전까지 몇 마일이나 더 달릴 수 있는지 초읽기에 들어간 자동차를 운전한다고 생각하면 이해가 쉽다. 모험심이 많은 사람이라면 연료 게이지가 정확하지 않다는 사실을 일찌감치 알아차렸을 테다. 연료 게이지가 바닥에 도달한 후에도 10에서 20마일, 또는 30마일까지도 더 달릴 수 있음을 확인했기 때문이다. 연료가 바닥났음을 표시하는 시점과 연료탱크가 실제로 바닥난 시점 사이에 차이를 얼마나 두느냐는 자동차 제조사의 재량이다. 이는 운전자가 자신의 운명을 시험하며 자동차를 한계까지 몰다가 도로 한복판에서 자동차가 멈추는 사태를 방지하고자 고안한 안전장치다. 우리 몸도 이와 같은 절차를 밟는다. 우리 몸은 실제로 연료가 제로인 상태에 도달하기 전에 연료가 바닥났다고 경고 메시지를 보낸다. 바로 우리 몸이 느끼는 고통과 피로감이다. 우리 몸에는 언제나 여분의 에너지가 있다. 우리 몸이 정지하기 전에 연료가 실제로 바닥날 때까지 얼마나 더 몰아붙일 수 있는지를 결정하는 요소는 동인이다. 그러나 우리 몸이 알아서 기능을 중단하는 한계를 넘어서면 거기서부터는 재난에 가까운 사태를 만난다.

우리 뇌는 현재 수행하는 일이 얼마나 중요한지를 고려하는 복잡한 연료 게이지 알고리듬에 따라 남은 에너지를 파악한다. 에너지가 진짜로 바닥이 나서 재난에 가까운 사태를 과거에 경험한 적이 없으므로 우리 뇌는 해당 과제의 중요도와 향후 얻을 보상과 위험의 크기를 비교해 얼마나 더 자신을 몰아붙일지 결정한다. 생명이 위험에 처했는가? 아이의 목숨이 위태로운가? 그러면 우리는 아이를 구하려고 차량을 들어 올리는 등 초인적 힘을 발휘할 수도 있다. 정규 시즌 한 경기와 플레이오프 7차전 경기를 치르는 마음가짐도 다르다. 후자의 경우 우리는 젖먹던 힘까지 끌어올려서 경기를 치른다. 피로를 연구하는 최신 과학에 따르면 우리 뇌는 스스로 심신을 손상하지 않도록 예방하는 것이 원칙이고, 인지한 위험요소와 잠재적 보상을 비교해 수행력 수준을 결정한다.

자신을 움직이는 강력한 목적이 있는 사람은 터보엔진을 부착한 것과 같다. 이 목적은 신이나 가족 때문에 생기기도 하고, 동료를 아끼는 마음으로 경기장을 뛰거나 중요한 임무를 부여받을 때 생기기도 한다. 어떤 목적이든 우리는 중요한 목적을 추구할 때 더 오래 과제를 지속한다. 조사 결과를 보면 학교든 기업이든 경기장이든 목적과 인내심 사이에는 상관성이 있었다. 목적이 있을 때 우리는 고통을 더 오래 견디고 버텨낼 뿐 아니라 무엇이 중요한지 기억하고 제때 올바른 결정을 내릴 수 있다.

강인함의 핵심

목적은 강인함을 촉진하는 연료다.

두려움에서 절망으로 그리고 무관심으로

강제수용소에서 풀려난 지 11개월이 지났을 무렵 빅터 프랭클은 오스트리아 빈 교외에 있는 한 강당에서 수용소에 갇혀 지낼 때 상상 속에서 했던 강의를 실행에 옮겼다. 1946년 프랭클은 심리치료 분야에 큰 변화를 가져온 책 《의사와 영혼The Doctor and the Soul》을 비롯해 《삶의 의미를 찾아서Man's Search for Meaning》를 출판했다. 후자는 9일 만에 완성한 책인데 미 의회도서관에서 "미국에서 가장 영향력 있는 책 10

권"에 선정되기도 했다. 이 두 저서는 죽음의 공포를 마주한 처지에서 쓰였지만, 기저에는 희망이 빛나고 있다. 강제수용소에서 나오자마자 몇 개월 만에 반세기가 지난 지금까지도 많은 이들이 공감하는 책을 집필한 것은 대단한 위업이다. 그러나 프랭클 본인이 말했듯 이 두 책은 오랜 세월 머릿속으로 집필한 책이다.

프랭클은 1942년에 테레지엔슈타트Theresienstadt 강제수용소에 들어갈 때 재킷 호주머니에 책 원고를 숨겨 넣고 호주머니 입구를 바느질로 봉합했다. 원고를 숨겨놓은 재킷을 비롯해 소지품은 전부 압수당했다. 프랭클은 이미 삶의 의미에 관한 이론을 개발했으며 이제 자신의 불행을 겪으며 그 이론을 시험하는 운명에 놓였다. 이후 몇 년간 프랭클은 홀로코스트를 겪으며 상상하기 힘든 참혹한 삶을 경험했다. 어머니와 아버지 그리고 아내를 잃었다. 그러나 프랭클은 삶을 지속했다.

의과대학에서 정신과를 전공한 프랭클은 그 경험과 지식을 강제수용소의 열악한 조건과 수감자를 관찰하는 데 적용했다. 자기 자신을 비롯해 모든 수감자의 심리가 어떤 변화를 거치는지 그 과정을 거치는지 목격했다. 첫 번째 단계는 충격이다. 물품을 모두 압수당하고 자신이 살아온 삶을 송두리째 빼앗겼을 때 수감자들은 충격에 빠졌다. 그 충격이 너무 커서 수감자들은 가장 손쉬운 탈출구를 떠올리기도 했다. "이 상황에서 사람은 순간이나마 철조망에 몸을 던질 생각을 합니다. 고압 전류가 흐르는 철조망에 접촉하는 것이 수용소에서 일반적으로 행해지던 자살 방법이었죠."

비극과 불확실성이 증가하자 수감자는 모든 일에 무감각해졌다. 끔찍한 현실이 일상이 되었기 때문이다. 죽음과 절망에 정상적으로 정서 반응을 보였던 이들이 아무것도 느끼지 못하는 단계에 이른다. 프랭클은 말했다. "처음 며칠간 자신을 둘러싼 모든 것이 혐오스럽고 추악하기만 한 경험을 합니다. 이 경험은 공포, 분노, 역겨움의 감정을 불러일으킵니다. 그러다 이런 감정마저 잦아들고 나면 내면의 삶이 전부 사라지고 최소한의 것만 남습니다." 수감자들의 주검을 봐도 더는 슬퍼하거나 놀라지 않게 된다. 그 소식이 시시하기 때문이 아니라 내면세계가 얼어붙었기 때문이다. 느낌과 감정은 사라지고 대신 외부 자극에 아무 반응을 보이지 않는 방어기제가 작동했다. 수감자들의 내면의 삶은 수용소에서 유일하게 중요했던 식량을 중심으로 작동했다. 다른 홀로코스트 생존자들을 조사한 학자들의 연구도 프랭클이 경험한 내용을 뒷받침한다. 루Lou와 에스더Esther라는 생존자들이 말했다. "무감각하게 하루하루 살았어요. 머리가 돌아가지 않아요. 처음엔 죽고 싶었어요. 그다음엔 살아남고 싶었어요."

프랭클에 따르면 생존은 수감자들의 내면세계에 달려 있었다. 프랭클은 저서 《그럼에도 삶에 '예'라고 답할 때Yes to Life》에서 말했다. "수감자를 죽여버리겠다고 교도관들이 협박하고 구타하고 고문하는 등 끊임없이 야만적인 행동을 저질렀는데도 수감자의 정신만은 어쩌지 못했습니다." 정신적 자유를 얻는 열쇠는 삶에서 의미를 발견하는 것이었다. 우리가 흔히 생각하듯 내가 삶에 기대하는 의미를 찾을 것이 아니라 나를 초월하는 목적에서 의미를 찾아야 한다. 매일 매시간 삶이 내게 무엇을 원하는지 질문해야 한다. 지극히 사소한 삶의 순간에서 의미를 찾을 수 있을 때, 그 의미가 자신을 뛰어넘는 어떤 것일 때 우리는 삶을 향한 의지를 지니게 된다. 그러나 자신이 처한 모든 상황에서 이 같은 의미를 찾을 수 없을 때 우리는 자신의 종말에서 의미를 찾는다.

자유는 삶의 의미를 찾는 열쇠였다. 우리에게는 괴로운 경험을 어떻게 이해하고 받아들일지 선택할 자유가 있다. 프랭클에게는 죽음도 삶과 마찬가지로 의미를 지닌다. 내면의 자유는 생존을 지속하는 데에도 중요한 요소이지만, 자기 행동을 선택할 힘을 준다는 점에서도 중요하다. 가령, 곧 죽을 운명에 처해 있을지라도 자신이 숨을 거둘 장소를 선택할 힘이 여전히 남아 있었다. 설령 그 장소가 마음속에 있는 공간이었을지라도 말이다. 수용소에서는 죽음의 순간에도 "나치 친위대원이 강요한 방식이 아니라 자신이 선택한 방식으로 죽음을 맞는 것이 중요했다!" 프랭클이 회고한 바에 따르면 생존하지 못한 사람은 가장 나약한 사람이 아니라 가장 강한 사람들이었다.

자신이 처한 환경과 자신이 느끼는 고통에서 의미를 찾는 것, 또한 자신을 삶과 연결하고 앞길을 인도하는 목적으로서 의미를 찾는 작업은 잔혹한 현실에 대응하는 열쇠였다. 프랭클이 찾은 삶의 의미는 단순했다. 사랑하는 사람들에게 돌아가는 것 그리고 원고를 찾아 완성하는 것이었다. 프랭클은 자서전에 썼다. "내가 살아남은 힘은 다른 무엇보다도 빼앗긴 원고를 찾아 다시 완성하겠다는 결심 덕분이었습니다." 집필 의지가 의미를 부여했다. 삶을 향한 의지가 생겼다. 프랭클이 수용소에 갇혀 지내면서도 미래에 강의하는 모습을 떠올리며 시간을 보낸 이유다. 1945년에 어떤 사람이 연필 한 자루와 종이 쪼가리를 건넸을 때 프랭클은 절망에서 벗어나는 힘을 얻었다.

프랭클은 정신과 의사로서 익힌 이론을 들고 강제수용소에 들어갔다. 그리고 죽음과 절망뿐 아니라 자신을 비롯한 많은 이들이 거기에 어떻게 대응하는지 직접 목격한 경험을 안고 강제수용소를 나왔다. 이론과 경험을 바탕으로 프랭클은 이렇게 선언한다. "삶의 절대적인 의미를 어떻게 해서든 찾고 흔들리지 않을 때 삶이 견딜 만해집니다. 직접 경험한 인간이란 존재는 가령, 굶주림에서 의미를 찾거나 이를 목적으로 삼았을 때 진심으로 굶어 죽을 준비를 합니다."

이후 여러 후속 연구에서도 프랭클이 경험한 내용을 입증했다. 홀로코스트 생존자 89명을 조사한 연구에서 카타르지나 프로트-클링거Katarzyna Prot-Klinger가 발견한 바에 따르면, 생존자들은 주변의 도움과 소속감, 돌아가 만날 사람, 삶에서 극히 일부라도 정상 상태를 유지하는 일 그리고 무엇보다도 행운이 중요하다고 강조했다. 이와 비슷하게 13명의 생존자를 대상으로 로베르타 그린Roberta Greene이 수행한 연구에서는 선택하기, 내면세계를 통제하는 연습, 생존 의지 다지기, 삶에 감사하기, 긍정적으로 생각하기가 중요한 요소로 나타났다. 어떻게 생존했는지 물었을 때 홀로코스트 생존자들은 가족을 생각하며 답을 찾았으며 주변 환경과 전쟁이라는 상황에서 자신의 삶을 의미화하는 데 집중했다고 밝혔다. 홀로코스트 생존자들을 대상으로 수행한 또 다른 연구에서 사회학자 아론 안토노브스키Aaron Antonovsky는 세상을 이해하는 수단인 통합력을 갖는 것이 중요하다고 발표했다. 통합력은 이해력, 관리력, 의미 부여라는 세 요소로 이루어진다.

삶의 의미를 찾는 작업은 홀로코스트 생존자뿐만 아니라 다른 정신적 외상을 겪은 사람들에게도 중요하다. 많은 이들이 외상 후 스트레스 장애PTSD가 심신을 약하게 만드는 현상에 관해 알고 있지만, 이와 한 쌍을 이루는 외상 후 성장PTG이라는 긍정적 현상에 관해서는 잘 모른다. 자연재해라든지 친구와 가족의 죽음, 전쟁 포로 경험 등으로 정신적 외상을 겪은 사람들을 조사한 결과를 보면 이들 가운데 외상 후 성장을 경험하는 비율이 깜짝 놀랄 정도로 높게 나타났다.

조사 결과 대로 외상 후 성장을 경험한 이들이라면 정신적 외상이 심각하지 않은 상태였으리라 생각할지도 모르지만 그렇지 않았다. 베트남 전쟁 당시 포로들을 대상으로 조사한 여러 연구를 종합하면 포로 수감 생활이 길수록 신체 부상을 경험할 확률이 더 높았고, 외상 후 성장을 경험할 가능성도 더 크게 나타났다. 심각한 외상을 겪으면 세계관과 그 안에서 세워진 여러 전제가 산산이 무너진다. 기존의 신념 체계가 무너진 덕분에 오히려 사건이 초래한 경험과 삶에 관한 이해가 한층 깊어지고 내적인 힘이 성장해 불행을 이겨낸다. 자신이 믿었던 세계가 무너졌을 때 이들은 새로운 삶의 의미를 찾기 시작했다. 이 과정에서 이들은 삶에서 무엇이 중요한지 재규정하고, 내면의 목소리로 삶의 서사를 재구성했으며 재난을 이겨내는 힘을 자기 안에서 발견했다. 마운트시나이 의과대학Mount Sinai School of Medicine 정신과 의사 아드리아나 페더Adriana Feder와 동료들에 따르면, "심각한 외상은 삶의 의미를 찾아 나서도록 촉발하고 인생의 목표를 근본부터 재구성한다."

외상 후 성장을 경험한 개인은 괴로움을 회피하지 않는다. 이들도 보통 사람과 마찬가지로 홍수처럼 밀려드는 감정을 경험하고 부정적으로 반추하는 내면의 목소리를 듣는다. 그러나 이들에게는 괴로움을 가만히 살피며 관찰하는 힘이 있다. 의식에 침투하는 생각을 반추하다 보면 대개는 나쁜 감정과 생각에 휩쓸리지만, 이들은 심리학자들이 의도적 반추라 부르는 전략을 활용해 내면의 목소리를 좋은 방향으로 바꾼다. 의도적 반추는 앞서 설명한 조용한 대화와 그 기능이 비슷하고 주로 문제 해결에 집중한다. 섣불리 가치를 판단하거나 반응하지 않도록 가만히 관찰하면서 문제 상황을 통제하는 자기 대화와는 조금 차이가 있다. 내면세계에 침투하는 생각에 맞서 의도적으로 좋은 생각을 반추하려면 통제감이 필요하고 감정을 이해하고 조절하는 능력이 있어야 한다. 조지메이슨대학교George Mason University 심리학자 토드 카시단Todd Kashdan은 사랑하는 사람의 죽음이라든지 심신 쇠약을 유발하는 사고, 또는 가정 폭력으로 고통을 겪은 170여 명의 대학생을 조사했다. 조사 결과 불안감과 외상을 겪고도 자신의 감정을 외면하지 않고 가만히 들여다보며 성찰한 학생이 외상 후 성장으로 변화가 가장 크게 나타났다.

자신의 감정을 외면하지 않고 들여다볼 때 외상 경험을 자기 이야기 안으로 통합한다. 이때 우리는 절망적인 투쟁과 고통에서도 의미를 찾아낸다. 의미는 우리 마음이 삶을 떠나지 않도록 결속하고 문제에 대응하고 고통에서 회복하도록 돕는 힘을 지녔다. 의미를 찾은 사람은 어려움에 직면해도 곧장 절망감에 빠져들지 않고, 불안과 두려움을 느껴도 당황하며 과민하게 반응하지 않는다. 오래전에 빅터 프랭클은 강제수용소 사람들이 겪은 역경을 이야기할 때 이렇게 강조했다. "수감자는 자유를 간직할 수 있습니다. 인간은 자신이 처한 환경과 운명에 어떤 식으로든 적응할 자유가 있습니다. 그곳에서도 우리에게는 여러 선택지가 있었습니다." 의미는 우리에게 선택할 자유를 제공한다.

강인함의 핵심

자신의 감정을 외면하지 않고 들여다볼 때 외상 경험을 자기 이야기 안으로 통합한다. 이때 우리는 절망적인 몸부림과 고통에서도 의미를 찾아낸다. 의미는 우리 마음이 삶을 떠나지 않도록 결속하고 문제에 대응하고 회복하도록 돕는 힘을 지녔다.

내면의 힘

보도블록의 갈라진 틈을 밟으면 어머니가 허리를 다친다. 어렸을 때 나는 이 말을 진짜로 믿었다. 대다수 아이가 미신을 믿는 그런 정도가 아니었다. 어머니가 허리를 다친다고 철석같이 믿고 두려운 마음으로 절대로 틈을 밟지 않았다. 문을 여닫을 때도 문고리 전체를 손으로 감싸지 않으면 가족 중에 누군가 죽을까 봐 겁을 냈다. 매일 저녁 잠자리에 들기 전에 알람 버튼을 일곱 차례 켰다 끈 후에 어제와 똑같은 방향으로 똑같은 자세로 눕는 의식을 완수하지 못하면 이튿날 잠에서 깨지 못하리라고 생각했다. 내가 기억하는 바로는 어린 시절에 나는 강박 장애로 고통을 겪었다. 그때는 강박 장애라는 명칭도 알지 못했다. 모르는 게 약이라고 내 가족도 이 이름을 몰라 특이 기질이라 불렀다. 나는 내 증상이 어떤 질환인지 몰랐고, 이 모든 경험과 이에 따라다니는 위험을 전부 진짜로 여겼다.

강박 장애를 안고 성장하는 경험은 기이했지만, 또 평범했다. 어렸을 때는 자신이 무슨 생각을 하는지, 무슨 일을 저지르는지 심지어 그게 옳은지 그른지도 깨닫지 못한다. 원치 않은 생각이 내 의식에 침투하는 일은 이상한 게 아니었다. 내가 이런저런 순서를 지키지 않았을 때 누군가 해를 당하거나 죽을지 모른다는 생각은 차츰 삶의 일부가 되었다. 내게는 틀림없는 진짜처럼 느껴졌지만, 자라면서 그 생각이 터무니없음을 알게 되었다. 순진한 유년기 시절을 벗어나 뇌의 집행 기능이 문제없이 작동하면 비로소 자기 생각을 알아차리게 되면서 의문이 들기 시작한다. 나는 왜 이럴까?

십 대 때는 이 질문을 던지기가 쉽지 않았다. 다른 사람은 나처럼 생각하지도 않고 그런 일에 나처럼 두려움을 품지 않는다는 사실을 직면하기가 무서웠다. 이들은 칼을 쓸 때도 고속도로에서 차를 몰 때도 누군가에게 나쁜 일이 일어날 것을 염려하지 않았다. 강박 장애는 내가 짊어진 짐이었다. 내가 스스로 해결해야만 하는 문제였다. 그렇다고 우리 부모님을 오해하지는 말기 바란다. 부모님은 언제나 지원을 아끼지 않았고 이대로 잠들면 진짜로 죽는다고 생각할 때마다 내게 도움을 주었다. 하지만 우리 부모님은 순진했다. 1990년대 미국 남부 지역의 보수적인 가족은 정신 건강에 관해 아는 게 없었다. "정신과 의사"를 찾아가는 일은 나약한 사람들이나 하는 짓이고 평생 따라다닐 꼬리표가 되리라 여겼다. 부모님은 의사를 찾지 않는 게 나를 보호하는 방법이라 생각했다. 평생 따라다닐 꼬리표를 만들지 않고 보통 아이들처럼 유년기를 통과하면 모든 게 좋아질 거라고 여겼다. 부모님은 내게 나쁜 감정을 무시하라고 가르쳤다. 저 멀리 밀어내라고 했다. 나쁜 생각을 유발하는 활동을 멀리하라고 당부했다. 그래서 어릴 때 나는 내면세계에 침투하는 여러 생각을 혼자서 해결해야만 했다.

강박 장애는 종류가 다양한데 언론은 이 질환을 제대로 알려주지 않았다. 충동, 결벽증, 특이한 반복 행동 등을 우리는 장애라고 생각한다. 그러나 이 증상은 모두 장애로 나타나는 양상일 뿐이다. 강박 장애란 제어하기 힘든 강렬한 느낌과 감각이 자꾸 의식에 침투해 충동을 일으키는 상태다. 우리는 이 침투적 사고와 느낌에 대응하거나 완화하고자 특이한 의식 절차를 수행한다. 모든 문고리의 앞면과 뒷면을 만져야만 하는 강박증을 고치는 열쇠는 그렇게 행동하지 말라고 지시하거나 연습시키는 게 아니었다. 그 행동을 하도록 슬며시 또는 강하게 밀어붙이는 느낌과 생각을 행위와 분리하는 것이었다.

강박 장애 양상 가운데 하나가 생각과 행동을 분리하지 못하는 것이다. 둘 사이에는 공간이 없다. 끔찍한 생각을 떠올리는 것만으로도 그 생각이 실현된 것처럼 느끼거나 이미 그 일을 겪은 것처럼 기분이 나빠진다. 이른바 사고-행위 융합 현상이 일어난다. 7장에서 살폈듯이 원치 않는 생각이 의식에 침투하는 현상을 사람마다 꽤 자주 경험한다. 다만 강박 장애를 겪는 이들은 그 느낌의 강도가 최대로 증폭된다. 강박 장애를 겪는 이들은 차를 역주행하는 생각이나 아파트 발코니에서 뛰어내리는 생각이 침투하면 생각만으로도 마치 그 일이 정말로 실행되는 느낌이 든다. 보통 사람들은 대부분 뜬금없이 떠오르는 메시지를 아무렇지 않게 털어낼 수 있고, 의미를 부여할 필요가 없는 엉뚱한 생각으로 취급하고 무시한다. 그러나 강박 장애를 겪는 이들에게 그 생각은 곧 벌어질 현실이다. 두려움이 엄습하고 곧바로 대응 행동이 따른다.

문제가 되는 것은 생각과 행위가 융합하는 현상만이 아니다. 강박 장애를 겪는 이들의 뇌를 관찰한 연구에 따르면 이들은 무엇이 안전하고 무엇이 위험한지 구분하고 학습하는 일을 힘들어한다. 일단 어떤 대상을 위협으로 인식한다면 강박 장애를 겪는 이들에게 그것은 돌로 새겨진 것과 같고, 보통 사람에게는 연필로 쓴 듯 흐릿하다. 연구진은 피험자들이 녹색 얼굴 사진을 볼 때 약간의 전기충격을 가하는 실험을 했다. 그러자 강박 장애 그룹과 대조군 모두 녹색 얼굴을 위협으로 인식했다. 그런 후에 전기충격을 제거하고 녹색 얼굴을 반복적으로 보여주었다. 대조군은 빠르게 이전의 인식을 수정하고 녹색 얼굴을 위협으로 보지 않았다. 반면에 강박 장애를 겪는 그룹은 한번 형성된 인식을 떨쳐내지 못하고 계속 위협으로 인식했다. 이들의 뇌를 관찰한 바에 따르면 위협이 사라졌음을 처리하는 부위인 전전두피질이 활성화하지 않았다.

강인함과 관련해서 지금까지 배운 내용을 생각해보자. 생각과 느낌은 상호작용하며 서로 증폭하고 어떤 행동 반응을 유도한다. 우리 뇌에서 위협을 감지하는 시스템은 투쟁, 도피, 동결 반응을 비롯해 위협을 만났을 때 최선으로 여기는 반응을 끌어내는 데 중요한 역할을 한다. 자극에 바로 반응하지 않고 그사이에 공간을 만들어 최선의 반응을 선택하는 것이 강인함이다. 따라서 강인함을 기르는 일과 강박 장애를 해결하는 문제 사이에는 유사성이 있다. 강박 장애를 겪는 이들도 하나로 융합된 생각과 행위를 분리하는 과정을 거쳐야 하는데, 문제는 이들의 전전두피질이 새로운 것을 학습하는 데 불리한 방향으로 작동한다는 점이다. 강박 장애를 겪는 이들은 사고와 느낌과 충동이 너무 단단히 결속되어 있어 잘못된 방향으로 오류를 일으킨다.

내가 어릴 때 사람들은 강박 장애를 결함으로 여겼다. 감추고 극복해야 하는 문제였다. 아예 없는 듯 취급하고 언급도 하지 말아야 했다. 강박 장애가 있다고 말하는 것은 내가 보통 사람들과 다르다는 의미였고 내게 문제가 있음을 의미했다. 나이가 들어서는 강박 장애가 그저 남과 다른 것뿐이라고 이해하게 되었다. 강박 장애는 나의 일부이자 현실이었다. 그 현실을 받아들이고 거기에 대응하는 법을 배워야 할 일이었다. 다행히 나는 증상이 심각하지 않은 편이었는데, 그렇다고 증상이 심각한 사람들을 깎아내릴 의도는 전혀 없다. 나는 운이좋아서 대응 방법을 찾아냈을 뿐이다. 터무니없는 생각을 억제하거나맞서 싸우려고 하지 않고 생각과 행동 사이에 조금씩 공간을 만들었다. 충동에 그대로 휩쓸리지 않고 다르게 대응할 방법을 짜낼 만큼의공간을 만들었다. 느낌과 충동으로부터 생각을 분리하는 법을 배웠다.

생각은 그저 생각에 지나지 않고 무의미한 생각도 있다는 사실을 인정하도록 사고방식을 바꿨다. 아직도 강박 장애 때문에 힘들 때가 있다. 원치 않은 생각이 침투해 특정한 반응을 충동질한다. 앞으로도 변치 않을 내 모습의 일부다. 하지만 이 경험으로 배운 게 있다. 사회가 나약하게 취급하는 이들이 그 내면을 보면 사실은 가장 강한 사람일 때가 많다는 사실이다.

*　*　*

나는 이 책에서 상당 부분을 할애해 개인과 팀 내에서 강인함을 기르는 문제를 다뤘지만, 우리 사회 전체가 강인함을 정확하게 규정하고 구체화하는 일이 더 중요한 문제다. 우리 사회는 목소리가 큰 사람에게 유리한 환경을 조성하고 실력이 없어도 있는 척 뻔뻔하게 나서서 왕성하게 일을 벌이는 사람을 지지한다. 큰소리만 치고 수행 능력이나 결과가 내뱉은 말을 따라가지 못함에도 자신만만하다 못해 자만한 사람을 승진시킬 때가 많다. 회복탄력성, 불굴의 용기, 분열을 극복하는 치유, 진실, 자립심 같은 덕목을 장려하는 책을 써내는 정치인을 지지한다. 그러나 그 정치인들은 자신이 책에서 강조한 가치대로 행동해야 할 때 정작 그것들을 헌신짝처럼 내다 버린다. 이들은 돈이나 명예를 얻을 수만 있으면 언제라도 입장을 번복한다. 통합과 다양성의 가치를 지향한다고 세련되고 멋지게 광고하는 기업을 사람들은 응원하지만, 이들 기업의 조직문화를 들여다보면 권력 남용과 적대감,

직장 내 괴롭힘이 난무한다.

우리는 알맹이 없는 화려한 껍데기에 속아 넘어갔다. 최고로 그럴 듯한 모습만 올리는 인스타그램 사진처럼 겉으로 보기에 멋진 강인함을 추구했다. 구시대 방식에서는 강인함을 연출하고, 사실을 왜곡하고, 현실을 수용하지 않고 거짓 환상 속에서 지내는 방법을 선택한다. 내면세계에서 벌어지는 투쟁, 실패, 의심, 불안을 인정하지 않는다. 그러나 진정으로 강인한 사람은 자신의 정체성과 자신이 직면한 현실을 받아들이고 그 고통을 이해하고 그 안에서 의미를 찾는다.

이제는 구시대 방식으로 기르는 강인함에서 벗어날 때다. 권위와 통제를 무기 삼고 두려움을 동력으로 삼는 지도자 밑에서 선수들은 강인한 척 행동하면서 실제로 힘과 용기를 얻기도 한다. 그러나 그 효과는 일시적이어서 금세 사라지고 만다. 거듭 설명했듯이 과제가 힘들어지고 정말로 중요한 승부처에서는 그런 방법이 통하지 않는다. 20세기 초 미식축구 감독이 애용하던 군대식 훈련 모델을 우리는 너무 오랫동안 모방했다. 이 훈련 방식에서 가르치는 강인함이 가짜라는 사실을 우리는 안다. 외면의 힘을 중시하는 강인함은 어려운 위기를 만나면 결국 허물어지고 만다. 가짜 강인함에서 벗어나 다른 강인함을 찾아야 할 때다. 우리 사회는 외면이 강한 사람이 아니라 내면이 강한 사람이 절실히 필요하다.

진정한 강인함은 우리가 거주하는 환경과 신체, 정신의 복잡성과 미묘한 차이를 파악하는 데서 나온다. 내면의 힘을 얻는 데는 누구나 따라야 하는 기준 경로 같은 것은 없다. 힘든 결정을 내리거나 극도의 괴로움을 해결하는 문제에서도 정해진 공식은 없다. 진정한 강인함은 수용하는 자세에서 나온다. 자신이 어떤 사람인지, 현재 어떤 일을 겪고 있는지 그리고 거기에 따르는 괴로움까지 있는 그대로 받아들여야 한다. 자극이 주는 긴장을 외면하거나 무시하지 말고 그대로 머물면서 자극과 반응 사이에 공간을 만들어 최선의 대응 전략을 찾아내야 한다.

구시대의 가짜 강인함을 버리고 진정한 강인함을 받아들일 때다. 진정한 강인함을 기르는 방식은 구시대의 근거 없는 훈련법과 신화를 버리고 인간의 기본 욕구를 인정한다. 우리 사회가 강인함에 관한 통념을 바꾸는 데 이 책이 작은 디딤돌이 되기를 바랄 뿐이다. 강인한 척 행동하는 것과 강한 사람이 되는 것은 전혀 다르다고 아이들에게 가르치기 바란다. 정직하게 자신의 연약한 모습을 드러내는 것은 나약함의 징표가 아니고 오히려 강인함의 징표다. 강인함이 무엇인지 그 의미를 재규정할 때다. 이 작업은 그 어느 때보다 중요하고 시급한 과제다. 자신 있는 척 가면을 쓰고 남들에게 강인함을 과시하는 일을 그만두고, 내면의 힘에 집중할 때다.

우리는 누구나 내면의 힘을 기를 수 있다. 나약한 사람도 낙오자라는 딱지가 붙은 사람도 예외는 아니다. 현실을 인정하고 두려움 없이 자신을 받아들이기 위해, 내면의 느낌과 감정을 정보로 해석하기 위해, 인간의 기본 욕구를 충족하기 위해 그리고 삶의 의미와 목적을 찾아 인생의 고비를 극복하기 위해 애쓰는 모든 이들에게 행운이 있기를 바란다. 전기 작가 조슈아 울프 솅크Joshua Wolf Shenk는 한 남자에 관해 전기를 썼다. 그 남자는 바로 조국이 휘청거릴 때 그 위기를 헤치고 앞으로 나가도록 도울 방법을 알아낸 링컨이다. "링컨의 습관과 선택들이 모두 모여 의사결정을 내렸고 링컨은 자신이 선택한 길로 나아갔다. 링컨은 언제나 링컨이었을 뿐 다른 사람인 척 연기하지 않았다."

있는 그대로의 모습으로 존재하라. 그것이 진정한 강인함이다.

감사의 말

먼저 이 책이 나올 수 있도록 도움을 준 이들에게 감사하고 싶다. 다수의 코칭 의뢰인과 육상선수, 과학자, 공연가에게서 여러 사연과 연구 결과에 관해 배웠고 지도를 받았다. 이들이 열린 마음으로 나를 반겨주고 때로는 실험 대상이 되어주지 않았더라면 이 책을 집필하지 못했을 테다. 특히 많은 코칭 의뢰인에게 감사한다. 이들은 스포츠와 비즈니스 영역에서 강인함의 핵심이 무엇인지에 관해 통찰력 있는 견해를 들려주었다. 여러분의 도움은 소중했고 감사하게 생각한다. 도움을 준 이들이 너무 많아 여기에 다 소개하지 못하는 것을 용서하시라. 특히 이 책에 자신의 사연을 소개하도록 허락해준 이들의 이름을 열거하겠다. 맷 팜리Matt Parmley, 드레반 안데르손 카파Drevan Anderson-Kaapa, 네이트 피네다Nate Pineda, 메레디스 소렌슨Meredith Sorensen, 브리타니 곤잘레스Britani Gonzales, 브라이언 줄레거Brian Zuleger, 마크 프리먼Mark Freeman, 짐 데니슨Jim Denison, 조지프 밀스Joseph Mills, 피비 라이트Phoebe Wright, 앤디 스토버Andy Stover, 브라이언 바라자Brain Barraza.

다음으로 내가 집필할 수 있도록 앞서 터를 닦아준 사람들에게 감사한다. 《피크 퍼포먼스》를 함께 작업했던 브래드 스털버그Brad Stulberg에게 감사한다. 당신의 우정은 내게 매우 소중했다. 내성적인 내가 하루 평균 다섯 차례 걸려오는 당신의 전화를 참아낸 것만 봐도 그렇다. 이것이 우정이 아니고 무엇이겠는가. 내가 집필 작업에 집중하도록 허락해준 그로스 이퀘이션Growth Equation의 경영자 크리스 더글러스Chris Douglas에게 감사한다. 십여 년이 넘게 코칭 산업 부문에서 내 곁을 지켜준 조나단 마커스Jonathan Marcus와 대니 맥키Danny Mackey에게 감사한다. 강인함에 관해 가르침을 준 여러 감독과 동료에게 감사한다. 제럴드 스튜어트Gerald Stewart, 마이크 델 돈노Mike Del Donno, 밥 덕워스Bob Duckworth, 톰 텔레즈Tom Tellez, 테레사 푸쿠아Theresa Fuqua, 르로이 버렐Leroy Burrell, 윌 블랙번Will Blackburn, 카일 텔레즈Kyle Tellez. 내 친구와 팀원들에게 감사한다. 크리스 레인워터Chris Rainwater, 파울로 소사Paulo Sosa, 프랭키 플로레스Frankie Flores, 마르셀 헤워머덜리게Marcel Hewamudalige, 칼럼 네프Calum Neff 등. 이 책은 20년간의 성찰이 낳은 결과물이다. 당신들과 많은 경기를 함께 뛰고 많은 대화를 나누면서 성찰이 시작되었다. 당신들이 내게 미친 영향, 철학, 생각은 이 책 곳곳에 녹아 있을 테다. 무작위 이메일 그룹에 포함된 이들 중 내게 귀중한 지혜와 조언, 격려의 말을 아끼지 않은 사람들에게 감사한다. 데이브 엡스타인Dave Epstein, 알렉스 허친슨Alex Hutchinson, 마이크 조이너Mike Joyner, 조너선 와이Jonathan Wai, 앰비 버풋Amby Burfoot, 크리스티 애시완든Christie Ashwanden.

초고를 읽고 귀중한 의견을 제공해주어 이 책을 더 좋게 다듬는데 도움을 준 이들에게 감사한다. 크리스 슈레이더Chris Schrader, 하워드 남킨Howard Namkin, 피터 도보스Peter Dobos, 벤 와크Ben Wach. 당신들의 노고가 드디어 결실을 맺었다. 비록 의견이 충실히 반영되지 않았을지는 모르나 나는 분명히 당신들의 의견을 귀담아들었다!

출판은 엄청난 일이다. 몇 해 전만 해도 나는 출판에 관해 아무것도 몰랐다. 순진한 감독을 꼬드겨 작가로 만들어준 이들에게 감사한다. 테드 와인스틴Ted Weinstein은 두 무명작가에게 출판의 기회를 제공했다. 로리 앱커마이어Laurie Abkemeier는 나의 대리인이자 지지자이자 편집자이자 조언자였다. 당신의 조력이 없었다면 이 책은 빛을 보지 못했을 것이다. 하퍼원HarperOne 출판사 팀원은 한 아이디어의 가능성을 믿어주고 그 아이디어에 영양분을 주고 형태를 빚어 세상에 변화를 일으킬 만한 물건으로 만들어주었다. 출판사 대표 주디스 커Judith Curr는 기회를 붙잡아 이 책의 출판을 실현했다. 편집자 애나 파우스텐바흐Anna Paustenbach는 이 책의 비전을 믿어주었다. 당신은 든든한 지원자이자 이책이 분명한 초점을 갖고 명쾌하게 서술되도록 만든 뛰어난 편집자다. 에이미 사더Amy Sather, 타냐 포스Tanya Fox, 나머지 팀원은 일정을 조율하고, 이 책을 마케팅하고, 거친 원고를 명쾌하고 가능한 한 통찰력이 담긴 결과물로 만드는 데 일조했다.

강인함을 다룬 책을 제대로 만들기 위해 내가 상상했던 것 이상으로 근성을 발휘해 쓴소리를 들려준 이들에게도 감사한다. 달리기와 경주는 정말 힘든 일이라고 생각했다. 그러나 바른 소리를 하기 위해 일어서야 하는 자리에 놓일 때 진짜 강인함을 시험받게 된다. 이럴 때는 가만히 앉아 있는 것이 훨씬 쉽고 매력적으로 보일 테다. 바른 소리를 하기 위해 일어서는 사람은 거의 없다. 당신들은 그 일을 해냈다. 그렇게 해준 것에 감사한다. 카라Kara와 애덤 구처Adam Goucher, 대니 매키Danny Mackey, 메리 케인Mary Cain과 많은 이들이 힘든 길을 선택해 바른 목소리를 내주었다.

무엇보다 내 아내 힐러리Hillary에게 감사한다. 일이 풀리지 않아 힘들어 하고 좌절할 때마다 곁에 있어주었다. 당신은 항상 내가 의지하고 도움을 청할 수 있는 사람이었다. 변함없는 응원을 보내고 자신감을 심어주었다. 내가 작가나 사상가로서 일취월장한 것, 무엇보다 더 성숙한 사람이 된 것은 당신 덕분이다. 사랑한다.

참고 문헌

1장 강압적인 사람이 아니라 내면이 강인한 사람이 되는 법

* B. Knight and B. Hammel, Knight: My Story (New York: Macmillan, 2002), 251.

* L. Freedman, "Knight Focuses on Life Lessons,"Cody Enterprise, May 1, 2017, https://www.codyenterprise.com/news/local/article_3aed785a-2eac-11e7-93cd-274ea4321321.html.

* E. Boehlert, "Why Bob Knight Should Bag It," Salon, April 3, 2000, https://www.salon.com/2000/04/03/knight_3.

* D. Baumrind, "The Influence of Parenting Style on Adolescent Competence and Substance Use," Journal of Early Adolescence 11, no. 1 (1991): 56-95.

* "The Fallacy of Tough Love: Queendom.com's Study Reveals That Authoritarian Parenting Can Do More Harm Than Good," PRWeb, August 6, 2013, https://www.prweb.com/releases/2013/8/prweb10996955.htm.

* M. Hyman, Until It Hurts: America's Obsession with Youth Sports and How It Harms Our Kids (Boston: Beacon Press, 2009), 58.

* L. J. Martin, E. L. Acland, C. Cho, W. Gandhi, et al., "Male-Specific Conditioned Pain Hypersensitivity in Mice and Humans," Current Biology 29, no. 2 (2019): 192-201.

* S. Almasy, "Maryland Football Player Who Died from Heat Stroke Needed Cold Immersion Therapy, Report Says," CNN, September 23, 2018. https://www.cnn.com/2018/09/22/us/maryland-jordan-mcnair-death-report/index.html.

* The Diamondback, "Surveillance Footage of Maryland Football Player Jordan McNair's Final Workout," YouTube, December 20, 2018, https://www.youtube.com/watch?v=6EO_phwlAD0.

* C. Aalborg, C. Rod-Larsen, I. Leiro, and W. Aasebo, "An Increase in the Number of Admitted Patients with Exercise-Induced Rhabdomyolysis," Tidsskriftet Den Norske Legeforening (2016).

* B. D. Ridpath, "Oregon's Treatment of Athletes Is Unacceptable but Sadly It Is More Common Than People Realize," Forbes, January 20, 2017.

* N. Darling and L. Steinberg, "Parenting Style as Context: An Integrative Model," Psychological Bulletin 113, no. 3 (1993): 487–96; L. R. Williams, K. A. Degnan, K. E. Perez-Edgar, H. A. Henderson, et al., "Impact of Behavioral Inhibition and Parenting Style on Internalizing and Externalizing Problems from Early Childhood through Adolescence," Journal of Abnormal Child Psychology (June 2009): 1063–75; and C. Jackson, L. Henriksen, and V. A. Foshee, "The Authoritative Parenting Index: Predicting Health Risk Behaviors among Children and Adolescents," Health Education & Behavior 25, no. 3 (1998): 319–37.

* L. Scharneck, "The Mediating Effect of Self-Determined Motivation in Student-Athlete Perceptions of Coaching Behaviors and Its Effect on Grit and Mental Toughness," (diss., Illinois State University, 2017); and Y. Tabei, D. Fletcher, and K. Goodger, "The Relationship between Organizational Stressors and Athlete Burnout in Soccer Players," Journal of Clinical Sport Psychology 6, no. 2 (2012): 146–65.

* "The Fallacy of Tough Love," PRWeb.

* O. Mayseless, M. Scharf, and M. Sholt, "From Authoritative Parenting Practices to an Authoritarian Context: Exploring the Person-Environment Fit," Journal of Research on Adolescence 13, no. 4 (2003): 427–56.

* G. Kerr and A. Stirling, "Issues of Maltreatment in High Performance Athlete Development: Mental Toughness as a Threat to Athlete Welfare," in The Handbook of Talent Identification and Development in Sport. Routledge/Taylor and Francis. 409–20.

* J. Corbett, "Pete Carroll Leads Seahawks with Enthusiasm, Tough-

ness," USA Today, January 18, 2014, https://www.usatoday.com/story/sports/nfl/seahawks/2014/01/18/pete-carroll-seattle-seahawks-usc-49ers-super-bowl-lombardi/4637293.

* B. Schulze, "Pete Carroll: Mental Toughness Key to Seattle Seahawks Success," Bleacher Report, October 25, 2012, https://bleacherreport.com/articles/1384093-pete-carroll-mental-toughness-key-to-seattle-seahawks-success.

* K. Reed, "It's Time to Bench Tyrannical Coaches," HuffPost, January 23, 2014, https://www.huffpost.com/entry/sports-coaches_b_4195220.

* M. Rieke, J. Hammermeister, and M. Chase, "Servant Leadership in Sport: A New Paradigm for Effective Coach Behavior," International Journal of Sports Science & Coaching 3, no. 2 (2008): 227–39.

* "What Are Vocal Cord Dysfunction (VCD) and Inspiratory Laryngeal Obstruction (ILO)?," American Thoracic Society, (n.d.), https://www.thoracic.org/patients/patient-resources/resources/vocal-cord-dysfunction.pdf.

* J. G. Ayres and P. L. A. Gabbott, "Vocal Cord Dysfunction and Laryngeal Hyperresponsiveness: A Function of Altered Autonomic Balance?," Thorax 57, no. 4 (2002): 284–85.

2장 악으로 깡으로 버텨라

* R. Coffey II, "The Bear Bryant Days at Aggieland, 1954–1957," The Association of Former Students, September 29, 2015, https://www.aggienetwork.com/news/140555/the-bear-bryant-days-at-aggieland-1954--1957.

* T. Badger, " 'Junction Boys' Remembers Bear Bryant," Plainview Herald, December 11, 2002, https://www.myplainview.com/news/article/Junction-Boys-Remembers-Bear-Bryant-8937650.php.

* J. Dent, "Ten Days in Hell with the Bear," ESPN, November 19, 2003, https://www.espn.com/classic/s/dent_junction_08/02/01.html.

* T. Deas, "Gameday: Junction Revisited," Tuscaloosa News, September 13, 2013, https://www.tuscaloosanews.com/story/news/2013/09/14/gameday-junction-revisited/29910807007/.

* R. Clark, "Survivors of A&M Coach 'Bear' Bryant's Grueling Training Camp Reunite in Junction on 60th Anniversary," The Eagle, August 15, 2014, https://www.theeagle.com/news/local/survivors-of-a-m-coach-bear-bryant-s-grueling-training/article_87a14b0e-eda4-5ade-8446-c7f23ff876f3.html.

* P. Bryant and J. Underwood, Bear: The Hard Life and Good Times of Alabama's Coach Bryant (Triumph Books, 2007).

* "Sixth Player Quits Team at Texas A&M," Washington Post and Times-Herald, September 9, 1954, 29.

* Dent, "Ten Days in Hell."

* D. Barron, "Junction Boys Story Resonates after 60 Years," Houston Chronicle, August 16, 2014, https://www.houstonchronicle.com/sports/college-football/article/Junction-Boys-story-resonates-after-60-years-5693420.php.

* M. Simonich, " 'Junction Boys'Controversy: Key Figure in Bear Bryant Sports Biography Surfaces; Disputes Episode Alleging Coach Brutality," Pittsburgh Post-Gazette, December 4, 2002, http://old.post-gazette.com/ae/20021203junctionwebae2.asp.

* "1956 College Football All-America Team," Wikipedia, (n.d.), retrieved August 11, 2019, https://en.wikipedia.org/wiki/1956_College_Football_All-America_Team.

* D. Andrews, "Dudley Recalls Days with Junction Boys," Plainview Herald, December 16, 2002, https://www.myplainview.com/news/article/Dudley-recalls-days-with-Junction-Boys-8861341.php.

* Bryant and Underwood, Bear.

* "Broussard Quits Ags; Seventh to Leave," Houston Chronicle, September 8, 1954, B10, https://blog.chron.com/bayoucityhistory/files/2014/08/joined_document1.pdf.

* R. K. Wilcox, Scream of Eagles: The Dramatic Account of the US Navy's Top Gun Fighter Pilots and How They Took Back the Skies over Vietnam (New York: Simon and Schuster, 2005).

* R. Goldstein, "Jack Pardee, a Star at Texas A&M and an NFL Coach, Dies at 76," New York Times, April 2, 2013, https://www.nytimes.com/2013/04/03/sports/football/jack-pardee-texas-am-star-and-nfl-coach-dies-at-76.html.

* J. Dent, The Junction Boys: How 10 Days in Hell with Bear Bryant Forged a Champion Team at Texas A&M (New York: Macmillan, 1999).

* Badger, " 'Junction Boys' Remembers Bear Bryant."

* C. A. Morgan III, G. Hazlett, S. Wang, E. G. Richardson Jr., et al., "Symptoms of Dissociation in Humans Experiencing Acute, Uncontrollable Stress: A Prospective Investigation," American Journal of Psychiatry 158, no. 8 (2001), 1239–47.

* B. Webb, "What It's Like at the Training Camp Where Elite Soldiers Learn to Survive if They Are Captured and Tortured," Business Insider, December 19, 2015, https://www.businessinsider.com/sere-school-2015-12.

* Department of the Air Force, Air Force Handbook: Survival Evasion Resistance Escape (SERE) Operations, 2017, https://static.e-publishing.af.mil/production/1/af_a3/publication/afh10-644/afh10-644.pdf.

* K. Weir, "A Growing Demand for Sport Psychologists," Monitor on Psychology, November 2018, https://www.apa.org/monitor/2018/11/cover-sports-psychologists.

* S. Robson and T. Manacapilli, Enhancing Performance under Stress: Stress Inoculation Training for Battlefield Airmen, RAND Corporation, Project Air Force, 2014, https://apps.dtic.mil/dtic/tr/fulltext/u2/a605157.pdf.

* A. H. Taylor, S. Schatz, T. L. Marino-Carper, M. L. Carrizales, et al., "A Review of Military Predeployment Stress Tolerance Training," Proceedings of the Human Factors and Ergonomics Society Annual Meeting 55, no. 1 (2011): 2153–57.

* "Comprehensive Soldier Fitness," US Army Reserve, https://www.usar.

army.mil/CSF/.

* US Army, The Army Human Dimension Strategy, 2015, https://caccapl. blob.core.usgovcloudapi.net/web/character-development-project/repository/human-dimension-strategy-2015.pdf.

* A. Peters, B. S. McEwen, and K. Friston, "Uncertainty and Stress: Why It Causes Diseases and How It Is Mastered by the Brain," Progress in Neurobiology 156 (2017): 164–88.

3장 우리가 할 수 있는 일, 우리가 할 수 없는 일

* J. B. MacKinnon, "The Strange Brain of the World's Greatest Solo Climber," Nautilus, June 28, 2018, http://nautil.us/issue/61/coordinates/the-strange-brain-of-the-worlds-greatest-solo-climber-rp.

* "Understanding the Stress Response," Harvard Health, July 6, 2020, https://www.health.harvard.edu/staying-healthy/understanding-the-stress-response.

* E. C. Vasarhelyi and J. Chin, Free Solo, National Geographic Documentary Films, 2018.

* A. Levy, A. Nicholls, and R. Polman, "Cognitive Appraisals in Sport: The Direct and Moderating Role of Mental Toughness," International Journal of Applied Psychology 2, no. 4 (2012): 71–76.

* A. P. Doran, G. B. Hoyt, M. D. Hiller Lauby, and C. A. Morgan III, "Survival, Evasion, Resistance, and Escape (SERE) Training," in Military Psychology: Clinical and Operational Applications, eds. C. H. Kennedy and E. A. Zillmer (Guilford Press, 2012), 306.

* O. Stavrova, T. Pronk, and M. D. Kokkoris, "Choosing Goals That Express the True Self: A Novel Mechanism of the Effect of Self-Control on Goal Attainment," European Journal of Social Psychology 49, no. 6(2018): 1329–36.

* Y. Daviaux, J.-B. Mignardot, C. Cornu, and T. Deschamps, "Effects of Total

Sleep Deprivation on the Perception of Action Capabilities," Experimental Brain Research 232, no. 7 (2014): 2243–53.

* J. K. Witt, S. A. Linkenauger, J. Z. Bakdash, J. S. Augustyn, et al., "The Long Road of Pain: Chronic Pain Increases Perceived Distance," Experimental Brain Research 192, no. 1 (2009): 145–48.

* M. Bhalla and D. R. Proffitt, "Visual-Motor Recalibration in Geographical Slant Perception," Journal of Experimental Psychology: Human Perception and Performance 25, no. 4 (1999): 1076–96.

* N. Garrett, A. M. Gonzalez-Garzon, L. Foulkes, L. Levita, et al., "Updating Beliefs under Perceived Threat," Journal of Neuroscience, 38, no. 36 (2018): 7901–11.

* T. Sharot, "Why Stressed Minds Are More Decisive," BBC Future, June 15, 2018, http://www.bbc.com/future/story/20180613-why-stressed-minds-are-better-at-processing-things.

* P. Goffaux, W. J. Redmond, P. Rainville, and S. Marchand, "Descending Analgesia: When the Spine Echoes What the Brain Expects," Pain 130, nos. 1–2 (2007): 137–43.

4장 자신감은 조용하고, 불안감은 시끄럽다

* J. Lovesey, "Straight Man in a Twisty Race," Sports Illustrated Vault, June 1, 1964, https://vault.si.com/vault/1964/06/01/straight-man-in-a-twisty-race.

* K. Hays, O. Thomas, I. Maynard, and M. Bawden, "The Role of Confidence in World-Class Sport Performance," Journal of Sports Sciences 27, no. 11 (2009): 1185–99.

* Hays et al., "The Role of Confidence."

* Will Storr, " 'It Was Quasi-Religious': The Great Self-Esteem Con," The Guardian, June 3, 2017, https://www.theguardian.com/lifeandstyle/2017/

jun/03/quasi-religious-great-self-esteem-con.

* California Task Force to Promote Self-Esteem and Personal and Social Responsibility, Toward a State of Esteem: The Final Report of the California Task Force to Promote Self-Esteem and Personal and Social Responsibility, California Department of Education, 1990, https://files.eric.ed.gov/fulltext/ED321170.pdf.

* Will Storr, " 'It Was Quasi-Religious': The Great Self-Esteem Con," The Guardian, June 3, 2017, https://www.theguardian.com/lifeandstyle/2017/jun/03/quasi-religious-great-self-esteem-con.

* J. Singal, "How the Self-Esteem Craze Took Over America: And Why the Hype Was Irresistible," The Cut, May 30, 2017, https://www.thecut.com/2017/05/self-esteem-grit-do-they-really-help.html.

* J. M. Twenge and J. D. Foster, "Birth Cohort Increases in Narcissistic Personality Traits among American College Students, 1982–2009," Social Psychological and Personality Science 1, no. 1 (2010): 99–106.

* U. K. Moksnes and G. A. Espnes, "Self-Esteem and Life Satisfaction in Adolescents: Gender and Age as Potential Moderators," Quality of Life Research 22, no. 10 (2013): 2921–28.

* M. Freeman, You Are Not a Rock: A Step-by-Step Guide to Better Mental Health (for Humans) (New York: Penguin Books, 2018), 103.

* M. S. Fortier, R. J. Vallerand, N. M. Briere, and P. J. Provencher, "Competitive and Recreational Sport Structures and Gender: A Test of Their Relationship with Sport Motivation," International Journal of Sport Psychology 26 (1995): 24–39.

* C. Koerner, "Apparently a Whole Lot of Dudes Think They Could Take On Serena Williams in Tennis," BuzzFeed News, July 13, 2019, https://www.buzzfeednews.com/article/claudiakoerner/men-score-serena-williams-tennis.

* H. Britzky, "Everything Trump Says He Knows 'More about Than Anybody,'" Axios, January 5, 2019, https://www.axios.com/everything-trump-says-he-knows-more-about-than-anybody-b278b592-cff0-47dc-a75f-5767f42bcf1e.html.

* V. Bohns, "Why Do We Shout When We Argue? Lack of Confidence," Wall Street Journal, August 21, 2021, https://www.wsj.com/articles/why-do-we-shout-when-we-argue-lack-of-confidence-11629518461.

* V. Brandstätter and J. Schüler, "Action Crisis and Cost-Benefit Thinking: A Cognitive Analysis of a Goal-Disengagement Phase," Journal of Experimental Social Psychology 49, no. 3 (2013): 543–53.

* C. Anzalone, "Overconfidence among Teenage Students Can Stunt Crucial Reading Skills," University at Buffalo, 2009, http://www.buffalo.edu/news/releases/2009/07/10284.html.

* "The Validity of the 'Fake-It-Till-You-Make-It' Philosophy," PRWeb, April 13, 2019, https://www.prweb.com/releases/the_validity_of_the_fake_it_till_you_make_it_philosophy/prweb16239903.htm.

* J. MacMullan, "Rise above It or Drown: How Elite NBA Athletes Handle Pressure," ESPN, May 29. 2019, https://www.espn.com/nba/story/_/id/26802987/rise-drown-how-elite-nba-athletes-handle-pressure.

* S. B. Kaufman, "The Pressing Need for Everyone to Quiet Their Egos," Scientific American Blog Network, May 21, 2018, https://blogs.scientificamerican.com/beautiful-minds/the-pressing-need-for-everyone-to-quiet-their-egos.

* J. Meggs, "Examining the Cognitive, Physiological and Behavioural Correlates of Mental Toughness," Teesside University, 2013, https://research.tees.ac.uk/en/studentTheses/examining-the-cognitive-physiological-and-behavioural-correlates-.

5장 버틸 때가 있고 접을 때가 있다

* S. F. Maier and M. E. Seligman, "Learned Helplessness at Fifty: Insights from Neuroscience," Psychological Review 123, no. 4 (2016): 349–67.

* Maier and Seligman, "Learned Helplessness at Fifty."

* M. E. Seligman and S. F. Maier, "Failure to Escape Traumatic Shock," Journal of Experimental Psychology 74, no. 1 (1967): 1–9.

* "First-Hand Accounts," Virtual Jamestown, (n.d.), http://www.virtual-jamestown.org/fhaccounts_desc.html#vaco.

* K. O. Kupperman, "Apathy and Death in Early Jamestown," The Journal of American History 66, no. 1 (1979): 24–40.

* Kupperman, "Apathy and Death in Early Jamestown."

* H. Massey, J. Leach, M. Davis, and V. Vertongen, "Lost at Sea: The Medicine, Physiology and Psychology of Prolonged Immersion," Diving and Hyperbaric Medicine 47, no. 4 (2017): 239–47.

* C. P. Richter, "On the Phenomenon of Sudden Death in Animals and Man," in Psychopathology, eds. C. F. Reed, I. E. Alexander, and S. S. Tomkins (Cambridge, MA: Harvard University Press, 2013), 234–42.

* "The Senate Committee's Report on the CIA's Use of Torture," New York Times, December 9, 2014.

* J. Leach, " 'Give-Up-Itis' Revisited: Neuropathology of Extremis," Medical Hypotheses 120 (2018): 14–21.

* P. G. Bourne, R. M. Rose, and J. W. Mason, "17-OHCS Levels in Combat: Special Forces 'A' Team under Threat of Attack," Archives of General Psychiatry 19, no. 2 (1968): 135–40.

* A. M. Bollini, E. F. Walker, S. Hamann, and L. Kestler, "The Influence of Perceived Control and Locus of Control on the Cortisol and Subjective Responses to Stress," Biological Psychology 67, no. 3 (2004): 245–60.

* T. V. Salomons, R. Nusslock, A. Detloff, T. Johnstone, et al., "Neural Emotion Regulation Circuitry Underlying Anxiolytic Effects of Perceived Control over Pain," Journal of Cognitive Neuroscience 27, no. 2 (2015): 222–33.

* J. P. Bhanji, E. S. Kim, and M. R. Delgado, "Perceived Control Alters the Effect of Acute Stress on Persistence," Journal of Experimental Psychology General 145, no. 3 (2016): 356–65.

* "Self-Determination Theory," Wikipedia, (n.d.), retrieved January 5, 2020, https://en.wikipedia.org/wiki/Self-determination_theory.

* M. P. Carey and A. D. Forsyth, "Teaching Tip Sheet: Self-Efficacy," Amer-

ican Psychological Association, (n.d.), https://www.apa.org/pi/aids/re-sources/education/self-efficacy.

* L. A. Leotti, S. S. Iyengar, and K. N. Ochsner, "Born to Choose: The Origins and Value of the Need for Control," Trends in Cognitive Sciences 14, no. 10 (2010): 457–63.

* J. O'Doherty, P. Dayan, J. Schultz, R. Deichmann, et al., "Dissociable Roles of Ventral and Dorsal Striatum in Instrumental Conditioning," Science 304, no. 5669 (2004): 452–54.

* E. J. Langer and J. Rodin, "The Effects of Choice and Enhanced Personal Responsibility for the Aged: A Field Experiment in an Institutional Setting," Journal of Personality and Social Psychology 34, no. 2 (1976): 191–98.

* S. Saragih, "The Effects of Job Autonomy on Work Outcomes: Self Efficacy as an Intervening Variable," International Research Journal of Business Studies 4, no. 3 (2011): 203–15.

* S. F. Dingfelder, "Old Problem, New Tools," Monitor on Psychology, October 2009, https://www.apa.org/monitor/2009/10/helplessness.

* Leotti, Iyengar, and Ochsner, "Born to Choose."

* J. Kantor and D. Streitfeld, "Inside Amazon: Wrestling Big Ideas in a Bruising Workplace," New York Times, August 15, 2015, https://www.nytimes.com/2015/08/16/technology/inside-amazon-wrestling-big-ideas-in-a-bruising-workplace.html.

* J. Denison and J. P. Mills, "Planning for Distance Running: Coaching with Foucault," Sports Coaching Review 3, no. 1 (2014): 1–16.

* J. W. Mahoney, D. F. Gucciardi, N. Ntoumanis, and C. J. Mallett, "Mental Toughness in Sport: Motivational Antecedents and Associations with Performance and Psychological Health," Journal of Sport and Exercise Psychology 36, no. 3 (2014): 281–92.

* R. C. do Vale, R. Pieters, and M. Zeelenberg, "The Benefits of Behaving Badly on Occasion: Successful Regulation by Planned Hedonic Deviations," Journal of Consumer Psychology 26, no. 1 (2016): 17–28.

* D. I. Cordova and M. R. Lepper, "Intrinsic Motivation and the Process of

Learning: Beneficial Effects of Contextualization, Personalization, and Choice," Journal of Educational Psychology 88 (1996): 715–30.

6장 감정은 독재자가 아니라 전령이다

* E. Young, "The Only Emotions I Can Feel Are Anger and Fear," Mosaic, May 28, 2018, https://mosaicscience.com/story/life-without-emotions-alexithymia-interoception.

* A. D. Craig, "Interoception: The Sense of the Physiological Condition of the Body," Current Opinion in Neurobiology 13, no. 4 (August 2003): 500–505.

* L. F. Barrett and W. K. Simmons, "Interoceptive Predictions in the Brain," Nature Reviews Neuroscience 16, no. 7 (2015): 419–29.

* A. D. Craig, "How Do You Feel—Now? The Anterior Insula and Human Awareness," Nature Reviews Neuroscience 10, no. 1 (2009): 59–70.

* R. B. Zajonc, "Feeling and Thinking: Preferences Need No Inferences," American Psychologist 35, no. 2 (1980): 151–75.

* S. Pareek, "Phantom Vibration Syndrome: An Emerging Phenomenon," Asian Journal of Nursing Education and Research 7, no. 4 (2017): 596–97.

* D. J. Kruger and J. M. Djerf, "Bad Vibrations? Cell Phone Dependency Predicts Phantom Communication Experiences," Computers in Human Behavior 70 (2017): 360–64.

* J. Strack dos Santos Gonçalves, P. Lopes, F. Esteves, and P. Fernandez-Berrocal, "Must We Suffer to Succeed?: When Anxiety Boosts Motivation and Performance," Journal of Individual Differences 38, no. 2 (April 2017): 113–24.

* L. Young, A. Bechara, D. Tranel, H. Damasio, et al., "Damage to Ventromedial Prefrontal Cortex Impairs Judgment of Harmful Intent," Neuron 65, no. 6 (2010), 845–51.

* J. Denham, " 'I Think He Could Have Fit on That Bit of Door': Kate Winslet Says Titanic Blunder Led to Leo DiCaprio's Movie Death," Independent,

February 3, 2016, https://www.independent.ie/entertainment/movies/
movie-news/i-think-he-could-have-fit-on-that-bit-of-door-kate-wins-
let-says-titanic-blunder-led-to-leo-dicaprios-movie-death-34419861.
html.

* R. Keegan, "James Cameron on Titanic's Legacy and the Impact of a Fox
Studio Sale," Vanity Fair, November 26, 2017, https://www.vanityfair.
com/hollywood/2017/11/james-cameron-titanic-20th-anniversary-ava-
tar-terminator-fox-studios-sale.

* "Justified and Unjustified Movie Violence Evoke Different Brain Respons-
es," The Annenberg Public Policy Center of the University of Pennsylva-
nia, December 10, 2019, https://www.annenbergpublicpolicycenter.org/
justif ied-movie-violence-unjustified-evoke-different-brain-respons-
es-study-finds.

* J. D. Greene, R. B. Sommerville, L. E. Nystrom, J. M. Darley, et al., "An
fMRI Investigation of Emotional Engagement in Moral Judgment," Science
293, no. 5537 (2001): 2105-8.

* D. Gillies, M. A. Christou, A. C. Dixon, O. J. Featherston, et al., "Prevalence
and Characteristics of Self-Harm in Adolescents: Meta-Analyses of Com-
munity-Based Studies 1990-2015," Journal of the American Academy of
Child and Adolescent Psychiatry 57, no. 10 (October 2018): 733-41.

* Young, Hayley A., Dr, Jason Davies, and David Benton. 2019. "Non-suicidal
Self-injury Is Associated with Multidimensional Deficits in Interoception:
Evidence from Three Studies." PsyArXiv. April 24. doi:10.31234/osf.
io/2azer.

* S. S. Khalsa, R. Adolphs, O. G. Cameron, H. D. Critchley, et al., "Intero-
ception and Mental Health: A Roadmap," Biological Psychiatry: Cognitive
Neuroscience and Neuroimaging 3, no. 6 (2018): 501-13.

* A. Diaz, The Relationship between Body Awareness and Mental Tough-
ness in Collegiate Athletes, doctoral dissertation, The Chicago School of
Professional Psychology, 2013.

* L. Haase, J. L. Stewart, B. Youssef, and A. C. May, "When the Brain Does
Not Adequately Feel the Body: Links between Low Resilience and Intero-
ception," Biological Psychology 113 (2016): 37-45.

* N. Kandasamy, S. N. Garfinkel, L. Page, B. Hardy, et al., "Interoceptive Ability Predicts Survival on a London Trading Floor," Scientific Reports 6, no. 1 (2016): 1–7; and Khalsa, Adolphs, Cameron, Critchley, et al., "Interoception and Mental Health."

* Haase, Stewart, Youssef, May, et al., "When the Brain Does Not."

* H. D. Critchley and S. N. Garfinkel, "Interoception and Emotion," Current Opinion in Psychology 17 (2017): 7–14.

* M. D. Lieberman, N. I. Eisenberger, M. J. Crockett, S. M. Tom, et al., "Affect Labeling Disrupts Amygdala Activity in Response to Affective Stimuli," Psychological Science 18, no. 5 (2007): 421–28.

* Strack dos Santos Gonçalves, Lopes, Esteves, and Fernández–Berrocal, "Must We Suffer to Succeed?"

* I. Pedraza Ramirez, "Systematic Review of the Evidence of Interoceptive Awareness in Performers," 2016, https://jyx.jyu.fi/handle/123456789/51424.

7장 마음의 소리를 다스리는 법

* S. Callahan, Adrift: Seventy–Six Days Lost at Sea (Boston: Houghton Mifflin Harcourt, 2002), 195.

* Callahan, Adrift, 56.

* D. T. Kenrick and V. Griskevicius, The Rational Animal: How Evolution Made Us Smarter Than We Think (New York: Basic Books, 2013).

* P. Docter and R. del Carmen, Inside Out, Walt Disney Studios Motion Pictures, 2015.

* J. K. Maner, D. T. Kenrick, D. V. Becker, T. E. Robertson, et al., "Functional Projection: How Fundamental Social Motives Can Bias Interpersonal Perception," Journal of Personality and Social Psychology 88, no. 1 (2005): 63–78.

* M. Gannon, "Most People Have Unwanted, Worrying Thoughts," Live-

Science, April 8, 2014, https://www.livescience.com/44687-most-people-have-unwanted-thoughts.html.

* M. M. Puchalska-Wasyl, "Self-Talk: Conversation with Oneself? On the Types of Internal Interlocutors." The Journal of Psychology 149, no. 5 (2015): 443–460.

* P. K. McGuire, D. A. Silbersweig, R. M. Murray, A. S. David, et al., "Functional Anatomy of Inner Speech and Auditory Verbal Imagery," Psychological Medicine 26, no. 1 (1996): 29–38.

* C. Fernyhough, The Voices Within: The History and Science of How We Talk to Ourselves (New York: Basic Books, 2016), 106.

* Fernyhough, The Voices Within.

* B. Alderson-Day and C. Fernyhough, "Inner Speech: Development, Cognitive Functions, Phenomenology, and Neurobiology," Psychological Bulletin 141, no. 5 (2015): 931–65.

* S. C. Hayes, I. Rosenfarb, E. Wulfert, E. D. Munt, et al., "Self-Reinforcement Effects: An Artifact of Social Standard Setting?," Journal of Applied Behavior Analysis 18, no. 3 (1985): 201–14.

* P. S. Highlen and B. B. Bennett, "Elite Divers and Wrestlers: A Comparison between Open-and Closed-Skill Athletes," Journal of Sport and Exercise Psychology 5, no. 4 (1983): 390–409.

* J. V. Wood, W. Q. Perunovic, and J. W. Lee, "Positive Self-Statements: Power for Some, Peril for Others," Psychological Science 20, no. 7 (July 2009): 860–66.

* J. L. Van Raalte, B. W. Brewer, P. M. Rivera, and A. J. Petitpas, "The Relationship between Observable Self-Talk and Competitive Junior Tennis Players' Match Performances," Journal of Sport and Exercise Psychology 16 (1994): 400–15.

* R. E. White, E. O. Prager, C. Schaefer, E. Kross, et al., "The 'Batman Effect': Improving Perseverance in Young Children," Child Development 88, no. 5 (2017): 1563–71.

* S. Rudert, R. Greifeneder, and K. Williams (eds.), Current Directions in Ostracism, Social Exclusion and Rejection Research (London: Routledge, 2019).

* J. S. Moser, A. Dougherty, W. I. Mattson, B. Katz, et al., "Third-Person Self-Talk Facilitates Emotion Regulation without Engaging Cognitive Control: Converging Evidence from ERP and fMRI," Scientific Reports 7, no. 1 (2017): 1–9.

* A. de Botton, "Self-Love," The School of Life Articles, September 24, 2020, https://www.theschooloflife.com/thebookoflife/self-love.

8장 흔들리는 마음을 고정하기

* A. Lutz, D. R. McFarlin, D. M. Perlman, T. V. Salomons, et al., "Altered Anterior Insula Activation During Anticipation and Experience of Painful Stimuli in Expert Meditators," NeuroImage 64 (2013): 538–46.

* R. Kakigi, H. Nakata, K. Inui, N. Hiroe, et al., "Intracerebral Pain Processing in a Yoga Master Who Claims Not to Feel Pain during Meditation," European Journal of Pain 9, no. 5 (2005): 581–89.

* T. R. Kral, B. S. Schuyler, J. A. Mumford, M. A. Rosenkranz, et al., "Impact of Short-and Long-Term Mindfulness Meditation Training on Amygdala Reactivity to Emotional Stimuli," NeuroImage 181 (2018): 301–13.

* T. T. Yang, A. N. Simmons, S. C. Matthews, S. F. Tapert, et al., "Adolescents with Major Depression Demonstrate Increased Amygdala Activation," Journal of the American Academy of Child and Adolescent Psychiatry 49, no. 1 (2010): 42–51.

* A. L. Gold, R. A. Morey, and G. McCarthy, "Amygdala–Prefrontal Cortex Functional Connectivity during Threat-Induced Anxiety and Goal Distraction," Biological Psychiatry 77, no. 4 (2015): 394–403.

* Kral, Schuyler, Mumford, Rosenkranz, et al., "Impact of Short-and Long-Term Mindfulness Meditation Training."

* S. Ju, "16 Employee Burnout Statistics HR Leaders Should Know," Spring Health, December 14, 2020, https://www.springhealth.com/16-statistics-employee-burnout.

* A. Michel, "Burnout and the Brain," Association for Psychological Science, January 29, 2016, https://www.psychologicalscience.org/observer/burnout-and-the-brain.

* M. A. Rosenkranz, A. Lutz, D. M. Perlman, D. R. Bachhuber, et al., "Reduced Stress and Inflammatory Responsiveness in Experienced Meditators Compared to a Matched Healthy Control Group," Psychoneuroendocrinology 68 (2016): 117–25.

* B. S. Schuyler, T. R. Kral, J. Jacquart, C. A. Burghy, et al., "Temporal Dynamics of Emotional Responding: Amygdala Recovery Predicts Emotional Traits," Social Cognitive and Affective Neuroscience 9, no. 2 (2012): 176–81.

* S. Pichon, E. A. Miendlarzewska, H. Eryilmaz, and P. Vuilleumier, "Cumulative Activation during Positive and Negative Events and State Anxiety Predicts Subsequent Inertia of Amygdala Reactivity," Social Cognitive and Affective Neuroscience 10, no. 2 (2015): 180–90.

* E. Klein, "How the Brains of Master Meditators Change," Vox, May 30, 2019, https://www.vox.com/podcasts/2019/5/30/18644106/richard-davidson-ezra-klein-show.

* F. Zeidan, K. T. Martucci, R. A. Kraft, N. S. Gordon, et al., "Brain Mechanisms Supporting the Modulation of Pain by Mindfulness Meditation," Journal of Neuroscience 31, no. 14 (2011): 5540–48.

* R. May, The Courage to Create (New York: W. W. Norton & Company, 1975), 100.

* Lutz, McFarlin, Perlman, Salomons, et al., "Altered Anterior Insula Activation."

* "Dark Retreats," Samyama, (n.d.), https://samyama.com/dark-retreats.

* R. Schuling, N. van Herpen, R. de Nooij, W. T. de Groot, et al., "Silent into Nature: Factors Enabling Improvement in a Mindful Walking Retreat in

Nature of People with Psychological Symptoms," Ecopsychology 10, no. 2 (2018): 77–86.

* T. D. Wilson, D. A. Reinhard, E. C. Westgate, D. T. Gilbert, et al., "Just Think: The Challenges of the Disengaged Mind," Science 345, no. 6192 (2014): 75–77.

* C. N. Ortner, S. J. Kilner, and P. D. Zelazo, "Mindfulness Meditation and Reduced Emotional Interference on a Cognitive Task," Motivation and Emotion 31, no. 4 (2007): 271–83.

* S. S. Khalsa, R. Adolphs, O. G. Cameron, H. D. Critchley, et al., "Interoception and Mental Health: A Roadmap," Biological Psychiatry: Cognitive Neuroscience and Neuroimaging 3, no. 6 (2018): 501–13.

* R. C. Lapate, B. Rokers, D. P. M. Tromp, N. S. Orfali, et al., "Awareness of Emotional Stimuli Determines the Behavioral Consequences of Amygdala Activation and Amygdala-Prefrontal Connectivity," Scientific Reports 6, no. 1 (2016): 1–16.

* S. Gregory, "Lolo's No Choke," Time, July 9, 2021, 30–38.

* B. Bodhi, "Toward a Threshold of Understanding," Access to Insight, 1998, https://www.accesstoinsight.org/lib/authors/bodhi/bps-essay_30.html.

* A. B. S. Prabhupada, Bhagavad-Gita as It Is (Los Angeles: Bhaktivedanta Book Trust, 1972), 104.

* J. Wesley, "Wesley's Notes on the Bible," Christian Classics Ethereal Library, 1765, https://www.ccel.org/ccel/wesley/notes.i.iv.xxii.html.

9장 감정의 주인으로 사는 법

* M. Clasen, M. Andersen, and U. Schjoedt, "Adrenaline Junkies and White-Knucklers: A Quantitative Study of Fear Management in Haunted House Visitors," Poetics 73 (2019): 61–71.

* P. Milvy (ed.), The Marathon: Physiological, Medical, Epidemiological, and Psychological Studies, vol. 301 (New York Academy of Sciences, 1977).

* S. Farrell, "The 1975 Elite Runners Study: How Are Elite Distance Runners Different from the Rest of Us?," The Cooper Institute, May 29, 2019, https://www.cooperinstitute.org/2019/05/29/the-1975-elite-runners-study-how-are-elite-distance-runners-different-from-the-rest-of-us.

* W. P. Morgan and M. L. Pollock, "Psychologic Characterization of the Elite Distance Runner," Annals of the New York Academy of Sciences 301, no. 1 (1977): 382–403.

* F. Dehais, M. Causse, F. Vachon, N. Régis, et al., "Failure to Detect Critical Auditory Alerts in the Cockpit: Evidence for Inattentional Deafness,"Human Factors 56, no. 4 (2014): 631–44.

* R. S. Friedman, A. Fishbach, J. Förster, and L. Werth, "Attentional Priming Effects on Creativity," Creativity Research Journal 15, nos. 2–3 (2003): 277–86.

* H. DeJong, E. Fox, and A. Stein, "Does Rumination Mediate the Relationship between Attentional Control and Symptoms of Depression?," Journal of Behavior Therapy and Experimental Psychiatry 63 (2019): 28–35.

* M. A. Cohn, B. L. Fredrickson, S. L. Brown, J. A. Mikels, et al., "Happiness Unpacked: Positive Emotions Increase Life Satisfaction by Building Resilience," Emotion 9, no. 3 (2009): 361–68.

* N. Herz, S. Baror, and M. Bar, "Overarching States of Mind," Trends in Cognitive Sciences 24, no. 3 (2020): 184–99.

* D. K. Brown, J. L. Barton, and V. F. Gladwell, "Viewing Nature Scenes Positively Affects Recovery of Autonomic Function Following Acute-Mental Stress," Environmental Science & Technology 47, no. 11 (2013): 5562–69; and K. J. Williams, K. E. Lee, T. Hartig, L. D. Sargent, et al., "Conceptualising Creativity Benefits of Nature Experience: Attention Restoration and Mind Wandering as Complementary Processes," Journal of Environmental Psychology 59 (2018): 36–45.

* K. Arnold, Running Home: A Memoir (New York: Random House, 2019).

* G. Sheppes, S. Scheibe, G. Suri, and J. J. Gross, "Emotion-Regulation Choice," Psychological Science 22, no. 11 (2011): 1391–96.

* L. J. Altamirano, A. Miyake, and A. J. Whitmer, "When Mental Inflexibility

Facilitates Executive Control: Beneficial Side Effects of Ruminative Tendencies on Goal Maintenance," Psychological Science 21, no. 10 (2010): 1377–82.

* K. Taku, A. Cann, R. G. Tedeschi, and L. G. Calhoun, "Intrusive versus Deliberate Rumination in Posttraumatic Growth across US and Japanese Samples," Anxiety, Stress, and Coping 22, no. 2 (2009): 129–36.

* G. A. Bonanno and D. Keltner, "Facial Expressions of Emotion and the Course of Conjugal Bereavement," Journal of Abnormal Psychology 106, no. 1 (1997): 126–37.

* S. Gupta and G. A. Bonanno, "Complicated Grief and Deficits in Emotional Expressive Flexibility," Journal of Abnormal Psychology 120, no. 3 (2011): 635–43.

* I. R. Galatzer-Levy, C. L. Burton, and G. A. Bonanno, "Coping Flexibility, Potentially Traumatic Life Events, and Resilience: A Prospective Study of College Student Adjustment," Journal of Social and Clinical Psychology 31, no. 6 (2012): 542–67.

* G. Sheppes, S. Scheibe, G. Suri, P. Radu, et al., "Emotion Regulation Choice: A Conceptual Framework and Supporting Evidence," Journal of Experimental Psychology: General 143, no. 1 (2014): 163–81.

* J. M. Silva and M. I. Appelbaum, "Association-Dissociation Patterns of United States Olympic Marathon Trial Contestants," Cognitive Therapy and Research 13, no. 2 (1989): 185–92.

* W. S. Grolnick, L. J. Bridges, and J. P. Connell, "Emotion Regulation in Two-Year-Olds:Strategies and Emotional Expression in Four Contexts," Child Development 67, no. 3 (1996): 928–41.

* J. Geirland, "Go with the Flow," Wired, September 1, 1996, https://www.wired.com/1996/09/czik.

* Y. Dormashev, "Flow Experience Explained on the Grounds of an Activity Approach to Attention," in Effortless Attention: A New Perspective in the Cognitive Science of Attention and Action, ed. B. Bruya (Cambridge, MA: MIT Press, 2010), 306.

* C. Swann, A. Moran, and D. Piggott, "Defining Elite Athletes: Issues in the Study of Expert Performance in Sport Psychology," Psychology of Sport and Exercise 16 (2015): 3–14.

* S. B. Kaufman, Transcend: The New Science of Self-Actualization (New York: Penguin Random House, 2021).

10장 어려운 일을 하기 위한 기초 다지기

* K. J. Bartholomew, N. Ntoumanis, and C. Thogersen-Ntoumani, "The Controlling Interpersonal Style in a Coaching Context: Development and Initial Validation of a Psychometric Scale," Journal of Sport and Exercise Psychology 32, no. 2 (2010): 193–216.

* Coursey, David. "Steve Jobs Was a Jerk, You Shouldn't Be." Forbes Magazine, May 16, 2012. https://www.forbes.com/sites/davidcoursey/2011/10/12/steve-jobs-was-a-jerk-you-shouldnt-be/?sh=23998e0c4045.

* Z. Budryk, "Mnuchin: It 'Wouldn't Be Fair to Use Taxpayer Dollars to Pay More People to Sit Home,' "The Hill, July 26, 2020, https://thehill.com/homenews/coronavirus-report/509062-mnuchin-it-wouldnt-be-fair-to-use-taxpayer-dollars-to-pay-more.

* T. A. Judge, R. F. Piccolo, N. P. Podsakoff, J. C. Shaw, et al., "The Relationship between Pay and Job Satisfaction: A Meta-Analysis of the Literature," Journal of Vocational Behavior 77, no. 2 (2010): 157–67.

* J. Harter and N. Blacksmith, "Majority of American Workers Not Engaged in Their Jobs," Gallup, October 28, 2011, http://www.gallup.com/poll/150383/majority-american-workers-not-engaged-jobs.aspx.

* Y. J. Cho and J. L. Perry, "Intrinsic Motivation and Employee Attitudes: Role of Managerial Trustworthiness, Goal Directedness, and Extrinsic Reward Expectancy," Review of Public Personnel Administration 32, no. 4 (2012): 382–406.

* N. Ntoumanis, L. C. Healy, C. Sedikides, J. Duda, et al., "When the Going Gets Tough: The 'Why' of Goal Striving Matters," Journal of Personality

82, no. 3 (2014): 225–36.

* P. G. Firth, H. Zheng, J. S. Windsor, A. I. Sutherland, et al., "Mortality on Mount Everest, 1921–2006: Descriptive Study," BMJ 337 (2008).

* N. Ntoumanis and C. Sedikides, "Holding On to the Goal or Letting It Go and Moving On?: A Tripartite Model of Goal Striving," Current Directions in Psychological Science 27, no. 5 (2018): 363–68.

* E. L. Deci, "Effects of Externally Mediated Rewards on Intrinsic Motivation," Journal of Personality and Social Psychology 18, no. 1 (1971): 105–15.

* M. Vansteenkiste, J. Simons, W. Lens, K. M. Sheldon, et al., "Motivating Learning, Performance, and Persistence: The Synergistic Effects of Intrinsic Goal Contents and Autonomy-Supportive Contexts," Journal of Personality and Social Psychology 87, no. 2 (2004): 246–60.

* J. W. Mahoney, D. F. Gucciardi, N. Ntoumanis, and C. J. Mallett, "Mental Toughness in Sport: Motivational Antecedents and Associations with Performance and Psychological Health," Journal of Sport and Exercise Psychology 36, no. 3 (2014): 281–92.

* E. L. Carleton, J. Barling, A. M. Christie, M. Trivisonno, et al., "Scarred for the Rest of My Career? Career-Long Effects of Abusive Leadership on Professional Athlete Aggression and Task Performance," Journal of Sport and Exercise Psychology 38, no. 4 (2016): 409–22.

* L. C. Healy, N. Ntoumanis, J. Veldhuijzen van Zanten, and N. Paine, "Goal Striving and Well-Being in Sport: The Role of Contextual and Personal Motivation," Journal of Sport and Exercise Psychology 36, no. 5 (2014): 446–59.

* Healy, Ntoumanis, Veldhuijzen van Zanten, and Paine, "Goal Striving and Well-Being in Sport."

* D. Kurtenbach, "Kurtenbach: Steve Kerr Turned In His Best Coaching Performance of the Year . . . by Not Coaching," The Mercury News, February 13, 2018, https://www.mercurynews.com/2018/02/13/warriors-v-suns-highlights-coaching-staff-andre-iguodala-draymond-green-timeouts-drawing-plays-golden-state-phoenx-roster-standings.

* A. Gilberg, "Steve Kerr Lets Andre Iguodala, Draymond Green Coach the Warriors during 129–83 Blowout Win over Suns," Daily News, February 13, 2018, https://www.nydailynews.com/sports/basketball/kerr-lets-iguodala-draymond-coach-warriors-blowout-win-article-1.3817084.

* J. W. Mahoney, D. F. Gucciardi, S. Gordon, and N. Ntoumanis, "Psychological Needs Support Training for Coaches: An Avenue for Nurturing Mental Toughness," in Applied Sport and Exercise Psychology: Practitioner Case Studies, eds. S. T. Cotterill, N. Weston, and G. Breslin (London: Wiley, 2016), 193–213; and J. Mahoney, N. Ntoumanis, C. Mallett, and D. Gucciardi, "The Motivational Antecedents of the Development of Mental Toughness: A Self-Determination Theory Perspective," International Review of Sport and Exercise Psychology 7, no. 1 (2014): 184–97.

* C. S. Hammer, "Mental Toughness, Servant Leadership, and the Collegiate Distance Runner," master's thesis, Eastern Washington University, 2012, https://dc.ewu.edu/theses/32.

* D. LaGree, B. Houston, M. Duffy, and H. Shin, "The Effect of Respect: Respectful Communication at Work Drives Resiliency, Engagement, and Job Satisfaction among Early Career Employees," International Journal of Business Communication, May 20, 2021, https://journals.sagepub.com/doi/abs/10.1177/23294884211016529.

* J. Rozovsky, "The Five Keys to a Successful Google Team," Google re:Work, November 17, 2015, https://rework.withgoogle.com/blog/five-keys-to-a-successful-google-team.

* M. W. Kraus, C. Huang, and D. Keltner, "Tactile Communication, Cooperation, and Performance: An Ethological Study of the NBA," Emotion 10, no. 5 (2010): 745–49.

* S. B. Kaufman, Transcend: The New Science of Self-Actualization (New York: Penguin Random House, 2021), 38.

* M. R. Leary, "Emotional Responses to Interpersonal Rejection," Dialogues in Clinical Neuroscience 17, no. 4 (2015): 435–41.

* B. Holmes, "Michelin Restaurants and Fabulous Wines: Inside the Secret Team Dinners That Have Built the Spurs' Dynasty," ESPN, July 25, 2020, http://www.espn.com/nba/story/_/id/26524600/secret-team-dinners-

built-spurs-dynasty.

* L. Wong, "Why They Fight: Combat Motivation in the Iraq War," Strategic Studies Institute, 2003.

* J. J. Waring and S. Bishop, " 'Water Cooler' Learning: Knowledge Sharing at the Clinical 'Backstage' and Its Contribution to Patient Safety," Journal of Health Organization and Management 24, no. 4 (2010): 325–42.

* C. Li, R. Martindale, and Y. Sun, "Relationships between Talent Development Environments and Mental Toughness: The Role of Basic Psychological Need Satisfaction," Journal of Sports Sciences 37, no. 18 (2019): 2057–65.

* J. Anderson, "Harvard EdCast: The Benefit of Family Mealtime," Harvard Graduate School of Education, April 1, 2020, https://www.gse.harvard.edu/news/20/04/harvard-edcast-benefit-family-mealtime.

* S. B. Kaufman, "Choose Growth," Scientific American Blog Network, April 7, 2020, https://blogs.scientificamerican.com/beautiful-minds/choose-growth/.

* M. Davis, "Maslow's Forgotten Pinnacle: Self-Transcendence," Big Think, August 9, 2019, https://bigthink.com/personal-growth/maslow-self-transcendence?rebelltitem=3#rebelltitem3.

* A. Maslow, "Theory Z," W. P. Laughlin Foundation, https://atpweb.org/jtparchive/trps-01-69-02-031.pdf.

11장 괴로움에서 의미를 찾다

* V. E. Frankl, Yes to Life: In Spite of Everything (Boston: Random House, 2020), 32.

* R. A. Voorhees, "Toward Building Models of Community College Persistence: A Logit Analysis," Research in Higher Education 26, no. 2 (1987): 115–29; and A. M. Grant, "Does Intrinsic Motivation Fuel the Prosocial Fire?: Motivational Synergy in Predicting Persistence, Performance, and Productivity," Journal of Applied Psychology 93, no. 1 (2008): 48.

* Frankl, Yes to Life, 88.

* R. R. Greene, "Holocaust Survivors: A Study in Resilience," Journal of Ge-rontological Social Work 37, no. 1 (2002): 3–18.

* Frankl, Yes to Life, 97.

* V. E. Frankl, Recollections: An Autobiography (Cambridge, MA: Basic Books, 2008), 98.

* Frankl, Yes to Life, 37.

* K. Prot, "Strength of Holocaust Survivors," Journal of Loss and Trauma: International Perspectives on Stress & Coping 17, no. 2 (2012): 173–86.

* Greene, "Holocaust Survivors."

* A. Antonovsky, Unraveling the Mystery of Health: How People Manage Stress and Stay Well (San Francisco: Jossey-Bass, 1987).

* A. Feder, S. M. Southwick, R. R. Goetz, Y. Wang, et al., "Posttraumatic Growth in Former Vietnam Prisoners of War," Psychiatry: Interpersonal and Biological Processes 71, no. 4 (2008): 359–70.

* Feder, Southwick, Goetz, Wang, et al., "Posttraumatic Growth in Former Vietnam Prisoners of War."

* C. J. Park and S.-K. Yoo, "Meaning in Life and Its Relationships with In-trinsic Religiosity, Deliberate Rumination, and Emotional Regulation," Asian Journal of Social Psychology 19, no. 4 (2016): 325–35; and M. Brooks, N. Graham-Kevan, M. Lowe, and S. Robinson, "Rumination, Event Centrality, and Perceived Control as Predictors of Post-Traumatic Growth and Distress: The Cognitive Growth and Stress Model," British Journal of Clinical Psychology 56, no. 3 (2017): 286–302.

* T. B. Kashdan and J. Q. Kane, "Post-Traumatic Distress and the Presence of Post-Traumatic Growth and Meaning in Life: Experiential Avoidance as a Moderator," Personality and Individual Differences 50, no. 1 (2011): 84–89.

* "Patients with OCD Have Difficulty Learning When a Stimulus Is Safe," University of Cambridge, March 6, 2017, https://www.cam.ac.uk/re-

search/news/patients-with-ocd-have-difficulty-learning-when-a-stim-
ulus-is-safe.

* J. W. Shenk, Lincoln's Melancholy: How Depression Challenged a Presi-
dent and Fueled His Greatness (Boston: Houghton Mifflin Harcourt, Kindle
Edition, 2005), 179.

"스티브 매그니스는 강인함을 바라보는 새로운 시각을 유려한 문체로 설득력 있게 제시한다. 《강인함의 힘》은 부모와 각계의 지도자, 힘든 목표에 도전하려는 모두가 읽어야 할 필독서다."

–말콤 글래드웰Malcom Gladwell, 〈뉴욕타임스〉 선정 베스트셀러 《아웃라이어Outlier》, 《타인의 해석Talking to Strangers》 저자

"《강인함의 힘》은 현대 스포츠의 경기력뿐만 아니라 마음가짐에 대한 중요한 메시지를 전달한다. 진정으로 강인한 사람은 거칠게 허세를 부리는 사람이 아니라, 품위 있게 흔들림 없이 중요한 과제에 집중하고 힘든 상황을 헤쳐가는 사람이다."

–칼 뉴포트Cal Newport, 〈뉴욕타임스〉 선정 베스트셀러 《딥 워크Deep Work》, 《디지털 미니멀리즘Digital Minimalism》, 《열정의 배신So Good They Can't Ignore You》 저자

"수많은 고비 앞에서 진정한 강자가 되려면 무엇을, 어떻게 해야 할까? 《강인함의 힘》은 제대로 된 자질을 갖추는 방법, 내면의 힘이 무엇인지에 대해 바로 지금, 가장 깊이 있는 성찰을 담은 책이다."

–애덤 그랜트Adam Grant, 〈뉴욕타임스〉 선정 베스트셀러 《싱크 어게인Think Again》, 《오리지널스Originals》 저자

"저자는 정상급 선수들과 다양한 분야 전문가들을 지도하며 습득한 경험과 최신 심리학 이론을 바탕으로, 높은 성과를 올리는 법

에 관해 깊이 있고 현대적인 통찰을 제시한다. 힘겨운 상황에서도 승리하는 자는 어떤 사람이고 그 이유는 무엇일까? 《강인함의 힘》은 우리가 신봉하던 여러 전제와 직관적 판단이 틀렸음을 폭로한다. 중요한 고비에서 큰 위험 부담을 안고도 최선을 다해 최고의 기량을 발휘하는 데 관심이 있는 사람이라면 반드시 읽어야 한다."

–알렉스 허친슨Alex Hutchinson, 〈뉴욕타임스〉 선정 베스트셀러 《인듀어Endure》 저자

"우리는 강인함을 기르기 위해 군대식으로 훈련하는 지도자들을 칭송하지만, 여러 연구 결과에 따르면 그 방법으로는 불굴의 정신을 기를 수 없다. 이제는 과학에 부합하는 원리가 무엇인지 알아야 할 때. 《강인함의 힘》은 바로 이 원리를 제대로 전달한다."

–데이비드 엡스타인David Epstein, 〈뉴욕타임스〉 선정 베스트셀러 《레인지Range》, 《스포츠 유전자Sports Gene》 저자

"어려운 상황에서도 무조건 저돌적으로 밀어붙이는 힘이 강인함이라는 통념이 널리 지지를 얻고 있지만, 《강인함의 힘》에서 스티브 매그니스는 이 통념이 얼마나 해로운지 샅샅이 파헤친다. 매그니스가 뜻하는 강인함, 즉 진정한 강인함이란 보다 섬세하고, 너그럽고, 유연하고, 학습 가능한 자질이다. 스트레스 요인을 마주했을 때 내면의 소리를 무시하고 무조건 앞으로 밀고 나가는 방식이 가짜 강인함이라면, 진정한 강인함은 자신의 한계를 그대로 인정하고, 내면의 소리를 해석하고, 신중하게 자신의 반응을 선택하는 힘이다. 《강인함의 힘》은 스

포츠나 여러 분야에서 적용하는 극기와 힘의 논리에 관한 내 생각을 바꿔놓았다."

–애덤 알터Adam Alter, 뉴욕대 스턴 비즈니스 스쿨의 마케팅 및 심리학 교수,《멈추지 못하는 사람들Irresistible》,《만들어진 생각, 만들어진 행동Drunk Tank Pink》저자

"《강인함의 힘》은 강자에 대한 인식을 바꿔놓을 것이다. 외면의 힘보다 내면의 힘이 강하고, 허세보다는 겸손이 더 가치 있음을 강인하게 전달하는 책이다. 반드시 읽어보기 바란다."

–애니 듀크Annie Duke,《결정, 흔들리지 않고 마음먹은 대로Thinking in Bets》,《인생을 운에 맡기지 마라How to Decide: Simple Tools for Making Better Choices》,《큇QUIT》저자

"《강인함의 힘》은 과학과 심리학 분야의 방대한 지식과 정보는 물론 스포츠 성과 향상에 도움이 되는 실용 조언까지 놓치지 않는다. 진정한 회복탄력성과 끈기, 자신감을 키우는 방법을 알려주는 책이다."

–크리스티 아슈완든Christie Aschwanden,《출발해도 좋다Good to Go》저자

"세월이 흘러도 늘 고민하게 되는 주제인 강인함의 참의미를 탐구하기에 더없이 적절한 주인공이 지금 우리에게 꼭 필요한 책을 내놨다. 매그니스는 이 주제를 오랜 세월 탐구했다. 강인함을 바라보는 새로운 시각과 강인함을 기르는 방법에 관해 이야기를 풀어가는 저자의 방식은 무척 흥미로울 뿐 아니라 무엇보다 매우 유익하다."

–브래드 스털버그Brad Stulberg,《현실에 기초한 실천The Practice of Groundedness》저자

"스티브 매그니스는 개인과 조직의 최적 성과와 최고 기량(그리스인은 이를 아레테라 한다)을 끌어올리는 분야에서 최고로 꼽히는 전문가다. 뭐든지 할 수 있다는 자기 확신으로 약함과 오류를 허용하지 않는 사람만이 강자로 살아남는다는 오랜 신념에 그는 의문을 제기한다. 저자가 밝히는 진실을 따라가면 우리는 안심하고 새로 희망할 수 있다. 《강인함의 힘》은 과학이 입증하는 방식으로 진정한 내면의 힘을 기르고자 하는 사람에게 꼭 필요한 책이다."

−딘 카르나제스Dean Karnazes, 울트라 마라톤 선수

"괴롭고 힘겨운 상황에 부닥쳤을 때 어떤 이는 문제를 해결하고 어떤 이는 좌절한다. 《강인함의 힘》은 사람들이 위기를 극복할 수 있었던 이유와 방법에 대해 새로운 관점에서 매우 깊이 있게 다루고 있다. 분야를 넘나드는 다양한 이야기로 읽는 재미를 선사하는 동시에, 위기를 만났을 때 최고 기량을 수행하는 기술과 진정한 회복탄력성을 기르는 방법에 대해 전문가다운, 깊고 실질적인 조언을 제공한다."

−킬리안 조르넷Kilian Jornet, 《구름 너머Above the Clouds》 저자

강인함의 힘

초판 1쇄 발행 2024년 3월 27일
초판 20쇄 발행 2024년 9월 30일

지은이 스티브 매그니스
옮긴이 이주만
펴낸이 고영성
책임편집 박유진　디자인 이시라　저작권 주민숙

펴낸곳 주식회사 상상스퀘어
출판등록 2021년 4월 29일 제2021-000079호
주소 경기도 성남시 분당구 성남대로 52, 그랜드프라자 604호
팩스 02-6499-3031
이메일 publication@sangsangsquare.com
홈페이지 www.sangsangsquare.com

ISBN 979-11-92389-77-6 (03190)